高等职业教育工学结合经管类系列教材

财经法规与会计职业道德

主编　夏剑桥　魏奇慧　娄会娟

WUHAN UNIVERSITY PRESS
武汉大学出版社

图书在版编目(CIP)数据

财经法规与会计职业道德/夏剑桥,魏奇慧,娄会娟主编. —武汉：武汉大学出版社,2017.8
高等职业教育工学结合经管类系列教材
ISBN 978-7-307-19641-4

Ⅰ.财…　Ⅱ.①夏…　②魏…　③娄…　Ⅲ.①财政法—中国—高等职业教育—教材　②经济法—中国—高等职业教育—教材　③会计人员—职业道德—高等职业教育—教材　Ⅳ.①D922.2　②F233

中国版本图书馆 CIP 数据核字(2017)第 212636 号

责任编辑:张　欣　　责任校对:李孟潇　　版式设计:马　佳

出版发行：**武汉大学出版社**　(430072　武昌　珞珈山)
(电子邮件：cbs22@whu.edu.cn　网址：www.wdp.com.cn)
印刷：湖北睿智印务有限公司
开本：787×1092　1/16　印张:20.25　字数:479 千字　插页:1
版次：2017 年 8 月第 1 版　2017 年 8 月第 1 次印刷
ISBN 978-7-307-19641-4　定价:45.00 元

前　言

现代高等职业教育突出以就业为目标，高等职业教育强调学生动手能力的培养和职业素养的提升，定位于培养高素质技能型人才。每个高等职业教育工作者都将高素质作为高职专业人才培养的目标之一，会计专业又特别强调职业道德素养。无论是国家还是用人单位，都希望会计专业学生能够熟练运用会计知识和方法去解决实务问题，又更加强调他们具备高尚的职业操守。诚实守信对于会计专业学生来说比以往任何一个时候都显得弥足珍贵，遵守会计相关法规制度是每个财务工作者的本职。

为适应社会用人的需求，培养学生良好的职业道德水平和法规意识，本书既对财经法规有简单系统的阐述，又结合生活中的典型实例，诠释了遵守财经法规、养成良好职业道德的重要意义，同时又介绍了会计基础工作中用到的相关票据及表格，力求形象、立体化地展现在学生的面前，让学生更加形象化、生动化地了解会计法规。

本书的开发思想是基于工作任务来驱动整个教学环节，设置了五大学习情境。每个学习情境都列明了学习任务、技能目标和知识目标，并设计了情境导入，力求在教学中让学生带着任务、目标去学习。每个学习情境又分别设计了工作任务，这些工作任务的选取既是长期奉献在教学一线的专业实践指导教师的辛勤积淀，同时更是源自于企业的实践专家的多年实战成果结晶。因此，本书重视工作过程和学习过程的一体化，是校企合作、基于典型工作任务开发的工学结合教材。

通过对教育部相关职业教育文件精神和高职教育改革的最新理论成果的深入学习和理解，为更好地服务教与学，遵循“学中做、做中学”，以实现“教学做一体化”的思想，本书配备了专门的课后练习，提供电子课件、课程资料和题库等资源。

本书由夏建桥、魏奇慧、娄会娟老师主编并统稿，上海恒企教育培训有限公司夏剑桥编写学习情境一，武汉商贸职业学院魏奇慧老师和武昌工学院娄会娟老师编写学习情境二，经济科学出版社凌敏编写学习情境三，荆州职业技术学院王红焱老师和汉口学院杨婷老师共同编写学习情境四，汉口学院杨婷老师编写学习情境五。

本书在撰写过程中参阅了大量的书籍、读物及网络资源，访问了一些专家和学者，考察了一些中小型企事业单位，在此表示最诚挚的感谢。中南财经政法大学会计学院院长张敦力教授为本书的顺利完成做了大量指导工作，湖北省会计学会常务理事彭浪教授也为本书提供了业务指导，武汉大学出版社林莉主任为本书的顺利完稿付出了辛勤劳动，在此一并表示特别的谢意。

由于编者水平有限，加之时间仓促，且涉及内容较多，书中难免有错误或不当之处，敬请读者来电、来函批评指正。

编　者

2017 年 6 月

目　录

学习情境一　会计法律认知

【学习任务】

会计法律法规是规范会计人员会计行为的准绳，每个会计人员在上岗前必须认知和通晓。我国的会计法律体系包括会计法律、会计行政法规和国家统一的会计制度，这些法律法规分别从会计核算、会计监督、会计组织与会计人员、会计工作岗位、会计人员工作交接、会计法律责任等方面作出了具体的法律规定，也是我们学习和必须掌握的重要内容。只有做到知法，才能守法，以保证会计信息的真实性和完整性，提升会计人员社会信誉。

【技能目标】

1. 通晓会计法律法规的具体规定，并在会计工作中遵照执行。

2. 能按照会计法律法规的相关规定，建立会计工作组织和选配会计人员。

3. 能结合单位会计工作的实际情况，设计符合单位具体要求的内部会计管理制度。

【知识目标】

1. 了解我国的法律体系构成及会计管理制度。

2. 掌握会计核算的法律规范，包括会计凭证、会计账簿、财务会计报告、会计档案等具体法律规范。

3. 通晓会计工作的组织设置及会计人员配备的法律要求。单位对会计工作的管理主要包括单位负责人的职责、会计机构设置、会计人员的选拔任用和会计人员回避制度等。

4. 通晓内部控制制度。

5. 掌握会计工作交接的要求。

6. 掌握违反会计法律应承担的法律责任。

7. 掌握内部会计管理制度的主要内容。

【情境导入】

邦太公司从外地购买了一批办公用品，收到发票后，在与实际支付款项进行核对时发现发票的金额有误，经办人员考虑到供货方在外地，更正或重开所要时间较长，且实际结算金额签有合同，不存在作假嫌疑。在与销售人员核清事实后，经本单位会计机构负责人批准，直接在原始凭证上进行更正，写明情况并加盖了自己的印章，准备作为原始凭证入账。如果你是一名会计人员，你认为上述做法有无不妥之处，如果不妥，违反了什么法律规范？

任务一　会计法律法规基本认知

【任务描述】了解我国会计法律体系的构成和会计管理体制，明确会计核算、会计监督相关的法律规范，为从事实际会计工作奠定良好的法律基础。

子任务一　认识会计法律制度

一、会计法律体系

会计法律体系是指由国家权力机关或其他授权机构制定的，用来规范会计核算实务、会计基础工作、会计主体和相关会计人员职责，以便及时调整经济活动中各种会计关系的规范性文件的总和。它们构成了我国会计从业人员必须遵守的职业纪律和规范。目前，我国的会计法律制度基本形成了以《会计法》为主体的比较完整的会计法规体系，主要包括三个层次，即会计法律、会计行政法规和国家统一的会计制度（会计部门规章和会计规范性文件）。

1. 会计法律

会计法律，是指由全国人民代表大会及其常委会经过一定立法程序制定的有关会计工作的法律，是调整我国经济生活中会计关系的法律总规范。我国目前有两部会计法律，分别是《中华人民共和国会计法》（以下简称《会计法》）和《中华人民共和国注册会计师法》（以下简称《注册会计师法》）。

（1）会计法。

《中华人民共和国会计法》简称《会计法》，于1985年1月21日由第六届全国人民代表大会常务委员会第九次会议通过，自1985年5月1日起施行。1993年12月29日，第八届全国人民代表大会常务委员会第五次会议对《会计法》作了第一次修正，自公布之日起施行。1999年10月31日，第九届全国人民代表大会常务委员会第十二次会议再次对《会计法》作了修订，自2000年7月1日起施行。

我国现行适用的是1999年全国人大常委会修订通过的《中华人民共和国会计法》，是会计法律制度中层次最高的法律规范，是制定其他会计法规的依据，是指导会计工作的最高准则。

《会计法》的立法宗旨是规范会计行为，保证会计资料真实、完整，加强经济管理和财务管理，提高经济效益，维护社会主义市场经济秩序。《会计法》主要规定了会计工作的基本目的、会计管理权限、会计责任主体、会计核算和会计监督的基本要求、会计人员和会计机构的职责权限，并对会计法律责任作出了详细规定。

（2）注册会计师法。

《中华人民共和国注册会计师法》简称《注册会计师法》，于1993年10月31日由第八届全国人民代表大会常务委员会第四次会议通过，自1994年1月1日起施行。该法主要对注册会计师行业管理体制、注册会计师考试和注册会计师事务所组织形式和业务范围、法律责任等进行了系统规范，为注册会计师行业发展提供了有力的法律保障。

为了发挥注册会计师在社会经济活动中的鉴证和服务作用，加强对注册会计师的管理，维护社会公共利益和投资者的合法权益，促进社会主义市场经济的健康发展。《中国注册会计师法》是我国中介行业的第一部法。

【例 1-1】我国《会计法》最早产生于(　　)。

A. 1985 年 1 月　B. 1999 年 10 月　C. 2001 年 7 月　D. 2002 年 7 月

【答案】A

【解析】《会计法》，于 1985 年 1 月 21 日由第六届全国人民代表大会常务委员会第九次会议通过，自 1985 年 5 月 1 日起施行。

2. 会计行政法规

会计行政法规，是指国务院制定发布或者国务院有关部门拟订、经国务院批准发布，调整经济生活中某些方面会计关系的法律规范。它的制定依据是《会计法》。

(1)《总会计师条例》。

该条例于 1990 年 12 月 31 日经国务院颁布，主要规定了单位总会计师的职责、权限、任免和奖惩等。

(2)《企业财务会计报告条例》。

该条例于 2000 年 6 月 21 日经国务院颁布，自 2001 年 1 月 1 日起施行，主要规定了企业财务会计报告的构成、编制和对外提供的要求、法律责任等。

【例 1-2】《总会计师条例》的颁布时间是(　　)。

A. 1990 年　B. 1993 年　C. 1999 年　D. 2001 年

【答案】A

【解析】1990 年 12 月 31 日国务院颁布了《总会计师条例》。

【例 1-3】下列关于会计行政法规的表述中，不正确的有(　　)。

A. 会计行政法规由全国人民代表大会及其常务委员会制定并发布

B. 会计行政法规由国务院有关部门拟定并经国务院批准发布

C. 会计行政法规由国务院制定并发布

D. 会计行政法规由国务院财政部门制定并发布

【答案】AD

【解析】会计行政法规是指由国务院制定发布或者由国务院有关部门拟定经国务院批准发布的调整经济生活中的某些方面会计关系的法律规范。

3. 国家统一的会计制度

国家统一的会计制度，是指国务院财政部门根据《会计法》制定的关于会计核算、会计监督、会计机构和会计人员以及会计工作管理的制度，包括会计部门规章和会计规范性文件。

(1) 会计规章是根据《会计法》规定的程序，由国家主管会计工作的行政部门即财政部以及其他相关部委根据法律和行政法规、决定、命令，在本部门的权限范围内制定的，并由部门首长签署命令予以公布的制度办法。具体包括国家统一的会计核算制度、会计监督制度、会计机构和会计人员管理制度及会计工作管理制度等。

例如：以财政部第 26 号令签发的《会计从业资格管理办法》和以财政部第 33 号

部长令签发的《企业会计准则——基本准则》《财政部门实施会计监督办法》、《会计从业资格管理办法》、《小企业会计制度》、《会计基础工作规范》、《会计档案管理办法》等。

（2）会计规范性文件是指主管全国会计工作的行政部门，即国务院财政部门制定发布的制度办法，如企业会计准则体系中的 38 项具体准则及应用指南、《企业会计制度》、《会计基础工作规范》以及财政部门与国家档案局联合发布的《会计档案管理办法》等。

《会计法》规定：国家实行统一的会计制度，国家统一的会计制度由国务院财政部门根据《会计法》制定并公布；国务院有关部门可以依照《会计法》和国家统一的会计制度制定对会计核算和会计监督有特殊要求的行业实施国家统一的会计制度的具体办法或者补充规定，报国务院财政部门审核批准。中国人民解放军总后勤部可以依照《会计法》和国家统一的会计制度制定军队实施国家统一的会计制度的具体办法，报国务院财政部门备案。

4. 地方性会计法规（一般冠有地名）

地方性会计法规是指由省、自治区、直辖市人民代表大会或常务委员会在同宪法、会计法律、行政法规和国家统一的会计准则制度不相抵触的前提下，根据本地区情况制定发布的关于会计核算、会计监督、会计机构和会计人员以及会计工作管理的规范性文件。

此外，实行计划单列市、经济特区的人民代表大会及其常务委员会，在宪法、法律和行政法规允许范围内也可制定会计规范性文件。

【知识小结】

会计法律制度的构成

层次		制定机构	包括内容	法律地位
会计法律		全国人大及其常委会	《会计法》1981 年 1 月制定，1993 年、1999 年修订现行适用于 1999 年修订的会计法	（1）会计法律制度中层次最高 （2）制定其他会计法规的依据 （3）指导会计工作的最高准则
			《注册会计师法》1993 年 10 月 31 日制定	中介行业第一部法律
会计法规	行政法规	国务院	《企业财务会计报告条例》《总会计师条例》	低于法律
	地方性法规	省；省会市、特区市、较大的市人大及其常委会	《××地区××条例》《湖北省××条例》	低于法律和行政法规
会计规章	部门规章	财政部		低于法律和行政法规

二、会计工作管理体制

会计工作管理体制是划分会计管理工作职责权限关系的制度。我国的会计工作管理体制主要包括会计行政管理、自律管理和单位会计管理等内容。

1. 会计工作的行政管理

《会计法》第七条规定："国务院财政部门主管全国的会计工作。县级以上地方各级人民政府财政部门管理本行政区域内的会计工作。"由各级人民政府财政部门管理本行政区域内的会计工作，体现了"统一领导，分级管理"的原则。

《会计法》第三十三条规定："财政、审计、税务、人民银行、证券监管、保险监管等部门应当按照有关法律、行政法规规定的职责，对有关单位的会计资料实施监督检查。"这一规定体现了财政部门与其他政府管理部门在管理会计实务中的相互协作、相互配合的关系。

根据《会计法》、《注册会计师法》和国务院对财政部的"三定方案"（定目标、定措施、定纪律），财政部门履行的会计行政管理职能主要有：

（1）会计准则制度及相关标准规范的制定和组织实施。

会计准则制度及相关标准规范的制定和组织实施是财政部门管理会计工作的一项最基本的职能。会计法律制度，是指国家权力机关和行政机关制定的各种有关会计工作的规范性文件的总称，会计法律制度是调整会计关系的法律规范。会计关系是会计机构和会计人员在办理会计事务过程中以及国家在管理会计工作中发生的经济关系。为了保证会计工作的有序进行，国家通过制定一系列会计法律制度，包括对会计工作、会计核算、会计监督、会计人员、会计档案等管理所制定的规范性文件。

《会计法》规定，国家实行统一的会计制度，国家统一的会计制度由国务院财政部门根据《会计法》制定并公布的关于会计核算、会计监督、会计机构和会计人员以及会计工作管理的制度，包括制度、准则、办法等；国务院有关部门对会计核算和会计监督有特殊要求的行业，可以依照《会计法》和国家统一的会计制度，制定实施国家统一的会计制度的具体办法或者补充规定，报国务院财政部门审核批准。

（2）会计市场管理。

会计是一项专业性很强的工作，会计信息质量以及会计师事务所执业质量直接影响到市场秩序，进而关系到国家和社会公众利益。在市场经济条件下，政府必须加强对会计市场的管理，包括会计市场的准入管理、过程的监管（运行管理）和会计市场退出管理三个方面。对会计出版市场、培训市场、境外"洋资格"的管理等也属于会计市场管理。

根据《会计法》和《注册会计师法》规定，财政部门是会计行业和注册会计师行业的主管部门，履行相应的会计市场管理职责。

①会计市场准入管理。

会计市场准入包括会计从业资格、会计师事务所的设立和代理记账机构的设立等。根据《会计法》的规定，从事会计工作的人员，必须取得会计从业资格证书；设立会计师事务所和代理记账机构，除相关从业人员具备从业资格外，设立会计师事务所由省级财政部门审批，批准后报财政部备案，设立代理记账机构，经所在地的县级以上人民政府财政部门批准，并领取由财政部统一印制的代理记账许可证书。

②会计市场的过程监管。

会计市场的过程监管，是指财政部门对获准进入会计市场的机构和人员，是否遵守各项法律法规，依据相关准则、制度和规范执行业务的过程及结果所进行的监督和检查。

③会计市场的退出管理。

会计市场的退出管理，是指财政部门对在执业过程中有违反《会计法》、《注册会计师法》行为的机构和个人进行处罚，情节严重的，原审批机关可以撤回行政许可，吊销其职业资格，强制其退出会计市场。

【例 1-4】 会计市场管理包括(　　)。

A. 会计市场的准入管理　　B. 会计专业人才评价

C. 会计市场的退出管理　　D. 会计市场过程的监管

【答案】 ABD

【解析】 会计市场管理包括会计市场的准入管理、会计市场的退出管理和会计市场过程的监管三个方面。

(3) 会计专业人才评价。

会计专业人才评价曾经有不同的评价方式，比如业绩评价、能力评价、态度评价等。但这些评价缺乏一个统一的、客观的、科学的标准。从 1992 年开始的会计专业技术资格考试开创了我国初中级会计人才的评价体系。

目前，我国基本形成了一个阶梯式的会计专业人才评价机制，包括初级、中级、高级会计人才机制和会计行业领军人才的培养评价等。对初级、中级、高级会计人才的评价，主要是通过会计专业技术考试来进行，由财政部门组织实施，人力资源和社会保障部门监督指导。初级、中级会计专业技术资格实行全国统一考试制度，高级会计师资格实行考试和评审相结合的制度。

会计领军人才培养，是适应我国当前经济发展的一种新的会计人才评价方式。财政部负责组织全国范围内的会计领军人才培养工作，地方财政部门和中央各单位负责本地区、本部门、本系统内的会计领军人才培养工作。

对会计人员的表彰奖励也属于会计专业人才评价的范畴。《会计法》规定，对认真执行《会计法》，忠于职守，坚持原则，作出显著成绩的会计人员，给予精神的或物质的奖励。此外，我国规定会计人员应当参加继续教育，以不断提高会计人员的专业胜任能力，促进会计人员整体素质的提高。

【例 1-5】 我国的会计专业人才评价机制包括(　　)。

A. 初级会计人才评价机制　　B. 中级会计人才评价机制

C. 高级会计人才评价机制　　D. 会计行业领军人才培养评价机制

【答案】 ABCD

【解析】 会计专业人才评价包括会计专业技术资格考试（初、中、高级）、会计专业领军人才评价、对先进会计工作者的表彰和奖励等。

(4) 会计监督检查。

会计监督检查属于政府市场监督的范畴，它是规范会计秩序，打击违法行为，保证会计信息质量，保护国家、投资者、债权人、社会公众利益，维护社会主义市场经济秩序的重要举措。财政部门对会计市场的监督检查主要包括对会计信息质量的检查、会计师事务所执业质量的检查以及对会计行业自律组织的监督、指导。

根据《会计法》的规定，县级以上人民政府财政部门为各单位会计工作的监督检查部门，对各单位会计工作行使监督权，对违法会计行为实施行政处罚。因此，财政部门是《会计法》的执行主体，是会计工作的政府监督实施主体。

财政部门组织实施全国会计师事务所执业质量的检查工作，依法对违反《注册会计师法》的行为实施行政处罚。省、自治区、直辖市人民政府财政部门组织实施本行政区域内的会计师事务所执业质量检查工作。

财政部应当加强对省级财政部门监督、指导，建立信息报告制度，对会计师事务所、注册会计师发生的重大违法违规案件及时上报财政部。

【案例分析】英达公司是一家外商投资企业，2016 年 8 月接到市财政局通知，市财政局将对该公司的会计工作情况进行检查。该公司的负责人认为，英达公司属于外商投资企业，不受中国《会计法》的约束，财政局无权对该公司进行检查。请分析该公司负责人的观点是否正确?

【解析】英达公司负责人的说法不正确。外商投资企业也是按照中国法律在中国境内设立的企业，要接受中国法律包括《会计法》的约束。根据《会计法》的规定，县级以上人民政府财政部门为各单位会计工作的监督检查部门，有权管理本行政区域内的会计工作，对各单位的会计工作行使监督权。

2. 会计工作的自律管理

会计行业自律管理制度是对行政管理制度的一种有益的补充，有助于督促会计人员依法展开会计工作，树立良好的行业风气，促进行业的发展。我国会计工作的行业自律组织主要包括中国注册会计师协会、中国会计师学会和中国总会计师协会。

（1）中国注册会计师协会。中国注册会计师协会是依据《注册会计师法》和《社会团体登记条例》的有关规定设立的社会团体法人，是中国注册会计师行业的自律管理组织，成立于 1988 年 11 月。

中国注册会计师协会分别于 1996 年 10 月和 1997 年 5 月加入亚太会计师联合会和国际会计师联合会，并与 40 多个境外会计师职业组织建立了友好合作和交往关系。

注册会计师协会的宗旨是服务、监督、管理、协调，即以诚信建设为主线，服务本会会员，监督会员执业质量、职业道德，依法实施注册会计师行业管理，协调行业内、外部关系，维护社会公众利益和会员合法权益，促进行业健康发展。

注册会计师协会在自律管理中的职责表现在：

①审批和管理本会会员，指导地方注册会计师协会办理注册会计师注册；

②拟订注册会计师执业准则、规则，监督、检查实施情况；

③组织对注册会计师的任职资格、注册会计师和会计师事务所的执业情况进行年度查；

④制定行业自律管理规范，对违反行业自律管理规范的行为予以惩戒；

⑤组织和推动会员培训工作；组织实施注册会计师全国统一考试；

⑥组织业务交流，开展理论研究，提供技术支持；

⑦开展注册会计师行业宣传；

⑧协调行业内、外部关系，支持会员依法执业，维护会员合法权益；

⑨代表中国注册会计师行业开展国际交往活动；

⑩指导地方注册会计师协会工作。

（2）中国会计学会。中国会计学会创建于1980年，是财政部所属由全国会计领域各类专业组织，以及会计理论界、实务界会计工作者组成的学术性、专业性、非营利性"会员制"社会组织。中国会计学会接受财政部和民政部的业务指导、监督和管理。以组织、推动会计理论和实务交流，建立和完善适应社会主义市场经济发展需要的、具有国际影响力的会计、理论与方法体系为目标。致力于通过专业活动为会员提供终身持续的专业化服务，同时为社会提供不同层次的专业人才。

中国会计学会的业务范围主要包括：

①组织协调全国会计科研力量，开展会计理论研究和学术交流，促进科研成果的推广和运用；

②总结我国会计工作和会计教育经验，研究和推动会计专业的教育改革；

③编辑出版会计刊物、专著、资料；

④发挥学会的智力优势，开展多层次、多形式的智力服务工作，包括组织开展中高级会计人员培养、会计培训和会计咨询与服务等；

⑤开展会计领域国际学术交流与合作；

⑥发挥学会联系政府与会员的桥梁和纽带作用和其他单位委托，组织开展有关工作；

⑦其他符合学会宗旨的业务活动。

（3）中国总会计师协会。中国总会计师协会是经财政部审核同意、民政部正式批准，依法注册登记成立的跨地区、跨部门、跨行业、跨所有制的非营利性国家一级社团组织，是总会计师行业的全国性自律组织，成立于1990年。会员单位主体为国有重点大型企业、具有一定规模的民营企业及设置总会计师职位的行政事业单位。个人会员包括总会计师、首席财务官、财务总监、财务主管及直接以CFO命名的企业高管等。

总会计师协会的业务范围主要有：培训认证、理论研究、信息交流、书刊编辑、国际合作、咨询服务。

【例1-6】下列各项中，属于会计行业自律组织的是(　　)。

A. 财政部会计司　　　　　　B. 税务协会

C. 中国注册会计师协会　　　D. 中国会计学会

【答案】CD

【解析】中国会计工作的自律管理组织包括中国注册会计师协会、中国会计学会、中国总会计师协会。

【例1-7】下列各项中，不属于会计工作行政管理的内容是(　　)。

A. 劳务市场管理　　　　　　B. 会计专业人才评价

C. 制定国家统一的会计制度　D. 会计监督检查

【答案】A

【解析】财政部门会计行政管理职能包括相关准则制度的制定、市场管理、会计专业人才评价、会计监督。

【知识小结】

会计工作的行政管理

<table>
<tr><td colspan="2">总原则</td><td>统一领导——国务院财政部门
分级管理——县级以上地方政府财政部门负责本行政区域内</td></tr>
<tr><td rowspan="4">财政部门
会计行政
管理职能</td><td>制定准则</td><td>财政部门管理会计工作最基本的职能
国务院财政部门——制定并公布
国务院有关部门可以制定但要向财政部报批
中国人民解放军总后勤部可以制定部队并报备</td></tr>
<tr><td>市场管理</td><td>准入管理、运行管理、退出管理
还包括出版市场、培训市场、洋资格管理</td></tr>
<tr><td>人才评价</td><td>“初级、中级、高级”会计人才评价机制
对会计领军人才的培养、评价
对会计人员的表彰奖励也属于会计人才评价范畴</td></tr>
<tr><td>监督检查</td><td>县以上财政局对会计信息质量的检查——对自我监督的再监督
省以上财政部门对会计师事务所执业质量的检查——对社会监督的再监督
对会计行业自律组织的监督、指导
财政部和省、自治区、直辖市人民政府财政部门——注册会计师协会（社会团体）
财政部——中国会计学会（学术性、专业性、非营利性社会组织）
同级财政部门——地方会计学会，冠有中国的为会员性组织</td></tr>
</table>

3. 单位会计的工作管理

（1）单位负责人的概念。

单位负责人是指单位法定代表人或者法律、行政法规规定代表单位行使职权的主要负责人。主要有两类：

①单位的法定代表人，指依法代表法人单位行使职权的负责人。如国有工业企业的厂长（经理）、公司制企业的董事长、国有机关的最高行政官员等。

②按照法律、行政法规的规定代表单位行使职权的负责人，具体指代表非法人单位行使职权的负责人。如代表合伙企业执行合伙企业事务的合伙人、个人独资企业投资人等。

（2）单位负责人的职责。

①单位负责人对本单位的会计工作和会计资料的真实性、完整性负责。会计资料的真实性，主要是指会计资料所反映的内容和结果，应当同本单位实际发生的经济业务内容及其结果相一致。会计资料的完整性，主要是指构成会计资料的各项要素都必须齐全，使得会计核算能如实、全面地记录和反映经济业务的发生情况，便于会计资料的使用者全面、准确地了解一个单位经济活动情况。由于单位负责人是单位的最高管理者，必须对本单位

的一切经营管理和业务活动负有责任，当然也必须对会计工作和会计资料的真实性、完整性负有责任。

②单位负责人应当保证会计机构、会计人员依法履行职责，不得授意、指使、强令会计机构和会计人员违法办理会计事项。

③会计人员的选拔任用由所在单位具体负责。财政部只在有关的会计法规中，要求会计从业人员必须具有会计从业资格证书，总会计师、会计机构负责人或会计主管人员必须具有符合要求的专业技术职务资格或工作经历。但会计人员隶属于所在单位，会计人员的任免、轮岗、提拔和调用等都应由所在单位负责，由所在单位进行考核奖惩。单位应对认真执行会计法律制度、忠于职守、坚持原则、成绩显著的会计人员，给予精神或物质奖励。

【例 1-8】 单位负责人在内部会计监督中的职责，下列表述不正确的有(　　)。

A. 单位负责人必须事事参与，严格把关

B. 单位负责人对本单位会计资料的真实性、完整性负责

C. 不得授意、指使、强令会计人员办理违法事项

D. 应依法进行会计核算

【答案】 AD

【解析】 单位负责人对本单位的会计工作和会计资料的真实性、完整性负责；认真组织好、管理好本单位的会计核算和监督工作，保证会计机构、会计人员依法履行职责，不得授意、指使、强令会计机构和会计人员违法办理会计事项。

【知识小结】

单位会计工作管理

<table>
<tr><td rowspan="3">单位负责人</td><td>法定代表人</td><td>国有企业的厂长（经理）
公司制企业的董事长
国家机关最高行政长官</td></tr>
<tr><td>代表单位行使职权的负责人</td><td>代表合伙企业的合伙人
个人独资企业的投资人</td></tr>
<tr><td colspan="2">单位负责人对本单位的会计工作和会计资料的真实性、完整性负责，单位负责人是本单位会计行为的责任主体，但不要求单位负责人事必躬亲办理具体会计事项</td></tr>
</table>

【案例分析】 张明是某上市公司董事长，由于公司近期经营出现困难，为粉饰公司业绩，授意会计机构负责人采取虚增收入、推迟或少列支出费用等手段，虚增利润 4 000 万元，造成极坏的社会影响。财政部门查实后，张明辩解说：会计工作由会计机构负责人负责，自己不懂会计，不应承担相应的责任。请分析该公司负责人能否推脱责任？

【解析】 不能。根据《会计法》的规定，单位负责人对本单位会计工作和会计资料的真实性、完整性负责；应当保证会计机构和会计人员依法履行职责，不得授意、指使、强令会计机构和会计人员违法办理会计事项。

子任务二　认识会计核算制度

（一）总体要求

1. 会计核算依据

会计核算是会计工作的基本职责之一，是会计工作的重要环节。我国会计法律制度对会计信息质量要求、会计资料基本要求以及会计年度、记账本位币、填制会计凭证、登记会计账簿、编制财务会计报告、财产清查、会计档案管理等作出了统一规定。

《会计法》第九条规定："各单位必须根据实际发生的经济业务事项进行会计核算，填制会计凭证，登记会计账簿，编制财务会计报告。任何单位不得以虚假的经济业务事项或者资料进行会计核算。"

（1）会计核算必须以实际发生的经济业务事项为依据。实际发生的经济业务事项，是指各单位在生产经营或预算执行过程中发生的包括引起或未引起资金增减变化的经济活动。以实际发生的经济业务事项为依据进行会计核算，是会计核算的重要前提，是填制会计凭证、登记会计账簿、编制财务会计报告的基础，是保证会计资料质量的关键。并非所有实际发生的经济业务事项都需要进行会计记录和会计核算。如签订合同或协议的经济业务事项，在签订合同或协议时往往无须进行会计核算，只有当实际履行合同或协议并引起资金运动时，才需要对这一经济业务事项如实记录和反映，进行会计核算。

（2）以虚假的经济业务事项或资料进行会计核算，是一种严重的违法行为。以不真实甚至虚拟的经济业务事项为核算对象，会计核算就没有规范、没有约束、没有科学可言，据此提供的会计资料不仅没有可信度，相反会误导使用者，扰乱社会经济秩序。在实际工作中有些单位利用虚假或虚拟经济业务事项，编造不真实的会计资料，借以欺骗投资者、债权人和社会公众，达到种种非法目的。针对这种严重违法行为，《会计法》作出了禁止性规定，即任何单位不得以虚假的经济业务事项或者资料进行会计核算。如果是单位以虚假的经济业务事项或资料为依据进行会计核算，即是严重违法行为，将受到法律的严厉制裁。

2. 对会计资料的基本要求

会计资料，主要是指会计凭证、会计账簿、财务会计报告等会计核算专业资料，它是会计核算的重要成果，是投资者作出投资决策、经营者进行经营管理、国家进行宏观调控的重要依据。因此，《会计法》和《会计基础工作规范》都要求，会计资料的内容和要求必须符合国家统一的会计制度的规定，保证会计资料的真实性和完整性，不得伪造、变造会计凭证和会计账簿，不得提供虚假的财务会计报告。

会计资料的真实性，主要是指会计资料所反映的内容和结果，应当同单位实际发生的经济业务的内容及其结果相一致。会计资料的完整性，主要是指构成会计资料的各项要素都必须齐全，使会计资料如实、全面地记录和反映经济业务发生情况，便于会计资料使用者全面、准确地了解经济活动情况。会计资料的真实性和完整性，是会计资料最基本的质量要求，是会计工作的生命，各单位必须保证所提供的会计资料真实和完整。

与会计资料的真实性、完整性相对的是会计资料的不真实、不完整。造成会计资料的不真实、不完整，其原因是多方面的，但伪造、变造会计资料是重要手段之一。伪造会计资料，包括伪造会计凭证和会计账簿，是以虚假的经济业务为前提来编制会计凭证和会计账簿，旨在以假充真，无中生有，比如，单位将应由个人负担的生活用品费用非法编造成购买办公用品费用的原始凭证报销等。

变造会计资料，包括变造会计凭证和会计账簿，是用涂改、挖补等手段来改变会计凭证和会计账簿的真实内容，以歪曲事实真相，比如，将原始凭证中的数量、单价、金额等进行涂改，使原始凭证所反映的经济内容虽然与实际情况一致，但经济业务所反映的金额与实际情况产生一定的“差额”，以此达到谋私的目的。伪造、变造会计资料，其结果是造成会计资料失实、失真，误导会计资料的使用者，损害投资者、债权人、国家和社会公众利益，因此，《会计法》对伪造、变造会计资料和提供虚假财务会计报告等弄虚作假行为，作出了禁止性规定。

3. 会计电算化的基本要求

《会计法》对会计电算化作出两个方面的规定：一是使用的会计软件必须符合国家统一的会计制度的规定；二是用电子计算机软件生成的会计资料也必须符合国家统一的会计制度的要求。

【例 1-9】某单位业务人员刘某在一家个体酒店招待业务单位人员，发生招待费 1 100 元。事后，他将酒店开出的收据金额改为 1 700 元，并作为报销凭证进行了报销。朱某的行为属于下列违法行为中的(　　)。

A. 伪造会计凭证行为　　　　B. 变造会计凭证行为

C. 做假账行为　　　　D. 违反招待费报销制度行为

【答案】B

【解析】变造会计凭证，是指用涂改、挖补等手段来改变会计凭证的真实内容，歪曲事实真相的行为，即篡改事实。朱某将收据上的金额 1 100 元改为 1 700 元，显然属于变造会计凭证行为。

【知识小结】

会计核算的总体要求

<table>
<tr><td>核算依据</td><td colspan="3">实际发生的经济业务事项</td></tr>
<tr><td rowspan="5">对会计资料的基本要求</td><td>会计资料</td><td colspan="2">凭证、账簿、报告、报表附注及其他</td></tr>
<tr><td>基本质量要求</td><td colspan="2">保证会计资料的真实性和完整性</td></tr>
<tr><td rowspan="2">区别伪造与变造</td><td>伪造</td><td>以虚假的经济业务为前提（无中生有）</td></tr>
<tr><td>变造</td><td>在原有基础上改变，手段是涂改、挖补（篡改事实、产生差额）</td></tr>
<tr><td>会计电算化</td><td colspan="2">使用电子计算机进行会计核算，其软件及生成的会计资料，也必须符合国家统一的会计制度的规定</td></tr>
</table>

（二）会计核算的内容

《会计法》第十条规定，下列经济业务事项，应当办理会计手续，进行会计核算：

1. 款项和有价证券的收付；
2. 财物的收发、增减和使用；
3. 债权债务的发生和结算；
4. 资本、基金的增减；
5. 收入、支出、费用、成本的计算；
6. 财务成果的计算和处理；
7. 需要办理会计手续、进行会计核算的其他事项。

（三）会计凭证

会计凭证是记录经济业务事项发生或完成情况的书面证明，也是登记账簿的依据。填制、审核会计凭证是会计核算工作的首要环节。

由于会计凭证中详细记录了企业各类交易与事项的具体内容和经济活动基本的财务信息，因此，会计凭证处理是整个会计信息系统运行的第一环节，也是会计账簿信息和会计报表信息产生的基础。所以说，会计凭证事关整个企业会计信息的质量。会计凭证按照它填制程序和用途的不同来划分，可以分为原始凭证和记账凭证两种。

1. 原始凭证

原始凭证指在经济业务发生或完成时取得或填制的，用于记录和证明经济业务的发生或完成情况，明确经办人员责任并具有法律效力和作为记账原始依据的一种书面证明。原始凭证记录的是经济信息，它是编制记账凭证的依据，是会计核算的基础；原始凭证由经济交易与事项的经办人员填制或取得，其用来作为编制会计分录的依据。

原始凭证具备的基本要素或基本内容主要包括：原始凭证的名称和编号；填制凭证的日期；交易双方的名称；经济业务的内容、数量、单价和金额；填制人员的签名或盖章；原始凭证的联次及附件等。如图 1-1、图 1-2 所示的增值税发票。

会计机构、会计人员必须按照国家统一的会计制度的规定对原始凭证进行审核，对于审核无误的原始凭证，应及时据以编制记账凭证入账；对于不符合要求的原始凭证，应分别不同情况按照下列正确的处理方法进行处理：对于不完整、不准确的原始凭证，应退回给有关经办人员，由其负责按照国家统一会计制度的要求补充完整、更正错误或重开后，再办理正式会计手续；对于不真实、不合法的原始凭证，会计人员应拒绝受理，并应向单位负责人报告，请求查明原因，追究有关当事人的责任。

原始凭证记载的内容有错误，应当由开具单位重开或更正，并在更正处签章。但原始凭证金额出现错误的不得重开，只能由原始凭证开具单位重开。

如果一张原始凭证所列支出需要几个单位共同负担的，应当将其他单位负担的部分，开给对方原始凭证分割单，进行核算。原始凭证分割单必须具备原始凭证的基本内容。

2. 记账凭证

原始凭证的内容不同，格式各异，种类繁多，对应关系也不直观，如果直接根据原始

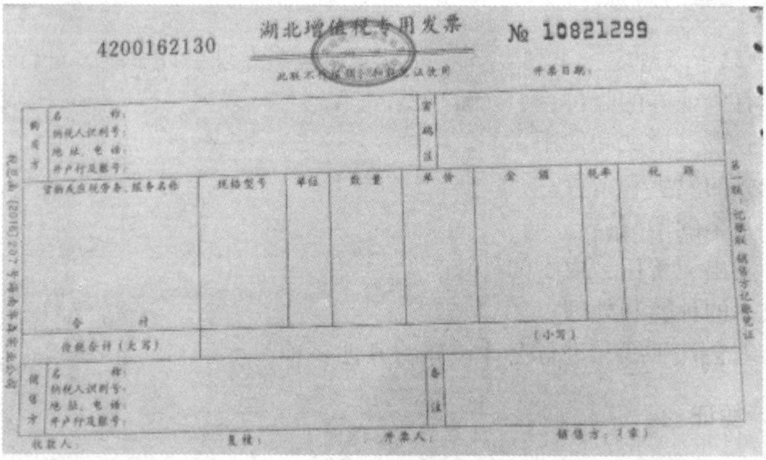
4200162130　湖北增值税专用发票　№ 10821299

开票日期：

购买方	名称： 纳税人识别号： 地址、电话： 开户行及账号：			密码区			
货物或应税劳务、服务名称	规格型号	单位	数量	单价	金额	税率	税额
合计							
价税合计（大写）					（小写）		
销售方	名称： 纳税人识别号： 地址、电话： 开户行及账号：			备注			

收款人：　复核：　开票人：　销售方：（章）

第一联　记账联　销售方记账凭证

图 1-1

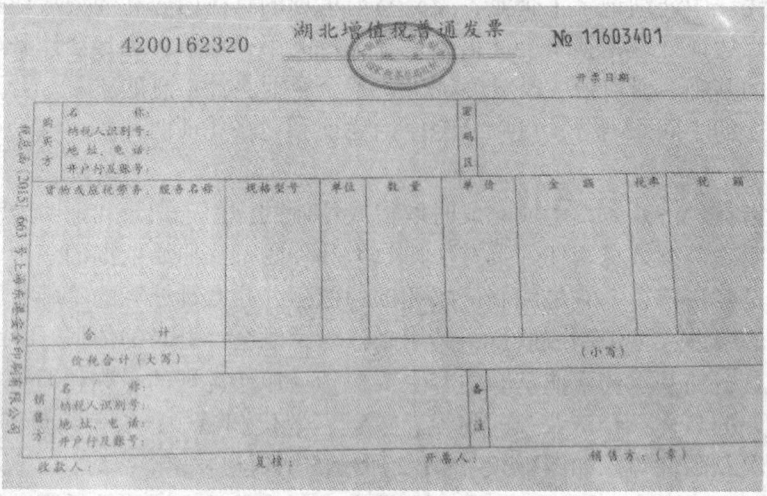
4200162320　湖北增值税普通发票　№ 11603401

开票日期：

购买方	名称： 纳税人识别号： 地址、电话： 开户行及账号：			密码区			
货物或应税劳务、服务名称	规格型号	单位	数量	单价	金额	税率	税额
合计							
价税合计（大写）					（小写）		
销售方	名称： 纳税人识别号： 地址、电话： 开户行及账号：			备注			

收款人：　复核：　开票人：　销售方：（章）

图 1-2

凭证记账，容易发生差错，也不便于查账。因此，应先根据原始凭证或汇总原始凭证编制记账凭证，在记账凭证摘要中说明经济业务的内容、确定应借、应贷的账户名称和金额，并将原始凭证作为附件，然后根据记账凭证登记账簿。

记账凭证应当具备以下内容：记账凭证的名称、填制凭证的日期；凭证编号；经济业务摘要；会计科目；金额；记账符号；所附原始凭证张数；相关人员签章等。如表 1-1 所示为通用记账凭证。

记账凭证是登记账簿的直接依据，按其反映经济业务的内容不同，可以分为收款凭证、付款凭证和转账凭证；按其填列方式，可分为复式凭证和单式凭证两种。

表 1-1

记 账 凭 证

字第　　　号

年　　月　　日　　附原始凭证　　张附件　　张

摘　要	科　目	子目或户名	√	借方金额											贷方金额										
				亿	千	百	十	万	千	百	十	元	角	分	亿	千	百	十	万	千	百	十	元	角	分

会计　　记账　　出纳　　复核　　制单

(四) 会计账簿

1. 依法建账的法律规范

依法建账，是单位进行会计核算的最基本的要求，所有实行独立核算的国家机关、社会团体、公司、企业、事业和其他组织都必须依法设置、登记会计账簿，保证其真实、完整。会计账簿，是指由一定格式、相互联系的账页所组成，用来序时、分类地全面记录和反映一个单位经济业务事项的会计簿籍，是会计资料的主要载体之一，也是会计资料的重要组成部分。会计账簿的主要作用，是对会计凭证提供的大量分散数据或资料进行分类归集整理，以全面、连续、系统地记录和反映经济活动情况，是编制财务会计报告，检查、分析和控制单位经济活动的重要依据。

根据规定，各单位应当依法设置的会计账簿包括：

(1) 总账。总账也称总分类账，是根据总账科目开设的账簿，用于分类登记单位的全部经济业务事项，提供资产、负债、资本、费用、成本、收入和成果等总括核算的资料。总账一般采用订本账。

(2) 明细账。明细账也称明细分类账，是根据总账科目所属的明细科目设置的，用于分类登记某一类经济业务事项，提供有关明细核算资料。明细账一般采用活页账。

(3) 日记账。日记账是一种特殊的序时明细账，它是按照经济业务事项发生的时间先后顺序，逐日逐笔地进行登记的账簿，包括现金日记账和银行存款日记账。日记账一般采用订本账。

(4) 其他辅助账簿。其他辅助账簿也称备查账簿，是为备忘查询而设置的。在实际会计实务中，主要包括各种租借设备、物资的辅助登记或有关应收、应付款项的备查簿，担保、抵押备查簿等。

会计账簿按照用途，可分为总账、明细账、序时账和其他辅助账；按照外部形式，可分为订本式账簿、活页式账簿和卡片式账簿。如图 1-3 所示为实际工作中使用的各种账簿。

图 1-3

2. 登记会计账簿的规定

对于会计账簿的登记，《会计法》规定了以下基本要求：

（1）必须依据经过审核的会计凭证登记会计账簿。

（2）登记会计账簿时，应当将会计凭证日期、编号、业务内容摘要、金额和其他有关资料逐项记入账内。

（3）各种账簿要按页次顺序连续登记，不得跳行、隔页。

（4）会计账簿记录发生错误时，应当按照规定的更正方法进行更正。更正方法一般有划线更正法、补充登记法、红字冲正法三种方法。

（5）及时对账。对账就是核对账目，即将会计账簿记录的有关数字与库存实物、货币资金、有价证券、往来单位或者个人等进行相互核对，保证账证相符、账账相符、账表相符、账实相符。根据《会计基础工作规范》规定，各单位的对账工作每年至少进行一次。

（6）定期结账。结账是在将本期内所发生的经济业务全部登记入账的基础上，按照规定的方法对该期内的账簿记录进行小结，结算出本期发生额合计和余额，并将其余额结转下期或者转入新账。按照不同的会计期间，结账可分为月结、季结和年结等。

（7）实行会计电算化的单位，其会计账簿的登记、更正，也应当符合国家统一的会计制度的规定。

（8）禁止账外设账。各单位发生的各项经济业务事项应当在依法设置的会计账簿上统一登记、核算，不得违反《会计法》国家统一的会计制度的规定私设会计账簿登记、核算。如表 1-2 所示为原材料总账的登记范例。

表 1-2

总 账

科 目 原材料

20: 年		凭证		摘 要	借 方	√	贷 方	√	借或贷	余 额	√
月	日	字	号		亿千百十万千百十元角分		亿千百十万千百十元角分			亿千百十万千百十元角分	
1	1			上年结转					借	2760000	
	5	银付	1	购进材料	96000				借	2856000	
	10	转字	1	购进材料	768000				借	3624000	
	30	转字	2	生产领用			1500000		借	2124000	
	30			本月合计	864000		1500000		借	2124000	

【案例分析】2010 年初，审计人员在对某企业进行审计时，发现管理费用支出明细账中，2009 年 10 月 17 日现付 30#凭证上存在下列问题：该号凭证上列支了该企业的行政办公室办公用品费 9 350 元，所附发票只标明了下列内容：名称：办公用品；金额：9 350 元。以现金方式付给某大型商场。且此类发票数量较多，金额累计达 765 005 元。

审计人员进一步对该企业办公用品的支出情况进行了分析、调查，发现数额较大的办公用品早已购买，而且都按《会计基础工作规范》的要求进行了账务处理，但这些发票上却都未详细列示办公用品的具体内容，并且款项都是以现金支付的，数额较大。带着这些问题，审计人员到某商场进行调查核实，抽查了原发票存根联，发现所有办公用品都与生活用品有关，与企业发票的内容根本不符。为什么会出现这种现象，在审计人员的进一步追问下，该商场说明了实际情况。原来，当时该企业并没有从某商场购买所谓的办公用品，而是购买了高档化妆品及护肤品，用于个人消费，价值 9 350 元。其他此类发票经调查也是属于类似情况。请分析上述事件违反了哪些相关规定，商场的行为对吗？

【解析】《会计法》《会计基础工作规范》规定：会计机构、会计人员要根据审核无误的原始凭证填制记账凭证、登记会计账簿。“对不真实、不合法的原始凭证，不予受理。对弄虚作假、严重违法的原始凭证，在不予受理的同时，应当予以扣留，并及时向单位领导人报告，请求查明原因，追究当事人的责任。对记载不准确、不完整的原始凭证，予以退回，要求经办人员更正、补充。”可见，该企业行为违反了上述相关法律规定，且金额较大、性质恶劣，应根据相关法规规定追究相应人员责任。此外，上述案例中某商场的行为也违反了相关法规规定，应一并查处。

（五）财务会计报告

财务会计报告，是指单位对外提供的反映单位某一特定日期财务状况和某一会计期间经营成果、现金流量的文件。编制财务报告，是对单位会计核算工作的全面总结，也是及时提供真实、完整会计资料的重要环节。

企业财务会计报告包括：会计报表及其附注和其他应当在财务会计报告中披露的相关信息和资料。

1. 会计报表

会计报表是对企业财务状况、经营成果和现金流量的结构性表述。一套完整的会计报表至少应当包括资产负债表、利润表、现金流量表和所有者权益（或股东权益）变动表以及附注。

（1）资产负债表：是指反映特定主体在某一特定日期（如年末、季末、月末等）的财务状况的会计报表。

（2）利润表：是指反映特定主体在某一会计期间的经营成果的会计报表。

（3）所有者权益变动表：是指反映构成所有者权益的各项组成部分的增减变动情况的会计报表。

（4）现金流量表：是指反映特定主体在某一会计期间的现金和现金等价物流入、流出的会计报表。

（5）附注：是指对在财务报表中列示项目所作的进一步说明，以及对未能在这些报表中列示项目的说明等。

会计报表可以按照不同的标准进行分类：（1）按会计报表编制期间的不同，可以分为中期会计报表和年度会计报表。（2）按会计报表编报主体的不同，可以分为个别会计报表和合并会计报表。表1-3所示为会计报表的一种资产负债表。

财务会计报告由单位负责人和主管会计工作的负责人、会计机构负责人（或会计主管人员）签名并盖章设置总会计师的单位，还需由总会计师签名并盖章。单位负责人应当保证财务会计报告真实、完整。不需要注册会计师和经办人签章。

财务会计报告须经注册会计师审计的，注册会计师及其所在的会计师事务所出具的审计报告应当随同财务会计报告一并提供。

【例1-10】需要在我国财务会计报告签章的有（　　）。

A. 总会计师　　B. 单位负责人

C. 会计机构负责人　　D. 注册会计师

【答案】ABC

【解析】财务会计报告由单位负责人和主管会计工作的负责人、会计机构负责人（或会计主管人员）签名并盖章，设置总会计师的单位，还需由总会计师签名并盖章。单位负责人应当保证财务会计报告真实、完整。不需要注册会计师和经办人签章。

【例 1-11】我国财务会计报告上的签章为(　　)。

A. 签名　　　　B. 盖章

C. 签名或盖章　　　　D. 签名并盖章

【答案】D

表 1-3　　　　**资产负债表**

会企 01 表

编制单位：阳光公司　　　　20××年 12 月 31 日　　　　单位：元

资产	年初数	期末数	负债和所有者权益	年初数	期末数
流动资产：			流动负债：		
货币资金	300 000	343 850	短期借款	20 000	20 000
交易性金融资产	150 000	—	交易性金融负债	—	—
应收票据	60 000	60 000	应付票据	—	—
应收账款	300 000	1 177 500	应付账款	30 000	30 000
预付账款	—	—	预收账款	35 000	35 000
应收利息	—	—	应付职工薪酬	5 000	5 000
应收股利	—	—	应交税金	300 000	529 500
其他应收款	40 000	40 000	应付利息	—	—
存货	600 000	150 000	应付股利	—	—
一年内到期的非流动资产	—	—	其他应付款	10 000	10 000
其他流动资产	—	—	一年内到期的非流动负债	—	—
流动资产合计	1 450 000	1 771 350	其他流动负债	—	—
非流动资产：			流动负债合计	400 000	629 500
可供出售金融资产	—	—	非流动负债：	—	—
持有至到期的投资	—	—	长期借款	1 050 000	1 100 000
长期应收款	—	—	应付债券	—	—
长期股权投资	—	—	长期应付款	—	—
投资性房地产	—	—	专项应付款	—	—
固定资产	750 000	975 000	预计负债	—	—
在建工程	750 000	855 000	递延所得税负债	—	—
工程物资	—	—	其他非流动负债	—	—

续表

资产	年初数	期末数	负债和所有者权益	年初数	期末数
固定资产清理	—	—	非流动负债合计	1 050 000	1 100 000
生产性生物资产	—	—	负债合计	1 450 000	1 729 500
油气资产	—	—	所有者权益：	—	—
无形资产	—	—	实收资本	900 000	900 000
开发支出	—	—	资本公积	—	—
商誉	—	—	减：库存股	—	—
长期待摊费用	—	—	盈余公积	600 000	655 777.5
递延所得税资产	—	—	未分配利润	—	316 072.5
其他非流动资产	—	—	所有者权益合计	1 500 000	1 871 850
非流动资产合计	1 500 000	1 830 000			
资产总计	2 950 000	3 601 350	负债和所有者权益总计	2 950 000	3 601 350

单位负责人：　　　　财务负责人　　　　复核　　　　制表

2. 会计报表附注

会计报表附注是财务报告的重要组成部分。它是为了便于会计信息使用者理解会计报表的内容而对会计报表产生的基础、依据、原则和方法以及主要项目等所作的解释和说明。按照《企业会计准则第 30 号——财务报表列报》的规定，会计报表附注一般应按如下顺序和内容进行披露：

（1）财务报表的编制基础；

（2）遵循企业会计准则的声明；

（3）重要会计政策的说明；

（4）重要会计估计的说明；

（5）会计政策和会计估计变更以及差错更正的说明；

（6）对已在资产负债表、利润表、现金流量表和所有者权益变动表中列示的重要项目的进一步说明，包括终止经营后利润的金额及其构成情况等；

（7）或有事项、资产负债表日后非调整事项、关联方关系及其交易等需要说明的事项；

（8）在资产负债表日后、财务报告批准报出日前提议或宣布发放的股权总额和每股股利金额以及其他应当在财务会计报告中披露的相关信息和资料。

财务会计报告应当根据经过审核的会计账簿记录和有关资料编制，并符合《会计法》和国家统一的会计制度关于财务会计报告的编制要求、提供对象和提供期限的规定。

【知识小结】

凭证、账簿、报表

<table>
<tr><td colspan="3">关于依据在会计信息处理流程中，只有审核无误的才能作为下一程序的依据</td></tr>
<tr><td>账目核对</td><td colspan="2">账账核对、账证核对、账实核对、“账表核对”</td></tr>
<tr><td rowspan="2">财务报表</td><td>组成</td><td>“四表一注”：资产负债表、利润表、现金流量表、所有者（股东）权益变动表、“附注”审计报告都不属于财务会计报告</td></tr>
<tr><td>对外提供</td><td>(1) 财务报表由“单位负责人”和“主管会计工作的负责人”、“会计机构负责人（会计主管人员）”签名并盖章；设置总会计师的单位，还须由“总会计师”签名并盖章，不用注册会计师和经办人签名并盖章。
(2)“单位负责人”应当保证财务报表真实性、完整性。</td></tr>
<tr><td>审计报告</td><td colspan="2">财务会计报告“须”经注册会计师审计的，注册会计师及其所在的会计师事务所出具的审计报告应当随同财务会计报告“一并提供”</td></tr>
</table>

（六）会计档案

会计档案是记录和反映经济业务事项的重要历史资料和证据。一般包括会计凭证、会计账簿、财务会计报告、通过计算机等电子设备形成、传输和存储的电子会计档案及其他会计资料等会计核算的专业材料。《会计法》第二十三条规定，各单位对会计凭证、会计账簿、财务会计报告和其他会计资料应当建立档案，妥善保管。会计档案的保管期限和销毁办法，按照中华人民共和国财政部国家档案局令第 79 号《会计档案管理办法》执行。《会计档案管理办法》已经财政部部务会议、国家档案局局务会议修订通过，现将修订后的《会计档案管理办法》公布，自 2016 年 1 月 1 日起施行。

1. 会计档案的范围和种类

会计档案包括：(1) 会计凭证类：原始凭证、记账凭证、汇总凭证，其他会计凭证；

(2) 会计账簿类：总账、明细账、日记账、固定资产卡片，辅助账簿，其他会计账簿；

(3) 财务报告类：月度、季度、年度财务报告，包括会计报表附件，附注及文字说明，其他财务报告；

(4) 其他类：银行存款余额调节表，银行对账单、其他应当保存的会计核算专业资料，会计档案移交清册，会计档案保管清册，会计档案销毁清册。

各单位的财务预算、计划、制度等文件材料属于文书档案，不属于会计档案。

【例 1-12】 下列各项中，属于会计档案的有（　　）。

A. 销货发票　　　　B. 银行对账单

C. 固定资产卡片　　D. 账务计划

【答案】 ABC

【例 1-13】 下列各项中，保管期满仍不能销毁的会计档案有(　　)。

A. 尚未报废的固定资产的购买凭证　　B. 未结清债权债务的原始凭证

C. 没有完工的建设项目的会计档案　　D. 会计账簿

【答案】 BC

2. 会计档案的归档和移交

各单位每年形成的会计档案，应由单位会计部门按照归档要求负责整理立卷或装订。当年形成的会计档案在会计年度终了后，可暂由本会计部门保管一年，保管期满之后，原则上应由会计部门编制清册，将会计档案的名称、种类、卷号、数量、起止日期，应保管期限等一一登记入册，全部入档再移交本单位档案管理机构统一保管。因工作需要确需推迟移交的，应当经单位档案管理机构同意，但临时保管时间不得超过三年。出纳人员不得兼管会计档案。

会计机构在向单位档案部门移交会计档案时要编制移交清册，详细登记所移交档案的名称、卷号、册数、起止年度、应保管期限、已保管期限等内容，便于分清责任，加强会计档案管理。对没有档案管理部门的单位，会计档案应当由会计机构继续保管，并指定专人负责，实行会计档案专门化管理，以增强会计档案管理工作的可操作性。会计机构保管会计档案的专职人员不得由单位出纳人员担任，这是内部控制制度的要求，它有利于会计档案的安全和完整。

档案部门接收保管的会计档案，原则上应当保持原卷册的封装，即入档后的单位会计档案不得随意拆封，这是对会计档案拆封的原则性规定。个别需要拆封重新整理的，应当会同会计部门和原经办人共同拆封整理，以分清责任。会计档案的拆封，直接关系到会计档案的安全和完整。为此，《会计档案管理办法》第六条作出明确要求，以规范程序，分清责任，保证会计档案的安全和完整。

保存的会计档案应当积极为本单位提供和利用。会计档案借阅是会计档案保管的一个重要环节，也是实际工作中经常发生的问题。会计档案原件原则上不得借出，以确保单位档案的安全和完整，防止丢失。遇有特殊需要，如与单位经济业务相关方面需要查阅与其业务相关的会计凭证或公检法等监察部门需要查询与案件有关的会计资料等，经本单位负责人批准，在不拆散原卷册的前提下，可以提供查阅或者复制件，但必须办理登记手续，登记查阅人或复制人姓名、单位、查阅或复制档案的卷号和内容等，以便备查。

3. 会计档案的保管期限

根据《会计档案管理办法》的规定，《会计档案管理办法》第八条规定：会计档案的保管期限分为永久、定期两类。定期保管期限一般分为 10 年和 30 年。会计档案的保管期限，从会计年度终了后的第一天算起。《会计档案管理办法》规定的会计档案保管期限为最低保管期限，各类会计档案的保管原则应按《会计档案管理办法》附表所列期限执行。

企业和其他组织会计档案保管期限表

序号	档案名称	保管期限	备注
一	会计凭证		
1	原始凭证	30 年	
2	记账凭证	30 年	
二	会计账簿		
3	总账	30 年	
4	明细账	30 年	
5	日记账	30 年	
6	固定资产卡片		固定资产报废清理后保管 5 年
7	其他辅助性账簿	30 年	
三	财务会计报告		
8	月度、季度、半年度财务会计报告	10 年	
9	年度财务会计报告	永久	
四	其他会计资料		
10	银行存款余额调节表	10 年	
11	银行对账单	10 年	
12	纳税申报表	10 年	
13	会计档案移交清册	30 年	
14	会计档案保管清册	永久	
15	会计档案销毁清册	永久	
16	会计档案鉴定意见书	永久	

财政总预算、行政单位、事业单位和税收会计档案保管期限表

序号	档案名称	保管期限			备　注
		财政总预算	行政单位事业单位	税收会计	
一	会计凭证				
1	国家金库编送的各种报表及缴库退库凭证	10 年		10 年	
2	各收入机关编送的报表	10 年			
3	行政单位和事业单位的各种会计凭证		30 年		包括：原始凭证、记账凭证和传票汇总表

续表

序号	档案名称	保管期限			备　注
		财政总预算	行政单位事业单位	税收会计	
4	财政总预算拨款凭证和其他会计凭证	30 年			包括：拨款凭证和其他会计凭证
二	会计账簿				
5	日记账		30 年	30 年	
6	总账	30 年	30 年	30 年	
7	税收日记账（总账）			30 年	
8	明细分类、分户账或登记簿	30 年	30 年	30 年	
9	行政单位和事业单位固定资产卡片				固定资产报废清理后保管 5 年
三	财务会计报告				
10	政府综合财务报告	永久			下级财政、本级部门和单位报送的保管 2 年
11	部门财务报告		永久		所属单位报送的保管 2 年
12	财政总决算	永久			下级财政、本级部门和单位报送的保管 2 年
13	部门决算		永久		所属单位报送的保管 2 年
14	税收年报（决算）			永久	
15	国家金库年报（决算）	10 年			
16	基本建设拨、贷款年报（决算）	10 年			
17	行政单位和事业单位会计月、季度报表		10 年		所属单位报送的保管 2 年
18	税收会计报表			10 年	所属税务机关报送的保管 2 年
四	其他会计资料				
19	银行存款余额调节表	10 年	10 年		
20	银行对账单	10 年	10 年	10 年	
21	会计档案移交清册	30 年	30 年	30 年	
22	会计档案保管清册	永久	永久	永久	
23	会计档案销毁清册	永久	永久	永久	
24	会计档案鉴定意见书	永久	永久	永久	

注：税务机关的税务经费会计档案保管期限，按行政单位会计档案保管期限规定办理。

4. 会计档案的销毁

会计档案的销毁是会计档案管理的重要内容，必须严格规范有序进行。

根据《会计档案管理办法》的规定，会计档案保管期满需要销毁的，除特殊规定外，可以按照程序予以销毁。

（1）编造会计档案销毁清册。由单位档案管理部门会同会计机构根据保管期已满的会计档案和单位对这些档案的利用要求，提出销毁意见，编制会计档案销毁清册，列明所要销毁会计档案的名称、卷号、起止年度和档案编号、应保管期限、已保管期限、销毁日期等内容。

（2）单位负责人签署意见。单位档案管理部门和会计机构将编制好的会计档案销毁清册和销毁意见报本单位负责人，单位负责人对所要销毁的会计档案进行复核后在会计档案销毁清册上签署销毁意见。

（3）专人负责监销。会计档案销毁前，需要有指定的监销人按照会计档案销毁清册所列的内容对所要销毁的会计档案进行清点核对，监销人员要认真核查各项会计档案是否已保管期满，内容和卷号是否相符，编号是否连续等。对于一般企业、事业单位和组织销毁会计档案时，应当由单位档案机构和会计机构共同派员监销；对于国家机关则应当由同级财政部门、审计部门派员参加监销；对于财政部门，则由同级审计部门派员监销。会计档案销毁后，监销人员应当在会计档案销毁清册上签名盖章，并及时将监销情况向本单位负责人报告。

（4）不得销毁的会计档案。在对保管期满的会计档案进行整理以备销毁时，对于未结清债权债务的原始凭证和涉及其他未了事项（如超过会计梢案保管期限但尚未报废的固定资产购买凭证等）的原始凭证，不得销毁，应当单独保管到未了事项完结后方可按规定的程序进行销毁；另外，正在建设期间的建设单位会计档案，无论其是否保管期满，都不得销毁，必须妥善保管，等到项目办理竣工决算后按规定的交接手续移交给项目的接受单位进行妥善保管。

【例 1-14】会计档案保管年限从档案形成后第一天算起（　　）。

【答案】错

【解析】会计档案的保管期限，从会计年度终了后的第一天算起。

【案例分析】2010 年底某市在会计工作执法检查中，了解到某企业由于会计档案管理部门库房紧张，装具也不足，因此，经单位领导同意，从 2002 年至今，会计档案一直保留在财务会计部门，由本单位的出纳人员兼管，该出纳人员利用职务之便，通过篡改原始凭证，加大差旅费支出的方式，贪污公款达 9 万多元。请根据《会计档案管理办法》的有关规定进行评析。

【解析】《会计档案管理办法》规定："当年形成的会计档案，在会计年度终了后，可暂由会计机构保管一年，期满之后，应当由会计机构编制移交清册，移交本单位档案机构统一保管；未设立档案机构的，应当在会计机构内部指定专人保管，出纳人员不得兼管会计档案。"

【案例分析】2010 年 8 月，胜昌公司拟销毁一批保管期满的会计档案，其中包括一张债务还没有结清的原始凭证。该公司新来的会计小王认为只要保管期满的会计档案就可以按照正常程序进行销毁，出纳小李认为应将该张原始凭证抽出单独保管，等到债务结清后再申请销毁，因此两人意见不统一而发生争执。你认为谁的观点正确，并说明理由。

【解析】出纳小李的观点正确。根据《会计档案管理办法》第十一条规定：保管期满但未结清的债权债务原始凭证和涉及其他未了事项的原始凭证，不得销毁，应当单独抽出立卷，保管到未了事项完结时为止。

（七）其他

我国会计法律制度还对会计年度、记账本位币、会计处理方法等做了明确规定。

1. 会计年度

《会计法》第十一条规定："会计年度自公历1月1日起至12月31日止。"会计年度是以年度为单位进行会计核算的时间区间，是反映单位财务状况、核算经营成果的时间界限。每个会计年度还可以按照公历日期划分为半年、季度、月度，以满足单位经营管理和投资者对会计资料的需要。

2. 记账本位币

记账本位币是指日常登记账簿和编制财务会计报告用以计量的货币，即单位进行会计核算业务时所使用的货币。《会计法》第十二条规定："会计核算以人民币为记账本位币。业务收支以人民币以外的货币为主的单位，可以选定其中一种货币为记账本位币，但是编制的财务会计报告应当折算为人民币。"记账本位币一经确定，不得随意变动。

3. 会计处理方法

会计处理方法包括确认、计量、记录和报告。采用不同的处理方法，都会影响会计资料的一致性和可比性，进而影响会计资料的使用。各单位采用的会计处理方法前后各期应当保持一致，不得随意变更；确有必要变更的，应当按照国家统一的会计制度的规定进行变更，并将变更的原因、情况及影响，在财务会计报告中予以说明，以便会计资料使用者了解会计处理方法变更及其对会计资料的影响。

子任务三　了解会计监督制度

会计监督是会计的基本职能之一，是我国经济监督体系的重要组成部分，也是会计资料质量控制的重要环节。会计监督有狭义和广义之分，狭义的会计监督是指会计人员在进行会计核算的同时，对特定主体经济活动的真实性、合法性和合理性进行审查，属于内部监督。广义的会计监督还包括对会计监督活动的再监督，即外部监督，主要有政府监督和社会监督。加强会计监督，最重要的是要建立有效的会计监督体系。《会计法》以法律的形式确立了三位一体的会计监督体系。所谓三位，是指会计监督体系的结构包括三个层次：即单位内部的会计监督、政府监督和社会监督。所谓一体，是指各层次监督之间的相互联系、相互协调形成一个有机整体。由于三种不同的监督主体客观上具有不同的利益关系，为消除利益关系可能对监督效果造成的不良影响，各种会计监督之间必须建立相互制约的关系，形成一个有机的会计监督体系。即内部监督的本质是内部控制，是内部管理的重要组成部分；社会监督是对内部监督的再监督，其特征是监督行为的独立性和有偿性；政府监督是对内部监督和社会监督的再监督，其特征是强制性和无偿性。因此，《会计法》所确立的会计监督体系，是三种监督相互补充、相互制约和不可替代的关系，是一种有效的会计监督体系。

（一）单位内部会计监督

1. 单位内部会计监督主体和对象

根据《会计基础工作规范》和《内部会计控制规范（试行）》的规定，各单位的会计机构、会计人员对本单位的经济活动进行会计监督。内部会计监督的主体是各单位的会计机构、会计人员；内部会计监督的对象是本单位的经济活动。尽管内部会计监督的主体是各单位的会计机构、会计人员，但内部会计监督不仅仅是会计机构、会计人员的事情，单位负责人应当积极支持、保障会计机构、会计人员行使好会计监督职权。根据《会计法》的规定，单位负责人负责单位内部会计监督制度的组织实施，对本单位内部会计监督制度的建立及有效实施承担最终责任。

2. 单位内部会计监督制度的基本要求

单位内部会计监督的内容十分广泛，涉及人、财、物等诸多方面，各单位应当根据实际情况建立、健全本单位内部会计监督制度和内部控制制度。根据《会计法》的规定，单位内部会计监督制度应当符合以下四个方面的要求：

（1）记账人员与经济业务事项或会计事项的审批人员、经办人员、财物保管人员的职责权限应当明确，并相互分离、相互制约，这是机构控制和职务控制的基本要求。

（2）重大对外投资、资产处置、资金调度和其他重要经济业务事项的决策和执行的相互监督、相互制约程序应当明确。这是对业务处理程序控制的基本要求，是对盲目对外投资，擅自处置资产，随意调度资金所作的限制性规定，具有很强的针对性。

（3）财产清查的范围、期限和组织程序应当明确。这是财产安全控制和会计信息控制的基本要求。

（4）对会计资料定期进行内部审计的办法和程序应当明确。这是内部审计控制的基本要求。通过内部审计，可以发现并纠正单位会计核算、会计资料中的一些不合规定、不真实、不准确、不完整的情况，有利于保证单位财产的安全，保证会计核算资料的真实和完整。

3. 会计机构和会计人员在单位内部会计监督中的职责

《会计法》第二十八至三十一条明确规定了会计机构和会计人员的监督权力和义务，其内容包括：

（1）会计机构和会计人员对违反《会计法》和国家统一的会计制度规定的会计事项，有权拒绝办理或按照职权予以纠正。这体现在两个方面：一是《会计法》赋予会计机构和会计人员的监督权力；二是单位负责人在单位内部会计监督制度中赋予会计机构和会计人员的监督权力。单位内部的会计监督，主要是通过单位内部的会计机构、会计人员在处理会计业务过程中进行的。由会计机构、会计人员在处理会计业务的过程中严格把关，实行会计监督，可以有效地防范和纠正违法行为。

（2）对单位内部的会计资料和财产物资实施监督。会计机构、会计人员发现会计账簿与实物、款项及有关资料不相符的，按照国家统一的会计制度的规定有权自行处理的，应当及时处理；无权处理的，应当立即向单位负责人报告，请求查明原因，作出处理。会计资料是会计工作的最终产品，对其实施有效的控制和监督，是会计机构和会计人员的基本职责。单位的财产物资及其货币表现，是会计工作的对象，保证单位的账实相符、账款相符、账账相符、账表相符，是会计机构和会计人员的基本工作职责和要求。因此，会计机构和会计人员应在日常工作中加强对本单位财产物资的监督：

第一，完善各种财产物资的定期或不定期的清查盘点制度，及时发现其短少或溢余情况。因此，各单位应建立和健全账簿、款项和实物的盘点、核查制度，并及时记录和监督各项财物、款项的增减变动和结存情况；

第二，根据清查盘点结果和批准处理意见，按规定及时进行相关的账务处理，保证会计资料的真实性和完整性。对于账实不符情况，会计机构和会计人员应协同有关部门及时查明原因，并根据具体情况提出处理意见。

第三，任何单位和个人（包括会计机构和会计人员）有权检举违法违规行为。收到检举的部门，有权处理的，应当依法及时处理；无权处理的，应当及时移送有权处理的部门处理。收到检举的部门应当为检举人保密。

【例 1-15】单位内部会计监督的主体是会计师事务所。（　）

【答案】错

【解析】内部会计监督的主体是各单位的会计机构、会计人员；内部会计监督的对象是本单位的经济活动。

4. 内部控制

（1）内部控制的概念、目标、原则、责任人

①概念：

对企业而言，内部控制是指企业董事会、监事会、经理层和全体员工实施的、旨在实现控制目标的过程。对行政事业单位而言，内部控制是指单位为实现控制目标，通过制定制度、实施措施和执行程序，对经济活动的风险进行防范和管控。

②内部控制的目标：

企业内部控制的目标主要包括合理保证企业经营管理合法合规、资产安全、财务报告及相关信息真实完整、提高经营效率和效果、促进企业实现发展战略。

行政事业单位内部控制的目标主要包括：合理保证单位经济活动合法合规、资产安全和有效；合理保证财务信息真实完整；有效防范舞弊和预防腐败；提高公共服务的效率和效果。

③内部控制的原则：

A. 全面性原则：是指内部控制应当贯穿决策、执行和监督全过程、覆盖企业及其所属单位的各种业务和事项。

B. 重要性原则：是指内部控制应当在全面的基础上，关注重要业务事项和高风险领域。

C. 制衡性原则：是指企业内部控制应在治理结构、机构设置及权责分配、业务流程等方面形成相互制约、相互监督、同时兼顾运营效率。行政事业单位内部控制应当在单位内部的部门管理、职责分工、业务流程等方面形成相互制约和相互监督。

D. 适应性原则：是指企业内部控制应当与企业经营规模、业务范围、竞争状况和风险水平等相适应，并随着经营状况和市场环境的变化而加以调整。行政事业单位内部控制应当符合国家有关规定和单位实际情况，并随着外部环节的变化、单位经济活动的调整和管理要求的提高，不断修订和完善。

E. 成本效益原则：是指企业内部控制应当权衡实施成本与预期效益，以适当的成本实现有效控制。

【例 1-16】下列各项中，属于企业内部控制应当遵循的原则有（　　）。

A. 全面性原则　　　　B. 重要性原则

C. 独立性原则　　　　D. 真实性原则

【答案】AB

【解析】企业内部控制应当遵循的原则有：全面性原则、重要性原则、制衡性原则、适应性原则、成本效益原则。

④内部控制的责任人。

对企业而言，董事会负责内部控制的建立、健全和有效实施。监事会对董事会建立与实施内部控制进行监督。经理层负责组织领导企业内部控制的日常运行。企业应当成立专门机构或者指定适当的机构具体负责组织协调内部控制的建立、实施及日常工作。对行政事业单位而言，单位负责人对本单位内部控制的建立、健全和有效实施负责。单位应当建立适合本单位实际情况的内部控制体系，并组织实施。

（2）内部控制的内容

企业建立与实施有效的内部控制，应当包括下列要素：

①内部环境：是企业实施内部控制的基础，一般包括治理结构、机构设置及权责分配、内部审计、人力资源政策和企业文化等。

②风险评估：是指企业及时识别、系统分析经营活动中与实现内部控制目标相关的风险，合理确定风险的应对策略。

③控制活动：是指企业根据风险评估结果，采用相应的控制措施，将风险控制在可承受度之内。

④信息与沟通：是指企业及时、准确地收集、传递与内部控制相关的信息，确保信息在企业内部、企业与外部之间进行有效的沟通。

⑤内部监督：是指企业对内部控制的建立与实施情况进行监督检查，评价内部控制的有效性，发现内部控制的缺陷并及时加以改进。

行政事业单位建立与实施内部控制的具体工作包括：梳理单位各类经济活动的业务流程，明确业务环节，系统分析经济活动风险，确定风险点，选择风险应对策略，在此基础上根据国家有关规定建立健全单位各项内部管理制度并督促相关工作人员认真执行。

（3）企业内部控制的控制措施

企业内部控制的控制措施一般包括：

①不相容职务分离控制。

不相容职务相互分离控制。要求单位按照不相容职务相分离的原则，合理设置会计及相关工作岗位，明确职责权限，形成相互制衡机制。

不相容职务：是指不能同时由一人兼任的职务，如出纳与记账、业务与记账、业务经办与业务审批等。

【例 1-17】某小型商贸企业由于公司的业务量急剧下滑。为了节省成本，公司决定“减员增效”，决定将债权债务账务交由出纳兼任(　　)。

【答案】×

【解析】这一决定违反了“不相容职务相分离控制”的要求。

不相容职务相互分离控制要求单位按照不相容职务相分离的原则，合理设置会计及相关工作岗位，明确职责权限，形成相互制衡机制。

②授权审批控制。

授权审批控制要求单位明确规定涉及会计及相关工作的授权批准的范围、权限、程序、责任等。单位内部各级管理层必须在授权范围内行使职权和承担责任，经办人员必须在授权范围内办理业务。

授权的方式有常规授权和特别授权两种，企业应当编制常规授权的权限指引，规范特别授权的范围、权限、程序和责任，严格控制特别授权。常规授权是指企业在日常经营管理活动中按照既定的职责和程序进行的授权，特别授权是指企业在特殊情况、特定条件下进行的授权。

对于重大的业务事项，应当实行集体决策审批或联签制度，任何个人不得单独进行决策或擅自改变集体决策。

③会计系统控制。

会计系统控制要求单位依据《会计法》和国家统一的会计准则制度，制定适合本单位的会计制度，明确会计凭证、会计账簿和财务会计报告的处理程序，保证会计资料真实完整。

④财产保护控制。

财产保护控制要求建立财产日常管理制度和定期清查制度，限制未经授权的人员对财产的直接接触，采用定期盘点、财产记录、账实核对、财产保险等措施，确保各种财产的安全完整。

⑤预算控制。

预算控制要求企业实施全面预算管理制度，明确各责任单位在预算管理中的职责权限，规范预算的编制、执行、分析和考核等环节的管理。

⑥运营分析控制。

运营分析控制要求企业建立运营情况分析制度，运用合理方法，定期开展运营情况分析，发现存在的问题，及时查明原因并加以改进。

⑦绩效考评控制。

绩效考评控制要求企业科学设置业务考核指标体系，根据各项业务指标，对各部门和员工当期业绩进行考核和评价，将考评结果作为确定员工薪酬以及职务晋升、评优、降级、调岗、辞退等的依据。

(4) 行政事业单位内部控制的控制方法

行政事业单位内部控制的控制方法一般包括：

①不相容岗位相互分离；

②内部授权审批控制；

③归口管理。

归口管理要求根据本单位实际情况，按照权责对等的原则，采取成立联合工作小组并确定牵头部门或牵头人员等方式，对有关经济活动进行统一管理。

④预算控制；

⑤财产保护控制；

⑥会计控制；

⑦单据控制。

单据控制要求单位根据国家有关规定和单位的经济活动业务流程，在内部管理制度中明确界定各项经济活动所涉及的表单和票据，要求相关工作人员按照规定填制、审核、归档、保管单据。

5. 内部审计

1. 内部审计的概念

内部审计是指单位内部的一种独立客观的监督和评价活动，它通过单位内部独立的审计机构和审计人员审查和评价本部门、本单位财务收支和其他经营活动以及内部控制的适当性、合法性和有效性来促进单位目标的实现。

2. 内部审计的内容

内部审计的内容是一个不断发展变化的范畴，主要包括财务审计、经营审计、经济责任审计、管理审计和风险管理等。

3. 内部审计的特点

(1) 审计机构和审计人员都设在本单位内部；

(2) 审计的内容更侧重于经营过程是否有效、各项制度是否得到遵守与执行；

(3) 审计结果的客观性和公正性较低，以建议性意见为主。

4. 内部审计的作用

(1) 预防保护作用：内部审计机构通过对会计部门工作的再监督，有助于强化单位内部管理控制制度，及时发现问题，纠正错误，堵塞管理漏洞，减少损失，保护资产的安全与完整，提高会计资料的真实性、可靠性。

(2) 服务促进作用：内部审计机构属于企业内部的一个职能部门，熟悉企业的生产经营活动等情况，通过内部审计，可促进企业改善管理、挖掘潜力、降低生产成本、提高经济效益等。

(3) 评价鉴证作用：通过内部审计，可以对各部门活动作出客观、公正的审计结论和意见，起到评价和鉴证的作用。

（二）会计工作的政府监督

1. 会计工作政府监督的概念

会计工作的政府监督是一种外部监督，主要是指财政部门代表国家对各单位和单位中相关人员的会计行为实施的监督检查，以及对发现的违法会计行为实施行政处罚。这是我国经济监督体系的一个重要方面，它与单位内部由会计机构、会计人员实行会计监督是相辅相成的。

除财政部门外，审计、税务、人民银行、证券监管、保险监管等部门依照有关法律、行政法规规定的职责和权限，也可以对有关单位的会计资料实施监督检查。

财政部门依据《会计法》对各单位的会计行为进行监督检查，是面向各单位的监督。审计、税务、人民银行、证券监管、保险监管等部门对有关单位的会计资料实施的监督检查，并不是面向所有单位的，相关法律对此有明确的界定，有关部门应依照法定范围实施监督检查，不能超越范围和权限。同时，有关部门应当避免重复查账，应当尽可能地利用已有的检查结论。

2. 财政部门会计监督检查的主要内容

根据《会计法》的规定，财政部门可以依法对各单位的下列情况实施监督：

(1) 对单位依法设置会计账簿的检查。具体包括：依照法律、行政法规和国家统一的会计制度的规定，应当设置会计账簿的单位是否设置账簿；设置会计账簿的单位，其设置会计账簿情况是否符合法律、行政法规和国家统一的会计制度的要求；各单位是否存在账外设账违法行为等。

(2) 对单位会计资料真实性、完整性的检查。具体包括：各单位对实际发生的经济业务事项是否及时办理会计手续，进行会计核算；各单位填制的会计凭证、登记的会计账簿、编制的财务会计报告是否与实际发生的经济业务事项相符，是否做到账实相符、账证相符、账账相符；各单位提供的财务会计报告是否符合法律、行政法规和国家统一的会计制度规定等。

(3) 对单位会计核算情况的检查。具体包括：各单位会计核算的内容是否真实、完整；各单位采用的会计年度、记账本位币、会计处理方法、会计记录文字等是否符合法律、行政法规和国家统一的会计制度规定；各单位对资产、负债、所有者权益、收入、支出、费用、成本、利润的确认、计量、记录和报告是否符合国家统一的会计制度的规定；各单位会计档案保管是否符合法定要求等。

(4) 对单位会计人员从业资格和任职资格的检查。具体包括：各单位从事会计工作的人员是否取得会计从业资格证书并接受管理；会计机构负责人（会计管理人员）是否符合任职条件等。

(5) 对会计师事务所出具的审计报告的程序和内容的检查。国务院财政部门和省、自治区、直辖市人民政府财政部门，依法对注册会计师、会计师事务所和注册会计师协会进行监督、指导，对会计师事务所出具审计报告的程序和内容进行监督。

【案例分析】襄阳市财政部门执法检查时，对该市的某国有企业进行检查，发现该企业财务科新调入的出纳小刘没有会计从业资格证书，经企业相关人员举报，出纳小刘与人力资源部部长是表亲关系。检查组指出该企业在会计人员任用上存在违法行为，并依法进行了处理。单位负责人不服，认为这是单位人事上的事情，与财政部门没有关系，并且出纳不是会计人员，根本不需要会计从业资格证书。请分析单位负责人的观点是否正确？

【解析】该单位负责人的观点不正确。根据会计法的规定，会计工作政府监督的主体是财政部门，财政部门监督检查的内容之一就是对单位会计人员从业资格和任职资格的检查。另外，出纳属于会计工作岗位，按照会计法的规定，也应当具备会计从业资格证书。

【例 1-18】根据《会计法》规定，会计工作的国家监督除财政部门外，(　　)等部门应依照有关法律、行政法规的规定，对有关单位的会计资料实施监督检查。

A. 审计、税务　　　　　　　　　　B. 税务局

C. 中国银行　　　　　　　　　　　D. 证券监管、保险监管

【答案】ABD

【解析】审计、税务、人民银行、证券监管、保险监管等部门依照有关法律、行政法规规定的职责和权限，可以对有关单位的会计资料实施监督检查。会计师事务所实施的会计监督属于社会监督。

（三）会计工作的社会监督

1. 会计工作的社会监督的概念

会计工作的社会监督，主要是指由注册会计师及其所在的会计师事务所依法对受托单位的经济活动进行审计、鉴证的一种监督制度。根据《会计法》的规定，注册会计师是依法取得注册会计师证书并接受委托从事审计和会计咨询、会计服务业务的执业人员。法律、行政法规规定须经注册会计师进行审计的单位，应当向受委托的会计师事务所如实提供会计凭证、会计账簿、财务会计报告和其他会计资料以及有关情况。任何单位或者个人不得以任何方式要求或者示意注册会计师及其所在的会计师事务所出具不实或者不当的审计报告。

此外，单位和个人检举违反《会计法》和国家统一的会计制度规定的行为，也属于会计工作社会监督的范畴。

2. 注册会计师审计与内部审计的关系

注册会计师审计是指注册会计师接受委托对被审计单位的会计报表及相关资料进行独立审查，并出具审计意见，其实质是确定或者解除被审计单位的受托经济责任。内部审计是由被审计单位内部机构或人员，对其内部控制的有效性、财务信息的真实性和完整性以及经营活动的效率等开展的一种评价活动。

注册会计师审计与内部审计之间既有联系又有区别。其联系是两者都是现代审计体系的重要组成部分，都关注内部控制的健全性和有效性，注册会计师审计中可能会涉及对内部审计成果的利用等。其区别在于：

（1）审计的独立性不同。内部审计受本部门、本单位直接领导，只具有相对独立性；注册会计师审计则完全独立于被审计单位。

（2）审计标准不同。注册会计师审计的标准是国家法律法规与具有高度公众性的审计行业规范。内部审计是在遵循国家法律规定的情况下，以本单位经营目标、控制要求、规章制度为审计标准，对单位内各方面活动进行全面的、经常性审计或者有针对性的专题审计。

（3）审计的职责和作用不同。注册会计师审计侧重会计信息的质量和合规性，目标

是对财务报表的合法性、公允性作出评价。内部审计的结果只对本部门、本单位负责，只作为本部门、本单位改进经营管理的参考，不对外公开。

3. 会计师事务所业务范围（法定业务）

会计师事务所依法承办以下审计业务：

（1）审查企业会计报表，出具审计报告；

（2）验证企业资本，出具验资报告；

（3）办理企业合并、分立、清算事宜中的审计业务，出具有关的报告；

（4）法律、行政法规规定的其他审计业务。

被审计单位接受注册会计师审计，应当区分会计责任和审计责任。会计责任是被审计单位对建立健全和有效执行本单位的内部控制制度，保护本单位提交的会计资料的真实性、合法性和完整性，保护本单位资产的安全与完整等负有的责任。审计责任是指注册会计师对委托人和被审计单位应尽的义务，如要求注册会计师依法独立实施审计程序、获取充分适当的审计证据，依法出具审计报告，清楚地表达被审计单位会计报表整体的意见，并出具的审计报告。会计责任与审计责任不能相互替代、减轻和免除。

【例 1-19】下列关于会计监督的说法中正确的有(　　)。

A. 注册会计师接受委托对财务会计报告进行审计属于会计工作的社会监督

B. 会计监督分为单位内部监督、政府监督、社会监督

C. 财政部门是会计工作政府监督的唯一的实施主体

D. 单位内部会计监督制度是内部控制制度的重要组成部分

【答案】ABD

【解析】审计、税务、人民银行、证券监管、保险监管等部门依照有关法律、行政法规规定的职责和权限，可以对有关单位的会计资料实施监督检查。会计师事务所实施的会计监督属于社会监督。

【知识小结】

三类会计监督的主体和对象

监督种类	主体		对象
单位内部会计监督	会计机构和会计人员		本单位经济活动
外部监督	政府监督	县级以上财政部门（主要监督人）	各单位会计工作
		审计、税务、人民银行、证券监管、保险监管等部	有关单位会计资料
	社会监督	注册会计师及其所在会计师事务所（主要监督人）	委托单位经济活动
		单位和个人检举	违法行为

三类会计监督的其他考点

<table>
<tr><td rowspan="3">单位内部会计监督</td><td>基本要求</td><td colspan="2">（1）记账人员与审批人员、经办人员、财物保管人员应当相互分离、相互制约
（2）重大对外投资、资产处置、资金调度和其他重要经济业务事项的决策和执行的相互监督、相互制约程序应当明确
（3）财产清查的范围、期限和组织程序应当明确
（4）对会计资料定期内部审计的办法和程序应当明确</td></tr>
<tr><td>特征</td><td colspan="2">自律性</td></tr>
<tr><td>会计机构和会计人员的职责</td><td colspan="2">（1）依法开展会计核算和监督，对违法会计事项有权拒绝办理或者按照职权予以纠正。
（2）对单位内部的会计资料和财产物资实施监督。</td></tr>
<tr><td rowspan="2">政府监督</td><td>监督范围</td><td colspan="2">（1）对单位依法设置会计账簿的检查。
（2）对单位会计资料真实性、完整性的检查。
（3）对单位会计核算情况的检查。
（4）对会计人员从业资格和任职资格的监督检查（不是对会计专业技术资格）
（5）国务院财政部和省级人民政府财政部门对会计师事务所出具的审计报告的程序和内容的监督检查</td></tr>
<tr><td>特征</td><td colspan="2">他律性、无偿性、强制性</td></tr>
<tr><td rowspan="6">社会监督（公信力最强）</td><td rowspan="2">内外部审计的关系</td><td>特征</td><td>二者都是我国现代审计体系的重要组成部分
都关注内部控制的健全性和有效性
外部审计可能涉及对内部审计成果的利用</td></tr>
<tr><td>区别</td><td>独立性、审计方式、职责作用、接受自愿程度</td></tr>
<tr><td rowspan="2">事务所业务范围</td><td>审计业务（法定业务）</td><td>（1）审计业务，出具审计报告
（2）验资业务，出具验资报告</td></tr>
<tr><td colspan="2">会计咨询、服务业务</td></tr>
<tr><td>责任</td><td colspan="2">被审计单位接受注册会计师审计，应当区分会计责任和审计责任，二者不得相互抵消和免除</td></tr>
<tr><td>特征</td><td colspan="2">独立性、有偿性、他律性</td></tr>
</table>

注册会计师审计与内部审计区别

区别	注册会计师审计	内部审计
独立性	完全独立于被审计单位	受本部门、本单位直接领导，只具有相对独立性
审计方式	受托审计，必须按照执业准则实施审计	依照单位经营管理需要自行组织实施，具有较大的灵活性
职责和作用	对外出具的审计报告具有鉴证作用	只对本部门本单位负责，不对外公开
接受审计的自愿程度	委托人可自由选择会计师事务所	必须接受

任务二　了解会计组织与会计工作岗位

【任务描述】

通晓会计工作的组织设置和会计人员选配的法律规范，能结合单位会计工作的具体情况建立会计机构、设置会计工作岗位和配备相应的会计人员，保证会计工作的顺利进行。

子任务一、会计组织的设置

会计组织又称会计机构，是指各单位办理会计事务的职能部门，会计人员是指从事会计工作的人员。建立、健全会计机构，配备与工作要求相适应的、具有一定素质和数量的会计人员，是做好会计工作，充分发挥会计职能作用的重要保证。依《会计法》、《会计基础工作规范》等对会计机构设置和会计人员配备要求作了具体规定。

（一）单位会计机构的设置

《会计法》第三十六条对各单位是否设置会计机构和如何设置会计机构，提出了三个层次的原则规定。一是单独设置会计机构。这是对会计机构设置的第一层次的要求。二是不单独设置会计机构的，在有关机构中设置会计人员并指定会计主管人员，这是对会计机构设置的第二层次的要求。三是不具备会计机构设置条件的，应当委托经批准设立从事会计代理记账业务的中介机构代理记账。

各单位应当根据会计业务的需要，设置会计机构，或者在有关机构中设置会计人员并指定会计主管人员。一个单位是否单独设置会计机构，往往取决于以下几个因素：一是单位规模的大小；二是经济业务和财务收支的繁简；三是经营管理的要求。根据上述要求，一般来说，大、中型企业和具有一定规模的行政事业单位，以及财务收支数额较大、会计业务较多的社会团体和其他经济组织，应单独设置会计机构，以便及时组织本单位各项经济活动和财务收支的核算，实行有效的会计监督。对于不具备单独设置会计机构的单位，如财务收支数额不大、会计业务比较简单的企业、机关、团体、事业单位等，可以在有关机构中配备专职会计人员。对于不具备设置会计机构条件的单位，应当委托中介机构代理记账。

【例 1-20】根据《中华人民共和国会计法》的规定，不具备设置会计机构的单位可以采取的正确处理包括（　　）。

A. 不设置会计账簿

B. 在有关机构中设置会计人员并指定会计主管人员

C. 委托经批准设立从事会计记账业务的中介机构代理记账

D. 委托其他单位具有会计师资格的人员记账

【答案】BC

【解析】不单独设置会计机构的，在有关机构中设置会计人员并指定会计主管人员，这是对会计机构设置的第二层次的要求。不具备会计机构设置条件的，应当委托经批准设立从事会计代理记账业务的中介机构代理记账。

会计机构设置原则	依据	会计业务的需要
	影响因素	单位规模大小、经济业务和财务收支繁简、经营管理的要求

（二）代理记账

1. 代理记账的概念

代理记账是指从事代理记账业务的社会中介机构接受委托人的委托办理会计业务。委托人是指委托代理记账机构办理会计业务的单位，代理记账机构是指从事代理记账业务的中介机构。

为了加强代理记账机构的管理，规范代理记账业务，促使代理记账行业的健康发展，财政部于 2005 年 1 月 22 日发布了《代理记账管理办法》，对代理记账机构设置的条件、代理记账的业务范围、代理记账机构与委托人的关系、代理记账人员应遵循的道德规则等做了具体的规定。

1. 代理记账机构的设立条件设置代理记账机构，应符合下列条件：

（1）为依法设立的企业；

（2）3 名以上持有会计从业资格证书的专职从业人员；

（3）主管代理记账业务的负责人具有会计师以上专业技术职务资格且为专职从业人员；

（4）有健全的代理记账业务内部规范。

我国对代理记账资格实行审批制，申请设立除会计师事务所以外的代理记账机构，应当经所在地的县级以上财政部门批准，并领取由财政部统一印制的代理记账许可证。申请人应当自取得代理记账许可证书之日起 20 日内通过企业信用信息公示系统向社会公示，设立分支机构的，分支机构应及时向其所在地的县级以上财政部门办理备案登记。

代理记帐许可证书

编号：420122808

经审查，武汉　财务咨询有限公司　具备代理记账业务的条件，可以接受委托办理记账业务，特发此证，以资证明。

发证机关：武汉市财政局

2012 年 8 月 16 日

2. 代理记账的业务范围

根据《代理记账管理办法》第十二条的规定，代理记账机构可以接受委托人的委托，负责办理委托人的下列业务：

（1）根据委托人提供的原始凭证和其他资料，按照国家统一的会计制度的规定进行会计核算，包括审核原始凭证、填制记账凭证、登记会计账簿、编制财务会计报告等；

（2）对外提供财务会计报告。代理记账机构为委托人编制的财务会计报告，经代理记账机构负责人和委托人签名并盖章后，按照有关法律、行政法规和国家统一的会计制度的规定对外提供；

（3）向税务机关提供税务资料；

（4）委托人委托的其他会计业务。

3. 委托代理记账的委托人的义务

根据《代理记账管理办法》第十四条的规定，委托人委托代理记账机构代理记账的，委托人对代理记账机构在委托合同约定范围内的行为承担责任。同时，委托人委托代理记账机构代理记账应当承担相应的义务，包括：

（1）对本单位发生的经济业务事项，应当填制或者取得符合国家统一的会计制度规定的原始凭证；

（2）应当配备专人负责日常货币资金收支和保管；

（3）及时向代理记账机构提供真实、完整的原始凭证和其他相关资料；

（4）对于代理记账机构退回的要求按照国家统一的会计制度规定进行更正、补充的原始凭证，应当及时予以更正、补充。

4. 根据《代理记账管理办法》第十五条的规定，代理记账机构及其从业人员应当履行下列义务：

（1）按照委托合同办理代理记账，遵守会计法律、法规和国家统一的会计制度的规定；

（2）对在执行业务中知悉的商业秘密负有保密义务；

（3）对委托人示意其作出不当的会计处理，提供不实的会计资料，以及其他不符合法律、行政法规和国家统一的会计制度规定的要求，应当拒绝；

（4）对委托人提出的有关会计处理原则问题应当予以解释。

【例 1-21】对于委托人的下列行为，代理记账机构及其从业人员应当拒绝的有（　　）。

A. 要求其根据审核无误的原始凭证填制记账凭证

B. 要求其提供在执行业务中对知悉的商业秘密保密

C. 示意其作出不当的会计处理

D. 示意其提供不实的会计资料

【答案】CD

【解析】对委托人示意其作出不当的会计处理，提供不实的会计资料，以及其他不符合法律、行政法规和国家统一的会计制度规定的要求，应当拒绝。

5. 法律责任

根据《代理记账管理办法》第十七条、第二十三条、第二十四条和第二十五条的有关规定，代理记账应承担以下四个方面的法律责任：

（1）委托人对代理记账机构在委托合同约定范围内的行为承担责任。代理记账机构对其专职从业人员和兼职从业人员的业务活动承担责任。

（2）代理记账机构及其从事代理记账业务人员在办理业务中违反会计法律、行政法规和国家统一的会计制度规定的，由县级以上人民政府财政部门依据《会计法》及相关法规的规定处理。

代理记账机构违反本办法和国家有关规定造成委托人会计核算混乱、损害国家和委托人利益，委托人故意向代理记账机构隐瞒真实情况或者委托人会同代理记账机构共同提供不真实会计资料的，应当承担相应法律责任。

（3）对于未经批准从事代理记账业务的，由县级以上人民政府财政部门责令其改正，并予以公告。

（4）县级以上人民政府财政部门及其工作人员在实施行政管理过程中，滥用职权、玩忽职守、徇私舞弊的，依法给予行政处分；构成犯罪的，依法追究刑事责任。

委托代理记账机构办理会计业务并不改变单位负责人对会计资料真实性和完整性承担的责任。

【案例分析】大诚会计代理记账公司内部有会计人员5名，均持有会计证，同时又聘请了若干名具有注册会计师证书的会计人员，上月接受本市甲企业的委托进行代理记账业务，本月又接受乙企业的委托代理其会计核算业务，据悉甲、乙企业属于同一行业竞争对手。根据《代理记账管理暂行办法》的规定，试分析大诚会计代理记账公司在机构人员设置与日常工作中应注意哪些问题？

【解析】根据《代理记账管理暂行办法》的规定，代理记账从业人员，应当遵守以下规则：

（1）遵守会计法律、法规和国家统一会计制度，依法履行职责；

（2）对在执行业务中知悉的商业秘密，负有保密义务；

（3）对委托人示意其作出不当的会计处理，提供不实的会计资料，以及其他不符合法律、法规的要求，应当拒绝；

（4）对委托人提出的有关会计处理原则问题负有解释的责任。

大诚会计代理记账公司在为属于同一行业竞争对手的甲、乙企业代理记账时，更应注意为双方保密，尽量安排不同代理记账人员分别为双方代理记账，并尽可能错开与双方接洽的时间。

子任务二　会计工作岗位配备

（一）会计机构负责人（会计主管人员）的任职资格

根据《会计法》的规定，各单位应当根据企业业务的需要设置会计机构，或者在有关机构中设置会计人员并指定会计主管人员。《会计法》第三十八条第二款规定：“担任单位会计机构负责人（会计主管人员）的，除取得会计从业资格证书外，还应当具备会计师以上专业技术职务资格或者从事会计工作三年以上经历”。会计机构负责人（会计主管人员）是会计工作的行政领导，担负着组织、领导会计工作人员进行会计核算、实施会计监督的重要职责，其素质和行为对本单位的会计工作有着较大的影响，所以对其任职资格条件加以严格规定是必要的。

【知识小结】

会计人员任职资格	会计	从业资格
	会计机构负责人	从业资格+会计师专业技术资格“或”3 年工作经历
	总会计师	从业资格+会计师专业技术资格+ 取得会计师资格后 3 年管理工作经历

【案例分析】某公司年轻的经理将公司财务会计人员都安排为一些办事效率高的年轻人，其中财务部长就是一位 1 年前刚从某校会计类专业毕业的硕士生，两位会计都是刚取得会计证的大学专科毕业生，出纳由一位正准备考会计证的业务部门的业务员兼职，主要负责办理现金、银行存款收付与结算业务。请问：该公司在任用会计人员上存在何种违反《会计法》等有关法规规定的行为？

【解析】该公司任用会计人员违反了会计法的规定：财务部长和出纳都没有取得会计从业资格证书，不能从事会计工作，财务部长更不符合会计机构负责人的任职资格，即担任单位会计机构负责人（会计主管人员）的，除取得会计从业资格证书外，还应当具备会计师以上专业技术职务资格或者从事会计工作三年以上经历。

处罚：由县级以上人民政府财政部门责令限期改正，可以对单位并处 3 000 元以上 5 万元以下的罚款；对其直接负责的主管人员和其直接责任人处 2 000 元以上 20 000 元以下的罚款。

（二）会计人员回避制度

回避制度是指为了保证执法或者执业的公正性，对可能影响其公正性的执法或者执业的人员实行职务回避和业务回避的一种制度，回避制度已成为我国人事管理的一项重要制度。在会计工作中，由于亲情关系而通同作弊和违法违纪的案件时有发生，因此，在会计人员中实行回避制度十分必要。

从会计工作的特殊性出发，《会计基础工作规范》对会计人员回避问题作出规定，即：《会计基础工作规范》第十六条规定：“国家机关、国有企业、事业单位任用会计人员应当实行回避制度”；单位负责人的直系亲属不得担任本单位的会计机构负责人、会计主管人员；会计机构负责人、会计主管人员的直系亲属不得在本单位会计机构中担任出纳工作。

需要回避的直系亲属包括夫妻关系、直系血亲关系、三代以内旁系血亲关系以及近姻亲关系。

【例 1-22】国家机关、国有企业、事业单位聘任会计人员应实行回避制度。(　　)

【答案】错

【解析】《会计基础工作规范》第十六条规定："国家机关、国有企业、事业单位任用会计人员应当实行回避制度。"

【知识小结】

会计人员回避制度	适用范围	国有机关、国有企业、事业单位（姓公的单位）
	规定	单位负责人的直系亲属不得担任本单位的会计机构负责人；会计机构负责人的直系亲属不得在本单位会计机构内担任出纳工作
	直系亲属	夫妻、直系血亲、三代以内旁系血亲、近姻亲

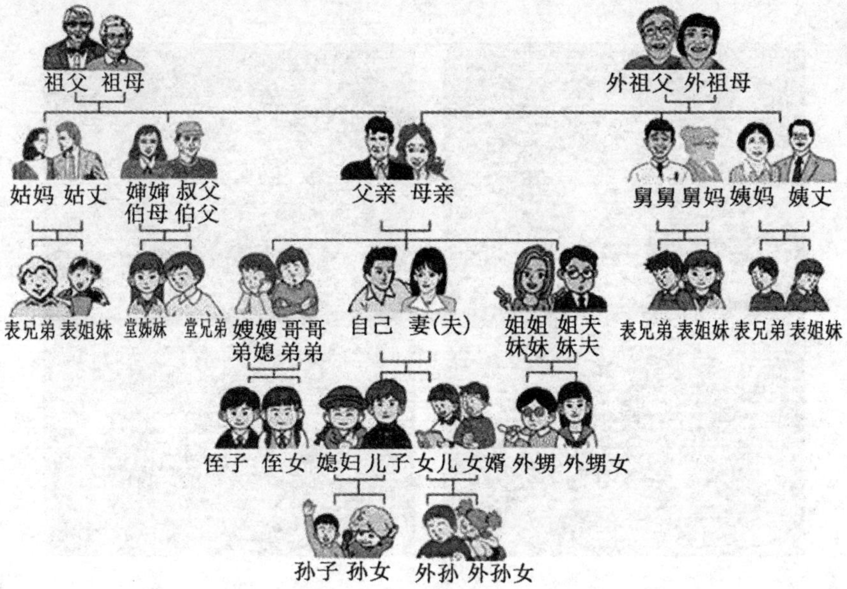

直属亲属

（三）会计从业资格

1. 会计从业资格证书的适用范围

《会计从业资格管理办法》第二条和第三十八条规定，在国家机关、社会团体、公司、企业、事业单位和其他组织等一切实行独立核算、办理会计事务的社会组织和经济组织中从事下列会计工作的人员（包括香港特别行政区、澳门特别行政区、台湾地区人员及外籍人员在中国大陆境内从事会计工作的人员），必须取得会计从业资格，持有会计从业资格证书：

（1）会计机构负责人（会计主管人员）；

（2）出纳；

（3）稽核；

（4）资本、资金核算；

（5）收入、支出、债权债务核算；

（6）工资、成本费用、财务成果核算；

（7）财产物资的收发、增减核算；

（8）总账；

（9）财务会计报告编制；

（10）会计机构内会计档案管理。

会计从业资格证书是具备会计从业资格的证明文件，在全国范围内有效。从业资格管理实行属地原则，县级以上人民政府财政部门（含县级）负责本行政区域内的会计从业资格管理。

2. 会计从业资格的取得

（1）会计从业资格的取得实行考试制度。

国家实行会计从业资格考试制度，要取得会计从业资格证书的人员都必须通过考试才能取得会计从业资格证书。会计从业资格证实行无纸化考试，无纸化考试题库由财政部统一组织建设。在 2013 年 7 月 1 日前已被聘任为高级会计师或者从事会计工作满 20 年，且年满 50 周岁、目前尚在从事会计工作和取得注册会计师证书，目前尚在从事会计工作可以免试申请取得会计从业资格证。

考试科目为：财经法规与会计职业道德、会计基础、会计电算化（或者珠算），各考试科目应当一次性通过。会计从业资格考试大纲、考试合格标准由财政部统一制定并公布。

（2）会计从业资格报名条件。《会计从业资格管理办法》第八条第一款规定，申请参加会计从业资格考试的人员，应当符合下列基本条件：遵守会计和财经法律、法规；具备良好的道德品质；具备会计专业基本知识和技能。

《会计从业资格管理办法》第八条第二款规定，因有《会计法》第四十二条、第四十三条、第四十四条所列违法情形，被依法吊销会计从业资格证书的人员，自被吊销之日起五年内（含五年）不得参加会计从业资格考试，不得重新取得会计从业资格证书。上述法律所列条款是指以下情形：不依法设置会计账簿；私设会计账簿；未按照规定填制、取得原始凭证或者填制、取得的原始凭证不符合规定；以未经审核的会计凭证为依据登记会计账簿或者登记会计账簿不符合规定；随意变更会计处理方法；向不同的会计资料使用者提供的财务会计报告编制依据不一致；未按照规定使用会计记录文字或者记账本位币；未按照规定保管会计资料，致使会计资料毁损、灭失；未按照规定建立并实施单位内部会计监督制度或者拒绝依法实施的监督或者不如实提供有关会计资料及有关情况；任用会计人员不符合本法规定；伪造、变造会计凭证、会计账簿，编制虚假财务会计报告；隐匿或者故意销毁依法应当保存的会计凭证、会计账簿、财务会计报告。

《会计从业资格管理办法》第八条第三款规定，因有提供虚假财务会计报告，做假账，隐匿或者故意销毁会计凭证、会计账簿、财务会计报告，贪污、挪用公款，职务侵占等与会计职务有关的违法行为，被依法追究刑事责任的人员，不得参加会计从业资格考试，不得取得或者重新取得会计从业资格证书。

3. 会计从业资格的管理机构

（1）县级以上地方人民政府财政部门负责本行政区域内的会计从业资格管理。新疆生产建设兵团财务局应当按照财政部有关规定，负责所属单位的会计从业资格的管理。中央军委后勤保障部、中国人民武警部队后勤部应当按照财政部有关规定，分别负责中国人民解放军、中国人民武警部队的会计从业资格的管理。

（2）信息化管理制度。

会计从业资格实行信息化管理。会计从业资格管理机构应当建立持证人员从业档案信息系统，及时记载、更新持证人员的有关信息。主要包括：

①持证人员的相关基础信息，如持证人员的姓名、有效身份证件及号码、照片、学历、学位、会计专业技术职务资格、开始从事会计工作时间等；

②持证人员从事会计工作情况；

③持证人员变更、调转登记情况；

④持证人员换发会计从业资格证书情况；

⑤持证人员接受继续教育的情况；

⑥持证人员受到表彰奖励情况；

⑦持证人员因违反会计法律法规和会计职业道德被处罚情况。

（3）监督检查制度。

会计从业资格管理机构应当认真开展会计从业资格管理工作，对下列情况实施监督检查：

①从事会计工作的人员持有会计从业资格证书的情况；

②持证人员换发、调转、变更登记会计从业资格证书情况；

③持证人员从事会计工作和执行国家统一的会计准则制度情况；

④持证人员遵守会计职业道德情况；

⑤持证人员接受继续教育情况。

县以上财政部门在实施监督检查时，持证人员应当如实提供有关情况和材料，有关单位应当予以配合。

（4）持证人员继续教育制度。

会计人员继续教育是指取得会计从业资格的人员持续接受一定形式的、有组织的理论知识、专业技能和职业道德的教育和培训活动，不断提高和保持其专业胜任能力和职业道德水平。

①会计人员继续教育的对象和特点。根据规定，会计人员继续教育的对象为持有会计从业资格证书人员，具体包括在国家机关、社会团体、企业、事业单位和其他组织从事会计工作并已取得会计从业资格的会计人员和取得会计从业资格但不在会计岗位的其他人员。会计人员继续教育的特点：一是针对性，即针对不同对象，确定不同的教育内容，采取不同的教育方式，解决实际问题。二是适应性，即联系实际工作需要，学以致用。三是灵活性，即继续教育培训内容、方法、形式等方面具有灵活性。

②会计人员继续教育的内容。会计人员继续教育的主要任务是提高持有会计从业资格证书人员的法制意识、业务能力、职业道德水平，使其法律知识、专业知识和技能不断得到更新、补充、拓展和提高。因此，根据有关规定，会计人员继续教育的内容主要包括：会计理论、政策法规、业务知识、技能训练和会计职业道德等。

③会计人员继续教育的形式和学时要求。会计人员继续教育的形式以接受培训为主，在职自学是会计人员继续教育的重要补充。其中，接受培训主要包括：财政部门会计管理机构组织的培训、业务主管部门举办的业务培训、普通院校或成人院校开展会计专业学历教育以及财政部门会计管理机构认可的其他形式。自学的形式多种多样，不拘一格，如部门或单位自行组织的业务学习、岗位培训，承担课题研究，参加上一级别的会计专业技术资格考试、注册会计师考试等。会计人员应当接受继续教育，持证人员每年接受培训（面授）的时间累计不得少于 24 学分。

（5）变更登记制度。

持证人员的基础信息及继续教育、表彰奖励等情况发生变化的，应当持相关有效证明和会计从业资格证书到所属会计从业资格管理机构办理从业档案信息变更。其他信息发生变化的，应当登录所属会计从业资格管理机构指定网站进行信息变更，也可以到所属会计从业资格管理机构办理。

（6）调转登记制度。

持证人员所属会计从业资格管理机构发生变化的，应当及时办理调转登记手续。持证人员所属会计从业资格管理机构在各省级财政部门、新疆生产建设兵团财务局、中央军委后勤保障部和中国人民武警部队后勤部各自管辖范围内发生变化的，应当持会计从业资格证书、工作证明（或户籍证明、居住证明）到调入地所属会计从业资格管理机构办理调转登记。

持证人员所属会计从业资格管理机构跨省级财政部门、新疆生产建设兵团财务局、中央军委后勤保障部、中国人民武警部队后勤部管辖范围发生变化的，应当及时填写调整登记表，持会计从业资格证书，到原会计从业资格管理机构办理调出手续。自办理调出手续之日起3个月内，持会计从业资格证书、调转登记表和调入地的工作证明（或户籍证明、居住证明），到调入地会计从业资格管理机构办理调入手续。

（7）定期换证制度。

会计从业资格证书实行6年定期换证制度。持证人员应当在会计从业资格证书到期前6个月内，填写定期换证登记表，持有效身份证原件和会计从业资格证书，到所属会计从业资格管理机构办理换证手续。

（8）会计从业资格的撤销。

有下列情形之一的，会计从业资格管理机构可以撤销持证人员的会计从业资格：

①会计从业资格管理机构工作人员滥用职权、玩忽职守，作出给予持证人员会计从业资格决定的；

②超越法定职权或者违反法定程序，作出给予持证人员会计从业资格决定的；

③对不具备会计从业资格的人员，作出给予会计从业资格决定的。

④ 持证人员以欺骗、贿赂、舞弊等不正当手段取得会计从业资格的，会计从业资格管理机构应当撤销其会计从业资格。

⑤参加会计从业资格考试舞弊的，2年内不得参加会计从业资格考试，由会计从业资格管理机构取消其考试成绩，已取得会计从业资格证的，由会计从业资格管理机构撤销其会计从业资格证。

（9）会计从业资格的注销。

持证人员死亡或者丧失行为能力、会计从业资格被依法吊销的，会计从业资格管理机构应当注销其会计从业资格。

【例1-23】会计人员李军调到其他省继续从事会计工作。在办理会计从业档案调转手续时，李军正确的做法是(　　)。

A. 持会计从业资格证书，直接到新单位所在地会计从业资格管理部门办理注册登记手续

B. 持会计从业资格证书，直接到新单位所在地会计从业资格管理部门办理新证

C. 到原所属会计从业资格管理部门办理从业档案调出手续，并于办理调出手续后3个月内到新单位所在的会计从业资格管理部门办理调入手续

D. 会计从业资格证书全国通用，无须办理档案调转和重新注册登记手续

【答案】C

【解析】持证人员所属会计从业资格管理机构跨省级财政部门、新疆生产建设兵团财务局、中央军委后勤保障部、中国人民武警部队后勤部管辖范围发生变化的，应当及时填写调整登记表，持会计从业资格证书，到原会计从业资格管理机构办理调出手续。自办理调出手续之日起3个月内，持会计从业资格证书、调转登记表和调入地的工作证明，到调入地会计从业资格管理机构办理调入手续。

【例1-24】下列各项中，属于持有会计从业资格证书的人参加继续教育采取的管理制度是(　　)。

A. 学习时间固定　　　　　　　B. 学分制

C. 六十分及格　　　　　　　　D. 末尾淘汰

【答案】B

【解析】会计人员应当接受继续教育，持证人员每年接受培训（面授）的时间累计不得少于 24 学分。

【知识小结】

会计从业资格

法定条件	从事会计工作必须取得会计从业资格证书（全国范围有效）	
依据	2013 年 7 月 1 日起施行的新《会计从业资格管理办法》	
取得	取得方式	一般情况：考试取得（执行无纸化考试，题库由财政部统一组织建设，要求一次性通过，取消了免试，具体组织考试由省级财政部门或部队后勤部等负责）
		特殊情况：申请取得（免试） （1）在 2013 年 7 月 1 日前已被聘任为高级会计师或者从事会计工作满 20 年，且年满 50 周岁、目前尚在从事会计工作 （2）取得注册会计师证书，目前尚在从事会计工作
	报名条件	没有学历和工作经历的要求
		（1）2 年内不得参加会计从业资格考试：考试舞弊 （2）5 年内不得重新取得会计从业资格证书：被依法吊销会计从业资格证书的人员 （3）终身不得取得或者重新取得会计从业资格证书：因有提供虚假财务会计报告，做假账，隐匿或者故意销毁会计凭证、会计账簿、财务会计报告，贪污、挪用公款，职务侵占等与会计职务有关的违法行为，被依法追究刑事责任的人员
证书管理	执行信息化管理	
	调转登记	省内调转：只需办理在调入地办调入手续
		跨省调转：需先在发证地办理调出手续，并自办理调取调出手续之日起 3 个月内在调入地办理调入手续
	换证	6 年一换证
	检查	可以撤销：行政机关错误（违法取得证书）
		应当撤销：行政管理相对人错误（违法取得证书）
		应当注销：持证人员死亡或丧失行为能力；会计从业资格被依法吊销的
继续教育	对象	所有持有会计从业资格证书的人员
	学分	两年一年检，每年学习不少于 24 学分

【案例分析】会计人员李某调到其他地区继续从事会计工作。按照《会计从业资格管理办法》的规定，在办理会计从业档案等调转手续时，李某要到原注册登记地的会计从业资格管理部门办理从业档案调转手续，并于办理调转手续后的30日内到新单位所在地会计从业资格管理部门更换新证，但李某并未办理任何会计从业资格的调转手续，也未在新工作单位所在地登记。请问李某将承担什么后果。

【解析】根据《会计从业资格管理办法》规定：上述会计人员李某未按规定办理任何会计从业资格的调转手续，其原会计从业资格证书过期自动失效，必须按照《会计从业资格管理办法》的规定重新取得会计从业资格，否则不能继续从事会计工作。

(四）会计专业职务与会计专业技术资格

1. 会计专业职务

会计专业职务，是区别会计人员业务技能的技术等级。根据1986年4月中央职称改革工作领导小组转发财政部制定的《会计专业职务试行条例》的规定，会计专业职务分为高级会计师、会计师、助理会计师和会计员；高级会计师为高级职务，会计师为中级职务，助理会计师和会计员为初级职务。

《会计专业职务试行条例》还对会计专业职务的基本条件、基本职责以及聘（任）用办法等作出了具体规定。会计专业职务由各单位根据会计工作的需要，在规定的限额和批准的编制内设置。除了政治素质和职业道德要求外，该条例第七至十一条明确规定了会计各等级专业职务的任职条件，其内容包括：

会计员的主要工作职责和任职条件：

(1）会计员的主要工作职责。会计员主要负责具体审核和办理财务收支，编制记账凭证，登记会计账簿，编制会计报表和办理其他会计事务等。

(2）会计员的基本任职条件：

①初步掌握财务会计知识和技能；

②熟悉并能遵照执行有关会计法规和财务会计制度；

③能担负一个岗位的财务会计工作；

④大学专科或中等专业学校毕业，在财务会计工作岗位上见习一年期满。

助理会计师的主要工作职责和任职条件：

(1）助理会计师的主要工作职责。助理会计师主要负责草拟一般的财务会计制度、规定、办法；解释、解答财务会计法规、制度中的一般规定；分析检查某一方面或某些项目的财务收支和预算的执行情况等。

(2）助理会计师的基本任职条件：

①掌握一般的财务会计基本知识和技能；

②熟悉并能正确执行有关的财经方针、政策和财务会计法规、制度；

③能担负一个方面或某个重要岗位的财务会计工作；

④取得硕士学位，或取得第二学士学位或研究生班结业证书，具备履行助理会计师职责的能力；大学本科毕业，在财务会计工作岗位上见习一年期满；大学专科毕业并担任会计员职务两年以上；或中等专业学校毕业并担任会计员职务四年以上。

会计师的主要工作职责和任职条件：

（1）会计师的主要工作职责。会计师主要负责草拟比较重要的财务会计制度、规定、办法；解释、解答财务会计法规、制度中的重要问题；分析检查财务收支和预算的执行情况；培养初级会计人才等。

（2）会计师的基本任职条件：

①较系统地掌握财务会计基础理论和专业知识；

②掌握并能正确贯彻执行有关的财经方针、政策和财务会计法规、制度；

③具有一定的财务会计工作经验，能担负一个单位的财务会计工作或管理一个地区、一个部门，一个系统某个方面的财务会计工作；

④取得博士学位，并具有履行会计师职责的能力；取得硕士学位并担任助理会计师职务两年左右；取得第二学士学位或研究生班结业证书，并担任助理会计师职务两至三年；大学本科或大学专科毕业并担任助理会计师职务四年以上；

⑤掌握一门外语。

高级会计师的主要工作职责和任职条件。

（1）高级会计师的主要工作职责。高级会计师主要负责草拟和解释、解答在一个地区、一个部门、一个系统或在全国实行的财务会计法规、制度、办法；组织和指导一个地区或一个部门、一个系统的经济核算和财务会计工作；培养中级以上会计人才等。

（2）高级会计师的基本任职条件：

①较系统地掌握经济、财务会计理论和专业知识；

②具有较高的政策水平和丰富的财务会计工作经验，能担负一个地区、一个部门或一个系统的财务会计管理工作；

③取得博士学位，并担任会计师职务两至三年；取得硕士学位、第二学士学位或研究生班结业证书，或大学本科毕业并担任会计师职务五年以上；

④较熟练地掌握一门外语。

对各级专业职务的学历和从事财务会计工作年限的要求，一般都应具备；但对确有真才实学、成绩显著、贡献突出、符合任职条件的，在确定其相应专业职务时，可以不受以上学历和工作年限的限制规定。

2. 会计专业技术资格

（1）会计专业技术资格考试级别。会计专业技术资格，是指担任会计专业职务的任职资格，会计专业技术资格分为初级资格、中级资格和高级资格三个级别。现阶段只对初级、中级会计资格实行全国统一考试制度，高级会计师资格实行考试与评审相结合制度。初级、中级会计资格考试实行全国统一组织、统一考试时间、统一考试大纲、统一考试命题、统一合格标准的考试制度。

初级会计资格考试科目为《初级会计实务》和《经济法基础》；中级会计资格考试科目为《中级会计实务》、《财务管理》和《经济法》。中级会计资格考试成绩以 2 年为一个周期，单科成绩采用滚动计算的方法，即参加考试的人员必须在连续 2 个考试年度内通过全部考试科目；初级会计资格考试未实行单科成绩采取滚动的方法，而实行一年内一次通过全部科目考试的方法。高级会计师资格的取得，实行考试与评审相结合制度，符合报名

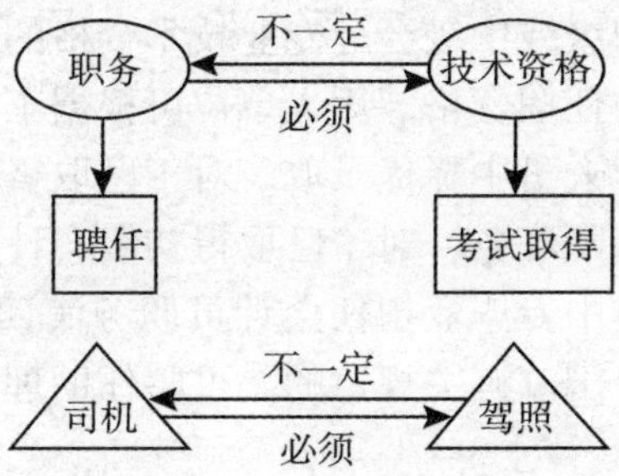

条件的人员，均可报考，考试合格后，方可申请参加高级会计师资格评审。

高级资格的考试科目：高级会计实务。高级会计师考试实行国家统一考试，考试大纲由财政部制定并公布。参加国家统一考试并达到合格标准的人员，由全国会计专业技术资格考试办公室核发高级会计师资格考试成绩合格证，该证书在全国范围内3年有效。

（2）会计专业技术资格考试报名条件。报名参加会计专业技术资格考试的人员，应具备以下基本条件：

①坚持原则，具备良好的职业道德品质；

②认真执行《会计法》和国家统一的会计制度，以及有关财经法律、法规、规章制度，无严重违反财经法律的行为；

③履行岗位职责，热爱本职工作；

④具备会计从业资格，持有会计从业资格证书。

报考初级会计资格考试的人员除具备上述基本条件外，还必须具备教育部门认可的高中以上的学历。报考中级会计资格考试的人员除具备上述基本条件外，还必须具备下列条件之一：

①取得大学专科学历，从事会计工作满五年；

②取得大学本科学历，从事会计工作满四年；

③取得双学士学位或研究生班毕业，从事会计工作满两年；

④取得硕士学位，从事会计工作满一年；

⑤取得博士学位。

上述考试报名条件中所说的学历是指国家教育部门承认的学历；会计工作年限是指取得相应学历前、后从事会计工作时间的总和。

对于通过全国统一考试取得的经济、统计、审计专业技术中初级资格的人员，在具备《暂行规定》规定的基本条件后，可报考相应级别的会计专业技术资格考试。

3. 会计专业技术资格证书的管理

通过会计专业技术资格考试合格者，由省级人事部门颁发由人事部、财政部统一印制的会计专业技术资格证书，该证书在全国范围内有效。

对于伪造学历、会计从业资格证书和资历证明，或者在考试期间有违纪行为的，由会计专业技术资格考试管理机构吊销其会计专业技术资格，由发证机关收回其会计专业技术资格证书，两年内不得再参加会计专业技术资格考试。

4. 会计专业技术职务的评聘

通过全国统一考试取得初级或中级会计专业技术资格的会计人员，表明其已具备担任相应级别会计专业技术职务的任职资格。用人单位可根据工作需要和德才兼备的原则，从获得会计专业技术资格的会计人员中择优录取。对于已取得中级会计资格并符合国家有关规定的会计人员，可聘任会计师职务；对于已取得初级会计资格的人员，如具备大专毕业且担任会计员职务满两年，或中专毕业担任会计员职务满四年，或者不具备规定学历的，担任会计员职务满五年并符合国家有关规定的，可聘任助理会计师职务。不符合以上条件的人员，可聘任会计员职务。

【例 1-25】下列各项中，属于会计专业职务的有(　　)。

A. 会计师　　B. 会计从业资格

C. 高级会计师　　D. 会计员

【答案】ACD

【解析】会计专业职务分为高级会计师、会计师、助理会计师和会计员。

子任务三　会计工作岗位设置

会计工作岗位，是指一个单位会计机构内部根据业务分工而设置的职能岗位。在会计机构内部设置会计工作岗位，有利于明确分工和确定岗位职责，建立岗位责任制；有利于会计人员钻研业务，提高工作效率和质量；有利于会计工作的程序化和规范化，加强会计基础工作；同时，也是配备数量适当的会计人员的客观依据之一。

（一）会计工作岗位的设置原则

对于会计工作岗位的设置，《会计基础工作规范》提出了示范性的要求：

1. 根据本单位会计业务的需要设置会计工作岗位

各单位会计工作岗位的设置应与其业务活动规模、特点和管理要求相适应，保证单位会计信息的生成、加工和传递真实可靠、及时有效。各单位的业务活动规模、特点和管理要求不同，其会计工作的组织方法、会计人员的数量和会计工作岗位的职责分工也不同。

通常企业规模大、业务过程复杂、经济业务量多和管理严格的单位，会计机构会相应较大，会计人员相应较多，会计机构内部的岗位职责分工也相应较细；相反，企业规模小、业务过程简单、经济业务量少和管理要求不高的单位，会计机构就会相应较小，会计人员相应较少，会计机构内部的岗位职责分工也相应较粗。

会计工作岗位可以一人一岗、一人多岗或一岗多人。通常，在小型企业中，“一岗一人”、“一人多岗”的现象较多；而在大中型企业中，“一岗多人”的现象较多、较普遍。

2. 符合内部牵制制度的要求

《会计基础工作规范》第十二条规定：“会计工作岗位，可以一人一岗、一人多岗或者一岗多人。但出纳人员不得兼管稽核、会计档案保管和收入、费用、债权债务账目的登记工作”。在设置会计工作岗位时，必须遵循“不相容职务相分离原则”。

内部牵制是通过实施岗位分离自动实现账目间的相互核对来保证相关账目正确无误的一种控制机制。它是内部控制制度的重要内容之一，主要包括：

（1）内部牵制制度的原则，即机构分离、职务分离、钱账分离、物账分离等；

（2）对出纳等岗位的职责和限制性规定；

（3）有关部门或领导对限制性岗位的定期检查办法。

单位内部牵制制度是为了提高会计信息质量，保护资产的安全与完整，确保有关法律、法规、规章制度的贯彻执行等而制定和实施的一系列的控制方法、措施和程序，包括职务分离控制、授权批准控制、文件记录控制、财产保全控制、业绩报告控制、人员素质控制和内部审计控制等。其基本目标包括规范会计行为，保证会计资料真实完整；及时发现、纠正和防止错弊，保护资产的安全与完整；确保法律、法规、规章制度的贯彻执行。因此，在设置单位会计工作岗位及岗位职责时，必须在一些会计确认、计量、报告等关键性环节，设置必要的具有预防性功能和自查自纠性功能的内部控制方法、措施和程序。

3. 对会计人员的工作岗位要有计划地进行轮岗，以促进会计人员全面熟悉业务和不断提高业务素质

《会计基础工作规范》第十三条规定："会计人员的工作岗位应当有计划地进行轮换。"定期或不定期地轮换会计人员的工作岗位有利于会计人员全面熟悉会计核算与监督业务，不断提高会计业务技能和业务素质。

4. 要建立岗位责任制

会计工作岗位责任制是指明确各项会计工作的职责范围、具体内容和要求，并落实到每个会计工作岗位或会计人员的一种会计工作责任制度。设计会计岗位责任制是为了分清每一位会计人员的职责和要求，做到事事有人管，人人有专责，从而提高会计工作效率，保证会计信息质量。

会计工作岗位可以一人一岗、一人多岗或者一岗多人，凡是涉及款项和财务收付、结算及登记的任何一项工作，必须由两人或两人以上分工办理，以起到相互制约的作用。出纳不得兼管稽核、会计档案保管和收入、费用、债权债务账目的登记工作；出纳以外的人员不得经管库存现金、有价证券、票据。

5. 建立轮岗制度

【例 1-26】 出纳人员不能兼任的工作有(　　)。

A. 固定资产明细账的登记　　B. 收入、费用、债权债务账目的登记

C. 会计档案保管　　D. 稽核

【答案】 BCD

【解析】 会计工作岗位，可以一人一岗、一人多岗、一岗多人。

但出纳人员不得兼任稽核、会计档案保管和收入、支出、费用债权债务账目的登记工作。

【例 1-27】 下列各项中，不属于会计工作岗位设置要求的是(　　)。

A. 按需设岗　　B. 建立岗位责任制

C. 符合内部牵制的要求　　D. 建立固定岗位制度

【答案】 ABCD

【解析】 会计工作岗位设置的要求有：按需设岗、符合内部牵制的要求建立岗位责任制、建立轮岗制度。

（二）主要会计工作岗位

会计工作岗位一般可分为：（1）总会计师；（2）会计机构负责人（或会计主管人

员）岗位；（3）出纳岗位；（4）稽核；（5）资本、基金核算；（6）收入、支出、债权债务核算；（7）职工薪酬、成本费用、财务成果核算；（8）财产物资收发、增减核算；（9）总账；（10）财务会计报告编制；（11）会计机构内会计档案管理；（12）其他会计岗位。开展会计电算化和管理会计的单位，可以根据需要设置相应工作岗位，也可以与其他工作岗位相结合。

医院收费员、库房记账、商场收银员不属于会计岗位。会计机构中对正式移交之前的会计档案进行保管的工作岗位属于会计岗位，但档案管理部门中对正式移交之后的会计档案进行保管的会计档案管理岗位，不属于会计岗位。单位内部审计、社会审计和政府审计等工作相关的岗位也不属于会计岗位。

【案例分析】某小型企业，由于业务较少，会计业务的核算简单，单位负责人张某为了节约开支，决定由刚刚大学毕业的王某（会计专业毕业，但未获得会计从业资格证书）负责现金的收付、记账、会计报表的编制以及会计档案的保管等工作，为避免出现账务问题，体现内部会计牵制制度，要求王某每一笔账务的处理都要经过张某的审核。请问张某的做法是否合理？

【解析】张某的做法违反了会计机构内部牵制制度的要求：会计工作岗位，可以一人一岗、一人多岗或者一岗多人，但出纳人员不得兼管稽核、会计档案保管和收入、费用、债权债务账目的登记工作。同时从事会计工作的人员，必须取得会计从业资格证书。

（三）主要会计工作岗位

根据《会计基础工作规范》的规定，会计工作岗位一般分为：总会计师（或行使总会计师职权）岗位；会计机构负责人（会计主管人员）岗位；出纳岗位；稽核岗位；资本、基金核算岗位；收入、支出；债权债务核算岗位；工资核算、成本费用核算、财务成果核算岗位；财产物资的收发、增减核算岗位；总账岗位；对外财务会计报告编制岗位；会计电算化岗位；会计档案管理岗位。

关于会计档案管理岗位，在会计档案正式移交之前，属于会计岗位；正式移交档案管理部门之后，不再属于会计岗位。档案管理部门的人员管理会计档案，不属于会计岗位。此外，医院门诊收费员、住院处收费员、药房收费员、药品库房记账员、商场收款（银）员所从事的工作，均不属于会计岗位。单位内部审计、社会审计、政府审计工作也不属于会计岗位。

各单位会计工作岗位一般可以由单位根据会计工作需要在国家法律规定的范围内自行设置，但总会计师例外。这里对总会计师的设置、任职资格、工作职责、任免程序等加以说明。

总会计师是主管本单位财务会计工作的行政领导，总会计师协助单位主要行政领导人工作，直接对单位主要行政领导人负责。总会计师不是一种专业技术职务，也不是会计机构的负责人或会计主管人员，而是一种行政职务。《会计法》、《会计基础工作规范》以及国务院于 1990 年 12 月 31 日发布的《总会计师条例》等，都对总会计师的配备要求作出了规定。

1. 总会计师的设置范围：根据规定，国有大、中型企业（包括国有资产占控股地位或主导地位的大、中型企业，下同）必须设置总会计师。其他单位亦可根据需要设置。

2. 总会计师的地位：总会计师是单位行政领导成员，是单位财务会计工作的主要负责人，全面负责财务会计管理和经济核算，参与单位的重大经营决策活动，是单位主要行政领导人的参谋和助手。根据规定，凡是设置总会计师的单位，不应当再设置与总会计师职责重叠的行政副职（如副总会计师）。

3. 总会计师的任职资格：根据规定，担任总会计师应当具备下列条件：

（1）坚持社会主义方向，积极为社会主义建设和改革开放服务；

（2）坚持原则，廉洁奉公；

（3）取得会计师任职资格，主管一个单位或者单位内一个重要方面的财务会计工作时间不少于三年；

（4）有较高的理论政策水平，熟悉国家财经法律、法规、方针、政策和制度，掌握现代化管理的有关知识；

（5）具备本行业的基本业务知识，熟悉行业情况，有较强的组织领导能力；

（6）身体健康，能胜任本职工作。

4. 总会计师的职责主要有以下几项：

（1）编制和执行预算、财务收支计划、信贷计划、拟订资金筹措和使用方案，开辟财源，有效地使用资金；

（2）进行成本费用预测、计划、控制、核算、分析和考核，督促本单位有关部门降低消耗、节约费用、提高经济效益；

（3）建立健全经济核算制度，利用财务会计资料进行经济活动分析；

（4）负责对本单位财务会计机构的设置和会计人员的配备、会计专业职务的设置和聘任提出方案，组织会计人员的业务培训和考核，支持会计人员依法行使职权；

（5）协助单位主要行政领导人对企业的生产经营、行政事业单位的业务发展以及基本建设投资等问题作出决策；参与重大合同和经济协议的研究、审查。

5. 总会计师的权限主要有以下几项：

（1）对违反国家财经法律、法规、方针、政策、制度和有可能在经济上造成损失、浪费的行为，有权制止或者纠正；制止或者纠正无效时，提请单位主要行政领导人处理。

（2）有权组织本单位各职能部门、直属基层组织的经济核算、财务会计和成本管理方面的工作。

（3）主管审批财务收支工作。除一般的财务收支可以由总会计师授权的财会机构负责人或者其他指定人员审批外，重大的财务收支，须经总会计师审批或者由总会计师报单位主要行政领导干部批准。

（4）签署预算、财务收支计划、成本和费用计划、信贷计划、财务专题报告、会计决算报表；涉及财务收支的重大业务计划、合同、经济协议等，在单位内部须经总会计师会签。

（5）会计人员的任用、晋升、调动、奖惩，应当事先征求总会计师的意见；财会机构负责人或者会计主管人员的人选，应当由总会计师进行业务考核，依照有关规定审批。

6. 总会计师的任免程序：对于国有大、中型企业，《总会计师条例》第十五条规定，

“总会计师由本单位主要行政领导人提名，政府主管部门任命或者聘任；免职或者解聘程序与任命或者聘任程序相同”；对于事业单位和业务主管部门，《总会计师条例》第十五条规定，“总会计师依照干部管理权限任命或聘任；免职或者解聘与任命或者聘任程序相同”。城乡集体所有制企业事业单位任免（包括聘任或解聘）总会计师，可以参照《总会计师条例》的有关规定办理。其他单位的总会计师，应当按照有关法律的规定来任免（包括聘任或解聘）。

子任务四　会计人员的工作交接

会计人员工作交接，也称会计工作交接，是指会计人员工作调动、离职或因病暂时不能工作，应与接管人员办理交接手续的一种工作程序。

（一）交接范围

《会计法》第四十一条规定：“会计人员调动工作或者离职，必须与接管人员办清交接手续。”《会计基础工作规范》第二十五条也规定：“会计人员工作调动或者因故离职，必须将本人所经管的会计工作全部移交给接替人员。没有办清交接手续的，不得调动或者离职。”

1. 会计人员临时离职或因病不能工作、需要接替或代理的，会计机构负责人（会计主管人员）或单位负责人必须指定有关人员接替或代理，并办理会计工作交接手续。

2. 临时离职或因病不能工作的会计人员恢复工作的，应当与接替或代理人员办理交接手续。

3. 移交人员因病或其他特殊原因不能亲自办理交接手续的，经单位负责人批准，可由移交人员委托他人代办移交，但委托人应当对所移交的会计凭证、会计账簿、会计报表和其他有关资料的真实性、完整性负责。

（二）交接程序

1. 提出交接申请

会计人员在向单位或有关机关提出调动工作或离职的申请时，应当同时向会计机构提出会计交接申请，以便会计机构早作准备，安排其他人员接替。为了防止会计人员调动工作或离职申请被批准后不办理交接手续，单位或有关机关在批准前，应主动与单位会计机构负责人沟通相关的交接情况。交接申请表的内容通常应当包括申请人姓名、申请调动工作或离职的原由、时间、会计交接的具体安排、有无重大报告事项或议等。

2. 做好办理移交手续前的准备工作

（1）对已经受理的经济业务尚未填制会计凭证的，应当填制完毕；

（2）尚未登记的账目，应当登记完毕，并在最后一笔余额后加盖经办人员印章；

（3）整理应该移交的各项资料，对未了事项写出书面说明材料；

（4）编制移交清册，列明移交凭证、账簿、会计报表、公章、现金、有价证券、支票簿、文件、其他会计资料和用品等内容；实行会计电算化的单位，从事该项工作的移交人员应在移交清册上列明会计软件及密码、会计软件数据盘、磁带等内容；

（5）会计机构负责人、会计主管人员移交时，还应将财务会计工作、重大财务收支问题及会计人员的情况等，向接替人员介绍清楚。

3. 移交点收

移交人员离职前，必须将经管的会计工作在规定的期限内全部向接替人员移交清楚。接替人员应认真按照移交清册逐项点收。具体要求是：

（1）现金要根据会计账簿记录余额进行当面点交，不得短缺。接管人员发现不一致或者“白条顶库”现象时，移交人员在规定期限内负责查清处理。

（2）有价证券的数量要与会计账簿记录一致。有价证券面额与发行价不一致时，按照会计账簿余额交接。

（3）会计凭证、会计账簿、会计报表和其他会计资料必须完整无缺，不得遗漏。如有短缺，必须查明原因，并在移交清册中注明，由移交人负责。

（4）银行存款账户余额要与银行对账单核对一致，如有未达账项，应编制银行存款余额调节表并调节相符；各种财产物资和债权债务的明细账余额要与总账有关账户余额核对相符；对重要实物要实地盘点，对余额较大的往来账户要与往来单位、个人核对。

（5）公章、收据、空白支票、发票、科目印章以及其他物品等必须交接清楚。

（6）实行会计电算化的单位，交接双方应在电子计算机上对有关数据进行实际操作，确认有关数字正确无误后方可交接。

4. 专人负责监交

会计人员在办理会计工作交接手续时，要有专人负责监交，以起督促、公正作用。一般会计人员办理交接手续，由单位的会计机构负责人、会计主管人员负责监交；会计机构负责人、会计主管人员办理交接手续，由单位负责人负责监交，必要时可由上级主管部门派人会同监交。

5. 交接后的有关事宜

（1）会计工作交接完毕后，交接双方和监交人要在移交清册上签名盖章，并在移交清册上注明：单位名称，交接日期，交接双方和监交人的职务、姓名，移交清册页数及需要说明的问题和意见等。

（2）接管人员应继续使用移交前的账簿，不得擅自另立账簿，以保证会计记录前后衔接，内容完整。

（3）移交清册填制一式三份，交接双方各持一份，存档一份。

（三）交接人员的责任

根据《会计基础工作规范》第三十五条规定，移交人对自己经办且已经移交的会计凭证、会计账簿、会计报表和其他会计资料的真实性、完整性承担法律责任。移交人员所移交的会计资料是在其经办会计工作期间内所发生的，应当对这些会计资料的真实性、完整性负责。即便接替人员在交接时因疏忽没有发现所接会计资料在合法性、真实性、完整性方面存在的问题，如事后发现，仍应由原移交人员负责，原移交人员不应以会计资料已经移交而推脱责任，接替人员不对移交过来材料的真实性、完整性负法律上的责任。

【例 1-28】会计交接工作完成后，对所移交的会计凭证、会计账簿、财务会计报告和其他会计资料的真实性、完整性无须承担法律责任的主体有(　　)。

A. 会计机构负责人　　　　　B. 单位负责人

C. 移交人员　　　　　　　　D. 接替人员

【答案】ABD

【解析】《会计基础工作规范》第三十五条规定，移交人对自己经办且已经移交的会计凭证、会计账簿、会计报表和其他会计资料的真实性、完整性承担法律责任。

【知识小结】

会计人员工作交接

<table>
<tr><td colspan="2" rowspan="4">交接范围</td><td>会计人员调动工作、离职</td></tr>
<tr><td>临时离职或其他原因暂时不能工作“且”需要接替</td></tr>
<tr><td>临时离职或因病不能工作的会计人员恢复工作
移交人员不能亲自办理交接，经单位负责人批准，可委托他人代办，但委托人应当对所移交会计资料的真实性、完整性负责</td></tr>
<tr><td>未办清工作交接手续，不得调动或者离职</td></tr>
<tr><td rowspan="5">程序</td><td>申请</td><td>会计人员：提出离职申请“同时”提出交接申请</td></tr>
<tr><td>准备</td><td>(1) 已受理的业务要处理完毕（凭证填完、账簿登完）
(2) 在“最后一笔余额后”盖经办人员印章</td></tr>
<tr><td>移交</td><td>(1) 现金根据账簿记录余额当面点交，不得短缺，发现不一致或“白条抵库”时，移交人员负责处理
(2) 有价证券的数量要与账簿记录一致，面额与发行价不一致，按账簿余额交接
(3) 实行电算化的，交接双方应在计算机上进行实际操作，确认有关数据正确无误后，方可交接</td></tr>
<tr><td>监交</td><td>一般会计人员由会计机构负责人监交
会计机构负责人由单位负责人监交，主管单位可会同监交</td></tr>
<tr><td>交接后</td><td>交接双方和监交人在移交清册上签名或盖章；接替人员应继续使用移交前的账簿；移交清册一式三份，交接双方各执一份，存档一份（监交人不要）</td></tr>
<tr><td>责任</td><td colspan="2">原移交人员，应当对所移交的会计资料的真实性、完整性负责</td></tr>
</table>

【案例分析】某单位的会计王某因工作调动要离开会计工作岗位，在会计机构负责人的监督下，与李某办理了会计工作交接手续。因为李某比较粗心，在交接时没有发现所接收的会计凭证存在问题。一个月后，有关部门在检查时发现了会计凭证中的问题。单位负责人在追究王某责任时，王某说：“会计凭证我已经移交给李某，应当由李某承担责任，与我无关。”请分析：王某的说法是否正确？说明理由。

【解析】王某的说法不正确。根据《会计基础工作规范》的规定，移交人员所移交的会计资料是在会计工作期间发生的，应当对这些会计资料的真实性、完整性负责。即便接替人员在交接时因疏忽没有发现所接收会计资料在合法性、真实性、完整性方面存在的问题，如事后发现，仍应由原移交人员负责，原移交人员不应以会计资料已经移交而推脱责任。

任务三　明确会计法律责任

【任务描述】

了解会计法律责任的种类，熟悉会计违法行为及具体处罚规定，并以此警示自己，规范我们的会计行为，维护会计工作的神圣性。

子任务一　法律责任类型

法律责任，是指违反法律规定的行为应当承担的法律后果，也就是对违法者的制裁。它是一种通过对违法行为惩罚来实施法律规则的要求。《会计法》“法律责任”，主要规定了两种责任形式：一是行政责任；二是刑事责任。违反《会计法》关于会计核算、会计监督、会计机构、会计人员的有关规定，应当承担法律责任。法律责任的种类包括：责令限期改正；罚款；行政处分；吊销会计从业资格证书；追究刑事责任。

（一）行政责任（行政管理者与行政管理相对人）

行政责任是行政法律关系主体在国家行政管理活动中因违反了行政法律规范，不履行行政上的义务而产生的责任。在《会计法》的规定中，有许多是属于对会计活动进行行政管理的内容，属于行政法律规范，相应地，在《会计法》“法律责任”一章中，对违反这些行政法律规范的行为，规定了行政法律责任。《会计法》规定的行政责任的形式有两种，即行政处罚和行政处分。

1. 行政处罚。（针对行政管理相对人）行政处罚是指行政机关对违反行政管理法律法规的行政管理相对人所实施的一种行政制裁措施。根据《会计法》的规定，有权实施行政处罚的机关是违法行为发生地的县级以上人民政府财政部门，可以实施的行政处罚主要有警告、责令限期整改、罚款和吊销从业资格证书等形式。

2. 行政处分。（针对国家工作人员）行政处分是国家工作人员违反行政法律规范所应承担的一种行政法律责任，是行政机关对国家工作人员故意或者过失侵犯行政相对人的合法权益所实施的法律制裁。行政处分的对象仅限于直接负责的国家工作人员，形式有警告、记过、记大过、降级、降职、撤职、留用察看、开除等。

（二）刑事责任

刑事责任是指对犯罪分子依照刑事法律的规定追究的法律责任。刑事责任与行政责任不同，两者的主要区别是：（1）追究的违法行为不同：追究行政责任的是一般违法行为；追究刑事责任的是犯罪行为；（2）追究责任的机关不同：追究行政责任由国家特定的行政机关依照有关法律的规定决定；追究刑事责任只能由司法机关依照《刑法》的规定决定；（3）承担法律的后果不同：追究刑事责任是最严厉的制裁，可以判处死刑，比追究行政责任严厉得多。

刑事责任包括两类：一是犯罪；二是刑罚。

1. 关于犯罪。根据我国《刑法》的规定，一切危害国家主权、领土完整和安全，分裂国家、颠覆人民民主专政的政权和推翻社会主义制度，破坏社会秩序和经济秩序，侵犯国家财产或者劳动群众集体所有的财产，侵犯公民私人所有的财产，侵犯公民的人身权利、民主权利和其他权利，以及其他危害社会的行为，依照法律应当受刑罚处罚的，都是犯罪；但是情节显著轻微危害不大的，不认为是犯罪。

2. 关于刑罚。刑罚是由国家最高立法机关在《刑法》中制定的，由人民法院对犯罪分子适用并由专门机构执行的最为严厉的国家强制措施。根据我国《刑法》规定，刑罚分为主刑和附加刑。

（1）主刑。是对犯罪分子适用的主要刑罚方法，只能独立适用，不能附加适用，对犯罪分子只能判一种主刑。主刑分为管制、拘役、有期徒刑、无期徒刑和死刑。

（2）附加刑。是既可以独立适用又可以附加适用的刑罚方法。即对同一犯罪行为既可以在主刑之后判处一个或两个以上的附加刑，也可以独立判处一个或两个以上的附加刑。附加刑分为罚金、剥夺政治权利、没收财产。对犯罪的外国人，也可以独立或者附加适用驱逐出境。

【例 1-29】我国《会计法》规定的法律责任主要有行政责任和刑事责任两种责任形式。

【答案】对

【解析】《会计法》规定的行政责任的形式有两种，即行政处罚和行政处分。

【知识小结】

法律责任的形式

<table>
<tr><td rowspan="3">行政责任</td><td rowspan="2">行政处罚</td><td>行政处罚法：警告，罚款，没收非法所得非法财物，责令停产停业，暂扣或吊销许可证或执照，行政拘留，其他（针对老百姓）</td></tr>
<tr><td>会计法：“责令限期改正”、罚款、吊销从业资格
责令限期改正属于行政命令，但考试要选</td></tr>
<tr><td>行政处分</td><td>仅限于国家工作人员（针对公务员）</td></tr>
<tr><td rowspan="2">刑事责任</td><td>主刑</td><td>管制、拘役、有期徒刑、无期徒刑和死刑（只能适用一种）</td></tr>
<tr><td>附加刑</td><td>罚金、剥夺政治权利、没收财产、驱逐出境（可以同时适用多个）</td></tr>
</table>

子任务二　一般违反会计制度行为的法律责任

（一）违反会计制度规定应承担法律责任的行为

根据《会计法》第四十二条的规定，有下列行为之一的，由县级以上人民政府财政部门责令限期改正，可以对单位并处三千元以上五万元以下的罚款；对其直接负责的主管人员和其他直接责任人员，可以处两千元以上两万元以下的罚款；属于国家工作人员的，还应当由其所在单位或者有关单位依法给予行政处分。

1. 不依法设置会计账簿的行为

不依法设置会计账簿的行为，是指违反《会计法》和国家统一的会计制度的规定，应当设置会计账簿的单位不设置会计账簿或者未按规定的种类、形式及要求设置会计账簿的行为。

2. 私设会计账簿的行为

私设会计账簿的行为俗称“两本账”、“账外账”，是指不在依法设置的会计账簿上对经济业务事项进行统一登记核算，而另外私自设置会计账簿进行登记核算的行为。鉴于现实中有的单位将发生的经济业务事项和财务收支不通过法定会计账簿统一核算，而是进入私设的会计账簿，形成“小金库”，因此有必要对这种违法行为追究其法律责任。

3. 未按照规定填制、取得原始凭证或者填制、取得的原始凭证不符合规定的行为

根据《会计法》和国家统一的会计制度的规定，办理经济业务事项，必须取得或者填制原始凭证，并及时送交会计机构，以保证会计核算工作得以顺利进行。同时为了保证原始凭证记录的真实性，对原始凭证不能涂改、挖补，如果发现原始凭证有错误，应当由出具单位重开或者更正，更正处应当加盖出具单位的印章。原始凭证金额有错误的，应当由出具单位重开，不得在原始凭证上更正。

4. 以未经审核的会计凭证为依据登记会计账簿或者登记会计账簿不符合规定的行为

根据《会计法》和国家统一的会计制度的规定，会计人员应当根据审核无误的会计凭证登记会计账簿，登记会计账簿时，应当将会计凭证日期、编号、业务内容摘要、金额等事项逐项记入账内，登记完毕后，记账人员要在记账凭证上签名或盖章。各种账簿要按页次顺序连续登记，不得跳行、隔页，如果会计账簿记录发生错误，不得采取涂改、挖补等手段更正，而应当按照规定采取划线更正等方法进行更正。因此，任何单位不得以未经审核的会计凭证为依据登记会计账簿，登记会计账簿应当符合《会计法》和国家统一的会计制度的规定。

5. 随意变更会计处理方法的行为

会计处理方法的变更会直接影响会计资料的质量和可比性，各单位采用的会计处理方法，前后各期应当相同，不得随意变更，确有必要变更的，应当按照国家统一的会计制度的规定变更，并将变更的原因、情况及影响在财务会计报告中说明。

6. 向不同的会计资料使用者提供的财务会计报告编制依据不一致的行为

财务会计报告应当根据登记完整、核对无误的会计账簿记录和其他有关会计资料编制，使用的计量方法、确认原则、统计标准应当一致，做到数据真实、计算准确、内容完整、说明清楚。不得向不同的会计资料使用者提供编制依据不一致的财务会计报告。

7. 未按照规定使用会计记录文字或者记账本位币的行为

会计记录的文字应当使用中文。在民族自治地方，会计记录可以同时使用当地通用的一种民族文字。在中华人民共和国境内的外商投资企业、外国企业和其他外国组织的会计记录可以同时使用一种外国文字。会计核算以人民币为记账本位币。业务收支以人民币以外的货币为主的单位，可以选定其中一种货币作为记账本位币，但是编报的财务会计报告应当折算为人民币。

8. 未按照规定保管会计资料，致使会计资料毁损、灭失的行为

根据《会计法》第二十三条的规定，各单位对会计凭证、会计账簿、财务会计报告和其他会计资料应当建立档案，妥善保管。对于未按照国家规定的期限、方式和要求保管会计资料，致使会计资料毁损、灭失的，应当追究有关单位和个人的法律责任。

9. 未按照规定建立并实施单位内部会计监督制度，或者拒绝依法实施的监督，或者不如实提供有关会计资料及有关情况的行为

各单位应当建立、健全本单位内部会计监督制度，单位内部会计监督制度应当符合法定要求。对会计工作的外部监督，必须依照有关法律、行政法规的规定接受有关监督检查部门依法实施的监督检查，如实提供会计凭证、会计账簿、会计报表和其他会计资料以及有关情况，不得拒绝、隐匿和谎报。

10. 任用会计人员不符合会计法规定的行为

从事会计工作的人员必须取得会计从业资格证书。担任单位会计机构负责人和会计主管人员的，还应当具备会计师以上专业技术职务资格或者从事会计工作三年以上工作经历。设置总会计师的单位，任用的总会计师，也应当符合国家规定的资格条件。

（二）违反会计制度规定行为应承担的法律责任

根据《会计法》第四十二条的规定，上述违法行为应承担以下法律责任：

1. 责令限期改正。所谓责令限期改正，是指要求违法行为人在一定期限内停止违法行为并将其违法行为恢复到合法状态。

2. 罚款。县级以上人民政府财政部门根据上述所列行为的性质、情节及危害程度，在责令限期改正的同时，可以对单位并处三千元以上五万元以下的罚款，对其直接负责的主管人员和其他直接责任人员，可以处以两千元以上两万元以下的罚款。

3. 给予行政处分。对上述所列行为直接负责的主管人员和其他直接责任人员中的国家工作人员，视情节轻重，还应当由其所在单位或者其上级单位或者行政监察部门给予警告、记过、记大过、降级、降职、撤职、留用察看和开除等行政处分。

4. 吊销会计从业资格证书。会计人员有上述所列行为之一，情节严重的，由县级以上人民政府财政部门吊销会计从业资格证书。

5. 依法追究刑事责任。我国《刑法》并没有对上述所列行为单独明确规定为犯罪，但是，行为人为偷逃税款、骗取出口退税、贪污、挪用公款等目的，从事上述行为，造成了严重后果，按照《刑法》的有关规定，构成犯罪的，应当依照《刑法》的规定分别定罪、量刑。

【例 1-30】 根据《会计法》的规定，以未经审核的会计凭证为依据登记账簿或登记账簿的行为，尚不构成犯罪的，由县级以上人民政府财政部门予以通报，对单位并处3 000元以上 50 000 元以下的罚款。(　　)

【答案】 对

【解析】 县级以上人民政府财政部门在通报的同时，可以对单位并处 3 000 元以上 50 000万元以下的罚款。

【例 1-31】 根据《会计法》规定，对于“随意变更会计处理方法”的行为，应当承担的法律责任是(　　)。

A. 由县级以上的人民政府财政部门责令限期改正

B. 对单位处以 3 000 元以上 5 万元以下的罚款

C. 对其直接负责的主管人员可以处以 5 000 元以上 2 万元以下的罚款

D. 构成犯罪的，依法追究刑事责任

【答案】ABD

【解析】随意变更会计处理方法，由县级以上人民政府财政部门责令限期改正，可以对单位并处三千元以上五万元以下的罚款；对其直接负责的主管人员和其他直接责任人员，可以处两千元以上两万元以下的罚款；属于国家工作人员的，还应当由其所在单位或者有关单位依法给予行政处分。

【案例分析】某国有企业因转产将不需用的原材料折价出售，厂长告知会计科长，将出售所得价款单独保管，不要入账，也不要另立账册记录，以便企业领导做活动经费和补贴费用。根据《会计法》的规定，对这种行为应如何处罚？

【解析】上述行为属于违反会计核算私设会计账簿的行为。应按以下规定处罚：

（1）由县级以上人民政府财政部门责令限期改正，可以对单位并处 3 000 元以上 5 万元以下的罚款；对其直接负责的主管人员和其直接责任人处 2 000 元以上 20 000 元以下的罚款；属于国家工作人员的，还应当由其所在单位或者有关单位依法给予行政处分。

（2）会计人员有上述行为情节严重的，由县级以上人民政府财政部门吊销会计从业资格证书。

（3）有关法律对上述所列行为的处罚另有规定的，依照有关法律的规定办理。

（4）上述行为，构成犯罪的依法追究刑事责任。

【知识小结】

10 项轻微违法会计行为及应承担的法律责任

<table>
<tr><th>具体违法行为</th><th>法律责任</th></tr>
<tr><td>（1）未按规定填制、取得原始凭证或原始凭证不符合规定</td><td rowspan="10">（1）责令限期改正（县级以上）
（2）罚款（对单位 3 000~5 万元，对个人 2 000~2 万元）
（3）给予行政处分（公务员）
（4）吊销会计从业资格证书（会计）
（5）依法追究刑事责任（情节严重）</td></tr>
<tr><td>（2）以未经审核的会计凭证为依据登记账簿或登记账簿不符合规定</td></tr>
<tr><td>（3）不依法设置账簿</td></tr>
<tr><td>（4）私设账簿（账外账、小金库、两本账）</td></tr>
<tr><td>（5）向不同的使用者提供的财务会计报告编制依据不一致</td></tr>
<tr><td>（6）未按规定保管会计资料，致使会计资料毁损、灭失</td></tr>
<tr><td>（7）随意变更会计处理方法</td></tr>
<tr><td>（8）未按规定使用会计记录文字和记账本位币</td></tr>
<tr><td>（9）未按规定建立并实施单位内部会计监督制度，拒绝依法实施的监督，或不如实提供有关会计资料及有关情况</td></tr>
<tr><td>（10）任用会计人员不符合规定</td></tr>
</table>

子任务三　其他会计违法行为的法律责任

（一）伪造、变造会计凭证、会计账簿，编制虚假财务会计报告的法律责任

根据《会计法》第四十三条规定：伪造、变造会计凭证、会计账簿，编制虚假财务会计报告，构成犯罪的，依法追究刑事责任。有前款行为，尚不构成犯罪的，由县级以上人民政府财政部门予以通报，可以对单位并处五千元以上十万元以下的罚款；对其直接负责的主管人员和其他直接责任人员，可以处三千元以上五万元以下的罚款；属于国家工作人员的，还应当由其所在单位或者有关单位依法给予撤职直至开除的行政处分；对其中的会计人员，由县级以上人民政府财政部门吊销会计从业资格证书。

（二）隐匿或故意销毁依法应保存的会计资料的法律责任

所谓隐匿，是指故意转移、隐藏应当保存的会计凭证、会计账簿、财务会计报告的行为。所谓销毁，是指故意将依法应当保存的会计凭证、会计账簿、财务会计报告予以毁灭的行为。《会计法》第四十四条规定："隐匿或者故意销毁依法应当保存的会计凭证、会计账簿、财务会计报告，构成犯罪的，依法追究刑事责任。有前款行为，尚不构成犯罪的，由县级以上人民政府财政部门予以通报，可以对单位并处五千元以上十万元以下的罚款；对其直接负责的主管人员和其他直接责任人员，可以处三千元以上五万元以下的罚款；属于国家工作人员的，还应当由其所在单位或者有关单位依法给予撤职直至开除的行政处分；对其中的会计人员，由县级以上人民政府部门吊销会计从业资格证。"

（三）授意、指使、强令会计机构、会计人员及其他人员伪造、变造会计凭证、会计账簿，编制虚假财务会计报告或隐匿、故意销毁依法应保存的会计资料的法律责任

所谓授意，是指暗示他人按其意思行事。所谓指使，是指通过明示方式，指示他人按意思行事。所谓强令，是指明知其命令是违反法律的，强迫他人执行其命令的行为。根据《会计法》第四十五条的规定：授意、指使、强令会计机构、会计人员及其他人员伪造、变造会计凭证、会计账簿，编制虚假财务会计报告或者隐匿、故意销毁依法应当保存的会计凭证、会计账簿、财务会计报告，构成犯罪的，依法追究刑事责任；尚不构成犯罪的，可以处五千元以上五万元以下的罚款；属于国家工作人员的，还应当由其所在单位或者有关单位依法给予降级、撤职、开除的行政处分。

（四）单位负责人对依法履行职责抵制违反《会计法》规定行为的会计人员实行打击报复的法律责任

《会计法》第四十六条规定，单位负责人对依法履行职责、抵制违反本法规定行为的会计人员以降级、撤职、调离工作岗位、解聘或者开除等方式实行打击报复，构成犯罪的，依法追究刑事责任；尚不构成犯罪的，由其所在单位或者有关单位依法给予行政处分。对受打击报复的会计人员，应当恢复其名誉和原有职务、级别。

根据《刑法》第二百五十五条规定，公司、企业、事业单位、机关、团体的领导人

对依法履行职责、抵制违反《会计法》规定行为的会计人员实行打击报复，情节恶劣的，构成打击报复会计人员罪，处三年以下有期徒刑或者拘役。

【例 1-32】 授意、指使、强令会计机构、会计人员及其他人员伪造、变造会计凭证、会计账簿，编制虚假财务会计报告或者隐匿、故意销毁依法应当保存的会计凭证、会计账簿、财务会计报告，尚不构成犯罪的，除依法可处以规定数额的罚款外，对属于国家工作人员的，还应当由其所在单位或者有关单位依法给予的行政处分有（　　）。

A. 开除　　B. 降级　　C. 警告　　D. 撤职

【答案】 ABD

【解析】 根据《会计法》第四十五条的规定：授意、指使、强令会计机构、会计人员及其他人员伪造、变造会计凭证、会计账簿，编制虚假财务会计报告或者隐匿、故意销毁依法应当保存的会计凭证、会计账簿、财务会计报告，构成犯罪的，依法追究刑事责任；尚不构成犯罪的，可以处五千元以上五万元以下的罚款；属于国家工作人员的，还应当由其所在单位或者有关单位依法给予降级、撤职、开除的行政处分。

【例 1-33】 隐匿或者故意销毁依法应当保存的会计凭证、会计账簿、财务会计报告，尚不构成犯罪的，由县级以上人民政府财政部门对其直接负责的主管人员和其他直接责任人员，可以处五千元以上五万元以下的罚款。

【答案】 错

【解析】《会计法》第四十四条规定：“隐匿或者故意销毁依法应当保存的会计凭证、会计账簿、财务会计报告，构成犯罪的，依法追究刑事责任。有前款行为，尚不构成犯罪的，由县级以上人民政府财政部门予以通报，可以对单位并处五千元以上十万元以下的罚款；对其直接负责的主管人员和其他直接责任人员，可以处三千元以上五万元以下的罚款；属于国家工作人员的，还应当由其所在单位或者有关单位依法给予撤职直至开除的行政处分；对其中的会计人员，由县级以上人民政府部门吊销会计从业资格证。”

【知识小结】

其他违法会计行为及应承担的法律责任

<table>
<tr><th>违法行为</th><th>法律责任</th></tr>
<tr><td>伪造、变造会计资料（严重）</td><td rowspan="2">（1）通报
（2）罚款（对单位 5 000~10 万元，对个人 3 000~5 万元）
（3）给予行政处分（公务员）
（4）吊销会计从业资格证书（会计）</td></tr>
<tr><td>隐匿或故意销毁依法应保存的会计资料（严重）</td></tr>
<tr><td>授意、指使、强令会计机构、会计人员及其他人员伪造、变造或隐匿、故意销毁依法应保存的会计资料</td><td>（1）依法追究刑事责任
（2）罚款（5 000~5 万元）
（3）给予行政处分（公务员）</td></tr>
</table>

续表

违法行为	法律责任
单位负责人对会计人员实行打击报复	（1）构成打击报复会计人员罪（3年以下有期徒刑或拘役） （2）不构成犯罪的，给予行政处分
	补救措施：恢复其名誉和原有职务、级别，不能恢复从业资格及职称

任务四　内部会计管理制度及其设计

【任务描述】

掌握企业内部会计管理制度的组成体系，熟悉企业内部会计管理制度设计的要求及设计原则，能结合单位会计控制的实际情况，设计符合单位具体要求的内部会计管理制度。

子任务一　企业内部会计管理制度

常言道："有控则强，失控则弱，无控则乱，不控则败。"企业的经营活动永远伴随风险，为规避风险，防患于未然，确保企业财产安全，必须建立符合企业实际的内部控制体系和控制措施。控制措施控制措施一般包括：不相容职务分离控制、授权审批控制、会计系统控制、财产保护控制、预算控制、运营分析控制和绩效考评控制等。这里主要介绍会计系统控制。

（一）内部会计管理制度定义

内部会计管理制度又称内部会计控制是指各单位根据国家会计法律、法规、规章和制度的规定，结合本单位经营管理和业务管理的特点及要求而制定的旨在规范单位内部会计管理活动的制度、措施和办法。目的在于确保财务活动的合法性、会计信息的真实性和可靠性、财产物资的安全性和完整性。

（二）内部会计管理制度组成体系

各单位内部会计管理应建设哪些制度，各项制度应包括哪些内容，并无统一规定和要求。不同地区、不同部门和行业的会计单位可根据自身会计核算和业务管理的需要，根据自身内部控制系统的状况以及查错防弊的设计，作出不同的选择。根据《会计基础工作规范》的规定以及我国会计核算和管理的实践经验，内部会计管理制度主要包括以下内容：

1. 内部会计管理体系。主要是指一个单位的会计工作组织体系。其主要内容包括：（1）明确单位领导人对会计工作的领导职责；（2）明确总会计师对会计工作的领导职责；（3）决定会计机构的设置，明确会计机构以及会计机构负责人（或主要会计人员）的职责；（4）明确会计机构与其他职能机构的分工与关系；（5）确定单位内部的会计核算组织形式。

2. 会计人员岗位责任制度。是指单位内部会计人员管理的一项重要制度。主要内容包括：会计人员工作岗位的设置，各个会计工作岗位的职责和工作标准；各会计工作岗位的人员和具体分工；对会计工作岗位的考核办法等。

3. 账务处理程序制度。指对会计凭证、会计账簿、会计报表等会计核算流程和基本方法的规定，主要内容包括：（1）根据国家统一会计制度的规定，确定单位总账科目和明细科目的设置和使用范围；（2）根据规定和单位会计核算的要求，确定本单位的会计凭证格式、填制要求、审核内容、传递程序和保管要求等；（3）根据规定和单位核算的要求，确定本单位总账、明细账、现金日记账、银行存款日记账、各种辅助账等设置、格式、登记、对账、结算和改错要求；（4）根据国家统一会计制度的要求，确定对外财务报表的种类和编制要求，同时根据单位内部管理需要确定单位内部会计指标和考核指标。

4. 内部牵制制度。是内部控制制度的重要内容之一。其主要内容是：内部牵制制度的原则、职务分离、钱账分离、物账分离等；对出纳等岗位的职责和限制性规定；有关部门或领导对限制性岗位的定期检查办法。

5. 稽核制度。指在会计机构内部指定专人对有关会计凭证、会计账簿进行审核、复查的一种制度，该制度的建立应当结合会计人员岗位责任制度一并进行考虑。主要内容包括：稽核工作的组织形式和具体分工；稽核工作职责、权限；稽核工作的程序和基本方法；稽核结果的处理和使用等。

6. 原始记录管理制度。指原始凭证的开具、接收、传递、使用、保管等进行规范管理的制度，旨在保证会计核算基础环节的有序、正常和高效。主要内容包括：原始凭证的格式、内容和填写方法；其填制、签署、传递、汇集和反馈要求；原始凭证的审核要求；有关人员对原始凭证记录管理的责任等。

7. 定额管理制度。指确定定额制订依据、制订程序、考核方法、奖惩措施等。主要内容包括：定额管理范围，如工时定额、物资消耗定额、成本费用定额、人员定额、用工定额等；制定和修订定额的依据、方法、程序；明确定额的执行、考核、奖惩的具体办法等。

8. 计量验收制度。指财务会计管理工作基础，主要内容包括：计量检测手段和方法；计量验收管理的要求；计量验收人员的责任和奖惩办法等。

9. 财产清查制度。指定期对财产物资进行清点、盘查，以保证账实相符，这是保证会计核算正常进行和会计核算质量的重要措施。主要内容包括：财产清查的范围；财产清查的组织领导；财产清查的限期和程序、方法和要求；财产清查中发现问题的处理程序、报批手续；对财产管理人员的奖惩制度等。

10. 财务收支审批制度。指确认财务收支审批范围、审批人员、审批权限、审批程序及其责任的制度。主要内容包括：（1）确定财务收支审批人员和审批权限；（2）确定财务收支审批程序；（3）明确对财务收支中违反规定的责任人和领导人的处理要求。

11. 成本核算制度。主要是适用于企业单位的成本计算、归集、分配的规则。主要内容包括：成本核算方法和程序的确定，有关成本基础制度的确定；成本考核和成本分析等。

12. 财务会计分析制度。指定期检查财务会计指标的完成情况，分析存在的问题和原因，提出相应改进措施，促使领导加强管理，提高效益的制度。主要内容包括：财务会计分析的时间、召集形式、参加的部门和人员；财务会计分析的内容和分析方法；财务会计分析报告的编写要求等。

【例 1-34】 下列属于内部会计管理制度的内容有(　　)

A. 财务会计分析制度　　B. 内部牵制制度

C. 会计人员岗位责任制度　　D. 存货盘存制度

【答案】 ABC

【解析】 内部会计管理制度包括：内部会计管理体系、会计人员岗位责任制度、账务处理程序制度、内部牵制制度、稽核制度、原始记录管理制度、定额管理制度、计量验收制度、财产清查制度、财务收支审批制度、成本核算制度、财务会计分析制度。

子任务二　企业内部会计管理制度设计

(一) 企业内部会计管理制度设计的意义

1. 有利于更好地贯彻执行会计法规制度

为了规范和加强会计工作，国家制定发布了一系列会计法律、法规，这些是进行会计核算、实行会计监督和从事会计管理的基本依据。但是这些会计法律、法规作为"统帅"，只是国家意志的原则体现，而作为"主体"的行业财务制度，也只是对不同行业行使不同调控手段的体现，不能解决各个单位千差万别的具体财务问题。单位内部会计管理制度是国家会计法律、法规和制度在不同单位的具体化，它能把国家有关会计管理制度落到实处。单位会计管理制度是单位理财意志的体现，从某种意义上讲，单位内部会计管理制度，是国家会计法律、法规的必要补充，是贯彻实施国家法律、法规的重要基础和保证。

2. 有利于规范会计工作秩序

会计工作涉及各方面的利益关系，必须依法进行。从 1996 年以来进行的整顿会计工作秩序情况看，有些单位内部会计管理制度不健全，会计核算混乱，财务收支失控，不仅损害了国家和社会公众利益，也对本单位的经营管理带来消极影响。另外，从中华人民共和国成立以来发生的多起重大的会计人员贪污案中也可以看出，会计人员之所以能贪污巨款，都是与单位会计机构内部管理制度不健全有着直接的联系。因此，必须加强内部会计管理制度建设，使内部会计管理制度的程序、方法、要求等制度化、规范化，这样才能保证会计管理工作有章可循、有据可依、规范有序，才能保证会计工作在单位经济管理中发挥应有的作用。

3. 有利于改善单位经济管理

财务会计管理是单位内部管理的中心环节，是一项重要的综合性、职能性管理工作。制定一套规范完整的内部管理制度，充分保证财务管理工作更好地参与单位内部经济管理，使会计工作渗透到单位内部管理的各个环节、各个方面，不仅有利于会计工作更好地发挥职能作用，更有利于改善单位内部管理，提高经济效益。

（二）企业内部会计管理制度设计的要求及设计原则

1. 执行国家法律、法规和国家统一的财务会计制度

为了规范和加强会计工作，国家制定发布了一系列会计法律、法规和会计制度，这些是进行会计核算、实行会计监督和从事会计管理的基本依据，是企业进行内部会计管理制度设计必须遵循的基本要求。

2. 体现本单位的生产经营、业务管理的特点和要求

国家制定和发布的会计法律、法规、规章、制度虽然是从全国会计工作总体要求的实际出发制定的，并在制定的过程中尽可能考虑到不同地区、企业会计工作实际情况和特点，以适应各方面的需要，但是，国家发布的会计法律、法规并不能完全适合各企业的具体情况。这就需要各企业的会计部门以国家发布的会计法律、法规为依据，结合本企业生产经营和业务管理的特点进行必要的补充，使会计管理工作能渗透到经营管理的各个环节、各个方面。企业内部会计管理的建设是国家会计法律、法规的具体化，是它的必要补充，同时也是贯彻实施国家会计法律、法规的重要基础和保证。

3. 规范本单位的各项会计工作，建立健全会计基础，保证会计工作的有序进行

规范性原则的基本要求主要体现在：一方面，内部会计管理制度要符合并体现会计科学的基本原理和方法，不能与会计学科的基本要求相违背；另一方面，内部会计管理制度的内容要全面，应严格规范会计事务的各个方面、各个环节的工作，不能顾此失彼。

4. 科学、合理，便于控制和定期完善

科学合理，即所制定的内部会计管理制度便于操作和执行，缺乏科学性或不易操作的管理制度，就不会有生命力；便于控制，即内部会计管理制度必须体现内部控制的要求，有效的内部控制是现代管理的基本要求，而会计控制是内部控制的重要组成部分，因此，内部会计管理制度必须体现这方面的要求；定期完善，即各单位所制定的内部会计管理制度，应当根据执行情况和管理需要不断完善，以保证内部会计管理制度更加适应管理需要。

（三）内部会计管理制度的设计

《会计基础工作规范》中提出了单位应当建立 12 项内部会计管理制度，各单位应结合实际，建立健全适合本单位特点的内部会计管理制度，使会计管理工作程序化、规范化，可以有章可循，以制度来约束自己的行为。设计时应考虑以下几个方面：

1. 会计工作组织体系及会计人员岗位职责

（1）内部会计管理体系。单位内部会计管理体系主要是指一个单位的会计工作组织体系，内部会计工作组织体系是搞好会计工作的基础和保证。在设计此制度时应明确单位领导人对会计工作的领导职责以及会计部门和会计机构负责人的职责和权限。

（2）会计人员岗位责任制度。会计人员岗位责任制度是单位内部会计人员管理的一项重要制度，是对会计人员岗位职责和标准的规定。建立岗位责任制有利于会计人员明确职责，钻研业务，提高工作效率和质量；有利于会计工作的程序化、规范化和会计基础工

作的加强；有利于强化会计管理职能，提高会计工作的水平。

设计会计人员岗位责任制度时，应明确会计人员工作岗位的设置、岗位职责和标准，岗位轮换计划、岗位考核办法等方面的规定。对会计人员进行岗位轮换，既可以使接替人员对前任的工作进行检验，防错防弊，防止违法乱纪，又可以激励会计人员积极提高业务技术水平，按时完成分内工作，使每个会计人员熟悉本单位各会计岗位的工作和职责。

(3) 内部牵制制度。内部牵制制度是内部会计管理制度的重要内容之一。设计该项制度时，应当与会计人员岗位责任制度结合起来考虑。其主要内容包括：内部牵制制度的原则，包括机构分离、职务分离、钱账分离、账务分离等；对出纳等岗位的职责和限制性规定；有关部门或领导对限制性岗位的定期检查办法等。

设计内部牵制制度，主要是为了加强会计人员相互制约、相互监督、相互核对，提高会计核算工作的质量，防止会计事务处理中发生的失误和差错以及营私舞弊等行为。有的单位认为实行内部牵制制度手续繁琐、程序复杂，对内部牵制制度规定的必要程序任意简化；有的单位因会计人员少，认为不具备实行钱账分管制度而没有建立。由于上述种种原因，造成有的单位会计机构内部牵制制度不健全，内部管理混乱，甚至给国家造成不应有的损失。因此，建立内部牵制制度是十分必要的。

(4) 稽核制度。稽核制度是指在会计机构内部指定专人对有关账证进行审核、复查的一种制度。该项制度的建立也应结合会计人员岗位责任制度一并考虑，设计的稽核制度应包括以下内容：稽核工作的组织形式和具体分工；稽核工作的职责、权限；稽核工作的程序和基本方法等。

会计稽核是会计机构本身对于会计核算工作进行的一项自我检查或审核工作，其目的在于防止会计核算工作上的差错和有关人员的舞弊行为。通过稽核，对日常核算工作中所出现的疏忽、错误等及时加以纠正或制止，以提高会计核算工作的质量。从会计工作实际情况来看，一些单位存在的会计数据失真、会计账目不清、会计核算混乱等问题，在很大程度上与会计机构内部稽核制度不健全有关。

(5) 财务收支审批制度。财务收支审批制度是指确定财务收支审批范围、审批人员、审批权限、审批程序及其责任的制度。建立健全财务收支审批制度，是财务会计工作的关键环节。主要内容包括：财务收支审批人员和审批权限；财务收支审批程序；财务收支审批人员的责任。

【例1-35】下列属于账务审批制度的内容有(　　)

A. 财务会计分析制度　　B. 内部牵制制度

C. 财务收支审批程序　　D. 稽核制度

【答案】C

【解析】财务收支审批制度主要内容包括：财务收支审批人员和审批权限；财务收支审批程序；财务收支审批人员的责任。

2. 会计核算工作制度

会计核算工作制度主要是规范单位会计核算工作，主要包括以下几项制度：账务处理程序制度、原始记录管理制度、定额管理制度、计量验收制度、成本核算制度、财产清查制度。

（1）账务处理程序制度主要是对会计凭证、账簿、报表等会计核算流程和基本方法的规定。设计该制度也就是将会计核算日常工作流程和方法以文字的形式加以规范，该项制度包括会计核算工作的全过程，从会计科目及其明细科目的设置和使用；会计凭证的格式、审核要求和传递程序；会计核算方法；会计账簿的设置到编制会计报表的种类和要求等各个方面。

（2）原始记录管理制度、定额管理制度、计量验收制度、财产清查制度等制度是会计核算工作的基础环节，是会计核算工作正常进行的保证，也是提高会计核算质量的重要措施。各单位应根据内部管理需要制定各项制度。

（3）成本核算制度主要适用于企业单位，行政单位则不需要建立本制度。企业应根据单位成本核算的特点来制定，重点是成本核算对象的确定、成本核算方法、程序，有关成本基础制度的制定、成本考核和成本分析等方面。

3. 财务会计分析制度

应建立定期财务会计分析制度，检查财务会计指标落实情况，分析存在的问题和原因，提出相应改进措施，是加强单位内部管理、不断提高经济效益的重要措施。该项制度主要是设计财务会计分析的时间、召集形式；参加的部门和人员；财务会计分析的内容和分析方法；财务会计分析报告的编写要求等项目。

综上所述，建立内部会计管理制度是国家法律、法规的必要补充，是贯彻实施国家会计法律、法规的重要基础和保证。各单位建立健全内部会计管理制度，有利于规范会计工作秩序，完善会计管理制度体系，改善单位经济管理。在制定时各单位应遵循一定的原则，制定出适合本单位的管理制度，使会计工作更加规范化，从而提高单位会计工作管理水平。

4. 内部会计管理制度设计案例

案例一：为了加强企业货币资金内部管理控制，请为企业设计货币资金职责分工的控制制度和监督程序。

基本原则：企业应当建立货币资金业务岗位制，明确相关部门和岗位的职责权限，确保办理货币资金业务的不相容岗位相互分离、制约和监督。具体设计如下：

（1）明确货币资金业务的不相容岗位

货币资金支付的审批与执行是不相容岗位；货币资金的保管与盘点清查是不相容岗位；货币资金的空间记录与审计是不相容岗位。具体而言：

①库存现金实物的收付及保管只能由经过被授权批准的出纳人员负责处理，其他人员不得接触库存现金。

②规模较大的企业，出纳人员每天应当将收付的现金登记现金出纳备查账，库存现金日记账和库存现金总账要由其他人员编制或登记；规模较小的企业可以使用库存现金日记账替代库存现金备查簿，由出纳人员登记，但库存现金总分类账的编制和登记必须由其他人员担任。

③负责应收账款明细账登记的会计人员不能同时负责库存现金收入明细账的登记工作；负责应付账款明细账登记的会计人员不能同时负责库存现金支出明细账的登记工作。

④保管支票登记簿的人员不能同时负责库存现金支出及银行存款支出账的登记工作。

⑤库存现金支出审批人员与出纳人员、支票保管人员和记账人员的职务应当相互分离。

（2）明确对出纳人员的要求

出纳人员不得兼任稽核、会计档案保管和收入、支出、费用、债权债务账目的登记工作。

案例二：根据内部会计管理制度的要求，为单位设计关于记账凭证传递的控制程序。

为了保证会计工作有条不紊地进行及时提供会计资料，防止会计凭证的失散和账户记录的遗落，企业应当结合自身的规模大小和业务流程，设计合理的会计凭证的传递程序，包括定点定时、定人传递，并与岗位责任制和内部控制制度相结合。记账凭证的一般传递程序如下：

（1）财务部门收到原始凭证后，按其内容和会计人员的分工，及时交有关会计人员编制记账凭证；

（2）制证后，立即交负责凭证审核的会计人员审核；

（3）审核无误的收、付款凭证立即传递至出纳人员办理收、付款业务，并编号登记现金、银行存款日记账；

（4）审核无误的转账凭证立即退还制证会计人员进行编号，并登记其所经管的相关账簿；

（5）出纳过账后的收付款凭证转原制证会计人员登记明细账；

（6）审核无误的记账凭证由制证会计人员传递给其他相关会计人员登记明细账；

（7）采用科目汇总表核算形式的企业，月末将全部凭证集中到负责凭证汇总的会计人员，以编制科目汇总表，并据此登记总账；

（8）次月初，全部凭证交负责装订凭证的会计人员装订成册暂存财务档案室保管。

学习情境二　熟悉并应用支付结算法律制度

【学习任务】

通过本情境的学习，使学生全面了解支付结算的概念和方式，银行结算账户的概念和种类，银行结算账户的开立、变更和撤销，熟悉支付结算的基本要求和票据法的相关规定，掌握票据和结算凭证填写的基本要求，银行票据的填写要求和填写方法，学会应用票据法保护企业的合法权益。

【技能目标】

1. 了解支付结算的相关概念及其法律构成；
2. 了解银行结算账户的开立、变更和撤销；
3. 熟悉票据的相关概念；
4. 熟悉各银行结算账户的概念、使用范围和开户要求；
5. 掌握现金管理的基本要求和现金的内部控制；
6. 掌握票据和结算凭证填写的基本要求；
7. 掌握支票、商业汇票、银行汇票、银行卡、网上支付、第三方支付、汇兑结算方式的规定，并能综合分析具体案例熟悉支付结算的法律制度。

【知识目标】

1. 支付结算的法律制度
2. 支付结算的应用
3. 银行票据的法律制度
4. 银行票据的应用

【情境导入】

这一部分的内容是跟钱打交道的，就是讲如何花钱的。但是，我们这里讲到的不是个人的消费结算，而是讲单位与单位之间，单位与个人之间以及个人与个人之间的安全、快捷、高效的支付结算方式。这样的支付结算方式可以保障资金的及时到账，还可以促进社会经济的发展。

任务一　熟悉支付结算法律制度

支付结算的概念源于“银行结算”一词。1988 年 12 月 19 日中国人民银行颁布的《银行结算办法》将票据以及票据之外的结算方式（如汇兑、委托收款等）统称为“银行结算”。该办法于 1989 年 4 月 1 日起施行。1995 年 5 月 10 日全国人大常委会审议通过了

《中华人民共和国票据法》（以下简称票据法），该法于 1966 年 1 月 1 日起施行）之后，中国人民银行根据新形势下结算制度的特点，不再使用“银行结算”一词，而采用了“支付结算”的概念。由于结算关系的实质性权利义务关系实际上是当事人之间的权利义务关系，而银行往往是结算关系，而银行往往是结算活动和资金清算的中介机构，因此，采用“支付结算”的概念更能体现结算制度的实质。支付结算作为社会经济、金融活动的重要组成部分，其主要功能是实现资金从当事人一方向另一方的转移。其任务是根据经济往来及有关法律、行政法规和支付结算办法的规定，组织支付结算，准确、及时、安全办理支付结算，管理支付结算，保障支付结算活动的正常运行。

子任务一　了解支付结算的概念和特征

（一）支付结算的概念

1. 支付结算，是指单位、个人在社会经济活动中使用现金、票据、信用卡和汇兑、托收承付、委托收款、电子支付等结算方式进行货币给付及其资金清算的行为。其主要功能是完成资金从一方当事人向另一方当事人的转移。

2. 银行、单位和个人是办理支付结算的主体。这里说的银行，包括银行、城市信用合作社、农村信用合作社。单位包括个体工商户。

3. 《支付结算办法》规定银行是支付结算和资金清算的中介机构。据此，经济活动的双方当事人必须通过银行等金融机构进行支付计算和资金清算。

（二）支付结算的特征

1. 支付结算必须通过中国人民银行批准的金融机构进行

支付结算必须通过中国人民银行批准的金融机构进行，未经中国人民银行批准的非银行金融机构和其他单位不得作为中介机构经营支付结算业务。但法律、行政法规另有规定的除外。

2. 支付结算是一种要式行为

所谓要式行为是指法律规定必须依照一定形式进行的行为。如果该行为不符合法定的形式要件，即为无效。根据《支付结算办法》的规定，“票据和结算凭证式办理支付结算的工具。单位、个人和银行办理支付结算必须使用按中国人民银行统一规定印制的票据凭证和统一的结算凭证”，“未使用按中国人民银行统一印制的票据，票据无效；未使用中国人民银行统一规定格式的结算凭证，银行不予受理”。因此，支付结算当事人必须严格依法进行支付结算活动。这表现在：第一，支付结算必须以实际发生的经济业务为基础，真实、准确地反映经济活动的内容；第二，支付结算必须使用依法印制的结算凭证，并依照法律、行政法规和支付结算办法的规定填制结算凭证。

3. 支付结算的发生取决于委托人的意志

银行在支付结算中是充当中介机构的角色，因此，银行只要以善意且符合规定的正常操作程序审查，对伪造、变造的票据和结算凭证上的签章以及需要校验的个人有效身份证件未发现异常而支付金额的，对出票人或付款人不再承担受委托付款的责任，对持票人或收款人不再承担付款的责任。同时，当事人对其在银行的存款享有独立的支配权；银行对单位、个人在银行开立存款账户的存款，除国家法律、行政法规另有规定外，不得为任何单位或者个人查询；除国家法律、行政法规另行规定外，银行不得代任何单位或个人冻结、扣款，不得停止单位、个人存款的正常支付。

4. 支付结算实行统一管理和分级管理相结合的管理体制

支付结算是一项政策性强，与当事人利益息息相关的活动，因此，必须对其实行统一的管理。根据《支付结算办法》第二十条的规定，中国人民银行总行负责制定统一的支付结算制度，组织、协调、管理、监督全国的支付结算工作，调解、处理银行之间的支付结算纠纷；中国人民银行各分行根据统一的支付结算制度制定实施细则，报总行备案，根据需要可以制定单项支付结算办法，报中国人民银行批准后执行；中国人民银行分、支行负责组织、协商、管理、监督本辖区的支付结算工作，协调、处理本辖区银行之间的支付结算纠纷；政策性银行、商业银行总行可以根据统一的支付结算制度，结合本行情况，制度具体管理实施办法，报经中国人民银行总行批准后执行，并负责组织、管理、协调本行内的支付结算工作，调解、处理本行内分支机构之间的支付结算纠纷。

5. 支付结算必须依法进行

《支付结算办法》第五条规定："银行、城市信用合作社、农村信用合作社以及单位和个人、个体工商户，办理支付结算必须遵守国家法律、行政法规和本办法的各项规定，不得损害社会公共利益。"因此，支付结算的当事人必须严格依法进行支付结算活动。

（三）支付结算的基本原则

支付结算的基本原则是单位、个人和银行在进行支票结算活动时所必须遵循的行为准则。根据社会经济发展的需要，在总结我国改革开放以来结算工作的经验的基础上，行业主管部门针对支付结算行为确立了以下三项基本原则：

1. 恪守信用，履约付款的原则

这一原则要求结算当事人必须依照共同约定的民事法律关系内容享受权利和承担义务，严格遵守信用，依约履行付款义务，特别是应按照约定的付款金额和付款日期进行支付。这一原则对履行付款义务的当事人具有约束力，是维护合同秩序，保障当事人经济利益的重要保证。

2. 谁的钱进谁的账，由谁支配原则

这一原则主要在于维护存款人对存款资金的所有权或经营权，保证其对资金的自主支配权。银行作为资金结算的中介机构，在办理结算时必须遵循存款人的委托，按照其意志，保证将所收款项支付给其指定的收款人；对存款人的资金，除国家法律另有规定外，必须由其自主支配，其他任何单位、个人以及银行本身都不得对其资金进行干预和侵犯。这一原则既保护了存款人的合法权益，又加强了银行办理结算的责任。

3. 银行不垫款原则

这一原则主要在于划清银行资金和存款人资金的界限。根据该原则，银行办理结算只负责办理结算当事人之间的资金转移，而不能在结算过程中为其垫付资金。这一原则有利于保护银行资金的所有权或经营权，也有利于促使单位和个人以自己所有或经营管理的财产直接对自己的债务承担责任，从而保证了资金的安全。

（四）支付结算的种类

支付结算按照不同的标准，支付结算可分为不同的类别。

1. 依据结算采用的形式划分

依据结算采用的形式不同，结算可分为现金结算和非现金结算两种。其中，现金结算是指当事人直接用现金进行货币收付，了结其债权债务的行为。在我国，现金结算受现金管理制度的制约，限于个人之间和单位之间结算起点以下的零星收支以及单位对个人的有关开支。非现金结算也叫转账结算或银行结算，是指不使用现金，通过银行将款项从付款单位（或个人）的银行账户直接划转到收款单位（或个人）的银行账户的货币资金结算方式。在我国，单位之间的结算超过起点（人民币 1 000 元）以上的一律通过转账结算。

2. 依据结算采用的工具划分

依据结算使用的工具不同，分为票据结算和非票据结算两大类。票据结算是以票据（汇票、本票和支票）作为支付工具来清结货币收付双方的债权债务关系的行为；非票据核算是客户以结算凭证为依据来清结债权债务关系。

子任务二 熟悉办理支付结算的基本要求

根据《支付结算管理办法》的规定，办理支付结算时应符合下列基本要求：

（一）支付结算凭证合法

单位、个人和银行办理支付结算，必须使用按中国人民银行统一规定印制的票据凭证和统一的结算凭证。票据和结算凭证是办理支付结算的工具。未使用按中国人民银行统一规定印制的票据，票据无效；未使用中国人民银行统一规定格式的结算凭证，银行不予受理。

（二）开立账户必须合法

《人民币银行结算银行账户管理办法》规定：单位、个人和银行应当按规定开立、使用账户。在银行开立存款账户的单位和个人办理支付结算，账户内有足够的资金保证支付。银行依法为单位、个人在银行开立的存款账户中存款保密，维护资金的自主支配权。除国家法律、行政法规另有规定外，银行不得为任何单位或者个人查询账户情况，不得为任何单位或个人冻结、扣划款项，不得停止单位、个人存款的正常支付。

（三）填写支付结算凭证必须真实、合法

票据和结算凭证上的签章和其他记载事项应当真实，不得假造、伪造、变造。所谓“伪造”，是指无权限人假冒他人或虚构人名义签章的行为，属于“无中生有”。所谓“变造”，是指无权更改票据内容的人对票据上签章意外的记载事项加以改变的行为，属于“有中生有”。变造票据的方法多是在合法票据的基础上对票据加以剪接、挖补、覆盖、涂改，从而非法改变票据的记载事项。伪造、变造票据属于欺诈行为，应追究其刑事责

任。票据上有伪造、变造签章的，不影响票据上其他当事人真实签章的效力。

票据和结算凭证的金额、出票或签发日期、收款人名称不得更改，更改的票据无效；更改的结算凭证银行不受理。对票据和结算凭证上的其他记载事项原记载人可以更改，更改时应当由原记载人在更改处签章证明。

票据和结算凭证上的签章，为签名、盖章或者签名加盖章。单位、银行在票据上的签章和单位在结算凭证上的签章，为该单位银行的财务专用章加其法定代表人或其授权的代理人的签章。个人在票据和结算凭证上的签章，为个人本名的签名或盖章。

（四）填写支付结算凭证应当规范

填写票据和结算凭证应当规范，做到要素齐全，数字正确，书写规范，不错不漏，防止涂改。票据和结算凭证的金额以中文大写和阿拉伯数码同时记载，二者必须一致，不一致票据无效，结算凭证银行不受理。

少数民族地区和外国驻华使领馆根据实际需要，金额大写可以使用少数民族文字或者外国文字记载。

子任务三　掌握填写票据和结算凭证的基本要求

（一）中文大写金额数字应用正楷或行书填写，使用繁体字，也应受理。

（二）中文大写金额数字到“元”为止的，在“元”之后应写“整”（或“正”）字；到“角”为止的，在“角”之后可以写“整”（或“正”）字，也可以不写“整”（或“正”）字。大写金额数字有“分”的，“分”后面不写“整”（或“正”）字。

（三）中文大写金额数字前应标明“人民币”字样，大写金额数字应紧接“人民币”字样填写，不得留有空白。

（四）阿拉伯小写金额数字中有“0”时，中文大写应按照“汉语语言规律、金额数字构成和防止涂改的要求”进行书写。

（五）阿拉伯小写金额数字前面，均应填写人民币符号“¥”。

（六）票据的出票日期必须使用中文大写。在填写月、日时，月为壹、贰和壹拾的，日为壹至玖和壹拾、贰拾和叁拾的，应在其前加“零”；日为拾壹至拾玖的，应在其前面加“壹”。

如：3 月 13 日，应写成零叁月壹拾叁日；

10 月 20 日，应写成零壹拾月零贰拾日。

（七）票据出票日期使用小写填写的，银行不予受理。大写日期未按要求规范填写的，银行可予受理；但由此造成损失的，由出票人自行承担。

子任务四　熟悉银行结算账户

（一）银行结算账户的概念

银行结算账户是指存款人在经办银行开立的办理资金收付结算的人民币活期存款账户。这个概念有四层含义：

1. 银行结算账户是存款人与银行之间的一种法律关系；
2. 银行结算账户的性质是活期存款账户；
3. 银行结算账户的目的是办理资金收付结算；
4. 银行结算账户是人民币活期存款账户。

（二）银行结算账户的种类

银行结算账户可根据不同的标准进行不同的分类：

1. 根据存款人的不同，银行结算账户分为个人银行结算账户和单位银行结算账户。

2. 根据银行结算账户的用途不同，银行结算账户分为基本存款账户（一个单位只能开设一个）、一般存款账户、专用存款账户、临时存款账户。

3. 按照开户地点的不同，银行结算账户分为本地银行结算账户和异地银行结算账户。

（三）银行结算账户管理的基本原则

银行结算是社会经济活动各项资金清算的中介，银行结算过程也是一个复杂的款项收付过程。在银行结算过程中，要涉及到收款单位、收款银行、付款单位、付款银行等几个相互关联的个体，以及多个业务环节和繁杂的资金增减变动过程。所以，为了保证银行结算的顺利进行，各单位都应该严格遵守银行结算的基本原则。根据《人民币银行结算账户管理办法》的有关规定，银行结算账户应当遵守以下基本原则：

1. 一个基本账户原则。存款人在银行开立基本存款账户，实行由中国人民银行当地分支机构核发开户许可证制度。同时，存款人在其账户内必须有足够的资金，以保证支付，收付款双方在经济交往过程中，只有坚持诚实信用，交易一旦达成，才能保证各方经济活动的顺利进行。

2. 自愿选择原则。存款人至上支配原则，存款人可以自主选择银行开户，银行也可以自愿选择存款人；一经双方相互认可后，存款人应遵循银行结算的规定，而银行应保证对资金的所有权和自主支配权不受侵犯。

3. 存款保密原则。银行必须依法为存款人保密，除国家法律规定的国务院授权中国人民银行总行的监督项目外，银行不代任何单位和个人查询、冻结存款人账户内的存款，以维护存款人资金的自主支配权。

4. 银行不垫款原则。银行在办理结算时只负责办理结算双方单位的资金转移，不为任何单位垫付资金。

5. 依法开立和使用银行结算账户原则。银行结算账户的开立和使用应当遵守法律、行政法规，不得利用银行结算账户进行偷逃税款、逃避债务、套取现金及其他违法犯罪活动。

个体工商户凭营业执照以字号或经营者姓名开立的银行账户纳入“单位银行结算账户”管理。个人因投资、消费使用各种工具，包括借记卡、信用卡在银行开立的银行结算账户，纳入个人银行结算账户。邮政储蓄机构办理银行卡业务开立的账户也纳入个人银行结算账户。

（四）银行结算账户的开立、变更和撤销

1. 开立的地点

存款人应在注册地或住所地开立银行结算账户。符合异地（跨省、市、县）开户条件的，也可以在异地开立银行结算账户。开立银行结算账户应遵循存款人自主原则。除国家法律、行政法规和国务院另有规定外，任何单位和个人不得强令存款人到指定银行开立银行结算账户。

2. 开立的程序

第一步，填写开户申请书。各单位要求在银行开立账户必须向开户行提出申请，填写开户申请书，开户申请书由银行统一印制，其主要内容有：申请开户单位的名称；开户证明文件日期；申请开户单位的性质；工商行政管理局批文号；单位地址、电话；生产经营范围等内容。各单位在申请开户时，应详细填写申请表上的各项内容。填写完毕后，要加盖本单位全称公章。

第二步，提交有关的证明文件。开户申请人在填好开户申请表后，将其报送有关单位审查，审查同意后，审查单位要出具证明文件，并加盖证明公章。全民所有制和集体所有制工商企业到银行办理开户，必须向银行提交其主管部门出具的证明和当地工商行政管理机关核发的“企业法人营业执照”或“营业执照”。机关、医院、学校、社会、团体与单位办理开户，必须向银行提交拨款的财政部门或上一级主管部门出具的审查证明。部队办理开户必须向银行提交军队军级以上或武警总队财务部门审查后出具的开户证明。三资企业由注册会计师事务所出具审查证明。个体工商户办理开户，应提交由城市街道办事处或农村乡政府出具的证明和工商行政管理部门发给的“营业执照”。外地单位常驻（派出）机构办理开户，要提交主管部门和驻地有关部门的审查文件。各单位的附属机构办理开户，应提交其管辖单位的审查证明，若开设基本存款账户，还需向开户银行提交由中国人民银行当地分支机构核发的开户许可证。

第三步，填制并提交印鉴卡片。开户单位在提交开户申请书和有关单位证明的同时，应填写开户银行的印鉴卡片。印鉴卡片上填写的户名，必须与单位名称一致，在卡片上要加盖单位公章，单位负责人或财务机构负责人及出纳人员三枚印章。印鉴卡片是开户单位与银行事先约定的一种具有法律效力的付款依据。银行在为开户单位办理结算业务时，凭开户单位预留的印鉴审核支付凭证的真假。若支付凭证上的印章与预留印鉴不符，银行拒绝办理付款业务，以保证开户单位银行存款的安全。同时，卡上的印鉴也明确开户行的责任，保障了银行的权利不受侵犯。

第四步，开户银行审查。开户银行对开户单位提交的开户申请书、有关证明、印鉴卡片、会计人员的“会计证”等证明文件根据有关规定进行审查。经银行审查同意后，银行确定账号、登记开户、发放有关各种结算凭证。开立基本存款账户、临时存款账户、预算单位专用存款账户，报送中国人民银行当地分支行，核准后办理开户手续。开立一般存款账户、其他专用账户、个人银行结算账户的，银行应办理开户手续，并于开户之日起5个工作日内向中国人民银行当地分支行备案。单位开立基本存款账户之外的账户，应自开户之日起3个工作日内“书面”通知基本存款账户开户银行。中国人民银行应于2个工作

日内对银行报送的账户开户资料进行审核。

最后，开立账户及签订协议。开立银行结算账户时，银行应与存款人签订银行结算账户管理协议，明确双方的权利与义务。银行应建立存款人预留签章卡片，并将签章式样和有关证明文件的原件或复印件留存归档。存款人开立单位银行结算账户，自正式开立之日起3个工作日后，方可办理付款业务。(注意：三个工作日内是可收不可付)

3. 银行结算账户的变更

存款人银行结算账户有法定变更事项的，应于5日内书面通知开户银行并提供有关证明，开户银行办理变更手续并于2日内向人民银行报告。

4. 银行结算账户的撤销

存款人有以下情形之一的，应向开户银行提出撤销银行结算账户的申请：

①被撤并、解散、宣告破产或关闭的；

②注销、被吊销营业执照的；

③因迁址需要变更开户银行的；

④其他原因需要撤销银行结算账户的。

存款人尚未清偿其开户银行债务的，不得申请撤销银行结算账户。

(五) 基本存款账户

1. 基本存款账户的概念和使用范围

基本存款账户是指存款人办理日常转账结算和现金收付而开立的银行结算账户，是存款人的经营活动的主办账户。

基本存款账户的使用范围包括：存款人日常经营活动的资金收付，以及存款人的工资、奖金和现金的支取。存款人只能在银行开立一个基本存款账户并且在其账户内应有足够的资金支付。存款人的基本存款账户，实行人民银行当地分支机构核发开户许可证制度。开立基本存款账户是开立其他银行结算账户的前提。

2. 开立基本存款账户的存款人资格

根据《人民币银行结算账户管理办法》的规定，下列存款人，可以开立基本存款账户：

①企业法人。

②非法人企业。

③机关、事业单位。

④团级（含）以上军队、武警部队及分散执勤的支（分）队。

⑤社会团体。

⑥民办非企业组织。

⑦异地常设机构。

⑧外国驻华机构。

⑨个体工商户。

⑩居民委员会、村民委员会、社区委员会。

⑪单位设立的独立核算的附属机构。

⑫其他组织。

由此可见，凡是具有民事权利能力和民事行为能力，并依法独立享有民事权利和承担民事义务的法人和其他组织，均可以开立基本存款账户。同时，有些单位虽然不是法人组织，但具有独立核算资格，有自主办理资金结算的需要，包括非法人企业、外国驻华机构、个体工商户、单位设立的独立核算的附属机构等，也可以开立基本存款账户。

3. 开立基本存款账户所需要的证明文件

根据《人民币银行结算账户管理办法》的规定，开立基本存款账户，不同的存款人应按下列要求向银行出具下列证明文件：

①企业法人，应出具企业法人营业执照正本。

②非法人企业，应出具企业营业执照正本。

③机关和实行预算管理的事业单位，应出具政府人事部门或编制委员会的批文或登记证书和财政部门同意其开户的证明；非预算管理的事业单位，应出具政府人事部门或编制委员会的批文或登记证书。

④军队、武警团级（含）以上单位以及分散执勤的支（分）队，应出具军队军级以上单位财务部门、武警总队财务部门的开户证明。

⑤社会团体，应出具社会团体登记证书，宗教组织还应出具宗教事务管理部门的批文或证明。

⑥民办非企业组织，应出具民办非企业登记证书。

⑦外地常设机构，应出具其驻在地政府主管部门的批文。

⑧外国驻华机构，应出具国家有关主管部门的批文或证明；外资企业驻华代表处、办事处应出具国家登记机关颁发的登记证。

⑨个体工商户，应出具个体工商户营业执照正本。

⑩居民委员会、村民委员会、社区委员会，应出具其主管部门的批文或证明。

⑪独立核算的附属机构，应出具其主管部门的基本存款账户的开户许可证和批文。

⑫其他组织，应出具政府主管部门的批文或证明。

存款人为从事生产、经营活动纳税人的，还应出具税务部门颁发的税务登记证。根据国家有关规定无法取得税务登记证的，可不出具。

（六）一般存款账户

1. 一般存款户的概念和使用范围

一般存款账户是指存款人因借款或其他结算需要，在基本存款账户开户银行以外的银行营业机构开立的银行结算账户。

一般存款账户主要用于办理存款人借款转存、借款归还和其他结算的资金收付。一般存款账户可以办理现金缴存，但不得办理现金支取。该账户开立数量没有限制。

2. 开立一般存款户的条件

有借款或其他结算需要的单位和组织。开立基本存款账户的存款人都可以开立一般存款账户。

3. 开立一般存款账户所需的证明文件

申请开立一般存款账户，应向银行相关网点出具存款人开立基本存款账户所规定的证证明文件、基本存款账户开户许可证和下列证明文件：

①因向银行借款需要开立的一般存款账户，应出具借款合同。

②因其他结算需要开立的一般存款账户，应出具有关证明。

（七）专用存款账户

1. 专用存款账户的概念和范围

专用存款账户是指存款人按照法律、行政法规和规章，对有特定用途资金进行专项管理和使用而开立的银行结算账户。

专用存款账户适用于：基本建设资金，更新改造资金，财政预算外资金，粮、棉、油收购资金，证券交易结算资金，期货交易保证金，信托基金，金融机构存放同业资金，政策性房地产开发资金，单位银行卡备用金，住房基金，社会保障基金，收入汇缴资金，业务支出资金，党、团、工会设在单位的组织机构经费等专项管理和使用的资金。

2. 开立专用存款账户的条件

对下列资金的管理与使用，存款人可以申请开立专用存款账户：

①基本建设资金。

②更新改造资金。

③财政预算外资金。

④粮、棉、油收购资金。

⑤证券交易结算资金。

⑥期货交易保证金。

⑦信托基金。

⑧金融机构存放同业资金。

⑨政策性房地产开发资金。

⑩单位银行卡备用金。

⑪住房基金。

⑫社会保障基金。

⑬收入汇缴资金和业务支出资金。

⑭党、团、工会设在单位的组织机构经费。

⑮其他需要专项管理和使用的资金。

收入汇缴资金和业务支出资金，是指基本存款账户存款人附属的非独立核算单位或派出机构发生的收入和支出的资金。因收入汇缴资金和业务支出资金开立的专用存款账户，应使用隶属单位的名称。

3. 开立专用存款账户所需的证明文件

存款人申请开立专用存款账户，应向银行出具其开立基本存款账户规定的证明文件、基本存款账户开户许可证和下列证明文件：（同一证明文件只能开立一个专用存款账户）

①基本建设资金、更新改造资金、政策性房地产开发资金、住房基金、社会保障基金，应出具主管部门批文。

②财政预算外资金，应出具财政部门的证明。

③粮、棉、油收购资金，应出具主管部门批文。

④单位银行卡备用金，应按照中国人民银行批准的银行卡章程的规定出具有关证明和资料。

⑤证券交易结算资金，应出具证券公司或证券管理部门的证明。

⑥期货交易保证金，应出具期货公司或期货管理部门的证明。

⑦金融机构存放同业资金，应出具其证明。

⑧收入汇缴资金和业务支出资金，应出具基本存款账户存款人有关的证明。

⑨党、团、工会设在单位的组织机构经费，应出具该单位或有关部门的批文或证明。

⑩其他按规定需要专项管理和使用的资金，应出具有关法规、规章或政府部门的有关证明文件。

4. 适用专用存款账户应注意的问题

专用存款账户是存款人管理和使用各种专项资金的专用账户，使用时应注意以下几点：

①单位银行卡账户的资金必须由其基本存款账户转账存入。该账户不得办理现金收付业务。

②财政预算外资金、证券交易结算资金、期货交易保证金和信托基金专用存款账户不得支取现金。

③基本建设资金、更新改造资金、政策性房地产开发资金、金融机构存放同业资金账户支取现金的，应在开户时中国人民银行当地分、支行批准的范围内办理。

④粮、棉、油收购资金、社会保障基金、住房基金和党、团、工会经费等专用存款账户的现金支取应严格按照国家现金管理的规定办理。

⑤收入汇缴账户除向基本存款账户或预算外资金财政专用存款户划缴款项外，只收不付，且不得支取现金。

⑥业务支出账户除从基本存款账户拨入款项外，只付不收，且现金支取必须按照国家现金管理的规定办理。

⑦人民币特殊账户资金不得用于放款或提供担保。

（八）临时存款账户

1. 临时存款账户的概念和使用范围

临时存款账户是指存款人因临时需要并在规定期限内使用而开立的银行结算账户。因异地临时经营活动需要时，可以申请开立异地临时存款账户，用于资金的收付。

临时存款账户主要用于办理临时机构以及存款人临时经营活动发生的资金收付。临时存款账户应根据有关开户证明文件确定的期限或存款人的需要确定其有效期限，最长不得超过 2 年。临时存款账户支取现金，应按照国家现金管理的规定办理。注册验资的临时存款账户在验资期间只收不付，注册验资资金的汇缴人应与出资人名称一致。临时存款账户适用的范围主要包括：设立临时机构，例如工程指挥部、筹备领导小组、摄制组等；异地临时经营活动，例如建筑施工及安装单位等在异地的临时经营活动；注册验资、增资。

2. 开立临时存款账户的条件

有下列情况的，存款人可以申请开立临时存款账户：

①设立临时机构。

②异地临时经营活动。

③注册验资。

3. 开立临时存款账户所需的证明文件

存款人申请开立临时存款账户，应向银行出具下列证明文件：

①临时机构，应出具其驻在地主管部门同意设立临时机构的批文。

②异地建筑施工及安装单位，应出具其营业执照正本或其隶属单位的营业执照正本，以及施工及安装地建设主管部门核发的许可证或建筑施工及安装合同。

③异地从事临时经营活动的单位，应出具其营业执照正本以及临时经营地工商行政管理部门的批文。

上述第②、③项还应出具其基本存款账户的开户许可证。

（九）个人银行结算账户

1. 个人银行结算账户的概念和使用范围

个人银行结算账户是指自然人有投资、消费、结算等需要而凭个人身份证件以自然人名称开立的银行结算账户。

个人银行结算账户用于办理个人转账收付和现金支取；储蓄账户仅限于办理现金存取业务，不得办理转账结算。个人银行结算账户实际有三个功能：第一，活期储蓄功能，可以通过个人结算存取存款本金和支付利息，该账户的利息按照活期储蓄利息计算；第二，普通转账功能，通过开立个人银行结算账户，办理汇款、支付水、电、气等基本日常费用、代发工资等转账结算服务，使用汇兑、委托收款、借记卡、定期借记、定期贷记、电子钱包（IC 卡）等转账工具；第三，通过个人银行结算账户使用支票、信用卡等信用支付工具。

根据《人民币银行结算账户管理办法》的规定，下列款项可以转入个人银行结算账户：

①工资、奖金收入。

②稿费、演出费等劳务收入。

③债券、期货、信托等投资的本金和收益。

④个人债权或产权转让收益。

⑤个人贷款转存。

⑥证券交易结算资金和期货交易保证金。

⑦继承、赠与款项。

⑧保险理赔、保费退还等款项。

⑨纳税退还。

⑩农、副、矿产品销售收入。

⑪其他合法款项。

2. 开立个人银行结算账户的条件

有下列情况的，可以申请开立个人银行结算账户：

①使用支票、信用卡等信用支付工具的。

②办理汇兑、定期借记、定期贷记、借记卡等结算业务的。

自然人可根据需要申请开立个人银行结算账户，也可以在已开立的个人银行账户中选择并向开户银行申请确认为个人银行结算账户。

3. 申请开立个人银行结算账户所需的证明文件

存款人申请开立个人银行结算账户，应向银行出具下列证明文件：

①中国居民，应出具居民身份证或临时身份证。

②中国人民解放军军人，应出具军人身份证件。

③中国人民武装警察，应出具武警身份证件。

④香港、澳门居民，应出具港澳居民往来内地通行证；台湾居民，应出具台湾居民来往大陆通行证或者其他有效旅行证件。

⑤外国公民，应出具护照。

⑥法律、法规和国家有关证明文件规定的其他有效证件。

银行为个人开立银行结算账户时，根据需要还可要求申请人出具户口簿、驾驶执照、护照等有效证件。

（十）异地银行结算账户

1. 异地银行结算账户的概念

异地银行结算账户是指存款人符合法定条件，根据需要在异地开立相应的银行结算账户。

2. 异地银行结算账户开立的条件

存款人有下列情形之一的，可以在异地开立有关银行结算账户：

①营业执照注册地与经营地不在同一行政区域（跨省、市、县），需要开立基本存款账户的。

②办理异地借款和其他结算需要开立一般存款账户的。

③存款人因附属的非独立核算单位或派出机构发生的收入汇缴或业务支出需要开立专用存款账户的。

④异地临时经营活动需要开立临时存款账户的。

⑤自然人根据需要在异地开立个人银行结算账户的。

3. 开立异地银行结算账户所需的证明文件

开立异地银行结算账户除应按照前述规定的程序办理并提交有关证明文件外，开立异地单位银行结算账户，存款人还应出具下列相应的证明文件：

①经营地与注册地不在同一行政区域的存款人，在异地开立基本存款账户的，应出具注册地中国人民银行分支行的未开立基本存款账户的证明。

②异地借款的存款人，在异地开立一般存款账户的，应出具在异地取得贷款的借款合同。因经营需要。

③在异地办理收入汇缴和业务支出的存款人，在异地开立专用存款账户的，应出具隶属单位的证明。

其中，属于第②、③情况的，还应出具基本存款账户开户许可证。

任务二　支付结算法律制度的应用

子任务一　企业办理银行结算账户的应用

【例 2-1】2016 年 4 月 10 日，甲企业财务科长持有关证件到乙银行营业部办理基本存款账户开立手续。乙银行工作人员审查了相关证明文件，办理了基本存款账户开户手续。同日，该财务科长持乙银行的开户证明和丙银行的贷款合同到丙银行开立了一个一般存款账户。4 月 12 日，该财务科长携带该企业的印鉴到乙银行营业部购买了转账支票一本，并当场签发了金额 20 000 元的转账金额，填写了进账单。支票和进账单收款人为在乙银行开户的 B 企业，乙银行的工作人员审查完毕后当场办理了该支票的转账手续。请问：该行为是否符合账户管理的规定？

【解析】该行为不符合账户管理的规定。因为存款人开立单位银行结算账户，自正式开立之日起 3 个工作日后，方可办理付款业务，本案例乙银行工作人员没有严格执行这一规定，在甲企业开户之日后未满 3 个工作日就办理转账手续，这违反了《人民币银行结算账户管理办法》。

子任务二　支付结算法律制度的综合应用

根据企业货币资金的业务量大，发生的范围广的特点，企业要有一套严格的货币资金支付控制制度。要健全企业内部的支付必须做到：严格遵守现金管理和银行结算制度；正确使用分权、授权和稽核控制方式；加强对现金和银行存款的管理；健全首付款凭证的管理制度。

【例 2-2】某小型食品加工企业天宇公司是一家有限责任公司。该公司生产两种口味的饼干，材料全部自行采购。该公司现行的资金支持流程是这样的：先由出纳审核支出款项的原始凭证，一般是支票，然后填制付款凭证，并于款项付出后在原始凭证上加盖“付讫”戳记。出纳根据付款记账凭证登记现金日记账，而后将记账凭证交会计登记相关账目。凭证上的复核印章一般先盖好，因此就不再复核。出纳隔 9 天进行一次核对，如有差异，须报领导审批后处理。日终，由财务负责人进行盘点。这个内部支付制度显然存在很多漏洞，请为该企业设计一套科学合理的内部资金支付制度。

【解析】资金的内部控制制度包括以下内容：

（一）职务分离制度

1. 货币资金的收付及保管应由被授权批准的专职出纳人员负责，其他人员不得接触。
2. 出纳不得同时负责总账的登记和保管工作。
3. 出纳不得同时负责非货币资金账户的记账工作。

4. 出纳应与货币资金审批人员分离，实施严格的审批制度。

5. 货币资金的收付与控制货币资金收支的专用印章不能由同一人兼管。

6. 出纳应与货币资金的稽核人员、会计档案的保管人员分离。

7. 负责货币资金收付的人员应与负责现金的清查盘点人员和负责与银行对账的人员分离。

8. 建立出纳、专用印章保管人员、会计人员、稽核人员、会计档案保管人员及货币资金清查人员的责任制度。

（二）授权审批制度

货币资金的支出必须经过授权审批。

（三）凭证和记录的控制制度

1. 货币资金的收入和支出应有合理、合法的凭据。
2. 货币资金的收入和支出应及时、准确入账。
3. 支票应连续编号，空白支票应严格保管，作废支票应加盖“作废”戳记。

（四）盘点和核对制度

1. 定期盘点库存现金，并与现金日记账、总账核对。
2. 定期核对银行存款日记账和银行对账单，并编制银行存款余额调节表。
3. 不定期清查货币资金的使用情况。

任务三　了解银行票据

子任务一　理解票据的概念及熟悉票据的种类、功能

（一）票据概念

票据是按照一定形式制成、写明有付出一定货币金额义务的证件，是出纳或运送货物的凭证。票据有广义和狭义之分。广义的票据泛指各种有价证券，如债券、股票、提单等等。狭义的票据仅指以支付金钱为目的的有价证券，即出票人根据票据法签发的，由自己无条件支付确定金额或委托他人无条件支付确定金额给收款人或持票人的有价证券。在我国，票据即汇票、支票及本票的统称。根据我国《票据法》的规定，票据是由出票人签发的、约定自己或者委托付款人在见票时或指定的日期向收款人或持票人无条件支付一定金额的票据。票据是可流通转让的有价证券，持有人具有一定权利的凭证。例如：汇票、本票、支票、提单、存单、股票、债券等都属于票据。

（二）票据的法律特征

1. 票据是具有一定权利的凭证：付款请求权、追索权。

2. 票据的权利与义务是不存在任何原因的，只要持票人拿到票据后，就已经取得票据所赋予的全部权利。

3. 各国的票据法都要求对票据的形式和内容保持标准化和规范化。

4. 票据是可流通的证券。除了票据本身的限制外，票据是可以凭背书和交付而转让的。

（三）票据的基本性质

1. 票据是代表一定数量货币请求权的有价证券，即货币证券。有价证券是一种代表财产所有权或债权的，以一定金额来记载的证书。有价证券可分为物权证券、货币证券、资本证券等，其中，货币证券是代表一定数量货币请求权的有价证券，可以在法定的范围和条件下流通。但是，货币证券并不是货币本身，它不具有由法律所规定的货币强制通用效力，它只是在法定的特殊范围和条件下才可以发挥其作用。票据正是因为属于货币证券，代表了一定数量的货币请求权，并具有流通作用，所以，它才可能发挥它的汇兑、支付、结算和信用等基本功能。所以，货币证券是票据的基本性质之一。

2. 票据是反映债权债务关系的书面凭证。票据是在市场交换和流通中发生的，反映了当事人之间的债权债务关系。具体地说，在财产（商品、货币及其他财产权利）交换中，双方当事人各自享有财产方面的、一定的权利和义务，即发生了债权债务关系，这就要求以书面形式确定和表现出来，以保障双方实现各自的权利和义务。票据正是在这个基础上产生的。没有真实的债权债务关系，就没有票据。所以，反映债权债务关系的书面凭证，是票据的基本性质之一。

（四）票据的种类

在我国，票据包括：汇票、本票和支票。其中，汇票包括银行汇票和商业汇票。商业汇票根据承兑人的不同又分为银行承兑汇票和商业承兑汇票。

（五）票据功能

从总体上来讲，票据在经济生活中的作用是代替了货币进行结算和融通资金，方便贸易，促进经济发展。具体来讲，票据具有的功能有：支付功能、汇兑功能、信用功能、结算功能和融资功能。

（六）票据的当事人

票据当事人，也称票据法律关系主体，是指票据法律关系中，享有票据权利、承担票据义务的主体。票据当事人可以分为基本当事人和非基本当事人。

1. 基本当事人，指在票据作成和交付时就已经存在的当事人。包括出票人，付款人，收款人 。

①出票人，是指依法定方式签发票据并将票据交付给收款人的人。根据票据种类的不同，出票人的法律地位也有所不同。商业汇票的出票人为银行以外的企业和其他组织；向银行申请办理汇票承兑的商业汇票的出票人，必须在承兑银行开立存款账户，资信状况良

好，并具有支付汇票金额的可靠资金来源。

承兑商业汇票的银行，必须与出票人具有真实的委托付款关系，必须具有支付汇票金额的可靠资金。

支票的出票人，为在经中国人民银行批准办理支票存款业务的银行、城市信用合作社和农村信用合作社开立支票存款账户的企业、其他组织和个人。

②收款人，是指票据到期后有权收取票据所载金额的人，又称票据权利人。债权人的票据权利可以转让，如通过背书，将票据转让给他人，或者通过贴现，将票据转让给银行。

③付款人，是指由出票人委托付款或自行承担付款责任的人。付款人付款后，票据上的一切债务责任解除。

汇票的付款人有两种，商业承兑汇票的付款人是合同中应给付款项的一方当事人，也是该汇票的承兑人；银行承兑汇票的付款人是承兑银行，但是其款项来源还是与该票据有关的合同中应付款方的存款；支票的付款人是出票人的开户银行；本票的付款人就是出票人。

2. 非基本当事人，是指在票据作成并交付后，通过一定的票据行为加入票据关系而享有一定权利、义务的当事人，包括承兑人、背书人、被背书人、保证人等。

①承兑人。是指接受汇票出票人的付款委托，同意承担支付票款义务的人，它是汇票的主债务人。

②背书人与被背书人。背书人是指在转让票据时，在票据背面或粘单上签字或盖章的当事人（称为前手），并将该票据交付给受让人的票据收款人或持有人。被背书人，是指被记名受让票据或接受票据转让的人。背书后，被背书人成为票据新的持有人（称为后手），享有票据的所有权利。但是，在票据得到最终付款前，在持票人之前的所有前手不能终结其第一或第二债务人的义务。

③保证人。是指为票据债务提供担保的人，由票据债务人以外的第三人担当。保证人在被保证人不能履行票据付款责任时，以自己的金钱履行票据付款义务，然后取得持票人的权利，向票据债务人追索。

保证人应当依据《票据法》的规定，在票据或者其粘单上记载保证事项。保证人为出票人、付款人、承兑人保证的，应当在票据的正面记载保证事项；保证人为背书人保证的，应当在票据的背面或者其粘单上记载保证事项。

并非所有的票据当事人一定同时出现在某一张票据上，除基本当事人外，非基本当事人是否存在，完全取决于相应票据行为是否发生。不同票据上可能出现的票据当事人也有所不同。

子任务二 熟悉银行汇票的概念及相关规定

（一）银行汇票概念

银行汇票是出票银行签发的，由其在见票时按照实际结算金额无条件支付给收款人或者持票人的票据。银行汇票的出票银行为银行汇票的付款人。银行汇票可以分为银行现金汇票和银行转账汇票。

银行汇票一式四联，第一联为卡片，由签发结清汇票是做汇出付出传票（见表2-1）；第二联为银行汇票，与第三联解讫通知一并由汇款人自带，在兑付行兑付汇票后此联做联行往来账付出传票（见表2-2，银行汇票背面见表2-5）；第三联解讫通知，在兑付行兑付后随报单寄签发行，由签发行做余款收入传票（见表2-3）；第四联是多余款通知，并在签发行结清后交汇款人（见表2-4）。

表2-1　　**银行汇票第一联（卡片）**

银行

付款期限
壹个月

银 行 汇 票（卡片）　**1**

19859201

出票日期（大写）　　年　　月　　日　　代理付款行：　　行号：

收款人：	账号：	
出票金额 人民币（大写）		
实际结算金额 人民币（大写）		千 百 十 万 千 百 十 元 角 分

此联出票行结清汇出汇款借方凭证

申请人：________　账号：________

出票行：________　行号：________

备　注：________

复核　记账

复核　经办

表2-2　　**银行汇票第二联（正面）**

银行

付款期限
壹个月

银 行 汇 票　**2**

19859201

出票日期（大写）　　年　　月　　日　　代理付款行：　　行号：

收款人：	账号：	
出票金额 人民币（大写）	(压数机压印出票金额)	
实际结算金额 人民币（大写）		千 百 十 万 千 百 十 元 角 分

此联代理付款行付款后作联行往账借方凭证附件

申请人：________　账号：________

出票行：________　行号：________

备　注：________

凭票付款

出票行签章

密押：	
多余金额	
千 百 十 万 千 百 十 元 角 分	复核　记账

表 2-3　　**银行汇票第三联（解讫通知）**

银行

付款期限
壹个月

银行汇票（解讫通知）　**3**

19859201

出票日期（大写）　年　月　日	代理付款行：　行号：
收款人：	账号：
出票金额　人民币（大写）	
实际结算金额　人民币（大写）	千 百 十 万 千 百 十 元 角 分

申请人：　账号：

出票行：　行号：

备　注：

代理付款行签章

复核　经办

密押：	复核　记账
多余金额	
千 百 十 万 千 百 十 元 角 分	

此联代理付款行兑付后随报单寄出票行　由出票行作多余款贷方凭证

表 2-4　　**银行汇票第四联（多余款收账通知）**

银行

付款期限
壹个月

银行汇票（多余款收账通知）　**4**

19859201

出票日期（大写）　年　月　日	代理付款行：　行号：
收款人：	账号：
出票金额　人民币（大写）	
实际结算金额　人民币（大写）	千 百 十 万 千 百 十 元 角 分

申请人：　账号：

出票行：　行号：

备　注：

密押：	左列退回多余金额已收入你账户内
多余金额	
千 百 十 万 千 百 十 元 角 分	

出票行签章　　年　月　日

此联出票行作多余款后交申请人

（二）银行汇票的使用范围

单位和个人各种款项的结算，均可使用银行汇票。银行汇票可以用于转账，填明“现金”字样的银行汇票也可以用于支取现金。申请人或者收款人为单位的，不得在“银行汇票申请书”上填明“现金”字样。票面上载有“转账”字样或未记载“现金”字样的，是银行转账汇票，银行转账汇票一般不用于结算，不用于支取现金，需要支付现金的，付款银行按照现金管理规定审查后才予以支付。

表 2-5　　**银行汇票（背面）**

被背书人：		被背书人：	
背书人签章 年　月　日		背书人签章 年　月　日	

（贴粘单处）

持票人向银行提示付款签章：　　身份证件名称：　　发证机关：
号码：

银行汇票的出票和付款，全国范围限于中国人民银行和各商业银行参加“全国联行往来”的银行机构办理。跨系统银行签发的转账银行汇票付款，应通过同城票据交换将银行汇票和解讫通知提交给同城的有关银行审核支付后抵用。代理付款人不得受理未在本行开了存款户的持票人为单位直接提交的银行汇票。省、自治区、直辖市内和跨省、市的经济区域内银行汇票的出票和付款，按照有关规定办理。

银行汇票的代理付款人是代理本系统出票银行或跨系统签约银行审核支付汇票款项的银行。

（三）银行汇票的记载事项

根据《票据法》的规定，银行汇票有绝对记载事项、相对记载事项和禁止记载事项的内容。

1. 银行汇票的绝对记载事项是指票据法规定必须在票据上记载的事项，银行汇票上未记载该七个方面的事项之一的，该汇票无效。签发银行汇票必须记载下列事项：

2. 表明“银行汇票”的字样。这是表明该票据是银行汇票的文字，如果没有该文字，那么该票据无效。

3. 无条件支付的承诺。这是承诺汇票支付的文句，表明付款人支付汇票金额是不附加任何条件的，如有附带条件，该票据无效。

4. 确定的金额。汇票上记载的金额必须是固定的数额，如果汇票上记载的金额是不确定的而是一个范围，如五十万以内，十万元左右，那么该票据无效。有关金额的记载必须文义确定，不容含糊、模糊，要使用中文大写和阿拉伯数字同时记载，且二者必须一致，金额文字模糊不能辨认或两种记载不一致的，票据无效。票据金融不得涂改或更改，否则票据无效。

5. 付款人名称。付款人是指出票人在汇票上的委托支付汇票金额的人。付款人是汇票的主债务人，如果汇票上未记载付款人的名称，收款人或者持票人将不知道向谁提示承兑或提示付款。因此，汇票上未记载付款人的，该票据无效。付款人名称应记载本名、全名或全称。就自然人来说，应该是身份证上的姓名；就法人和其他非法人的企业、团体、单位来说，应为登记名称；不需登记的，应为批准使用的名称。

6. 收款人名称。收款人是指出票人在汇票上记载的受领汇票金额的最初票据权利人。对收款人名称，也应该记载本名、全名或全称。要求同付款人名称要求同样。收款人在付款银行开立资金账户的，出票时记载的名称，应与在开户银行预留印鉴的名称一致，以便于票据权利的实现。

7. 出票日期。出票日期是指出票人在汇票上记载的签发汇票的日期，可以记为开票时的日期，也可以提前或推后，记载出票人日与事实上的出票日不符的，只要不是历法上不存在的日期就不影响票据的效力。出票日期在法律上具有重要的作用，即可以确定出票后定期付款汇票的付款日期、确定见票即付的付款提示期限、确定见票后定期汇票的承兑提示期限、确定利息起算日、确定某些票据权利的实效期限、确定保证成立之日期、判定出票人出票时的行为能力状态以及代理人的代理权限状态等。也就是说，汇票上记载出票日期，是为了保障持票人的票据权利。

8. 出票人签章。出票人签章是指出票人在票据上亲自书写自己的姓名或盖章。出票人应签自己的本名、全名。

9. 银行汇票的相对记载事项是指应当记载但未记载时，并不影响汇票本身的效力，由法律直接规定后果的事项。银行汇票的相对记载事项有：

①付款日期。如果汇票上未记载付款日期的，为见票即付。

②付款地。如果汇票上未记载付款地，那么付款地为营业场所、住所地或经常居住地。

③出票地。如果汇票上未记载收款地，那么出票地为营业场所、住所地或经常居住地。

10. 银行汇票的禁止记载事项

银行汇票的禁止记载事项，也是非法记载事项，是指法律规定以外的记载事项。根据《票据法》规定，汇票上可以记载本法规事项以外的其他出票事项，但是该记载事项不具有汇票上的效力。法律规定的事项主要是指与汇票的基础关系有关的事项，如签发票据的原因或用途、该票据项下交易的合同号码等，因此，这些事项尽管有利于当事人清算方便，但却与票据关系本身关系不大，故其不具有票据上的效力。

（四）银行汇票的提示付款期限

银行汇票的提示付款期限自出票日起 1 个月。未填明实际结算金额和多余金额或实际结算金额超过出票金额的，银行不予受理。

（五）银行不得签发现金汇票的规定

申请人或者收款人为单位的，银行不得为其签发现金银行汇票。

（六）银行汇票的办理

1. 申请签发汇票

申请人使用银行汇票，应向出票银行填写一式三联的“银行汇票申请书”，必须用双面复写纸套写。填明收款人名称、汇票金额、申请人名称、申请人日期等事项并在“银行汇票申请书”第二联签章。其签章为预留银行的签章。

2. 出票

出票银行受理银行汇票申请书，收妥款项后签发银行汇票，并用压数机压印出票金额，将银行汇票和解讫通知书一并交给申请人。

签发转账银行汇票，不得填写代理付款人名称，但由中国人民银行代理兑付银行汇票的商业银行向设有分支机构地区签发转账银行汇票的除外。签发现金银行汇票，申请人和收款人必须均为个人，收妥申请表交存现金后，在银行汇票“出票金额”栏先填写“现金”字样，后填写出票金额，并填写代理付款人名称。申请人或者收款人为单位的，银行不得为其签发现金银行汇票。申请人取得银行汇票时，应根据银行盖章退回的申请书存根联，编制记账凭证。

3. 持票办理结算

申请人取得银行汇票后，即可向填明的收款单位办理结算，申请人应将银行汇票和解讫通知一并交付给汇票上记明的收款人。申请人应根据收款人交付的发票等有关单据编制记账凭证。

4. 提示付款

提示付款也叫解汇。先在汇票票面上填好实际结算金额的大、小写金额和多余金额（结算金额不得超过票面金额，但可以小于票面金额），记住要用复写纸套写，因为还有第二联“解讫通知”。

然后在汇票第一联背面的左下方提示付款的地方盖好财务印鉴。

最后，填制进账单。做完以上步骤，将汇票和进账单交到你的开户行，然后等银行通知你款项到账，一般三天就能到账。

银行汇票的提示付款期限为自出票日起 1 个月。收款人可以将银行汇票背书转让给被背书人。持票人超过提示付款期限提示付款的，代理付款人不予受理。

子任务三　熟悉商业汇票的结算方式

（一）商业汇票的概念和种类

商业汇票是出票人签发的，委托付款人在指定日期无条件支付确定的金额给收款人或者持票人的票据。

商业汇票按承兑人的不同，可以分为商业承兑汇票和银行承兑汇票两种。

1. 商业承兑汇票，由银行以外的付款人承兑；

2. 银行承兑汇票，由银行承兑。

电子商业承兑汇票

出票日期　　　　　　　　　　　　　　　　　　票据状态:

汇票到期日　　　　　　　　　　　　　　　　　票据号码

出票人	全　称		出票人	全　称	
	账　号			账　号	
	开户银行			开户银行	
出票保证信息	保证人名称:		保证人地址:		保证日期:
票据金额	人民币（大写）		十 亿 千 百 十 万 千 百 十 元 角 分		
承兑人信息	全　称		开户行行号		
	账　号		开户行名称		
交易合同号			承兑信息	出票人承诺: 本汇票请予以承兑，到期无条件付款	
能否转让				承兑人承兑: 本汇票已经承兑，到期无条件付款 承兑日期:	
承兑保证信息	保证人名称:		保证人地址:		保证日期:
评级信息（由出票人、承兑人自己记载，仅供参考）	出票人	评级主体:		信用等级:	评级到期日:
	承兑人	评级主体:		信用等级:	评级到期日:

（二）商业汇票的使用范围

在银行开立存款账户的法人以及其他组织之间，必须具有真实的交易关系或债权债务关系，才能使用商业汇票，个人不能使用商业汇票。

（三）商业汇票的付款期限

商业汇票的付款期限，最长不得超过 6 个月；商业汇票的提示付款期限，自汇票到期日起 10 日。

（四）商业汇票的绝对记载事项

票据法规定必须在商业汇票上记载的事项，商业汇票上未记载该七个方面的事项之一的，该商业汇票无效。

1. 表明“商业承兑汇票”或“银行承兑汇票”的字样；
2. 无条件支付的委托；
3. 确定的金额；
4. 付款人名称；
5. 收款人名称；
6. 出票日期；
7. 出票人签章。

（五）商业汇票的相对记载事项

相对记载事项未在汇票上记载，并不影响汇票本身的效力，汇票仍然有效。该等未记载的事项可以通过法律的直接规定来补充确定。相对记载事项的内容主要包括：

1. 付款日期。汇票上未记载付款日期的，视为见票即付。

2. 付款地。汇票上未记载付款地的，付款人的营业场所、住所或者经常居住地为付款地。

3. 出票地。汇票上未记载出票地的，出票人的营业场所、住所或者经常居住地为出票地。此外，汇票上还可以记载非法定记载事项，但是这些事项不具有汇票上的效力。

（六）商业汇票的出票效力

出票是以创设票据权利为目的的票据行为。所以，出票人依照《票据法》的规定完成出票行为之后，即产生票据上的效力。这一效力表现为创设票据权利和引起票据债务的发生，这种权利义务因汇票当事人的地位不同而不同。

1. 对收款人的效力。收款人取得出票人发出的汇票后，即取得票据权利，一方面，就票据金额享有付款请求权；另一方面，在该请求权不能满足时，即享有追索权。同时，收款人还享有依法转让票据的权利。

2. 对付款人的效力。出票行为是单方行为，付款人并不因此而有付款义务，只是基于出票人的付款委托使其具有承兑人的地位，在其对汇票进行承兑后，即成为汇票上的主债务人。

3. 对出票人的效力。出票人签发汇票后，即承担保证该汇票承兑和付款的责任。

出票人在汇票得不到承兑或者付款时，应当向持票人清偿法律规定的金额和费用。这就是指，收款人在向付款人行使票据权利而得不到满足时，出票人必须就此承担票据责任。从法律上讲，该责任是一种担保责任，即担保汇票的承兑和付款。担保汇票的承兑是指汇票到期日前不获承兑时，收款人或持票人可以请求出票人偿还票据金额、利息和有关费用。担保汇票的付款是指汇票到期时，付款人虽已承兑但拒绝付款的，出票人必须承担清偿责任。

（七）商业汇票的承兑

承兑，指汇票付款人承诺在汇票到期日支付汇票金额的票据行为。商业承兑汇票可以由付款人签发并承兑，也可以由收款人签发交由付款人承兑。即收款人和付款人均可以签发商业汇票。

1. 提示承兑

定日付款和出票后定期付款：汇票到期日前提示承兑。

见票后定期付款的汇票：自出票日起 1 个月内提示承兑。

汇票未按照规定期限提示承兑的，丧失对其前手（不包括出票人）的追索权。

见票即付的汇票无需提示承兑。包括：票面记载有“见票即付”字样和未记载付款日期。

2. 承兑成立

①承兑时间。付款人对向其提示承兑的汇票，应当自收到提示承兑的汇票之日起 3 日内承兑或者拒绝承兑。如果付款人在 3 日内不作承兑与否表示的，则应视为拒绝承兑。持票人可以请求其作出拒绝承兑证明，向其前手行使追索权。

②接受承兑。付款人收到持票人提示承兑的汇票时，应当向持票人签发收到汇票的回单。回单上应当记明汇票提示承兑日期并签章。

③承兑的格式。付款人承兑汇票的，应当在汇票正面记载“承兑”字样和承兑日期并签章；见票后定期付款的汇票，应当在承兑时记载付款日期。汇票上未记载承兑日期的，以 3 天承兑的最后一日为承兑日期。

④退回已承兑的汇票。付款人依承兑格式填写完毕应记载事项后，并不意味着承兑生效，只有在其将已承兑的汇票退回持票人后才产生承兑的效力。

3. 承兑的效力

①承兑人于汇票到期日必须向持票人无条件地支付汇票上的金额，否则其必须承担迟延付款责任；

②承兑人必须对汇票上的一切权利人承担责任，该等权利人包括付款请求权人和追索权人；

③承兑人不得以其与出票人之间资金关系来对抗持票人，拒绝支付汇票金额；

④承兑人的票据责任不因持票人未在法定期限提示付款而解除。

4. 承兑不得附有条件

付款人承兑商业汇票，不得附有条件；承兑附有条件的，视为拒绝承兑。

5. 收费

银行承兑汇票的承兑银行，应当按照票面金额向出票人收取万分之五的手续费。

（八）商业汇票的付款

商业汇票的付款，是指付款人依据票据文义支付票据金额，以消灭票据关系的行为。

1. 付款的提示

付款提示，是指持票人向付款人或承兑人出示票据，请求付款的行为。持票人只有在法定期限内作出付款提示的，才产生法律效力。

《票据法》规定，持票人应当按照下列法定期限提示付款：

①见票即付的汇票（银行汇票），自出票日起 1 个月内向付款人提示付款。

②定日付款、出票后定期付款或者见票后定期付款的汇票，自到期日起 10 日内向承兑人提示付款。持票人未按照前款规定期限提示付款的，在作出说明后，承兑人或者付款人仍应当继续对持票人承担付款责任。

2. 支付票款

持票人按照上述规定向付款人或承兑人进行付款提示后，付款人必须无条件地在当日按票据金额足额支付给持票人。如果付款人或承兑人不能当日足额付款的，依照《票据法》第一百零六条的规定，应承担迟延付款的责任，即银行对出票人尚未支付的汇票金额按每日万分之五计收利息。

3. 付款的效力

付款人依法足额付款后，全体汇票债务人的责任解除。付款人依照票据文义支付票据金额之后，票据关系随之消灭。

（九）商业汇票的背书

商业汇票的背书是指以转让商业汇票权利或者将一定的商业汇票权利授予他人行使为目的，按照法定的事项和方式在商业汇票背面或者粘单上记载有关事项并签章的票据行为。

1. 背书的记载事项

背书是一种要式行为，其记载的事项必须符合法律规定。根据《票据法》的规定，背书记载的事项包括：

①背书人签章。背书人签章是背书的绝对记载事项。

②被背书人的名称。被背书人的名称也是背书的绝对记载事项。

③背书日期。背书日期是背书的相对记载事项。

2. 背书不得记载的事项

①附条件的背书。附有条件的背书是指背书人在背书时，记载一定的条件，以限制或者影响背书的效力。根据规定，汇票背书附有条件的，所附条件不具有汇票上的效力。即附条件的背书，条件无效，背书有效。

②部分金额。背书《票据法》规定："将汇票金额的一部分转让的背书或者将汇票金额分别转让给两人以上的背书无效。"即部分金额背书，背书无效。

3. 禁止背书的记载

禁止背书是指出票人或背书人在票据上记载"不得转让"等类似文句，以禁止票据权利的转让。

①出票人的禁止背书。出票人的禁止背书应记载在汇票的正面。出票人在汇票上记载"不得转让"字样的，该票据不得转让。

②被背书人的禁止背书。背书人的禁止背书应记载在汇票的背面。背书人在汇票上记载"不得转让"字样，其后手再背书转让的，原背书人对后手的被背书人不承担保证责任，其只对直接的被背书人承担责任。

4. 背书时粘单的使用

为了保证粘单的有效性和真实性，第一位适用粘单的背书人必须将粘单粘接在票据上，并且在汇票和粘单的粘接处签章，否则该粘单记载的内容无效。

5. 背书连续

如果背书不连续，付款人可以拒绝向持票人付款，否则付款人自行承担责任。

背书连续主要是指形式上的连续，如果背书在实质上不连续，如有伪造签章等，付款人仍应对持票人付款。但是，如果付款人明知持票人不是真正票据权利人，则不得向持票人付款否则自行承担后果。

6. 法定禁止背书

被拒绝承兑、被拒绝付款或者超过付款提示期限等情形下的汇票，不得背书转让；背书转让的，背书人应当承担汇票责任。

（十）商业汇票的保证

保证是指票据债务人以外的第三人，为担保票据债务的履行所作的一种附属票据行为。保证的当事人为保证人与被保证人。

1. 绝对记载事项

①表明“保证”的字样。

②保证人签章。

2. 相对记载事项

①保证人名称和住所，未记载保证人名称和住所的，以保证人的营业场所、住所或者经常居住地为保证人住所。

②被保证人的名称，未记载被保证人名称的，以出票人（未承兑）或承兑人（已承兑）为被保证人。

③保证日期，未记载保证日期的，出票日期为保证日期。

3. 保证不得附有条件

保证附有条件的，条件无效，背书有效。

4. 保证的效力

①保证人的责任。被保证的汇票，保证人应当与被保证人对持票人承担连带责任。

②共同保证人的责任。保证人为两人以上的，保证人之间承担连带责任。

③保证人的追索权。保证人清偿汇票债务后，可以行使持票人对被保证人及其前手的追索权。

子任务四　熟悉支票的结算方式

（一）支票的概念和种类

支票是出票人签发的、委托办理支票存款业务的银行在见票时无条件支付确定的金额给收款人或者持票人的票据。支票的基本当事人包括出票人、付款人和收款人。出票人即存款人、是在经中国人民银行当地分行批准办理支票业务的银行机构开立可以使用支票的存款账户的单位和个人；付款人是出票人的开户银行；持票人是票面上填明的收款人，也可以是经背书转让的被背书人。

我国《票据法》按照支付票款方式，将支票分为普通支票、现金支票、转账支票。支票上有“现金”字样的为现金支票。现金支票用于支取现金，它可以由存款人签发用于到银行为本单位提取现金，也可以签发给其他单位和个人用来办理结算或者委托银行代为支付现金给收款人。（现金支票如表 2-6、表 2-7）

表 2-6 现金支票票样

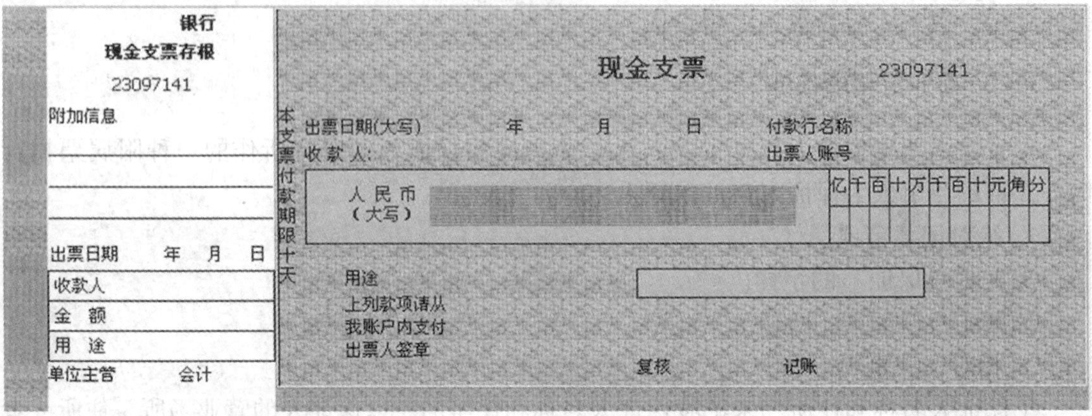
银行
现金支票存根
23097141
附加信息
出票日期 年 月 日
收款人
金 额
用 途
单位主管 会计

现金支票 23097141
本支票付款期限十天
出票日期(大写) 年 月 日 付款行名称
收款人: 出票人账号
人民币（大写）
亿 千 百 十 万 千 百 十 元 角 分
用途
上列款项请从
我账户内支付
出票人签章
复核 记账

表 2-7 现金支票背面

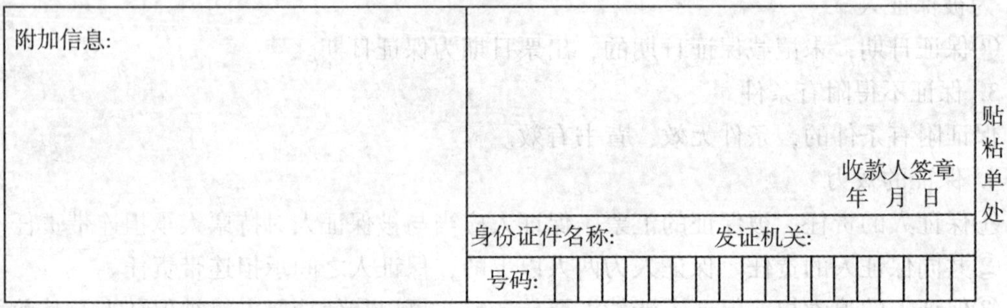
附加信息:
收款人签章
年 月 日
身份证件名称: 发证机关:
号码:
贴粘单处

支票上有“转账”字样的为转账支票。当客户不用现金支付收款人的款项时，可签发转账支票，自己到开户银行或将转账支票交给收款人到开户银行办理支付款项手续。转账支票只能用于转账，不能用于提取现金。(转账支票如表 2-8、表 2-9)

表 2-8 转账支票票样

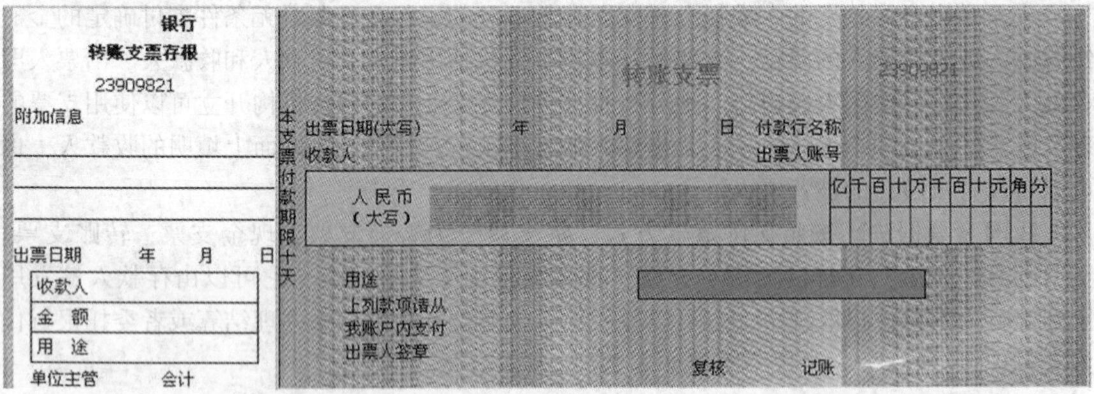
银行
转账支票存根
23909821
附加信息
出票日期 年 月 日
收款人
金 额
用 途
单位主管 会计

转账支票 23909821
本支票付款期限十天
出票日期(大写) 年 月 日 付款行名称
收款人 出票人账号
人民币（大写）
亿 千 百 十 万 千 百 十 元 角 分
用途
上列款项请从
我账户内支付
出票人签章
复核 记账

表 2-9　　　　　　　　　　　　**转账支票背面**

<table>
<tr><td rowspan="2">附加信息:</td><td>被背书人</td><td rowspan="2">贴
粘
单
处</td></tr>
<tr><td>背书人签章
年　月　日</td></tr>
</table>

支票上未印有“现金”或“转账”字样的为普通支票，普通支票可以用于支取现金，也可以用于转账，在普通支票左上角划两条平行线的，为划线支票，划线支票只能用于转账，不得支取现金，不划线时就作为现金支票使用。

（二）支票的使用范围

单位和个人在同一票据交换区域的各种款项结算，均可以使用支票。

（三）支票的记载事项

根据《票据法》的规定，支票有绝对记载事项，相对记载事项和不得记载事项的内容，具体内容如下：

1. 支票必须记载的事项（绝对记载事项）。票据法规定必须在支票上记载的事项，支票上未记载该六个方面的事项之一的，该支票无效。

①表面“支票”的字样。这是表明该票据是支票的文字，其记载方式、位置等于银行汇票相同。有所不同的是，不同种类的支票文句中应分别记载“现金支票”或“转账支票”。

②无条件支付的委托。这是承诺支票支付的文句。我国现行使用支票记载支付的文句，一般是支票上已印好的“上列款项请从我账户内支付”的字样或相同文义的文字，以明确委托支付的金额，乃出票人自己的存款，付款人只是代为支付。

③确定的金额。支票金额一般由出票人记载。但有时因所需金额难以具体到多少元多少角多少分，须持有相关货款、酬金或其他用途之费用结算清楚，才能确定具体数额。为减少多退少补或其他方面的麻烦，不记载确定金额，授权持票人在请求付款时补记，对出票人、持票人都属便利。《票据法》规定，出票人可以自己不记载而授权持票人补记，其意义为，出票时可签发空白授权的支票，持票人请求付款时必须在授权范围内补记，未补记前，不得背书转让和提示付款。

④付款人名称。付款人的名称的记载内容、记载规则等与汇票、本票相同，只是支票的付款人名称仅为出票人存款银行或者其他金融机构。

⑤出票日期。

⑥出票人签章。此记载事项与银行汇票相同，不再重复。

2. 支票的相对记载事项

①付款地。根据《票据法》的规定，支票上不记载付款地的不影响支票的效力，以付款人的营业场所、住所或经常居住地为付款地。

②出票地。根据《票据法》的规定，支票上不记载出票地的不影响支票的效力，以出票人的营业场所、住所或经常居住地为出票地。

3. 支票不得记载事项。支票的付款日期限于见票即付，不得另行记载付款日期，另行记载付款日期的，该记载无效。

（四）支票的提示付款期

支票的提示付款期限自出票日起 10 日，但中国人民银行另有规定的除外。超过提示付款期限提示付款的，持票人开户银行不予受理，付款人不予付款。

（五）支票办理和使用要求

1. 签发现金支票必须写明收款单位名称或收款人姓名，并只准收款方或签发单位持票向银行提取现金或办理转账结算，不得将现金支票流通。

2. 签发现金支票首先必须查验银行存款是否有足够的余额，签发的支票金额必须在银行存款账户余额以内，不准超出银行存款账户余额签发空头支票。对持有空头支票，持票人有权要求出票人赔偿支票金额的 2%的赔偿金。

3. 签发现金支票不得低于银行规定的金额起点，起点以下的用库存现金支付。支票金额起点为 100 元，但结清账户时，可不受其起点限制。

4. 要严格执行支票有效期限的规定。支票付款的有效期为 10 天（中国人民银行另有规定的除外）。有效期限从签发支票的次日算起，到期日如遇节假日顺延。过期支票作废，银行不予受理。签发支票必须填写当日日期，不得签发远期支票。

5. 支票的持票人应当自出票日起 10 日内提示付款。超过提示付款期限的，付款人可以不予付款。

6. 在填写现金支票时，应按有关规定认真填写支票中的有关栏目。现金支票需要填写的内容有收款人和开户银行名称、支票号码、签发日期、签发人账号、大小写金额、用途等项目，填写时必须要素齐全、内容真实、数字正确、字迹清晰，不潦草，不错漏，做到标准、规范，防止涂改。签发支票应使用墨水或碳素墨水填写，未按规定填写，被涂改冒领的，由签发人负责。支票大小写金额和收款人不得更改。其他内容如有更改，必须由签发人加盖预留银行印鉴之一证明。

7. 持票人可以委托开户银行收款或直接向付款人提示付款。用于支取现金的支票仅限于收款人向付款人提示付款。

8. 存款人在领购支票时，必须填写“票据和结算凭证领用单”并签章，签章应与预留银行的签章相符。付款账户结算时，必须将全部剩余空白支票交回银行注销。

任务四　银行票据的应用

本任务均以案例的形式向大家展开说明银行票据的应用。

【案例 2-3】 明辉机械厂财务部于2016年8月15日开出两张票据：一张为面额10 000元的支票，用于向甲宾馆支付会议费；另一张为面额200 000元的银行承兑汇票，到期日为9月5日，用于向乙公司支付材料款，该汇票已经银行承兑。8月20日，甲宾馆向银行提示付款。银行发现该支票为空头支票，遂予以退票，并对明辉机械厂处以1 000元罚款。甲宾馆要求振辉机械厂除支付其10 000元会议费外，还另需支付其2 000元赔偿金。9月5日，乙公司向银行提示付款时，得知明辉机械厂的账户余额不足200 000元。请问：银行对振辉机械厂签发空头支票处以1 000元罚款是否符合法律规定？甲宾馆能否以振辉机械厂签发空头支票为由要求其支付2 000元赔偿金？

【解析】

银行对振辉机械厂签发空头支票处以1 000元罚款符合法律规定。因为法律规定，出票人签发空头支票的，银行应予以退票，并按票面金额处以5%但不低于1 000元的罚款。甲宾馆不能以振辉机械厂签发空头支票为由，要求其支付2 000元的赔偿金。因为法律规定，出票人签发空头支票的，持票人有权要求出票人赔偿支票金额2%的赔偿金，即200元的赔偿金。

【案例 2-4】 2017年3月16日，某食品公司与宏远公司订立一份面粉买卖合同，约定由食品公司向宏远公司提供面粉10吨，合同金额为9万元。根据该合同，宏远公司签发了一张以其开户银行甲银行为付款人，食品公司为收款人，票面金额9万元，出票后三个月付款的汇票，并在当天交给食品公司。3月20日，食品公司准备拿该汇票到甲银行提示承兑，却发现汇票遗失。后查明，该汇票已在3月19日被王某盗窃。王某伪造食品公司的签证将汇票转让给自己，随后自己签章，于3月28日将该汇票转让给知情人B公司。B公司支票到甲银行提示承兑被拒绝，后将此汇票转让给C公司。C公司在票据载明的付款日期内没有得到甲银行的付款，便向B公司、食品公司和宏远公司追偿，均遭拒绝。C公司以三公司为被告提起诉讼。请问：（1）三被告是否应承担票据责任？（2）如果B公司向C公司承担了票据责任，它是否对宏远公司，食品公司享有再追索权？

【解析】

（1）宏远公司，B公司要承担票据责任，食品公司不需要。对伪造人而言，由于票据上没有自己的签章所以不承担票据责任，而在票据上真正签章的人仍对被造的债务人承担票据责任！所以，宏远公司，B公司要承担票据责任，而食品公司由于签章是假的其背书转让的票据根本不具有票据权利，所以不需要承担票据责任。

（2）B公司不享有再追索权。B公司在知道王某以偷窃手段取得票据时仍接受其背书转让，它根本不享有票据权利，所以没有追索权。

【案例 2-5】 2016年3月14日，某银行支行（本案被告，以下称支行）因湖北甲公司申请，开具给张某（本案原告）一张银行本票，金额为人民币445 000元，同日，张某到支行提示付款，并设立了其个人的储蓄账户。同年3月15日，支行出具了退票通知，理由是公款不得私存。张某为此于 2016 年 6 月 26 日向法院起诉要求支行支付本票金额 445 000元，并赔偿 2016 年 3 月 15 日起至清偿之日止的利息损失。请问：

（1）张某是否是合法持票人并享有该本票上的票据权利？

（2）某银行支行是否有权退票？退票理由是否成立？

（3）法院是否应当支持张某之诉讼请求？

【解析】

（1）张某享有票据权利。

（2）不能退票，本票是无条件见票即付的。至于退票理由，可以要求张某提供相关的贸易合同以证明不是洗钱或公款私存。

（3）法院可以支持张某的请求。

【案例 2-6】2017 年 1 月间，某商业银行 A 市分行某办事处办公室主任陈某与其胞弟密谋后，利用工作之便，盗用该银行已于 1 年前公告作废的旧业务印鉴和银行现行票据格式凭证，签署了金额为 100 万元的银行承兑汇票一张，出票人和付款人及承兑人记载为该办事处，汇票的到期日为同年 6 月底，收款人为某省对虾公司。该公司为陈某的胞弟所承包经营的企业。陈某将签署的汇票交给该公司后，该公司请求某外贸公司在票据上签了保证，并将票向某城市银行申请贴现。该合作银行扣除利息和手续费后，把贴现的 96 万元支付给对虾公司。汇票到期后，城市合作银行向 A 市分行某办事处提示付款，遭拒绝。请问：

（1）本案的票据行为有哪些？其效力如何？为什么？

（2）某市合作银行是否具有票据权利？如果有，应该如何行使？如果没有，该如何处理？

（3）如果陈某用已作废的票据格式（无出票人一栏）签署银行承诺汇票，对某城市银行有何影响？(假定其他情节相同)

【解析】

（1）本案中的票据行为有：①李某伪造签章进行的出票和承兑行为。相对于 A 市分行某办事处的现行有效公章而言，李某使用的作废的公章应定为假公章。因此，出票和承兑行为属伪造，行为本身无效。②某外贸公司的票据保证行为，该行为有效。③建筑公司的贴现行为（背书转让），该行为有效。虽然该公司（代表人）恶意取得票据，不得享有票据权利，但其背书签章真实，符合形式要件，且有行为能力，故有效。

（2）合作银行不知情，且给付了相当对价，为善意持票人，故享有票据权利，可以向保证人或背书人行使追索权。

（3）该汇票将因形式要件欠缺而整个无效，连保证人亦因此不承担票据责任。合作银行不享有票据权利，只能依据普通民事关系进行追偿。

【例 2-7】甲公司采购员张三需携带 10 万元金额的支票到 A 市采购原料。该支票由甲公司李四负责填写，由该公司财务主管加盖了财务章及财务人员的印鉴，收款人一栏则授权张三填写。以上记载均有支票存根记录为证。张三携该支票到 A 市某私营企业购买了价值 10 万元的原料，该私营企业老板王二是张三的朋友，其见该支票上的笔迹为张三所为，以自己最近资金周转陷入困境为由，请求张三帮忙将支票上的金额改为 20 万元以渡过难关。张三碍于朋友情面而应允，使用王二提供的涂改剂将金额改成了 20 万元，因此，从外观上看不出涂改的痕迹。其后，王二为支付货款将该支票背书转让给了某食品厂。此事败露后，甲公司起诉某食品厂和王二，要求返还多占用的 10 万元票款。

请问：（1）本案中张三的行为在票据法上属于什么性质的行为？为什么？

（2）本案应如何处理？为什么？

【解析】

（1）张三的行为属于变造票据。他超越特别授权范围，与王二串通篡改票据金额，属无权更改之人篡改签章以外事项，是典型的票据变造行为。

（2）首先，根据在变造之前签章的人对原记载事项负责，在变造之后签章的人对变造之后记载事项负责的原理，甲公司对食品厂只应承担支付 10 万元的票据责任。故食品厂应返还其余额票款给甲公司。其次，张三应对甲公司承担被追索 10 万元的义务。再次，应建议金融主管机关依法追究张三和王二的行政责任，如果其行为已构成犯罪，应依法律程序追究刑事责任。

任务五　其他结算方式

子任务一　委托收款

（一）委托收款的概念和使用范围

委托收款是指收款人委托银行向付款人收取款项的结算方式。

单位和个人凭已承兑的商业汇票、债券、存单等付款人债务证明办理款项的结算，均可以使用委托收款结算方式。

委托收款在同城和异地均可以使用，其结算款项的划回方式分为邮寄和电报两种。

（二）记载事项

委托收款的记载事项包括：

1. 表明“委托收款”的字样；
2. 确定的金额；
3. 付款人名称；
4. 收款人名称；
5. 委托收款凭据名称及附寄单证张数；
6. 委托日期；
7. 收款人签章。

欠缺记载上列事项之一的，银行不予受理。

委托收款以银行以外的单位为付款人的，委托收款凭证必须记载付款人开户银行名称；以银行以外的单位或在银行开立存款账户的个人为收款人的，委托收款凭证必须记载收款人开户银行名称；未在银行开立存款账户的个人为收款人的，委托收款凭证必须记载被委托银行名称。

（三）结算规定

委托收款的结算规定包括：

1. 以银行为付款人的，银行应在当日将款项主动支付给收款人。

2. 以单位为付款人的，银行通知付款人后，付款人应于接到通知当日书面通知银行付款。银行在办理划款时，付款人存款账户不能足额支付的，应通过被委托银行向收款人发出未付款项通知书。

3. 付款人审查有关债务证明后，对收款人委托收取的款项需要拒绝付款的，有权提出拒绝付款。

4. 收款人收取公用事业费，需有经济合同，由付款人向开户银行授权，并经开户银行同意，报经中国人民银行当地分支行批准，可以使用同城特约委托收款。

子任务二　托收承付

（一）托收承付的概念和适用范围

1. 概念

托收承付是根据购销合同由收款人发货后委托银行向异地付款人收取款项，由付款人向银行承认付款的结算方式。

2. 主体限制

使用托收承付结算方式的收款单位和付款单位，必须是国有企业、供销合作社以及经营管理较好，并经开户银行审查同意的城乡集体所有制工业企业。

3. 交易限制

办理托收承付结算的款项，必须是商品交易，以及因商品交易而产生的劳务供应款项。代销、寄销和赊销商品的款项，不得办理托收承付结算。

4. 金额限制

托收承付结算每笔金额起点为 1 万元，新华书店系统每笔的金额结算起点为“1 000”元。

【例 2-8 · 单选题】根据支付结算办法的有关规定，下列款项中，可以使用托收承付方式办理结算的是(　　)。

A. 供销社与国有企业之间的商品交易款项

B. 供销社为国有企业代销商品应支付的款项

C. 集体所有制企业向国有企业提供劳务应收取的款项

D. 集体所有制企业向国有企业赊销商品应收取的款项

【正确答案】A

答案解析：办理托收承付结算的款项，必须是商品交易以及因商品交易而产生的劳务供应款项。代销、寄销、赊销商品的款项，不得办理托收承付结算，选项 BCD 错误。

（二）必须记载事项

1. 表明“托收承付”的字样；
2. 确定的金额；
3. 付款人的名称和账号；
4. 收款人的名称和账号；
5. 付款人的开户银行名称；
6. 收款人的开户银行名称；
7. 托收附寄单证张数或册数；
8. 合同名称、号码；
9. 委托日期。
10. 收款人签章。

（三）处理方法

1. 托收

收款人按合同发货后，将托收凭证并附发运凭证或其他符合托收承付结算的有关证明和交易单送银行。

2. 承付

购货单位有验单付款和验货付款两种方式。

①验单付款的承付期为 3 天（承付期内遇法定休假日顺延），从付款人开户银行发出承付通知的次日算起。

②验货付款的承付期为 10 天，从运输部门向付款人发出提货通知的次日算起。

付款人在承付期内，未向银行表示拒绝付款，银行即视作承付，并在“承付期满的次日”（遇法定休假日顺延）将款项主动划给收款人。

3. 拒绝付款

以下情况可以向银行提出全部或部分拒绝付款：

①没有签订合同或者合同未订明托收承付结算方式的；

②未经双方达成协议，收款人提前交货或因逾期交货，付款人不再需要货物的；

③未按合同地址发货；

④代销、寄销、赊销商品的；

⑤验单付款，发现货不符合要求；货物已到，与合同或单据不符；

⑥验货付款，货物与合同或清单不符；

⑦货款已经支付或计算有误的。

4. 重办托收

收款人对被无理拒绝付款的托收款项，在收到退回的结算凭证及其所附单证后，需要委托银行重办托收。经开户银行审查，确属无理拒绝付款的，可以重办托收。

子任务三 汇兑

（一）汇兑的概念和分类

1. 汇兑是汇款人委托银行将其款项支付给收款人的结算方式。

2. 汇兑分为“信汇”或“电汇”两种。

一般来说，信汇是以邮寄方式将汇款凭证转给外地收款人指定的汇入行，而电汇则是以电报方式将汇款凭证转发给收款人指定的汇入行。前者的费用较低，后者的汇款速度比前者快捷，汇款人可根据实际需要选择。

3. 汇兑结算适用于各种经济内容的“异地”提现和结算。

（二）办理汇兑的程序

1. 签发汇兑凭证

签发汇兑凭证必须记载下列事项：

①表明“信汇”或“电汇”的字样；

②无条件支付的委托；

③确定的金额；

④收款人名称；

⑤汇款人名称；

⑥汇入地点、汇入行名称；

⑦汇出地点、汇出行名称；

⑧委托日期。

汇款人签章。

汇兑凭证上欠缺上列记载事项之一的，银行不予受理。汇兑凭证记载的汇款人名称、收款人名称，其在银行开立存款账户的，必须记载其账号，欠缺记载的，银行不予受理。

2. 银行受理

汇款回单只能作为汇出银行受理汇款的依据，不能作为该笔汇款已转入收款人账户的证明。

汇出银行受理汇兑凭证，并进行认真审查。汇出银行审查汇兑凭证的内容有：汇兑凭证填写的各项内容是否齐全、正确；汇款人账户内是否有足够支付的余额；汇款人的印章是否与预留银行印鉴相符。汇出银行经审核无误后，应及时向汇入银行办理汇款，并向汇款人签发汇款回单。

3. 汇入处理

收款通知是银行将款项确已收入收款人账户的凭证。

汇入银行接收汇出银行的汇兑凭证之后，应审查汇兑凭证上联行专用章与联行报单印章是否一致，无误后，根据收款人的不同情况进行审查并办理付款手续。

（三）汇兑的撤销和退汇

1. 汇兑的撤销

汇兑的撤销是指汇款人对汇出银行尚未汇出的款项，向汇出银行申请撤销的行为。

汇款人对汇出银行尚未汇出的款项可以申请撤销。

2. 汇兑的退汇

①汇款人对汇出银行尚未汇出的款项可以申请退汇。

②汇入银行对于收款人拒绝接受的汇款，应立即办理退汇。

③汇入银行对于向收款人发出取款通知，经过 2 个月无法交付的汇款，应主动办理退汇。

④转汇银行不得受理汇款人或汇出银行对汇款的撤销或退汇。

子任务四　银行卡

（一）银行卡的概念和分类

（1）银行卡的概念

银行卡是指经批准由商业银行（含邮政金融机构）向社会发行的具有消费信用、转账结算、存取现金等全部或部分功能的信用支付工具。

（2）银行卡的分类

1. 按照发行主体是否在境内分为境内卡和境外卡

境内卡是指由境内商业银行发行的，既可以在境内使用，也可以在境外使用的银行卡。

境外卡是指由境外设立的外资金融机构或外资非金融机构发行的，可以在境内使用的银行卡。

2. 按照是否给予持卡人授信额度分为信用卡和借记卡

信用卡是指发卡银行向持卡人签发的，给予持卡人一定信用额度，持卡人可以在信用额度内先消费、后还款的银行卡；信用卡按照是否向发卡银行交存备用金分为贷记卡和准贷记卡。

贷记卡是指发卡银行给予持卡人一定的信用额度，持卡人可以在信用额度内先消费、后还款的信用卡，它具有透支消费、期限内还款可免息等特点。

准贷记卡是指持卡人必须先按照发卡银行要求交存一定金额备用金，当备用金余额不足支付时，可以在规定的信用额度内透支的信用卡。

借记卡是指发卡银行向持卡人签发的，没有信用额度，持卡人先存款、后使用的银行卡。借记卡不能透支。

借记卡按功能不同分为转账卡、专用卡和储值卡。转账卡具有转账、存取现金和消费功能。专用卡是在特定区域、专用用途（百货、餐饮、娱乐行业以外的用途）使用的借记卡，具有转账、存取现金的功能。储值卡是银行根据持卡人要求将资金转至卡内储存，交易时直接从卞内扣款的预付钱包式借记卡。

3. 按照账户币种的不同分为人民币卡、外币卡和双币种卡

人民币卡是指存款、信用额度均为人民币，并且应当以人民币偿还的银行卡；外币卡是指存款、信用额度均为外币，并且应当以外币偿还的银行卡；双币种卡是指存款、信用额度同时有人民币和外币两个账户的银行卡。

4. 按信息载体不同分为磁条卡和芯片卡

磁条卡是以液体磁性材料或磁条为信息载体（如常见的银联卡）。芯片卡容量大，其工作原理类似于微型计算机，能够同时具备多种功能。芯片卡又分为纯芯片卡和磁条芯片复合卡，现在正以其高安全性和多功能应用成为银行卡的发展趋势。

（二）银行卡交易的基本规定

1. 单位卡不得用于“10 万元以上”的商品交易、劳务供应款项的结算，单位人民币卡可办理商品交易和劳务供应款项的结算，但不得透支，不得支取现金。

2. 发卡银行对贷记卡的取现应当每笔进行授权，每卡每日累计取现不得超过限定额度。

3. 发卡银行应当依照法律规定遵守信用卡业务风险控制指标。

（1）同一持卡人单笔透支发生额，个人卡不得超过 2 万元（含等值外币）、单位卡不得超过 5 万元（含等值外币）。

（2）同一账户月透支余额，个人卡不得超过 5 万元，单位卡不得超过发卡银行对该单位授信额度的 3%；无综合授信额度可参照的单位，其月透支余额不得超过 1 0 万元（含等值外币）。

4. 持卡人透支消费享受免息还款期和最低逐款额待遇的条件和标准等，由发卡机构自主确定。准贷记卡的透支期限最长 60 天，贷记卡的首月最低还款额不得低于其当月透支余额的 10%。

5. 发卡银行通过下列途径追偿透支款项和诈骗款项：扣减持卡人保证金、依法处理抵押物和质押物；向保证人追索透支款项；通过司法机关的诉讼程序进行追偿。

（三）银行卡的资金来源

单位卡账户的资金一律从其基本存款账户转账存人，不得交存现金，不得将销货收入的款项存入其账户。

个人人民币卡账户的资金以其持有的现金存入或以其工资性款项、属于个人的合法的劳务报酬、投资回报等收入转账存入。严禁将单位的款项存入个人卡账户。

（四）银行卡的计息和收费

1. 计息

（1）发卡银行对借记卡（不含储值卡）账户内的存款，按照中国人民银行规定的同期同档次存款利率及计息办法计付利息。

（2）发卡银行对储值卡（含 IC 卡的电子钱包）内的币值不计利息。

（3）免息还款期和最低还款额待遇。

贷记卡持卡人非现金交易享受如下优惠条件：

①免息还款期待遇。银行记账日至发卡行规定的到期还款日之间为免息还款期。持卡人在到期还款日前偿还所使用的全部银行款项即可享受免息还款期待遇，无须支付非现金交易的利息。

②最低还款额待遇。持卡人在到期还款日前偿还所使用的全部银行款项有困难的，可按发卡行规定的最低还款额还款。

（4）利率标准。

对信用卡透支利率实行上限和下限管理，透支利率上限为日利率万分之五，下限为日利率万分之五的0.7倍。

信用卡透支的计息、结息方式，以及对信用卡溢缴款是否计付利息及其利率标准，由发卡机构自主确定。发卡机构应在信用卡协议中以显著方式提示信用卡利率标准和计息、结息方式。

2. 收费

收费是指商业银行办理银行卡收单业务向商户收取结算手续费。

3. 违约金和服务费用

对信用卡持卡人违约逾期未还款的行为，发卡机构应与持卡人通过协议约定是否收取违约金，以及相关收取方式和标准。发卡机构对向持卡人收取的违约金和年费、取现手续费、货币兑换费等服务费用不得计收利息。

4. 信用卡预借现金业务

信用卡预借现金业务包括现金提现、现金转账和现金充值。持卡人通过ATM办理现金提取业务，每卡每日累计不得超过人民币1万元；通过柜面办理现金提取业务、通过各类渠道办理现金转账业务的每卡每日限额，由发卡机构与持卡人通过协议约定；发卡机构可自主确定是否提供现金充值业务，并与持卡人协议约定每卡每日限额。

（五）银行卡申领、注销和挂失

1. 银行卡的申领

凡在中国境内金融机构开立基本存款账户的单位，可凭中国人民银行核发的开户许可证申领单位卡。单位卡可申领若干张，持卡人资格由申领单位法定代表人或其委托的代理人书面指定。

凡具有完全民事行为能力的公民，可凭本人有效身份证件及发卡银行规定的相关证明文件申领个人卡。个人卡的主卡持卡人，可为其配偶及年满18周岁的亲属申领附属卡，申领的附属卡最多不得超过两张，也有权要求注销其附属卡。

2. 银行卡的注销

持卡人在还清全部交易款项、透支本息和有关费用后，有下列情形之一的，可申请办理销户：

（1）信用卡有效期满45天后，持卡人不更换新卡的；

（2）信用卡挂失满45天后，没有附属卡又不更换新卡的；

（3）信用卡被列入止付名单，发卡银行已收回其信用卡45天的；

（4）持卡人死亡，发卡银行已收回其信用卡45天的；

（5）持卡人要求销户或担保人撤销担保，并已交回全部信用卡45天的；

（6）信用卡账户两年（含）以上未发生交易的；

（7）持卡人违反其他规定，发卡银行认为应该取消资格的。

发卡机构调整信用卡利率标准的，应至少提前45天通知持卡人。持卡人有权在新利率标准生效之日前选择销户，并按照已签订的协议偿还相关款项。

3. 销户时，账户余额的处理

销户时，单位卡账户余额转入其基本存款账户，不得提取现金；个人卡账户可以转账结清，也可以提取现金。

4. 银行卡的挂失

持卡人丧失银行卡，应立即持本人身份证件或其他有效证明，并按规定提供有关情况，就近向发卡银行或代办银行申请挂失。

子任务五　国内信用证

（一）国内信用证的概念

国内信用证，是指开证银行根据申请人（购货方）的申请向受益人（销货方）开出的有一定金额、在一定期限内凭信用证规定的单据支付款项的书面承诺。

我国信用证为不可撤销、不可转让的跟单信用证。不可撤销信用证，是指信用证开具后在有效期内，非经信用证各有关当事人（即开证银行、开证申请人和受益人）的同意，开证银行不得修改或者撤销的信用证；不可转让信用证，是指受益人不能将信用证的权利转让给他人的信用证。

（二）国内信用证的结算方式

信用证结算方式只适用于“国内企业之间”商品交易产生的货款结算，并且只能用于转账结算，“不得支取现金”。

（三）国内信用证程序

1. 开证行在决定受理时，应向申请人收取不低于开证金额20%的保证金，并可根据申请人资信情况要求其提供抵押、质押或由其他金融机构出具保函。

2. 议付仅限于延期付款信用证。

3. 议付行议付信用证后，对开证行具有索偿权；对受益人具有追索权。

4. 申请人交存的保证金和其存款账户余额不足支付的，开证行仍应在规定的付款时间内进行付款，对不足支付的部分作逾期贷款处理。

子任务六　网上支付

（一）网上支付的概念

网上支付是电子支付的一种形式，它是通过第三方提供的与银行之间的支付接口进行的即时支付方式。网上支付的当事人有三方：消费者、厂商、金融机构。

（二）网上支付的特征

1. 网上支付是采用先进的技术通过数字流转来完成信息传输的，其各种支付方式都是采用数字化的方式进行款项支付的。

2. 网上支付的工作环境是基于一个开放的系统平台（即因特网）之中。

3. 网上支付使用的是最先进的通信手段，如因特网、Extranet 等。

4. 网上支付具有方便、快捷、高效、经济的优势。网络支付可以完全突破时间和空间的限制，能够在任何时间、任何地点、以任何方式为客户提供金融服务。

5. 网络支付的技术支持。由于网络支付工具和支付过程具有无形化、电子化的特点，因此对网络支付工具的安全管理不能依靠普通的防伪技术，而是通过用户密码、软硬件加密和解密系统以及防火墙等网络安全设备的安全保护功能的实现。

（三）网上支付的方式

现在网上支付方式有很多种，如微信红包支付、微信转账支付、QQ 红包支付、财付通支付、支付宝向支付宝转账支付、支付宝向银行卡转账支付、银行登录个人网银支付等。归纳起来网上支付的方式主要是网上银行和第三方支付。

（四）网上银行

1. 网上银行的分类

①按服务对象分为企业网上银行和个人网上银行。

企业网上银行主要服务于企事业单位，企事业单位可以通过企业网络银行实时了解财务状况，及时调度资金，轻松处理工资发放和大批量的网络支付业务。

个人网上银行主要服务于个人，个人可以通过个人网络银行实时查询、转账，进行网络支付和汇款。

②按经营组织分为分支型网上银行和单纯网上银行。

单纯网上银行是完全依赖于互联网的虚拟的电子银行，它没有实际的物理柜台，一般只有一个办公地址，没有分支机构，也没有营业网点，采用互联网等高科技服务手段与客户建立密切的联系，为客户提供全方位的金融服务。

分支型网上银行是指现有的传统银行利用互联网开展传统的银行业务，即传统银行利用互联网作为新的服务手段为客户提供在线服务，实际上是传统银行服务在互联网上的延伸。

③按业务种类分为零售银行、批发银行。

2. 网上银行的功能

企业网上银行子系统具有账户信息查询、支付指令、B2B 网上支付和批量支付等功能；个人网上银行子系统具有账户信息查询、人民币转账业务、银证转账业务、外汇买卖业、账户管理业务、B2C 网上支付等功能。

（五）第三方支付

1. 第三方支付的特点

①独立于商户和银行；

②为客户提供支付结算服务；

③方便快捷；

④安全可靠；

⑤开放创新。

2. 第三方支付方式种类

①线上支付方式。

通过第三方支付平台实现互联网在线支付，包括网上支付和“移动支付中的远程支付”。

②线下支付方式。

POS 机刷卡支付、拉卡拉等自助终端支付、电话支付、“手机近端支付”、电视支付。

3. 第三方支付机构及支付账户管理规定

1. 支付机构应根据客户身份对同一客户在本机构开立的所有支付账户进行关联管理，并按照要求对个人支付账户进行分类管理。

（1）1 类支付账户，账户余额仅可用于消费和转账，余额付款交易自账户开立起累计不超过 1 000 元（包括支付账户向客户本人同名银行账户转账）；

（2）Ⅱ类支付账户，账户余额仅可用于消费和转账，其所有支付账户的余额付款交易年累计不超过 10 万元（不包括支付账户向客户本人同名银行账户转账）；

（3）Ⅲ类支付账户，账户余额可以用于消费、转账以及购买投资理财等金融类产品，其所有支付账户的余额付款交易年累计不超过 20 万元（不包括支付账户向客户本人同名银行账户转账）。

4. 第三方支付行业分类及主流品牌

①金融型支付企业。

主流品牌主要有银联商务、快钱、易宝支付、汇付天下等，其特点是“无担保功能”，仅为用户提供支付产品和支付系统解决方案，侧重行业需求和开拓行业应用，立足于企业端。

②互联网支付企业。

主流品牌主要有支付宝、财付通等，其特点是“提供担保功能”，依托自有电子商务网站，以在线支付为主，立足于个人消费者端。

【例 2-9 · 单选题】下列情形中，属于线上支付的有(　　)。

A. 张某在机场购物，使用手机近端支付购物款

B. 吴某在超市购物，使用公交一卡通支付购物款

C. 周某在商场购物，通过 POS 机刷卡支付购物款

D. 郑某网上购物，通过支付宝支付货款

【正确答案】 D

答案解析：线上支付包括直接使用网上银行进行的支付和通过第三方支付平台间接使用网上银行进行的支付。

【例 2-10 · 多选题】 互联网支付企业的特点有(　　)。

A. 依托自有电子商务网站

B. 提供担保功能

C. 以在线支付为主

D. 立足于企业端

【正确答案】 ABC

答案解析：互联网支付企业是立足于消费者端。因此，选项 D 不正确。

子任务七　预付卡

（一）预付卡的概念

预付卡是指以营利为目的，以特定载体和形式发行的，在发行机构之外或发行机构购买商品或服务的预付价值，包括采取磁条、芯片等技术以卡片、密码等形式发行的预付卡。

（二）预付卡的种类

预付卡按照是否记名分为记名预付卡和不记名预付卡。

记名预付卡是指预付卡业务处理系统中记载持卡人身份信息的预付卡。

不记名预付卡是指预付卡业务处理系统中不记载持卡人身份信息的预付卡。

（三）预付卡的额度

《预付卡管理办法》规定，发卡机构发行的预付卡应当以人民币计价，不具有透支功能。单张记名预付卡资金限额不超过 5 000 元，单张不记名预付卡资金限额不超过1 000 元。中国人民银行可视情况调整预付卡资金限额。

（四）预付卡的办理和充值

1. 办理

《预付卡管理办法》规定，个人或单位购买记名预付卡或一次性购买不记名预付卡 1 万元以上的，应当使用实名并提供有效身份证件。单位一次性购买预付卡 5 000 元以上，个人一次性购买预付卡 5 万元以上的，应当通过银行转账等非现金结算方式购买，不得使用现金。《办法》同时还规定，购卡人不得使用信用卡购买预付卡。

2. 充值

一次性充值不足5 000元的，可以转账或者现金充值，一次性充值5 000元以上的，只能转账，不能充值，与办理预付卡一样，《办法》同时还规定，购卡人不得使用信用卡充值预付卡。单张预付卡充值后的资金余额不得超过规定限额（记名卡不超过5千元，不记名不超过1千元）。充值通过发卡机构网点进行，单张预付卡同日累计现金充值200元以下的，可通过自助终端、代理机构进行。

【例2-11·单选题】小王从某支付机构购买一张2 000元的预付卡，在乘坐公交车时丢失，小王到发卡的支付机构要求挂失，支付机构不予办理，根据规定，下列说法中正确的是(　　)。

A. 单张不记名预付卡的最高限额为5 000元

B. 小王购买的2 000元预付卡属于不记名预付卡

C. 不记名预付卡不得挂失

D. 支付机构的做法正确

【正确答案】C

答案解析：不记名预付卡的单张限额为1 000元，所以小王购买的预付卡为记名预付卡，可以挂失，只有选项C表述正确。

（五）预付卡的使用

1. 单张预付卡充值后的资金余额不得超过规定限额。预付卡现金充值通过发卡机构网点进行，单张预付卡同日累计现金充值在200元以下的，可通过自助充值终端、销售合作机构代理等方式充值。

2. 预付卡在发卡机构拓展、签约的特约商户中使用，不得用于或变相用于提取现金，不得用于购买、交换非本发卡机构发行的预付卡、单一行业卡及其他商业预付卡或向其充值，卡内资金不得向银行账户或向非本发卡机构开立的网络支付账户转移。

（六）预付卡的赎回

记名预付卡可在购卡3个月后办理赎回，赎回时持有效身份证件。单位购买的记名预付卡，只能由单位办理赎回。

学习情境三　熟悉并应用税收法律制度

【学习任务】

通过本情境的学习，使学生全面了解和掌握我国税收基本理论和增值税、消费税、企业所得税、个人所得税等四个税种的基本内容、税额计算和征收管理等相关方面的知识，从理论和实践上结合相应税法的基本知识，让学生能知法、守法、用法，并使学生会计算四个税种的应纳税额和熟知其申报程序。

【技能目标】

1. 能办理企业税务登记；
2. 能按规定进行账簿凭证管理；
3. 能根据不同纳税主体准确计算其应纳税额；
4. 能按税收征收管理要求进行税收申报；
5. 能按税收相关法律规定维护纳税人自身权益。

【知识目标】

1. 理解国家税收的含义、特点及作用；
2. 熟悉国家税收、税法的基本内容和纳税申报的程序；
3. 掌握四个税种的基本内容和相关知识；
4. 熟悉税收征管的具体规定，包括税务登记管理、发票的要求、纳税申报及方式、税款征收方式、税收保全及强制措施、补退税、税务行政复议等规定；
5. 了解税务代理、税务检查、税收法律制度等规定。

任务一　认识税收基本知识

一个国家要发展经济，兴办各种事业，就需要雄厚庞大的财力做后盾，但国家作为凌驾于社会生产之上的管理机构，并不直接从事生产，创造财富，它需要的资金必须从社会产品的分配中取得。税收是政府收入的最重要来源，属于财政范畴。社会剩余产品和国家的存在是税收产生的基本前提。

子任务一　了解税收

（一）税收的涵义

税收是国家为了实现其职能，凭借政治权力，按照法律预先规定的标准，参与并调节国民收入的分配，强制地、无偿地取得财政收入的一种特殊分配方式。

税收概念有以下几个方面的含义：

1. 税收属于分配范畴，参与社会再生产过程的分配；

2. 税收分配的目的是满足国家行使其职能的物质需要；

3. 税收分配的主体是国家，国家凭借国家的政治权力，通过颁布税收法令和制度进行征税；

4. 税收分配的客体（对象）是国民收入；

5. 税收分配的依据是国家法律规定的标准；

6. 税收分配是无偿的、强制的。

（二）税收的基本特征

1. 强制性：国家以社会管理者的身份，通过颁布法律、法令并依法强制征税，任何单位和个人都必须遵守税收的法律和法令，否则就要受到法律的制裁。税收的这种强制性是其他财政收入方式所没有的。

2. 无偿性：国家征税后，税款成为财政收入，不再归还纳税人，也无需给纳税人支付任何代价或支付任何报酬；

3. 固定性：税收征收前，国家以法律的形式预先规定征税对象、课税额度或课税比例、课税方法等，并按照预先制定的标准征收。

税收的这三个特征是互相联系的统一整体，是税收区别于其他财政收入的基本标志。

（三）税收分类

1. 按课税对象的性质和作用分：

（1）流转税类：主要在生产、流通或服务业中发挥调节作用，是以商品流转额或非商品流转额为课税对象的税，包括增值税、消费税、关税等。

流转税的特点主要有：流转税是间接税；流转税是对物税；流转税的计税依据是商品或劳务的流转额；流转税是比例税。

（2）所得税类：主要是在国民收入形成后，对生产经营者的利润和个人的收入发挥调节作用，是以各种所得额（或收益额）为课税对象的税。包括企业所得税、个人所得税等。

所得税的特点主要是可以直接调节纳税人收入，发挥其公平税负、调整分配关系的作用。

（3）资源税类：主要是对因开发和利用自然资源差异而形成的级差收入发挥调节作用，是以各种自然资源的开采使用及其级差收入为课税对象的税。包括资源税、耕地占用税、城镇土地使用税、土地增值税等。

资源税的特点主要有：只对特定资源征税；具有级差收入税的特点；实行从量定额征收；资源税属于中央和地方共享税。

（4）财产税类：主要是对某些财产发挥调节作用，是以财产价值额或财产的数量为课税对象的税。包括契税、房产税、车船税、船舶吨税等。

财产税的特点主要有：财产税可以为地方财政提供稳定的收入来源；征收财产税可以

防止财产过分集中于社会少数人，便于调节财富的分配，体现社会分配的公正性；纳税人的财产分布地不尽一致，当地政府易于了解，能够因地制宜地进行征收管理。

（5）行为税类：主要是对某些行为发挥调节作用，是以应税行为为课税对象的税。包括印花税、屠宰税等。

行为税的特点主要有：特殊的目的性；较强的政府性；临时性和偶然性；税源的分散性。

2. 按管理和使用权限分类：

（1）中央税：是指维护国家权益、实施宏观调控所必需的税种，中央税是指由中央政府征收和管理使用或由地方政府征收后全部划解中央政府所有并支配使用的一类税。我国的中央税包括关税、进口增值税、进口消费税、消费税、车辆购置税等。

（2）地方税：地方税是指由地方政府征收和管理使用的一类税。地方税包括土地增值税、城镇土地使用税、耕地占用税、房产税、契税等。

（3）中央地方共享税：共享税是指立法和管理归中央，但是收入由中央和地方政府分享。包括增值税（不含进口增值税）、企业所得税、个人所得税、资源税、证券交易印花税等。

【例 3-1 · 多选题】按照税收的征收权限和收入支配权限分类，可以将我国税种分为中央税、地方税和中央地方共享税。下列各项中，属于中央地方共享税的有（　　）。

A. 增值税　　B. 土地增值税　　C. 企业所得税　　D. 印花税

【答案】AC

【解析】中央地方共享税包括增值税（不含进口增值税）、企业所得税、个人所得税、资源税、证券交易印花税等。

3. 按税收的计税标准分类：

（1）从价计税：是以商品、财产、所得的价值量或价格为计税依据。如增值税、所得税等

（2）从量计税：是以商品和财产的实物量为计税依据。如部分消费税、土地使用税、耕地占用税等。

（3）复合计税：是对某一货物或物品，既征收从价税，又征收从量税。即采用从价税和从量税同时征收的一种方法。复合税又可分为两种：一种是以从量税为主加征从价税；另一种是以从价税为主加征从量税。

4. 按税收与价格的关系分类：

（1）价内税：是把税额作为价格的组成部分，主要有消费税。

（2）价外税：是税额附加在价格之外的税种，有增值税。

5. 按税负能否转嫁为标志分类：

（1）直接税收：凡由纳税人自已承担税负，不发生转嫁关系的税。如所得税、财产税。

（2）间接税收：凡纳税人可以将税务转嫁他人，由他人承担税负的税。如流转税。

（四）税收的作用

1. 筹集财政资金，强化宏观调控力量

税收是国家组织财政收入的主要形式，它能够将分散在各部门、各单位、各企业和个

人手中的一部分收入集中起来，转变为国家所有的财政资金。在正确处理国家、企业（集体）、个人利益分配关系和促进提高经济效益的基础上，为国家聚集更多的财政资金，始终是我国税收的基本职能。目前税收收入占财政收入的比例较高，已成为强化国家宏观调控力量，实现供求总量平衡的基础。

2. 税收是国家对经济发展进行宏观控制的重要手段

国家通过制定税法，以法律的形式确定国家与纳税人之间的利益关系，调节社会成员的收入水平，调整产业结构和社会资源的优化配置，使之符合国家的宏观经济政策；同时，通过税种的设置以及在税目、税率、加成征收或减免税等方面的规定，可以调节社会生产、交换、分配和消费，促进社会经济的健康发展。

3. 税收具有维护国家政权的作用。

国家政权是税收产生和存在的必要条件，而国家政权的存在又依赖于税收的存在，没有税收，国家机器就不可能有效运转。税收分配是凭借政治权利，对物质利益进行调节，体现国家支持什么、限制什么，从而达到维护和巩固国家政权的目的。

4. 税收是国际经济交往中维护国家利益的可靠保证。

在国际经济济交往中，任何国家对在本国境内从事生产、经营的外国企业或个人都拥有税收管辖权。同时税收作为维护国家主权和经济利益的一个重要手段，通过各项征税和减免税措施，体现国家的各项对外经济政策。

【知识小结】

税 收

特征	强制性、无偿性（核心）、固定性		
分类	征税对象	流转税	增值税、消费税、关税
		所得税	企业所得税、个人所得税
		财产税	契税、房产税、车船税、船舶吨税
		资源税	资源税、土地增值税、城镇土地使用税
		行为税	印花税、城市维护建设税、车辆购置税、耕地占用税
	征收管理分工体系	工商税类	绝大多数
		关税类	进出口关税；进口环节的增值税、消费税和船舶吨税
	征收和收入支配权限	中央税	海关负责征收的税种；消费税；车辆购置税
		地方税	城镇土地使用税、耕地占用税、土地增值税、房产税、车船使用税、契税
		中央地方共享	增值税、所得税、资源税、印花税、营业税、城市维护建设税
	计税标准	从价税	增值税、营业税、企业所得税、个人所得税等
		从量税	车船税、城镇土地使用税、消费税中的啤酒和黄酒等
		复合税	消费税中的卷烟和白酒

子任务二 了解税法

（一）税法的概念

税法是指国家权力机关和行政机关制定的用以调整国家与纳税人之间征税方面的权利与义务关系的法律规范的总称，是国家法律的重要组成部分。

（二）税收与税法的关系

1. 税收与税法的联系：税收活动必须严格按照税法的规定进行，税法是税收的法律依据和法律保障，税法是税收制度的法律表现形式，税收制度是税法所确定的具体内容。

2. 税收与税法的区别：税收作为一种经济活动，属于经济学概念；税法则属于法学概念，是一种法律制度。

（三）税法的分类

1. 按照税法功能作用的不同，可以将税法分为税收实体法和税收程序法

（1）税收实体法。税收实体法是指确定的税种立法，具体规定税种的征税对象、征收范围、税目、税率、纳税地点等内容。税收实体法直接影响到国家与纳税人之间权利与义务的分配，是税法的核心部分，没有税收实体法，税法体系就不能成立。

（2）税收程序法。税收程序法是指税务管理方面的法律，具体规定了税收征收管理、纳税程序、发票管理、税务争议处理等方面的内容，是税收实体法的对称，是指如何具体实施税法的规定，是税法体系的基本组成部分。

2. 按照主权国家行使税收管辖权的不同，可以将税法分为国内税法、国际税法、外国税法

（1）国内税法。国内税法一般是按照属人或属地原则，规定一个国家的内部税收制度。

（2）国际税法。国际税法是指国家间形成的税收制度，主要包括双边或多边国家间的税收协定、条约和国际惯例等，一般而言，其效力高于国内税法。

（3）外国税法。外国税法是指外国各个国家制定的税收制度。

3. 按照税法法律级次划分，可以将税法分为税收法律、税收行政法规、税收规章和税收规范性文件

（1）税收法律。税收法律是指享有国家立法权的国家最高权力机关全国人民代表大会及其常务委员会，依照法律程序制定的规范性税收文件。其法律地位和法律效力仅次于宪法，而高于税收法规、规章。税收法律由全国人大及其常委会制定。我国现行税法体系中，《中华人民共和国个人所得税法》、《中华人民共和国企业所得税法》、《中华人民共和国税收征收管理法》等属于税收法律。

（2）税收行政法规。税收行政法规是指国家最高行政机关根据其职权或国家最高权力机关的授权，依据宪法和税收法律，通过一定法律程序制定的有关税收活动的实施规定或办法。税收行政法规由国务院根据有关法律的规定制定。税收法规的法律地

位和法律效力低于宪法和税收法律。其主要形式有“条例”或“暂行条例”，如《增值税暂行条例》、《消费税暂行条例》、《企业所得税法实施条例》、《个人所得税法实施条例》等。

（3）税收规章。税收规章分为税收部门规章和地方税收规章。

税收部门规章由财政部、国家税务总局、海关总署和国务院关税税则委员会等部门、机构根据有关法律、行政法规制定。税收部门规章在全国范围内具有普遍适用效力，但不得与税收法律、行政法规相抵触。主要包括命令、通知、公告、通告、批复、意见、函等文件形式。

地方税收规章是省、自治区、直辖市的人民政府，根据法律、行政法规和本省（自治区、直辖市）的地方性法规制定的。地方政府制定税收规章，都必须在税收法律、法规明确授权的前提下进行，并且不得与税收法律、行政法规相抵触。

（4）税收规范性文件。税收规范性文件是指县级以上（含本级）税务机关依照法定职权和规定程序制定并公布的，规定纳税人、扣缴义务人及其他税务行政相对人的权利、义务、在本辖区内具有普遍约束力并反复适用的文件。

子任务三　税法的构成要素

税法由一些基本要素构成，一般包括征税人、纳税义务人、征税对象、税目、税率、计税依据、纳税环节、纳税期限、纳税地点、减免税和法律责任等项目。其中，纳税义务人、征税对象、税率是构成税法的三个最基本的要素。

（一）征税人

征税人是指代表国家行使税收征管职权的各级税务机关和其他征收机关。因税种的不同，可能有不同的征税人。如增值税征税人是税务机关，关税的征税人是海关。

（二）纳税义务人

纳税人即纳税主体，是纳税义务人的简称，是指税法规定的直接负有纳税义务的法人、自然人和其他组织。纳税人是纳税的主体，每一种税的税法都必须规定纳税人。在税收实体法及相关理论中，还涉及与纳税人有关的两个概念：扣缴义务人和负税人。

纳税人的规定明确了国家向谁征税的问题。纳税人分为自然人和法人。

1. 自然人：是指依法享有民事权利，并承担民事义务的公民。

2. 法人：是指依法成立，有一定的组织机构，能够独立支配财产，并能以自己的名义享有民事权利和承担民事义务的社会组织。

扣缴义务人是指税法规定的、在其经营活动中负有代扣税款并向国库缴纳义务的企业或单位，也称代扣代缴义务人。

负税人是指最终负担国家征收税款的法人和自然人。纳税人同负税人是两个既有联系又有区别的概念。有的税种，税负不易转嫁，税款由纳税人负担；有的税种，税负较容易转嫁，纳税人虽然纳了税，但是，将税负转嫁给了别的法人或自然人，而不负担税收。

（三）课税对象

也称纳税客体。主要是指税收法律关系中征纳税双方权利义务所指向的物或行为。它是区别税种的主要标志，不同税种有不同的课税对象。如：企业所得税的征税对象是应纳税所得额，增值税的课税对象是货物或劳务在流通过程中的增值额。

（四）税目

税目是在税法中对征税对象分类规定的具体的征税项目，反映具体的征税范围，税目是征税对象的具体化。设置税目的目的首先是明确具体的征税范围，凡列入税目的即为应税项目，未列入税目的，则不属于应税项目。其次，划分税目是贯彻国家税收调节政策的需要，国家以不同项目的利润水平以及国家经济政策等为依据制定高低不同的税率，以体现不同的税收政策。并非所有税种都需要规定税目，有些税种不分课税对象的具体项目，一律按照课税对象的应税数额采用同一税率计征税款，因此一般无须设置税目，如企业所得税。

（五）税率

税率是对征税对象的征收比例或征收额度。税率是指应纳税额与征税对象之间的比例，是计算应纳税额 的尺度，也是衡量税负轻重与否的重要标志。

我国现行税率主要有：

1. 比例税率：是对同一征税对象，不分数额大小，规定相同的征收比例。如：增值税、企业所得税等。比例税率在使用中又可分为以下三种具体形式：

（1）单一比例税率，是指同一征税对象的所有纳税人都适用同一比例税率。

（2）差别比例税率，是指对同一征税对象的不同纳税人适用不同的比例征税。我国现行税法又按产品、行业和地区的不同将差别比例税率划分为三种类型：一是产品差别比例税率，即对不同产品分别适用不同的比例，同一产品采用同一比例税率，如消费税等；二是行业差别比例税率，如增值税等；三是地区差别比例税率，即区分不同的地区分别适用不同的比例税率，同一地区采用同一比例税率，如城市维护建设税等。

（3）幅度比例税率，是指对同一征税对象，税法只规定最低税率和最高税率，各地区在该幅度内确定具体的适用税率。

比例税率具有计算简单、税负透明度高、有利于保证财政收入、有利于纳税人公平竞争、不妨碍商品流转额或非商品营业额扩大等优点，符合税收效率原则。但比例税率不能针对不同的收入水平实施不同的税收负担，在调节纳税人的收入水平方面难以体现税收的公平原则。

2. 累进税率：将计税依据分为若干等级，等级递增，税率也相应递增。这样可以调节纳税人的收入水平，使收入分配相对公平。累进税率又可分为以下三种：

（1）全额累进税率：是对征税对象的全额按照与之相对应等级的税率计算税额。在征税对象数额提高一个级距时，对征税对象全部都按高一级税率征税。

（2）超额累进税率：是将计税依据按数额大小划分为若干等级，每个等级由低到高规定相应的税率，在计税依据提高一个级距时，只对超过部分按高一级的税率征税，每个等级的计税依据分别按该等级的税率征税。如我国的个人所得税对工资薪金所得就采用了七级超额累进税率。

（3）超率累进税率：是以征税对象数额的相对率为依据，按累进方式计算应纳税额的税率。如我国的土地增值税采用的是四级超率累进税率。

3. 定额税率：按征税对象确定的计量单位，直接规定一个固定的税额，而不是规定征收比例，一般适用于从量计征的税种。如：资源税、车船使用税、城镇土地使用税、耕地占用税等。

（六）计税依据

又被称为税基，是计算应纳税额所依据的标准，是课税对象的量化。计税依据可分为从价计征、从量计征和复合计征三种类型。

1. 从价计征。是指按照课税对象的价值量（销售额、营业额等）为计税依据。

2. 从量计征。是指按照课税对象的自然实物量（面积、数量、重量等）为计税依据。

3. 复合计征。是指同时按照从价、从量两种计税依据计算纳税人应交纳的税额，以两种计税依据计算的税额之和作为课税对象的税额。目前我国卷烟、白酒采用的是从价定率与从量定额相结合的复合计税方法。

（七）纳税环节

指征税对象在从生产到消费的流转过程中应当缴纳税款的环节。增值税、消费税等流转税在生产和流通环节纳税；所得税在分配环节纳税。

（八）纳税期限

指纳税人向国家缴纳税款的法定期限。它是税收强制性、固定性在时间上的具体体现。在具体做法上，可分为按期纳税和按次纳税。超过纳税期限未缴税的，属于欠税，应依法加收滞纳金。

税法关于纳税期限的规定有以下三个概念：

1. 纳税义务发生时间：是指应税行为发生的时间。如增值税条例规定采用托收承付和委托银行收款方式销售货物，为发出货物并办妥托收手续的当天。

2. 纳税期限：税法规定了每种税的具体纳税期限，即每隔固定时间汇总一次纳税义务的时间，纳税人的具体纳税期限，由主管税务机关根据纳税人应纳税额的大小分别核定；不能按照固定期限纳税的，可以按次纳税。

3. 缴库期限：即税法规定的纳税期满后，纳税人将应纳税款缴入国库的期限。

（九）纳税地点

主要是指根据各个税种纳税对象的纳税环节和有利于对税款的源泉控制而规定的纳税人的具体纳税地点。我国税法规定纳税地点主要有：机构所在地、经济活动发生地、财产所在地、报关地等。

（十）减免税

是国家对某些纳税人和课税对象给予鼓励与照顾的一种规定。减免税包含以下三项内容：

1. 起征点：起征点是计税依据达到征税数额开始征税的界限。计税依据未达到起征点的不征税；达到或超过起征点的，按计税依据全额征税。确定起征点是为了照顾个别收入较少的纳税人。

2. 免征额：是在课税总额中免予征税的数额。免征额的部分不征税，超过免征额的部分才征税，确定免征额的目的在于保证纳税人的基本收入。

3. 减税免税规定：减税是对应纳税额少收一部分，免税是对应纳税额全部免税。一般减税、免税都属于临时性措施，都规定有明确的期限，到期都应恢复全部征税。

【知识小结】

税　法

<table>
<tr><td rowspan="2">功能作用</td><td>实体法</td><td>《中华人民共和国企业所得税法》等</td></tr>
<tr><td>程序法</td><td>《税收征收管理法》、《海关法》、《进出口关税条例》</td></tr>
<tr><td rowspan="3">主权国家行使税收管辖权</td><td colspan="2">国内税法</td></tr>
<tr><td colspan="2">国际税法</td></tr>
<tr><td colspan="2">外国税法</td></tr>
<tr><td rowspan="3">级次</td><td>法律</td><td>××法</td></tr>
<tr><td>行政法规</td><td>××条例，×× 暂行条例</td></tr>
<tr><td>行政规章和规范性文件</td><td>××办法，×× 暂行条例实施细则</td></tr>
<tr><td>征税人</td><td colspan="2">包括税务机关、海关</td></tr>
<tr><td>纳税人</td><td colspan="2">依法直接负有纳税义务的自然人（包括个体户）、法人和其他组织</td></tr>
<tr><td>税目（广度）</td><td colspan="2">征税对象的具体化（列举法、概括法）</td></tr>
<tr><td>税率（深度）</td><td colspan="2">是衡量税负轻重与否的重要标志
形式：比例税率、定额税率、累进税率
累进税率：全额累进税率、超额累进税率（个人所得税中的工资薪金所得）、超率累进税率（土地增值税）</td></tr>
<tr><td>计税依据</td><td colspan="2">分类：从价计征、从量计征、复合计征
（1）从价计征：应纳税额=销售额×比例税率
（2）从量计征：应纳税额=销售数量×定额税率
（3）复合计征：应纳税额=销售额×比例税率+销售数量×定额税率</td></tr>
<tr><td>纳税环节</td><td colspan="2">流转税在生产和流通环节纳税；所得税在分配环节纳税</td></tr>
</table>

续表

纳税期限	按期纳税；按次纳税；按期预缴、年终汇算清缴
纳税地点	根据各个税种纳税对象的纳税环节，有利于税款的源泉控制
减免税	区分减税和免税
	起征点（不达不征，一达全征）、免征额（不达不征，达了也不征，只有超过了才只就超过的部分征）
法律责任	对违法国家税法规定的行为人采取的处罚措施

【例 3-2 · 多选题】 下列各项中属于税法的构成要素的是(　　)。

A. 纳税义务人　　B. 自然人

C. 征税对象　　D. 税率

【答案】 ACD

【解析】 纳税义务人、征税对象、税率是构成税法的三个最基本的要素。

【例 3-3 · 判断题】 如果税法规定某一税种的起征点是 800 元，那么，超过起征点的，只对超过 800 元的部分征税。(　　)

【答案】 ×

【解析】 起征点是 800 元，那么超过起征点是对全额征税的。

（十一）法律责任：是对由于违反国家税法规定的行为人采取的惩罚性措施。是税收强制性特征的具体体现。一般包括违法行为和因违法而应承担的法律责任两部分内容。违法行为是指违反税法规定的行为，包括作为和不作为；法律责任包括行政责任和刑事责任。纳税人和税务人员违反税法规定，都将依法承担法律责任。

任务二　掌握四个主要税种

我国现行税种主要有增值税、消费税、企业所得税、个人所得税、关税、契税、房产税、车船税、印花税、资源税、城市维护建设税、土地增值税、车辆购置税等。本任务主要讲解增值税、消费税、企业所得税和个人所得税。

子任务一　增值税

增值税是对从事销售货物或者提供加工、修理修配劳务、销售服务、有偿转让无形资产或者不动产以及从事进口货物的单位和个人取得的增值额为课税对象的一种税。

增值额是指纳税人销售货物或提供应税劳务向购买方收取的全部价款和价外费用扣除购进货物或者接受应税劳务价款后的余额。

增值税根据税基和生产资料中固定资产的进项税额是否扣除及如何扣除的不同，各国增值税可分为以下三种：

1. 生产型增值税：是指计算应纳税额时，只允许从当期销项税额中扣除原材料等劳动对象的已纳税款，而不允许扣除固定资产所含税款的增值税。生产型增值税以销售收入总额减去所购中间产品价值后的余额为税基。

2. 收入型增值税：是指在计算应纳税额时，除扣除中间产品已纳税款，还允许在当期销项税额中扣除折旧部分所含税金。收入型增值税以销售收入总额减去所购中间产品价值与固定资产折旧额后的余额为税基。

3. 消费型增值税：是指在计算应纳税额时，除扣除中间产品已纳税款，对纳税人购入固定资产的已纳税款，允许一次性地从当期销项税额中全部扣除，从而使纳税人用于生产应税产品的全部外购生产资料都不负担税款。消费型增值税以销售收入总额减去所购中间产品价值与固定资产投资额后的余额为税基。

我国在 2009 年 1 月 1 日以前开征的是生产型增值税，2009 年 1 月 1 日以后开征的是消费型增值税。

（一）增值税的纳税人

按照增值税纳税人的生产经营规模及财务核算健全程度，增值税的纳税人可分为一般纳税人和小规模纳税人。

1. 增值税一般纳税人

同时具备以下两个条件的可认定为一般纳税人：（1）建立健全财务会计核算；（2）工业性及主营工业（工业销售占 50%以上）的企业，年应税销售额达 50 万元以上；商业性企业及主营商业的企业年应税销售额达 80 万元以上；（3）应税服务年销售额达到 500 万元以上。

下列纳税人不属于一般纳税人：

（1）年应税销售额未超过小规模纳税人标准的企业；

（2）除个体经营者以外的其他个人；

（3）非企业性单位；

（4）不经常发生增值税应税行为的企业。

2. 增值税小规模纳税人

小规模纳税人是指年销售额在规定标准以下，并且财务核算不健全，不能按规定报送有关税务资料的增值税纳税人。小规模纳税人的认定标准是：

（1）从事货物生产或者提供应税劳务的纳税人，以及以从事货物生产或者提供应税劳务为主，并兼营货物批发或者零售的纳税人，年应征增值税销售额（以下简称应税销售额）在 50 万元以下（含本数，下同）的；以从事货物生产或者提供应税劳务为主，并兼营货物批发或零售的纳税人，是指纳税人的年货物生产或者提供应税劳务的销售额占年应税销售额的比重在 50%以上。

（2）上述规定以外的纳税人，年应税销售额在 80 万元以下的。

（3）销售服务、无形资产或不动产的纳税人，年应税销售额在 500 万元以下的。

（4）年应税销售额超过小规模纳税人标准的其他个人、非企业性单位、不经常发生应税行为的企业。

年应税销售额未超过规定标准的纳税人，财务核算健全，能够提供准确税务资料的，可以向主管税务机关办理一般纳税人资格登记，成为一般纳税人。除国家税务总局另有规定外，一经登记为一般纳税人后，不得转为小规模纳税人。

【知识小结】

增值税纳税人

分类	标准	特殊情况	计税规定
小规模纳税人	生产型≤50 万 非生产型≤80 万 提供应税服务≤500 万	（1）个人（非个体户） （2）非企业性单位 （3）不经常发生应税行为的企业	简易征税 不得使用增值税专用发票（可以到税务机关代开）
一般纳税人	超过小规模纳税人认定标准	小规模纳税人会计核算健全，可以申请认定为一般纳税人	执行税款抵扣制
纳税人一经认定为一般纳税人后，不得转为小规模纳税人			

（二）增值税的征税对象

1. 销售或进口货物。货物指有形动产、包括电力、热力、气体等

2. 提供的加工、修理修配劳务

3. 提供应税服务

（1）交通运输服务。

包括：陆路运输、水路运输、航空运输、管道运输。

（2）邮政服务。

包括：邮政普遍服务、邮政特殊服务和其他邮政服务。“邮政储蓄业务”按“金融服务”征收增值税。

（3）电信服务。

①基础电信服务：通话；出租带宽等。

②增值电信服务：短信；互联网接入等。

（4）建筑服务。

包括：工程服务、安装服务、修缮服务、装饰服务、其他建筑服务。

（5）金融服务。

包括：贷款服务、直接收费金融服务、保险服务、金融商品转让。

（6）现代服务（生产性服务）。

包括：研发和技术服务、信息技术服务、文化创意服务、物流辅助服务、租赁服务、鉴证咨询服务、广播影视服务、商务辅助服务和其他现代服务。

（7）生活服务。

包括：文化体育服务、教育医疗服务、旅游娱乐服务、餐饮住宿服务、居民日常服

务、其他生活服务。

4. 销售无形资产

技术、商标、著作权、商誉、自然资源使用权和其他权益性无形资产（如土地使用权）。

5. 销售不动产

【例 3-4 · 多选题】根据增值税法律制度的规定，下列业务中，属于销售服务、无形资产或者不动产的有(　　)。

A. 建筑安装　　B. 零售商品　　C. 提供加工修配　　D. 提供交通运输服务

【答案】 AD

【解析】 B 项和 C 项属于传统增值税

6. 属于征税范围的特殊行为

（1）视同销售货物行为：如：将货物交付他人代销以及代他人销售货物；设有两个以上机构并实行统一核算的纳税人，将货物从一个机构移送其他机构用于销售，但相关机构设在同一县（市）的除外；将自产、委托加工的货物用于"非增值税应税项目"；将自产、委托加工的货物用于"集体福利或个人消费"；将自产、委托加工或购进的货物作为"投资"，提供给其他单位或个体工商户；将自产、委托加工或购进的货物"分配"给股东或投资者；将自产、委托加工或购进的货物无偿"赠送"其他单位或个人。

【例 3-5 · 多选题】根据增值税法律制度的规定，增值税一般纳税人的下列行为中，应视同销售货物，征收增值税的有(　　)。

A. 食品厂将自产的月饼发给职工作为中秋节的福利

B. 商场将购进的服装发给职工用于运动会入场式

C. 电脑生产企业将自产的电脑分配给投资者

D. 纺织厂将自产的窗帘用于职工活动中心

【答案】 ACD

【解析】 选项 B 属于进项税额不得抵扣，不属于视同销售的情况。

（2）混合销售：是指一项行为涉及征增值税的货物销售，又涉及增值税应税服务。对于混合销售行为是作为商品销售征收增值税，还是作为服务提供征收增值税，需视纳税人的性质而定。税法规定，从事货物的生产、批发或零售的企业、企业性单位及个体经营者（包括以从事货物生产、批发或零售为主并兼营非应税劳务的企业、企业性单位及个体经营者）的混合销售行为，视同销售货物，征收增值税；营业主体从事其他行业（以提供服务为主）的混合销售行为，按销售服务征收增值税。

（3）兼营行为：是指增值税的纳税人多元化经营，既涉及货物又涉及服务，不同时发生在同一购买者身上，也不发生在同一项销售行为中，分别核算分别缴纳；不分别核算或不能准确核算的一并按高税率征收。

表 3-1　　**混合销售与兼营**

	行为特征	分类	判定标准	税务处理	典型案例
混合销售	“一项”销售行为既涉及货物又涉及服务	货物混合销售	经营主体从事货物生产、批发或零售	按销售货物缴纳增值税	超市销售货物同时提供送货上门服务
		服务混合销售	经营主体从事其他行业	按提供服务缴纳营业增值税	娱乐场所销售烟、酒、饮料
兼营	纳税人“多元化”经营，既涉及货物又涉及服务	增值税不同税目混业经营	不同时发生在同一购买者身上，也不发生在同一项销售行为中	分别核算分别缴纳；未分别核算“从高”适用税率	商场经营美食城

【例 3-6 · 多选题】根据增值税法律制度的规定，下列行为中，应当按销售货物征收增值税的有(　　)。

A. 贸易公司销售电梯同时负责安装

B. 百货商店销售商品同时负责运输

C. 建材商店销售建材，并从事装修、装饰业务

D. 餐饮公司提供餐饮服务的同时销售酒水

【答案】AB

【解析】选项 C 属于兼营，应该分别核算分别缴纳；未分别核算的从高适用税率。选项 D 应该按照提供餐饮服务缴纳增值税。

（三）增值税的税率

1. 一般纳税人

（1）基本税率：增值税一般纳税人在国内销售货物、提供应税劳务、有形动产租赁业务，除低税率适用范围、零税率适用范围和销售个别旧货适用低税率外，税率一律为17%。

（2）低税率：增值税一般纳税人销售或进口以下货物，按低税率 13%计征。

①粮食、食用植物油、鲜奶、盐。

②自来水、热水、暖气、冷气、煤气、石油液化气、天然气、沼气、居民用煤炭制品。

③图书、报纸、杂志、音像制品、电子出版物。

④饲料、化肥、农药、农机（不包括农机零部件）、农膜。

⑤国务院规定的其他货物（二甲醚）。

11%，适用于提供交通运输、邮政、基础电信、建筑、不动产租赁服务、销售不动产、转让土地使用权等。

6%，适用于销售增值电信服务、金融服务、现代服务和生活服务、销售土地使用权

以外的无形资产等。

（3）出口货物零税率：对出口的货物一方面在报关出口时不征税，另一方面还要对该出口货物在以前各经营环节承担的增值税予以退还。

【例 3-7 · 单选题】某增值税一般纳税人 2016 年 5 月购进棉花一批，支付给农业生产者收购价格为 30 000 元，该项业务准予抵扣的进项税额为（　　）。

A. 3 900 元　　B. 2 000 元　　C. 3 400 元　　D. 0 元

【答案】A

【解析】农产品的增值税税率为 13%，30 000×13%＝3 900（元）。

2. 小规模纳税人：小规模纳税人一律按 3%的征收率征收。

3. 一般纳税人采用简易计税办法销售自己使用过的固定资产和旧货时，与小规模纳税人都依照 3%的征收率减按 2%征收。

【例 3-8 · 多选题】根据增值税有关规定，下列产品中，适用 13%的低税率的有（　　）。

A. 盐　　B. 自来水　　C. 饲料　　D. 煤炭

【答案】BC

【解析】选项 A 应该是食用盐，选项 D 应该是居民用煤炭制品。

【例 3-9 · 多选题】根据增值税有关规定，下列适用 11%的税率的有（　　）。

A. 交通运输服务　　B. 邮政服务　　C. 电信服务　　D. 建筑服务

【答案】ABD

【解析】选项 C 电信服务中只有基础电信适用于 11%的税率。

（四）增值税的计税依据

增值税的计税依据是纳税人销售货物或提供劳务所取得的销售额。有关销售额方面的计税规定，对一般纳税人和小规模纳税人来说都是相同的。正确、合理地确定销售额是计算增值税的关键。

增值税的应税销售额，为不含增值税税额在内的销售额，是指纳税人销售货物或提供劳务而向购买方收取的全部价款和价外费用。价外费用：价外费用是指价款外另外收取的手续费、补贴、基金、包装费、储备费、包装物租金、运输装卸费、奖励费、违约金、代收款项及其他各种性质的价外收费项目。但不包括以下内容：

（1）向购买方收取的增值税税额。

（2）委托加工应征消费税的消费品所代收代缴的消费税。

（3）承运部门的运费发票开具给购买方同时纳税人将该项发票转交给购货方的代垫运费。

凡价外费用，无论其会计上如何核算，均应列入销售额计算应纳税额。

纳税人销售货物或提供劳务价格明显偏低又无正当理由的，或者视同销售货物行为又无销售额的，由税务机关核定销售额，或按组成计税价格确定销售额。

（1）如货物不同时征收消费税的，其组成计税价格的确定：

组成计税价格＝成本×（1+成本利润率）

（2）如货物还同时征收消费税的，如果是销售应税消费品的，组成计税价格中应加入消费税额。其组成计税价格的确定：

组成计税价格＝成本×（1+成本利润率）+消费税税额

组成计税价格＝成本×（1+成本利润率）/（1−消费税税率）

（五）增值税应纳税额的计算

1. 一般纳税人应纳税额的计算

我国增值税实行扣税法。一般纳税人凭增值税专用发票及其他合法扣税凭证注明的税款进行抵扣，应纳增值税额的计算公式为：

当期应纳增值税＝当期销项税额−当期进项税额

＝当期销信额×适用税率−当期进项税额

当期销项税额小于当期进项税额不足抵扣时，其不足部分可以结转下期继续抵扣。

（1）销项税额的确定：

销项税额是指纳税人销售货物或提供应税劳务，按照销售额和规定的税率计算并向购买方收取的增值税税额。

其计算公式：销项税额＝销售额（不含税）×税率

或　销项税额=组成计税价格×税率

【例 3-10·单选题】A 公司为增值税一般纳税人，其销售钢材一批，含增值税的价格为 2 3400 元，适用的增值税税率为 17%。则其增值税销项税额为(　　)元。

A. 3 400　　B. 3 978　　C. 2 600　　D. 3 042

【答案】A　不含税销售额＝23 400÷（1+17%）＝20 000（元）

增值税销项税额＝20 000×17%＝3 400（元）。

【例 3-11·计算题】甲企业为增值税一般纳税人，2016 年 5 月有关生产经营业务如下：

①销售产品设备一批，开出增值税专用发票中注明的销售额为 20 000 元，税额为 3 400元，另开出一张普通发票，收取包装费 234 元；

②销售三批同一规格、质量的货物，每批各 1 000 件，不含增值税销售额分别为每件 200 元、180 元和 60 元。经税务机关认定，第三批销售价格每件 60 元明显偏低并且无正当理由；

③将自产的一批产品 200 件作为职工福利发放给本企业职工，市场售价为每件 500 元。

本月的增值税销项税额为多少？

【答案】①销售产品设备产生的销项税＝3 400+234÷（1+17%）×17%＝3 434（元）

②销售货物产生的增值税税额＝［200+180+（200+180）÷2］×1 000×17%＝96 900（元）

③自产产品发放给职工产生的增值税＝200×500×17%＝17 000（元）

因此当月应缴纳的增值税＝3 434+96 900+17 000＝117 334（元）

（2）进项税额的确定：

①进项税额的含义：进项税额是指纳税人购进货物或接受应税劳务而向对方支付或负担的增值税。在经济活动中，对于一般纳税人而言，既会发生销售货物或提供应税劳务，又会发生购进货物或接受应税劳务，因此，每一个一般纳税人都会有收取的销项税额和支付的进项税额。增值税的核心就是用纳税人收取的销项税额抵扣其支付的进项税额，余额为纳税人实际应缴的增值税额。但需要注意，并不是纳税人支付的所有进项税额都可以从销项税额中抵扣。

②准予从销项税额中抵扣的进项税额：

A. 从销售方取得的“增值税专用发票”（含税控机动车销售统一发票）上注明的增值税额；

B. 从海关取得的“海关进口增值税专用缴款书”上注明的增值税额；

C. 购进免税农产品，按照“农产品收购发票或者销售发票”上注明的买价和13%的扣除率，计算抵扣进项税额。

计算公式：进项税额=买价×扣除率

D. 从境外单位或者个人购进服务、无形资产或者不动产，自税务机关或者扣缴义务人取得的“解缴税款的完税凭证”上注明的增值税额。

③不准予从销项税额中抵扣的进项税额

A. 用于简易方法计税的项目、免征增值税项目、集体福利或者个人消费的“购进”货物、加工修理修配劳务、服务、无形资产和不动产。

B. “非正常损失”的购进货物，以及相关的加工修理修配劳务和交通运输服务。

【注意】非正常损失，是指因“管理不善”造成被盗、丢失、霉烂变质的损失+被执法部门“依法没收或强令自行销毁”的货物。

C. “非正常损失”的在产品、产成品所耗用的购进货物、加工修理修配劳务和交通运输服务。

D. 非正常损失的不动产，以及该不动产所耗用的购进货物、设计服务和建筑服务。

E. 非正常损失的不动产在建工程所耗用的购进货物、设计服务和建筑服务。纳税人新建、改建、扩建、修缮、装饰不动产，均属于不动产在建工程。

F. 购进的“旅客运输服务、贷款服务、餐饮服务、居民日常服务和娱乐服务”。

计算公式：应纳税额=销项税额-进项税额

【例 3-12 · 计算题】某企业为一般纳税人，于 2017 年 3 月销售产品销售额共计1 000万元，当月购进生产产品的材料价款 800 万元，均已取得增值税专用发票。请计算该企业当月应纳增值税税额？

【答案】（销项税额=1 000×17%=170 万元

进项税额=800×17%=136 万元

应纳税额=170-136=34 万元。

【例 3-13 · 单选题】A 公司为增值税一般纳税人，其本月进口产品 200 000 元，海关征收 34 000 元增值税；向农业生产者购入免税产品 30 000 元；购入原材料 300 000 元，增值税专用发票上注明的增值税额为 51 000 元。本月销售产品 1 000 000 元，适用的增值税税率为 17%，则该企业本月应缴纳的增值税税额为(　　)元。

A. 81 100　　B. 89 180　　C. 81 135　　D. 115 100

【答案】A

【解析】本月增值税进项税额 = 34 000+30 000×13%+51 000 = 88 900（元）

本月增值税销项税额 = 1 000 000×17% = 170 000（元）

本月应缴纳的增值税税额 = 170 000-88 900 = 81 100（元）。

【例 3-14 · 单选题】根据《增值税暂行条例》的规定，下列各项中，进项税额可以从销项税额中抵扣的是(　　)。

A. 非正常损失的购进货物及相关的应税劳务

B. 向农业生产者购买的农产品

C. 集体福利或者个人消费的购进货物或者应税劳务

D. 非正常损失的在产品、产成品所耗用的购进货物或者应税劳务

【答案】B

【解析】准予从销项税额中抵扣的进项税额：A. 从销售方取得的“增值税专用发票”（含税控机动车销售统一发票）上注明的增值税额；B. 从海关取得的“海关进口增值税专用缴款书”上注明的增值税额；C. 购进免税农产品，按照“农产品收购发票或者销售发票”上注明的买价和 13%的扣除率，计算抵扣进项税额；D. 从境外单位或者个人购进服务、无形资产或者不动产，自税务机关或者扣缴义务人取得的“解缴税款的完税凭证”上注明的增值税额。

2. 小规模纳税人应纳税额的计算

小规模纳税人与一般纳税人在征税和管理上的主要区别有以下几点：

（1）小规模纳税人销售货物或提供应税劳务不得使用增值税专用发票；确因业务需要使用增值税专用发票只能向税务部门申请代开。

（2）小规模纳税人购进货物或接受应税劳务不能使用增值税专用发票等扣税凭证抵扣税款，即小规模纳税人不享有税款抵扣权；

（3）小规模纳税人应纳税额采用简易征收办法计算，直接根据不含税销售额与税率计算应纳税额。

计算公式：应纳税额 = 含税销售额/（1+征收率）×征收率

【例 3-15 · 计算题】新华修理厂为小规模纳税人，于 2017 年 1 月购进货物 30 000 元，销售货物 60 000 元。计算该厂当月应纳增值税税额。

【答案】应纳税额 = 60 000/（1+3%）×3% = 1 747. 57（元）

3. 进口货物应纳税额的计算

（1）不缴纳消费税的进口货物应纳增值税的计算。

应纳税额 =（关税完税价格+关税）×增值税税率

（2）缴纳消费税的进口货物应纳增值税的计算。

应纳税额 =（关税完税价格+关税+消费税）×增值税税率

（六）增值税的征收管理

1. 纳税义务发生时间

（1）销售货物或应税劳务，为收讫销售款或取得索取销售额凭据的当天。按销售结算方式不同，具体规定为：

①采取直接收款的方式销售货物，不论货物是否发出，均为收到销售款或取得索取销售额凭据并将提货单交给买方的当天。

②采取托收承付或委托银行收款方式销售货物，为发出货物并办妥托收手续的当天。

③采取赊销和分期收款方式销售货物的，为合同约定的收款日期的当天。

④委托其他纳税人代销货物，为收到代销单位的代销清单或者收到全部或者部分货物的当天，未收到代销清单及货款的，为发出代销货物满 180 天的当天。

⑤采取预收货款方式销售货物，为货物发出的当天，但销售生产工期超过 12 个月的大型机械设备、船舶、飞机等货物，为收到预收款或者书面合同约定的收款日期的当天。

⑥销售应税劳务，为提供劳务同时收讫销售款或者取得索取销售凭据的当天。

⑦纳税人发生税收法规中所列视同销售货物行为，为货物移送的当天。

（2）进口货物，为报关进口的当天。

2. 纳税期限

税法规定，增值税的纳税期限分别为 1 日、3 日、5 日、10 日、15 日、1 个月或者 1 个季度。具体纳税期限由税务机关据实核定，不能按期纳税的可以按次纳税。

以 1 日、3 日、5 日、10 日、15 日为 1 个纳税期的纳税人，自期满之日起 5 日内预缴税款，于次月 1 日起 15 日内申报纳税并结清税款；以 1 个月或者 1 个季度为 1 个纳税期限的纳税人，自期满之日起 15 日内申报纳税。以 1 个季度为纳税期限的规定只适用于小规模纳税人。

进口货物自海关填发税款缴纳凭证之日起 15 日内缴纳税款。

【知识小结】

增值税征收管理

纳税义务发生时间	直接收款	收到销售款或取得索取销售款凭据的当天
	托收承付和委托收款	“发出货物”并办妥托收手续的当天
	赊销和分期收款	合同约定的收款日期的当天
	预收货款	货物发出的当天
	委托代销	收到代销清单或者收到全部或部分货款的当天
	视同销售	货物移送的当天
	进口货物	报关进口的当天
	先开发票	开具发票的当天

续表

纳税地点	固定业户	机构所在地；总分支机构不在同一县（市）的，分别缴纳，经批准，可以由总机构汇总向总机构所在地申报纳税；外出经营看是否开具“外管证”
	非固定业户	向销售地或劳务发生地申报纳税
	进口	向报关地海关申报纳税
纳税期限	1 日、3 日、5 日、10 日、15 日、1 个月或 1 个季度+按次申报、纳税时间一般为次月 15 日内 增值税与消费税纳税期限相同	

3. 纳税地点

增值税的纳税地点分为固定业户、非固定业户及进口货物三种情形。

（1）固定业户的纳税地点：固定业户应当向其机构所在地主管税务机关申报纳税。总机构和分支机构不在同一县（市）的，应当分别向各自所在地主管税务机关申报纳税；经国家税务总局或其授权的税务机关批准，可以由总机构汇总后向总机构所在地主管税务机关申报纳税。

固定业户到外县（市）销售货物的，应当向其机构所在地主管税务机关申请开具外出经营活动税收管理证明。

（2）非固定业户的纳税地点：非固定业户销售货物或者提供应税劳务，应当向销售地或者劳务发生地的主管税务机关申报纳税；未向销售地或者劳务发生地的主管税务机关申报纳税的，由其机构所在地或者居住地的主管税务机关补征税款。

（3）进口货物的纳税地点：进口货物应当向报关地海关申报纳税。

子任务二　消费税

消费税是指对消费品和特定的消费行为按消费流转额征收的一种商品税。我国现行消费税是对在我国境内从事生产、委托加工和进口应税消费品的单位和个人就其应税消费品的销售额或销售数量在特定环节征收的一种税。

消费税的计税方法主要采用从价定率、从量定额以及从价定率和从量定额复合征收三种计税方法。

（一）消费税的纳税人

凡在中华人民共和国境内生产、委托加工、进口应税消费品的单位和个人，都是消费税的纳税人。

消费税的纳税人按经营方式可划分为以下几种：

1. 从事生产应税消费品的单位和个人，以生产者为纳税人，但对在我国境内生产的金银首饰则以从事零售业务的单位和个人为纳税人。

2. 从事委托加工应税消费品的，以委托的单位和个人为纳税人，由受托方代收代缴税款。

3. 从事进口应税消费品的，以进口的单位和个人为纳税人，在报关时由海关代征。

（二）消费税的征税对象

我国现阶段列入消费税的征税对象有 15 项消费品，分为以下四大类：

1. 特殊消费品。这类消费品过度消费对人体健康、社会秩序、生态环境等方面造成危害，如烟、酒、鞭炮、焰火等。

2. 奢侈品、非生活必需品。如贵重首饰及珠宝玉石、化妆品等。

3. 高能耗及高档消费品。如小汽车、摩托车等。

4. 不可再生和替代的石油类消费品。如汽油、柴油等。

（三）消费税的税目和税率

1. 消费税税目

现行消费税共有 15 个税目，包括烟、酒、化妆品、贵重首饰及珠宝玉石、鞭炮焰火、成品油、汽车轮胎、摩托车、小汽车、高尔夫球及球具、游艇、高档手表、木制一次性筷子、实木地板、电池、涂料。在烟、酒、成品油和小汽车四个税目中还进一步划分为若干子目。

2. 消费税税率

对于从价计税的应税消费品，实行产品差别比例税率，目前税率 1%～56%；对于从量计税的应税消费品，实行定额税率，目前单位税额有 1. 2-250 元。

卷烟和白酒实行定额税率和比例税率相结合的复合计税办法。

表 3-2　　**消费税税目税率表**

税　　目	税　　率
一、烟	
1. 卷烟	
（1）甲类卷烟（调拨价 70 元（不含增值税）/条以上（含 70 元））	56%加 0. 003 元/支(生产环节)
（2）乙类卷烟（调拨价 70 元（不含增值税）/条以下）	36%加 0. 003 元/支(生产环节)
（3）商业批发	11%（批发环节）
2. 雪茄烟	36%（生产环节）
3. 烟丝	30%（生产环节）

续表

税　目	税　率
二、酒及酒精	
1. 白酒	20%加0.5元/500克(或者500毫升)
2. 黄酒	240元/吨
3. 啤酒	
（1）甲类啤酒	250元/吨
（2）乙类啤酒	220元/吨
4. 其他酒	10%
5. 酒精	5%
三、化妆品	30%
四、贵重首饰及珠宝玉石	
1. 金银首饰、铂金首饰和钻石及钻石饰品	5%
2. 其他贵重首饰和珠宝玉石	10%
五、鞭炮、焰火	15%
六、成品油	
1. 汽油	1.52元/升
2. 柴油	1.20元/升
3. 航空煤油	1.20元/升
4. 石脑油	1.52元/升
5. 溶剂油	1.52元/升
6. 润滑油	1.52元/升
7. 燃料油	1.20元/升
七、摩托车	
1. 汽缸容量(排气量,下同)在250毫升(含250毫升)以下的	3%
2. 汽缸容量在250毫升以上的	10%
八、小汽车	
1. 乘用车	
（1）汽缸容量(排气量,下同)在1.0升(含1.0升)以下的	1%
（2）汽缸容量在1.0升以上至1.5升（含1.5升）的	3%
（3）汽缸容量在1.5升以上至2.0升（含2.0升）的	5%
（4）汽缸容量在2.0升以上至2.5升（含2.5升）的	9%
（5）汽缸容量在2.5升以上至3.0升（含3.0升）的	12%
（6）汽缸容量在3.0升以上至4.0升（含4.0升）的	25%
（7）汽缸容量在4.0升以上的	40%
2. 中轻型商用客车	5%
九、高尔夫球及球具	10%
十、高档手表	20%

续表

税　　目	税　　率
十一、游艇	10%
十二、木制一次性筷子	5%
十三、实木地板	5%
十四、铅蓄电池	4%（2016 年 1 月 1 日起实施）
十五、涂料	4%

（四）消费税的计税依据

1. 实行从价定率计征消费税，计税依据的规定：

销售货物的计税依据为应税消费品的销售额。

销售额为纳税人销售应税消费品向购买方收取的全部价款和价外费用，但不包括增值税税款。价外费用是指价款外另外收取的手续费、包装费、储备费、包装物租金、运输装卸费、违约金等。

2. 实行从量定额计征消费税，计税依据的规定：

（1）销售应税消费品的，为应税消费品的销售数量；

（2）自产自用应税消费品的，为应税消费品的移送使用数量；

（3）委托加工应税消费品的，为收回应税消费品的数量；

（4）进口应税消费品，为海关核定应税消费品的进口征税数量。

3. 从价定率和从量定额复合计征消费税，分别为应税消费品的销售额和销售数量。

（五）消费税应纳税额的计算

1. 实行从价定率计税的应税消费品应纳税额的计算

（1）自产自销应税消费品应纳税额的计算：

计算公式：应纳消费税＝不含增值税的销售额×消费税税率

应税消费品已纳税额的扣除：为避免重复征税，税法规定，将外购应税消费品和委托加工收回的应税消费品用于继续生产应税消费品销售的，可以将外购应税消费品和委托加工收回应税消费品已缴纳的消费税给予扣除。

①用外购的已税消费品连续生产应税消费品的，在计税时按当期生产领用数量计算准予扣除的应税消费品已纳的消费税税款。

②用委托加工收回应税消费品连续生产应纳消费品的，可直接按当期生产领用数量从应纳消费税税款中计算准予扣除的已纳消费税税款。

【例 3-16 · 计算题】 新荣公司 8 月销售化妆品 1 000 万元（不含增值税），同月领用应税原材料 500 万元，请计算该公司当月应纳消费税（税率 15%）。

【答案】 消费税是按当期耗用应税材料标准计算，因而：

应纳税额＝1 000×15%－500×15%＝75 万元。

（2）自产自用应税消费品应纳税额的计算：

①自产自用的应税消费品用于连续生产应税消费品的，不纳税；

②用于其他方面的（如用于赞助、集资、广告、样品、职工福利等方面的），于移送使用时纳税。移送使用时的价格按以下方法确定：

纳税人自产自用的应税消费品如果有同类消费品销售价格的按同类消费品的销售价格计税；如果无同类消费品的销售价格或销售价格明显偏低又无正当理由的，按组成计税价格计税，其计算公式：

应纳税额=组成计税价格×消费税税率

=（成本+利润）/（1-消费税税率）×消费税税率

（3）委托加工的应税消费品应纳税额的计算：

一般由受托方代扣代缴，如受托方是个体经营者，由委托方收回后缴纳。

计税依据与“自产自用”相同，其计算公式：

应纳税额=组成计税价格×消费税税率

=（材料成本+加工费）/（1-消费税税率）×消费税

（4）进口的应税消费品应纳税额的计算公式：

应纳税额=组成计税价格×消费税税率

=（关税完税价格+关税+消费税）×消费税税率

2. 实行从量定额计税的应税消费品应纳税额的计算

计算公式：应纳税额=销售数量×定额税额

【例 3-17 · 计算题】 A 公司于 2017 年 9 月销售汽油 100 吨，汽油按每升 1.52 元交纳税款。请计算该公司当月应纳的消费税税额？（汽油 1 吨=1 388 升）

【答案】 销售数量=100×1 388=138 800 升

应纳税额=138 800×1.52=210 976 元

3. 实行从价定率和从量定额复合计征消费税的计算：（只适用于卷烟和白酒）

计算公式：应纳税额=不含增值税的销售额×消费税税率+销售数量×定额税额

【例 3-18 · 计算题】 B 公司于 2017 年 6 月销售白酒 1 000 斤，销售价格为 50 000 元（不含增值税）白酒适用税率为 20%，按每斤 0.5 元计征定额税。请计算该公司当月应纳的消费税税额？

【答案】 由于白酒计税是按复合计税方法，所以

应纳税额=50 000×20%+1 000×0.5=10 000+500=10 500 元

（六）消费税的征收管理

1. 纳税义务发生时间：纳税人生产的应税消费品应当于销售时纳税，进口消费品应当于应税消费品报关进口环节纳税，但金银首饰、钻石及钻石饰品在零售环节纳税。消费税纳税义务发生时间，以货款结算方式或行为发生时间分别确定

（1）纳税人销售应税消费品的纳税义务发生时间。其纳税义务发生时间与增值税的纳税义务发生时间相同。

（2）纳税人自产自用的应税消费品，其纳税义务发生时间为移送使用的当天。

(3) 纳税人委托加工的应税消费品，其纳税义务发生时间为纳税人提货的当天。

(4) 纳税人进口的应税消费品，其纳税义务发生时间为报关进口的当天。

2. 纳税期限

生产应税消费品的纳税人，以及代扣代缴纳税期限分别为 1 日、3 日、5 日、10 日、15 日、1 个月或者 1 个季度。具体纳税期限由税务机关根据税额大小分别核定，不能按期纳税的可以按次纳税。

以 1 日、3 日、5 日、10 日、15 日为 1 个纳税期的纳税人，自期满之日起 5 日内预缴税款，于次月 1 日起 15 日内申报纳税并结清税款；以 1 个月或者 1 个季度为 1 个纳税期限的纳税人，自期满之日起 15 日内申报纳税。

进口应税消费品的，应当自海关填发税款缴纳凭证之日起 15 日内缴纳税款。

3. 纳税地点

(1) 纳税人销售的应税消费品，以及自产自用的应税消费品，应当向纳税人核算地主管税务机关申报纳税。纳税人到外县（市）销售或者委托外县（市）代销自产应税消费品的，于应税消费品销售后，向机构所在地或者居住地主管税务机关申报纳税。

(2) 委托加工的应税消费品应纳消费税税额一般由受托方向所在地主管税务机关代扣代缴，如受托方是个体经营者，由委托方收回后向其机构所在地或者居住地主管税务机关申报纳税。

(3) 进口的应税消费品，由进口人或者其代理人向报关地海关申报纳税。

(4) 纳税人销售的应税消费品，如因质量问题由购买方退回时，经所在地主管税务机关审核批准后，可退还已征收的消费税税款，但不能自行直接抵减应纳税款。

子任务三　企业所得税

企业所得税是指向在中国境内的企业和其他取得收入的组织的生产经营所得和其他所得征收的一种税。

(一) 企业所得税的纳税人

1. 居民企业：居民企业是指依照中国法律在中国境内成立的企业或者在境外成立的机构但实际管理机构在境内

2. 非居民企业：非居民企业是指在海外成立，在境内有经营场所和机构，但管理机构不在境内，或者在中国境内没有机构，但有来源于中国境内所得的企业

个人独资企业和合伙企业不适用本法，不交企业所得税，只交个人所得税。

【例 3-19 · 单选题】 根据《企业所得税法》的有关规定，下列企业或组织中，属于我国非居民企业的是(　　)。

A. 在美国注册但实际管理机构在武汉的外商独资企业

B. 在美国注册的企业设在北京的办事处

C. 在湖北省工商行政管理部门登记注册但在中东开展工程承包的企业

D. 在湖北省工商行政管理部门登记注册的企业

【答案】 B

【解析】非居民企业，是指依照外国（地区）法律成立且实际管理机构不在中国境内，但在中国境内设立机构、场所的，或者在中国境内未设立机构、场所，但有来源于中国境内所得的企业。

（二）企业所得税的征收对象

为企业的生产经营所得和其他所得。包括来源于境内、境外的所得。

1. 居民企业的征税对象：居民企业应就来源于中国境内、境外的所得作为征税对象，承担全面纳税义务。

2. 非居民企业的征税对象：非居民企业在中国境内设立机构、场所的，应当就其所设机构、场所取得的来源于中国境内的所得，以及发生在中国境外但与其所设机构、场所有实际联系的所得缴纳企业所得税。非居民企业承担有限纳税义务。

（三）企业所得税税率

1. 企业所得税的税率一般为应纳税所得额的25%，适用于居民企业和在中国境内有机构、场所且所得与机构、场所有关联的非居民企业。

2. 低税率为20%的适用范围

（1）在中国境内未设立机构、场所的或者虽设立机构、场所但取得的所得与其所设机构、场所没有实际联系的非居民企业。

（2）符合条件的小型微利企业（以下三个条件同时具备）

①工业企业：年度应纳税所得额不超过30万元，从业人数不超过100人，资产总额不超过3 000万元；

②其他企业：年度应纳税所得额不超过30万元，从业人数不超过80人，资产总额不超过1 000万元；

③国家需要重点扶持的高新技术企业所得税率为15%。

（四）企业所得税的计税依据：应纳税所得额是企业所得税的计税依据

1. 收入总额的确定

确定企业应纳税所得额，首先要确定企业的收入总额。《企业所得税法》规定，收入总额是企业以货币形式或非货币形式从各种来源取得的收入。包括纳税人来源于中国境内、境外的生产经营收入和其他收入。具体包括销售货物收入、劳务收入、财产转让收入、股息、红利等权益性投资收益、利息收入、租金收入、特许权使用费收入、捐赠收入及其他收入。

2. 不征税收入

（1）财政拨款。是指各级人民政府对纳入预算管理的事业单位、社会团体等组织拨付的财政资金。

（2）依法收取并纳入财政管理的行政事业性收费、政府性基金。

（3）国务院规定的其他不征税收入。

3. 免税收入

（1）国债利息收入。

（2）符合条件的居民企业之间的股息、红利等权益性收益，是指居民企业直接投资于其他居民企业取得的投资收益。

（3）在中国境内设立机构、场所的非居民企业从居民企业取得与该机构、场所有实际联系的股息、红利等权益性投资收益。

（4）符合条件的非营利组织的收入。

4. 准予扣除项目

与收入直接有关的成本费用支出（成本、费用、税金、损失等），企业发生的支出应当区分收益性支出和资本性支出。收益性支出在发生当期直接扣除；资本性支出应当分期扣除或者计入有关资产成本，不得在发生当期直接扣除。

（1）成本：是指纳税人为生产、经营商品和提供劳务所发生的直接成本和间接成本。

（2）费用：是指纳税人为生产、经营商品和提供劳务等所发生的销售费用、管理费用和财务费用。

（3）税金。是指企业发生的除企业所得税和允许抵扣的增值税以外的企业缴纳的各种税金及附加。即纳税人按规定缴纳的消费税、土地增值税、城市维护建设税、教育费附加等产品销售税金及附加。

（4）损失，是指企业在生产经营活动中发生的固定资产和存货的盘亏、毁损、报废损失、转让财产损失、呆账损失、坏账损失、自然灾害等不可抗力因素造成的损失以及其他损失。

（5）其他支出。是指除成本、费用、税金、损失外，企业在生产经营活动中发生的与生产经营活动有关的、合理的支出。

5. 限定条件扣除的项目

限定条件扣除，是指如果支出项目的实际发生额超出税法规定的范围和标准，超出部分的金额不准扣除，要调增应纳税所得额。

（1）社会保险、公积金：企业依照国务院有关主管部门或者省级人民政府规定的范围和标准为职工缴纳的社会保险、公积金，准予扣除。

但商业保险除财产保险外均不能扣除：除企业依照国家有关规定为特殊工种职工支付的人身安全保险费和国务院财政、税务主管部门规定可以扣除的其他商业保险费外，企业为投资者或者职工支付的商业保险费，不得扣除。

（2）企业在生产经营活动中发生的合理的不需要资本化的借款费用，准予扣除。

但企业为购置、建造固定资产、无形资产和经过12个月以上的建造才能达到预定可销售状态的存货发生借款的，在有关资产购置、建造期间发生的合理的借款费用，应当作为资本性支出计入有关资产的成本。

（3）企业发生的职工福利费支出，不超过工资薪金总额14%的部分，准予扣除。

（4）企业拨缴的工会经费，不超过工资薪金总额2%的部分，准予扣除。

（5）除国务院财政、税务主管部门另有规定外，企业发生的职工教育经费支出，不超过工资薪金总额2.5%的部分，准予扣除；超过部分，准予在以后纳税年度结转扣除。

【例3-20·单选题】某生产化妆品的企业，当年计入成本、费用中的合理的实发工资

540 万元，当年发生的工会经费 15 万元、职工福利费 80 万元、职工教育经费 11 万元，则税前可扣除的职工工会经费、职工福利费、职工教育经费合计为(　　)万元。

A. 106　　B. 97. 4　　C. 99. 9　　D. 108. 5

【答案】B

【解析】

项目	限额（万元）	实际发生额	可扣除额	超支额
工会经费	540×2% = 10. 8	15	10. 8	4. 2
职工福利费	540×14% = 75. 6	80	75. 6	4. 4
职工教育经费	540×2. 5% = 13. 5	11	11	0
合计	540×18. 5% = 99. 9	106	97. 4	8. 6

(6) 企业发生的与生产经营活动有关的业务招待费支出，按照发生额的 60%扣除，但最高不得超过当年销售（营业）收入的 5‰。

【例 3-21 · 单选题】某企业当年度销售收入为 272 000 元，发生业务招待费 5 000 元，根据企业所得税法律的规定，该企业当年可以在税前扣除的业务招待费最高为(　　)元。

A. 1 360　　B. 3 000　　C. 3 808　　D. 5 000

【答案】A

【解析】5 000×60% = 3 000（元）>272 000×5‰ = 1 360（元），所以应该按照 1 360 元抵扣。

(7) 企业发生的符合条件的广告费和业务宣传费支出，除国务院财政、税务主管部门另有规定外，不超过当年销售（营业）收入 15%的部分，准予扣除；超过部分，准予在以后纳税年度结转扣除。

【例 3-22 · 单选题】某企业当年度销售收入为 272 000 元，发生广告费和业务宣传费 50 000 元，根据企业所得税法律的规定，该企业当年可以在税前扣除的广告费和业务宣传费最高为(　　)元。

A. 30 000　　B. 38 080　　C. 40 800　　D. 50 000

【答案】C

【解析】本题考核企业所得税前扣除项目的规定。企业每一纳税年度发生的广告费和业务宣传费用不超过当年销售（营业）收入 15%的部分，可据实扣除；超过部分，准予在以后纳税年度结转扣除。扣除的最高额 = 272 000×15% = 40 800（元）。

(8) 企业依照法律、行政法规有关规定提取的用于环境保护、生态恢复等方面的专项资金，准予扣除。上述专项资金提取后改变用途的，不得扣除。

(9) 企业发生的公益性捐赠支出，不超过年度利润总额 12%的部分，准予扣除。

【例 3-23 · 单选题】某企业当年税前会计利润为 150 万元，其中包括 30 万元通过红十字会向某灾区的捐款，已知该企业适用的企业所得税税率为 25%，则该企业当年应纳税额为(　　)万元。

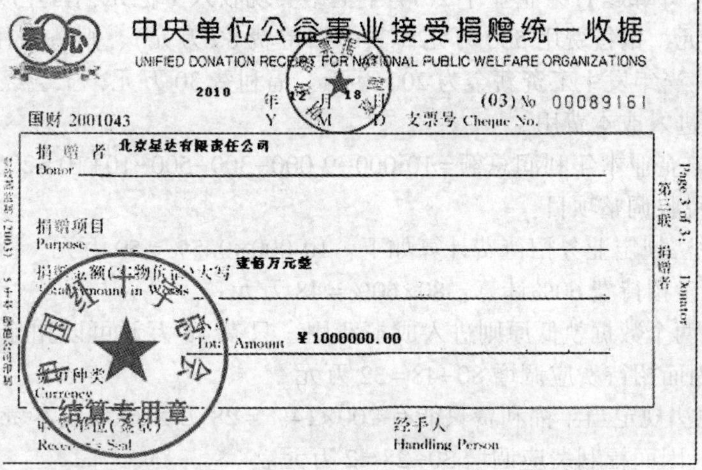
中央单位公益事业接受捐赠统一收据

UNIFIED DONATION RECEIPT FOR NATIONAL PUBLIC WELFARE ORGANIZATIONS

2010 年 12 月 18 日 (03) № 00089161

国财 2001043　Y M D 支票号 Cheque No.

捐赠者 Donor 北京星达有限责任公司

捐赠项目 Purpose

捐赠金额(实物价值)大写 Total Amount in Words 壹佰万元整

Total Amount ¥1000000.00

货币种类 Currency

接受单位(盖章) Receiver's Seal

经手人 Handling Person

第三联 捐赠者 Page 3 of 3: Donator

结算专用章

图 3-1　公益性捐赠统一收据

A. 30　　B. 37. 5　　C. 40. 5　　D. 45

【答案】C

【解析】该企业当年应纳税额=［150+（30−150×12%）］×25%=40. 5（万元）。

6. 不准扣除的项目

（1）向投资者支付的股息、红利等权益性投资收益款项；

（2）企业支付的所得税；

（3）税收滞纳金；

（4）罚金、罚款（行政性）和被没收财产的损失，是指纳税人违反国家有关法律、法规规定，被有关部门处以的罚款，以及被司法机关处以的罚金和被没收财物；

（5）不符合规定的捐赠支出；

（6）赞助支出，是指企业发生的与生产经营活动无关的各种非广告性质支出；

（7）未经核定的跌价准备等准备金支出；

（8）企业之间支付的管理费、企业内营业机构之间支付的租金和特许权使用费，以及非银行企业内营业机构之间支付的利息；

（9）与取得收入无关的其他支出。

（五）企业所得税应纳税额的计算

1. 应纳税额的计算

计算公式：

应纳税所得额=收入总额−不征收税收入、免税收入−成本费用税金损失−以前年度亏损

或者应纳税所得额=年度利润总额+税收调整项目金额

应纳税额=应纳税所得额×税率−减免税额（税收优惠）−抵免税额

以上抵免税额均要提供纳税凭证。抵免限额是指企业来源于中国境外所得，除国务院财政、税务主管部门另有规定外，该抵免限额应当分国（地区）不分项计算。

【例 3-24 · 计算题】某企业于 2017 年全年实现收入 1 亿元，营业成本 9 000 万元，管理费用 300 万元，销售费用 500 万元（其中招待费 80 万元），财务费用 10 万元，营业外收入 10 万元。当年发生工资薪金为 200 万元、福利费 30 万元，工会经费 5 万元、教育经费 4 万元均已进入成本费用。

【答案】该企业本年利润总额＝10 000－9 000－300－500－10+10＝200 万元

【解析】税收调整项目：

（1）按税法规定业务招待费计算如下：10 000×0. 5%＝50 万元。

按实际发生招待费 60%计算：80×60%＝48 万元

根据上述两个数据孰低原则进入成本费用，只有 48 万元可以扣除，而实际发生招待费 80 万元，因而招待费应调增 80－48＝32 万元

（2）按税法规定当年福利费只能有 200×14%＝28 万元进入成本费用，而实际发生福利费 30 万元，因而福利费应调增 30－28＝2 万元。

（3）按税法规定当年工会经费只能有 200×2%＝4 万元进入成本费用，而实际发生工会经费 5 万元，因而工会经费应调增 5－4＝1 万元。

（4）按税法规定当年教育经费只能有 200×2. 5%＝5 万元进入成本费用，而实际发生教育经费 4 万元，因而教育经费不用调整。

该企业 2010 年应纳税所得额＝200+32+2+1＝235 万元

该企业 2010 年应纳所得税额＝235×25%＝58. 75 万元

【例 3-25 · 计算题】某企业 2003 年实现利润总额 50 万元，固定资产折旧实际计提 4 万元，而税法规定只能计提 3. 5 万元。

【答案】折旧应调增 4－3. 5＝0. 5 万元

该企业应纳税所得额＝50+0. 5＝50. 5 万元

该企业应纳所得税额＝50. 5×25%＝12. 625 万元

2. 亏损的弥补

纳税人发生年度亏损的，可以用下一年度的所得弥补，下一纳税年度的所得不足弥补的，可以逐年延续，但弥补期限最长不超过 5 年。这 5 年弥补期是从亏损年度后的第一年算起连续 5 年内不论盈利或亏损，都作为实际弥补年限计算。税法所指亏损，不是企业财务报表中反映的亏损额，而是经主管税务机关按税法规定核实调整后的金额。

（六）企业所得税的征收管理

1. 纳税地点

（1）除税收法律、法规另有规定外，居民企业以企业登记注册地为纳税地点；但登记注册地在境外的，以实际管理机构所在地为纳税地点。居民企业在中国境内设立不具有法人资格的营业机构的，应当汇总计算并缴纳企业所得税。

（2）非居民企业在中国境内设立机构、场所的，其所设机构、场所取得的来源于中国境内的所得，以及发生在中国境外但与其所设机构、场所有实际联系的所得缴纳企业所得税，以机构、场所所在地为纳税地点。非居民纳税人在中国境内设立两个或者两个以上机构、场所的，以税务机关审核批准，可以选择由其主要机构、场所汇总缴纳所企业所得税。

（3）非居民企业在中国境内未设立机构、场所的，或者虽设立机构、场所但取得的所得与其所设机构、场所没有实际联系的，其来源于中国境内的所得缴纳企业所得税，以扣缴义务人所在地为纳税地点。

2. 纳税期限

企业所得税按纳税年度计算，分月或分季预缴，年终汇算清缴，多退少补。

企业所得税的纳税年度，自公历1月1日起至12月31日止。企业应当自月份或季度终了之日起15日内，向税务机关报送预缴企业所得税纳税申报表，预缴税款。企业应在年度终了之日起5个月内，向税务机关报送年度企业所得税纳税申报表，并汇算清缴，结清应缴应退税款。

企业在一个纳税年度的中间开业，或者由于合并、关闭等原因终止经营活动，使该纳税年度的实际经营期不足12个月的，应当以清算期间作为一个纳税年度。

依照企业所得税法缴纳企业所得税，以人民币计算，所得以人民币以外的货币计算的，应当折合成人民币计算并缴纳税款。

子任务四　个人所得税

个人所得税是对个人（自然人）取得的各项应税所得征收的一种税。个人所得包括在一定期限内个人获得的一切利益。个人所得税的征税对象不仅包括个人还包括具有自然人性质的企业。

（一）个人所得税的纳税人：个人所得税的纳税人可分为居民纳税人和非居民纳税人

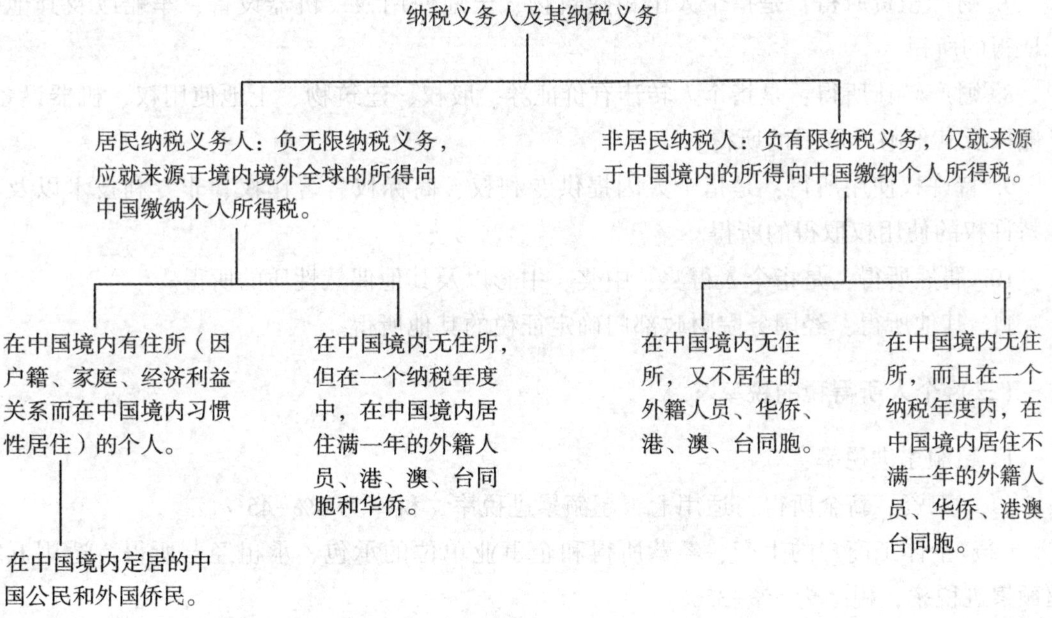

（二）个人所得税的征税对象：我国个人所得税的征税对象有 11 项应税所得项目

1. 工资、薪金所得：

工资、薪金所得，是指个人因任职或受雇而取得的工资、薪金、奖金、年终加薪、劳动分红、津贴、补贴以及与任职或受雇有关的其他所得。

2. 个体工商户的生产、经营所得，是指：

（1）个体工商户从事工业、手工业、建筑业、交通运输业、商业、饮食业、服务业、修理业以及其他行业生产、经营取得的所得；

（2）个人经政府有关部门批准，取得执照，从事办学、医疗、咨询以及其他有偿服务活动取得的所得；

（3）其他个人从事个体工商户生产、经营取得的所得；

（4）上述个体工商户和个人取得的与生产、经营有关的各项应税所得。

3. 对企事业单位的承包经营、承租经营所得：是指个人承包经营、承租经营以及转包、转租取得的所得，包括个人按月或次取得的工资、薪金性质的所得。

4. 劳务报酬所得：是指个人从事非雇用的各种劳务取得的所得，包括设计、装潢、安装、技术服务等所得。

5. 稿酬所得：是指个人因其作品以图书、报刊形式出版、发表而取得的所得。

6. 利息、红利、股息所得：是指个人因拥有债权、股权而取得的利息、股息、红利所得。

7. 财产租赁所得：是指个人出租建筑物、土地使用权、机器设备、车船以及其他财产取得的所得。

8. 财产转让所得：是指个人转让有价证券、股权、建筑物、土地使用权、机器设备、车船以及其他财产取得的所得。

9. 特许权使用所得：是指个人因提供专利权、商标权、著作权、非专利技术以及其他特许权的使用权取得的所得。

10. 偶然所得：是指个人得奖、中奖、中彩以及其他偶然性质的所得。

11. 其他所得：经国务院财政部门确定征税的其他所得。

（三）个人所得税的税率

1. 超额累进税率：

（1）工资、薪金所得：适用七级超额累进税率，税率为 3%-45%。

（2）个体工商户的生产、经营所得和企事业单位的承包、承租经营所得：适用五级超额累进税率，税率为 5%-35%。

（3）劳务报酬所得：适用三级超额累进税率，税率为 20%-40%。

2. 比例税率：

（1）稿酬所得：适用税率为 20%，稿酬所得是高智力精神产品，具有普遍性、报酬相对偏低，因此相比劳务报酬应给予适当的优惠照顾，按应纳税额减征 30%，因而实际税率为 14%。

（2）利息、红利、股息所得、财产租赁所得、财产转让所得、特许权使用所得、偶然所得等适用税率为 20%。

（四）个人所得税的计税依据

1. 工资、薪金所得的应纳税所得额的计算：

应纳税所得额 = 每月收入−3 500

另外还有一种附加减除费用的计算公式：

应纳税所得额 = 每月收入−（3 500+1 300）

附加减除费用适用于在中国境内无住所而在中国境内取得的工资、薪金所得的纳税人和在中国境内有住所但在中国境外取得工资、薪金的纳税人。主要包括：

（1）在中国境内的外商投资企业和外国企业中工作取得工资、薪金所得的外籍人员；

（2）应聘在中国境内的企业、事业单位、社会团体、国家机关中工作取得工资、薪金所得的外籍专家；

（3）在中国境内有住所而在中国境外任职或者受聘取得工资、薪金所得的个人；

（4）华侨、港、澳、台胞；

（5）财政部确定的取得工资、薪金所得的其他人员。

2. 个体工商户的生产、经营所得的应纳税所得额的计算

应纳税所得额 = 全年收入总额−成本、费用及损失

3. 对企事业单位的承包经营、承租经营所得的应纳税所得额的计算：

应纳税所得额 = 全年收入总额−必要费用

4. 劳务报酬所得、稿酬所得、财产租赁所得、特许权使用所得的应纳税所得额的计算（定额扣除与比率扣除相结合）：

每月收入不超过 4000 元的：应纳税所得额 = 每月收入额−800

每月收入超过 4000 元的：应纳税所得额 = 每月收入额×（1−20%）

5. 财产转让所得的应纳税所得额的计算：

应纳税所得额 = 收入总额−财产原值−合理费用

6. 利息、红利、股息、偶然所得的应纳税所得额的计算：以每次收入额为应纳税所得额。

（五）个人所得税应纳税额的计算

1. 工资、薪金所得应纳税额的计算

个人所得税七级超额累进税率如表 3-3 所示。

表 3-3　**个人所得税七级超额累进税率表**

（工资薪金所得适用）

级数	含税级距	不含税级距	税率(%)	速算扣除数
1	不超过 1 500 元的	不超过 1 455 元的	3	0
2	超过 1 500 元至 4 500 元的部分	超过 1 455 元至 4 155 元的部分	10	105
3	超过 4 500 元至 9 000 元的部分	超过 4 155 元至 7 755 元的部分	20	555
4	超过 9 000 元至 35 000 元的部分	超过 7 755 元至 27 255 元的部分	25	1 005
5	超过 35 000 元至 55 000 元的部分	超过 27 255 元至 41 255 元的部分	30	2 755
6	超过 55 000 元至 80 000 元的部分	超过 41 255 元至 57 505 元的部分	35	5 505
7	超过 80 000 元的部分	超过 57 505 元的部分	45	13 505

计算公式：应纳税额=应纳税所得额×适用税率-速算扣除数

【例 3-26 · 计算题】中新公司财务经理 2017 年 5 月取得工资薪金所得 5 000 元，请计算其当月应纳个人所得税。

【答案】应纳税所得额=5 000-3 500=1 500 元

应纳税额=1 500＊3%=45 元

2. 个体工商户的生产、经营所得应纳税额的计算

个人所得税五级超额累进税率如表 3-4 所示。

表 3-4　**个人所得税五级超额累进税率**

（个体工商户生产经营所得和企事业单位的承包经营、承租经营所得适用）

级数	全年应纳税所得额	税率（%）	速算扣除数
1	不超过 15 000 元的	5	0
2	超过 15 000 元至 30 000 元的部分	10	750
3	超过 30 000 元至 60 000 元的部分	20	3 750
4	超过 60 000 元至 100 000 元的部分	30	9 750
5	超过 100 000 元的部分	35	14 750

计算公式：应纳税额=应纳税所得额×适用税率-速算扣除数

【例 3-27 · 计算题】张三经营一小食店，2017 年销售额 30 万元，成本 16 万元，运输保管费 3 万元，各种税费 2 万元，商品损失 0. 5 万元，房屋水电费用 0. 5 万元。请计算张三应纳个人所得税税额？

【答案】应纳税所得额=30-16-3-2-0. 5-0. 5=8 万元

应纳税额=80 000×30%-9 750=14 250 元

对企事业单位承包、承租经营所得应纳税额的计算与此类似。

3. 劳务报酬所得应纳税额的计算

劳务报酬所得适用的税率如表 3-5 所示。

表 3-5　**劳务报酬所得适用税率表**

级 数	每次应纳税所得额	税率（%）	速算扣除数
1	不超过 20 000 元部分	20	0
2	超过 20 000–50 000 元的部分	30	2 000
3	超过 50 000	40	7 000

计算公式：应纳税额＝应纳税所得额×适用税率－速算扣除数

【例 3-28 · 计算题】某歌星刘某一次取得表演收入 40 000 元，请计算其应纳个人所得税税额。

【答案】应纳税所得额＝40 000×（1−20%）＝32 000 元

应纳税额＝32 000×30%−2000＝7 600 元

4. 稿酬所得应纳税额的计算

计算公式：应纳税额＝应纳税所得额×20%×（1−30%）

【例 3-29 · 计算题】某大学两名教师合作编著并出版一本教材，共获稿费 3 500 元。其中，教师 A 得到 3 000 元，教师 B 得到 500 元。请计算两位教师各自应纳个人所得税税额？

【答案】按税法规定，两个或两个以上的个人共同取得同一项目收入的，应当对每个人取得的收入分别按税法规定计算。

教师 A 分得 3 000 元稿费，应纳税所得额＝3 000−800＝2 200 元

应纳税额＝2 200×20%×（1−30%）＝308 元

教师 B 取得稿费只有 500 元，而扣除费用为 800 元，因而按税法规定教师 B 不需交纳个人所得税。

5. 财产租赁、特许权使用费所得应纳税额的计算

计算公式：应纳税额＝应纳税所得额×20%

【例 3-30 · 计算题】王一将其房屋出租给 A 单位，每年收取租赁费 5 000 元，请计算王一应纳个人所得税税额？

【答案】应纳税所得额＝5 000×（1−20%）＝4 000 元

应纳税额＝4 000×20%＝800 元

6. 财产转让所得应纳税额的计算

计算公式：应纳税额＝应纳税所得额×20%

【例 3-31 · 计算题】某人 2005 年在原住房旁建房一栋，造价 36 000 元，支付费用 2 000元。2010 年 5 月转让房屋，售价 60 000 元，在卖房过程中按规定支付交易费等有关费用 2 500 元。请计算其转让房屋应纳的个人所得税额？

【答案】应纳税所得额＝60 000−36 000−2 000−2 500＝19 500 元

应纳税额＝19 500×20%＝3 900 元

7. 利息、股息、红利、偶然所得应纳税额的计算

计算公式：应纳税额=应纳税所得额×20%

【例 3-32 · 计算题】某公司 2010 年 12 月取得企业债券利息收入 3 000 元，请计算其应纳个人所得税税额?

【答案】应纳税额=3 000×20%=600 元

（六）个人所得税的征收管理

1. 个人所得税征收方式

（1）纳税人自行申报纳税：自行申报纳税是指纳税人自行在规定的纳税期限内，向税务机关申报取得的应税所得项目和数额，如实填写个人所得税纳税申报表，并按税法规定计算应纳税额，据此缴纳个人所得税。自行申报纳税的纳税人有：

①自 2006 年 1 月 1 日起，年所得 12 万元以上的；

②从中国境内两处或者两处以上取得工资、薪金所得的；

③从中国境外取得所得的；

④取得应纳税所得，没有扣缴义务人的；

⑤国务院规定的其他情形。

年所得 12 万元以上的纳税人，无论取得的各项所得是否已足额缴纳了个人所得税，均应在年度终了后 3 个月内到主管税务机关办理纳税申报。

（2）代扣代缴：代扣代缴是指各项应税所得有支付单位的，以支付单位为扣缴义务人。在向个人支付应纳税所得时计算税款，从其所得中扣出并缴入国库，同时向税务机关报送扣缴个人所得税报告表。凡支付个人应纳税所得的企业、事业单位、机关、社会团体、军队、驻华机构、个体户等单位和个人，为个人所得税的扣缴义务人。扣缴义务人应在次月 1–7 日内将扣缴税款缴入国库。

2. 纳税期限

（1）工资、薪金所得按月纳税；

（2）个体工商户的生产、经营所得；对企事业单位的承包经营、承租经营所得按年纳税；

（3）其他所得按次纳税；

（4）从中国境外取得所得的纳税人，应当在年度终了后 30 日内，将应纳的税款缴入国库，并向税务机关报送纳税申报表。

任务三 税务管理

广义的税务管理概念是国家税务机关依照税收政策、法令、制度对税收分配全过程所进行的计划、组织、协调和监督控制的一种管理活动。它是保证财政收入及时、足额入库，实现税收分配目标的重要手段。税务管理可分为两个层次：一是税收政策、法令、制度的制定，即税收立法；二是税收政策、法令、制度的执行，也就是税收的征收管理，即税收执法。

狭义的税务管理概念是在税收征收管理工作过程中，税收征收管理机关为了贯彻、执行国家税收法律制度，加强税收工作，协调征税关系而开展的一项有目的的活动。它是税收征收管理的重要内容，是税款征收的前提和基础性工作。

为了加强税收征收管理，规范税收征收和缴纳行为，保障国家税收收入，保护纳税人的合法权益，促进经济和社会发展，我国在 1992 年 9 月 4 日第七届全国人大常委会通过了新中国成立后第一部税收程序法，也是我国税收征管的基本法《中华人民共和国税收征收管理法》，并经 1995 年 2 月 28 日第八届全国人大常委会第一次修改和 2001 年 4 月 28 日第九届全国人大常委会第二次修改，即现行的《税收征管法》（新征管法）。

税收征管法以规范税收法律关系主体双方权利义务为其主要内容，确立了征纳双方在税收征管中的基本权利和义务，不仅是纳税人依法履行纳税义务必须遵守的法律准则，也是税务机关依法行使征税职权和职责时应遵守的行为准则。

在《税收征管法》中，主要规定了三大方面的制度，即税务管理制度、税款征收制度和税务检查制度。

税收管理制度主要包括税务登记制度、账簿凭证管理制度、纳税申报管理制度等。这些制度相互之间密切相关，在税收管理方面都是不可或缺的。

子任务一　税务登记制度

（一）税务登记的概念、范围

1. 税务登记的概念

税务登记，又称纳税登记，是指纳税人为依法履行纳税义务就有关纳税事宜依法向税务机关办理登记的一种法定手续。税务登记是整个税收征管工作的首要环节。通过税务登记，税务机关对纳税人的开业、变更、注销、外出经营报验、停业、复业以及生产经营情况进行登记管理，掌握纳税人的基本情况和税源分布情况。从税务登记开始，纳税人进入税务管理的视野，纳税人的身份及征纳双方的法律关系得到了确认。

我国《税收征管法》及其《实施细则》明确规定，纳税人必须依法办理税务登记。国家税务总局于 1998 年 5 月发布《税务登记管理办法》，对税务登记进一步明确规范。

2. 税务登记的范围

税务登记的范围包括企业，企业在外地设立的分支机构和从事生产、经营的场所，个体工商户和从事生产、经营的事业单位（以下统称从事生产、经营的纳税人），均应当办理税务登记。上述规定以外的纳税人，除国家机关、个人和无固定生产经营场所的流动性农村小商贩外（以下统称非从事生产经营但依照规定负有纳税义务的单位和个人），也应当办理税务登记。

根据法律、行政法规的规定负有扣缴税款义务的扣缴义务人（国家机关除外），应当办理扣缴税款登记。

3. 税务登记主管机关

县以上（含本级，下同）国家税务局（分局）、地方税务局（分局）是税务登记的主管税务机关，负责税务登记的设立登记、变更登记、注销登记和税务登记证验证、换证以及非正常户处理、报验登记等有关事项。

国家税务局（分局）、地方税务局（分局）按照国务院规定的税收征收管理范围，实施属地管理，可采取联合登记或分别登记。

联合登记的，应对同一纳税人核发同一份加盖国家税务局（分局）、地方税务局（分局）印章的税务登记证（含正本、副本）如图3-2、图3-3所示：

图3-2　税务登记证

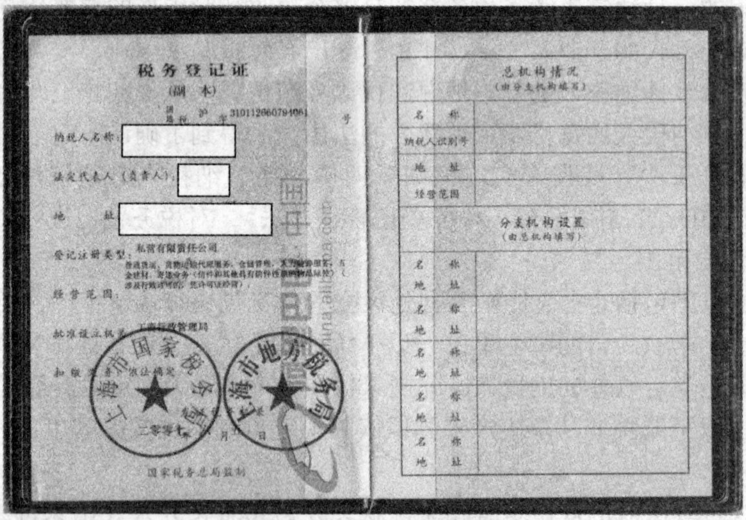

图3-3　税务登记证副本

分别登记的，由国家税务局（分局）核发加盖国家税务局（分局）印章的国税税务登记证（含正本、副本），由地方税务局（分局）核发加盖地方税务局（分局）印章的地税税务登记证（含正本、副本）。如图 3-4、图 3-5 所示：

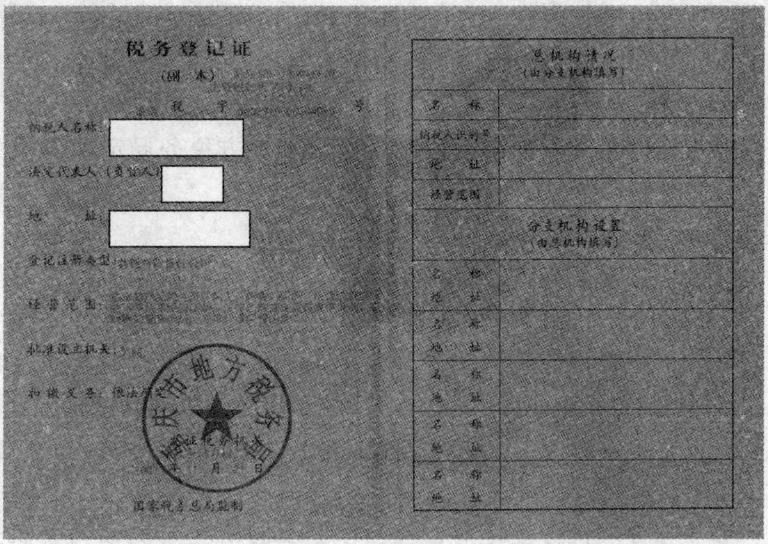

图 3-4　税务登记证

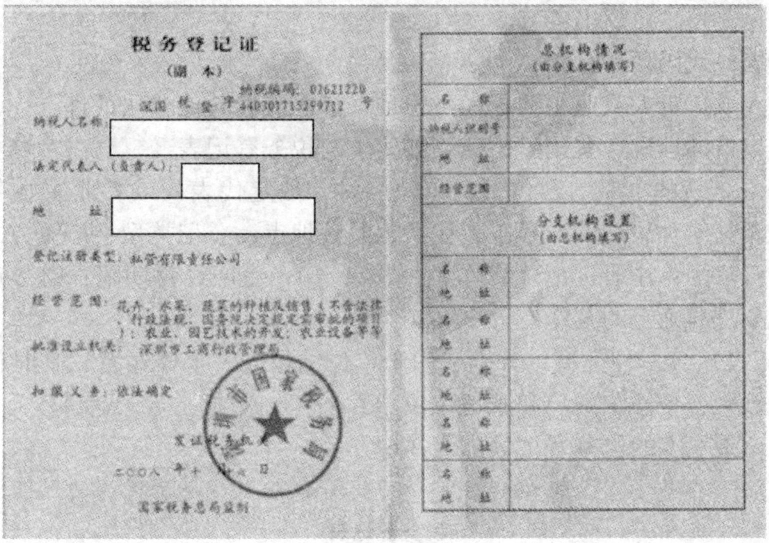

图 3-5　税务登记证

4. 税务登记代码

国家税务局（分局）、地方税务局（分局）执行统一的税务登记代码。税务登记代码由省级国家税务局、地方税务局联合编制，统一下发各地执行。

（二）税务登记的内容

与工商登记一致，根据办理登记的时间与内容的不同，税务登记主要分为三种类型，即开业登记、变更登记和注销登记。与工商登记不同的是，根据税务管理的需要，税务登记还包括停业与复业登记、外出经营报验登记两种类型。

各级工商行政管理机关应当向同级国家税务局和地方税务局定期通报办理开业、变更、注销登记以及吊销营业执照的情况。

1. 设立税务登记

（1）税务登记范围：从事生产、经营的纳税人以及非从事生产经营但依照法律、行政法规的规定负有纳税义务的单位和个人，均需办理税务登记。

（2）税务登记的时限要求。从事生产经营的纳税人自领取营业执照之日起 30 日内，持有关证件，向税务机关申报办理税务登记，由税务机关审核后发给税务登记证件。

已办理税务登记的扣缴义务人应当自扣缴义务发生之日起 30 日内，向税务登记地税务机关申报办理扣缴税款登记。

（3）纳税人在申报办理税务登记时，应当根据不同情况向税务机关如实提供以下证件和资料：

工商营业执照或其他核准执业证件；

有关合同、章程、协议书；

组织机构统一代码证书；

法定代表人或负责人或业主的居民身份证、护照或者其他合法证件；

纳税人在申报办理税务登记时，应当如实填写税务登记表。

（4）税务登记表的主要内容包括：单位名称、法定代表人或者业主姓名及其居民身份证、护照或者其他合法证件的号码；住所、经营地点；登记类型；核算方式；生产经营方式；生产经营范围；注册资金（资本）、投资总额；生产经营期限；财务负责人；联系电话；国家税务总局确定的其他有关事项。

《税务登记表》分三种类型，分别适用于单位纳税人、个体经营、临时任务等级纳税人、企业分支机构、个体工商户和其他单位。

适用于单位纳税人的税务登记表如表 3-6 所示。

表 3-6　　**税务登记表**

（适用单位纳税人）

国税档案号码：　　　　填表日期：　　　　纳税人识别号：

<table>
<tr><td colspan="2">地税计算机代码</td><td colspan="2"></td><td colspan="2">纳税人名称</td><td colspan="2"></td></tr>
<tr><td colspan="2">登记注册类型</td><td colspan="2"></td><td colspan="3">批准设立机关</td><td></td></tr>
<tr><td colspan="2">组织机构代码</td><td colspan="2"></td><td colspan="3">批准设立证明或文件号</td><td></td></tr>
<tr><td>开业(设立)日期</td><td></td><td>生产经营期限</td><td></td><td>证照名称</td><td></td><td>证照号码</td><td></td></tr>
</table>

续表

注册地址		邮政编码		联系电话	
生产经营地址		邮政编码		联系电话	
核算方式	请选择对应项目打“✓”□ 独立核算　□ 非独立核算	从业人数		其中外籍人数____	
单位性质	请选择对应项目打“✓”□ 企业　□ 事业单位　□ 社会团体　□ 民办非企业单位　□ 其他				
网站网址		国标行业	□□□□□□□□□ □□□□ □□□□		
适用会计制度	请选择对应项目打“✓” □ 企业会计制度　□ 小企业会计制度　□ 金融企业会计制度　□ 行政事业单位会计制度				
经营范围	请将法定代表人（负责人）身份证件复印件粘贴在此处。				

项目 / 内容 / 联系人	姓　名	身份证件 种类	身份证件 号码	固定电话	移动电话	电子邮箱
法定代表人（负责人）						
财务负责人						
办税人						

税务代理人名称	纳税人识别号	联系电话	电子邮箱

注册资本或投资总额（人民币）	币种	金额	币种	金额	币种	金额

投资方名称	投资方经济性质	投资比例	证件种类	证件号码	国籍或地址

自然人投资比例		外资投资比例		国有投资比例	

分支机构名称	注册地址	纳税人识别号

总机构名称		纳税人识别号	
注册地址		经营范围	

法定代表人姓名		联系电话		注册地址邮政编码	

代扣代缴代收代缴税款业务情况	代扣代缴、代收代缴税款业务内容	代扣代缴、代收代缴税种

续表

<table>
<tr><td colspan="3">附报资料：</td></tr>
<tr><td>经办人签章：
____年____月____日</td><td>法定代表人(负责人)签章：
______年____月____日</td><td>纳税人公章：
______年____月____日</td></tr>
</table>

以下由税务机关填写：

<table>
<tr><td>纳税人所处街乡</td><td colspan="3"></td><td>隶属关系</td><td></td></tr>
<tr><td>国税主管税务局</td><td></td><td>国税主管税务所(科)</td><td></td><td rowspan="2">是否属于国税、地税共管户</td><td></td></tr>
<tr><td>地税主管税务局</td><td></td><td>地税主管税务所(科)</td><td></td><td></td></tr>
<tr><td colspan="2">经办人(签章)：
国税经办人：________
地税经办人：________

受理日期：
______年____月____日</td><td colspan="2">国家税务登记机关
(税务登记专用章)：

核准日期：
______年____月____日
国税主管税务机关：</td><td colspan="2">地方税务登记机关
(税务登记专用章)：

核准日期：
______年____月____日
地税主管税务机关：</td></tr>
<tr><td colspan="6">国税核发《税务登记证副本》数量：　本　发证日期：______年____月____日</td></tr>
<tr><td colspan="6">地税核发《税务登记证副本》数量：　本　发证日期：______年____月____日</td></tr>
</table>

国家税务总局监制

（5）发放、领取税务登记证件。

对纳税人填报的税务登记表、提供的证件和资料，税务机关应当收到之日起 30 日内审核完毕，符合规定的予以登记，并发放税务登记证件；对不符合规定的，也应予以答复。

税务登记证件的主要内容包括：纳税人名称、税务登记代码、法定代表人或负责人、生产经营地址、登记类型、核算方式、生产经营范围（主营、兼营）、发证日期、证件有效期等。

2. 变更税务登记

变更税务登记是纳税人在办理税务登记后，需要对原登记内容进行更改，而向税务机关申报办理的税务登记。

（1）适用范围：改变名称；改变法人代表；改变经济性质；增设或撤销分支机构；改变住所或经营地点（涉及主管税务机关变动的办理注销登记）；改变生产、经营或经营方式；增减注册资本；改变隶属关系；改变生产经营期限；改变开户银行和账号；改变生产经营权属以及改变其他税务登记内容。

（2）变更登记的时限要求。税务登记内容发生变化，按规定纳税人须在工商行政管理机关办理注册登记，应于工商行政管理部门办理变更登记之日起 30 日内，向原税务登记机关申报办理变更税务登记。

税务登记内容发生变化，按规定纳税人无须在工商行政管理机关办理注册登记，应当自有关机关批准或者宣布变更之日起30日内，向原税务登记机关申报办理变更税务登记。

（3）变更程序及内容。纳税人在办理变更税务登记时，税务登记变更内容与工商登记变更内容一致的，应提供如下资料：①变更税务登记申请书；②工商变更登记表及营业执照（注册登记执照）复印件；③纳税人变更登记内容的决议以及有关证明文件；④原税务登记证件（登记证正、副本及登记表）；⑤其他有关资料。变更税务登记内容与工商登记内容无关的，则只需提供上列①、③、⑤项。

在提交资料齐全的基础上，纳税人领取税务登记变更表，7日内填登完毕，交税务机关审核。税务机关审核无误后，收回原税务登记证件正副本，按变更后的内容重新打印并核发税务登记证件正副本。税务登记变更表如表3-7所示。

表3-7　**税务登记变更表**

纳税人识别号：
微机编码：
纳税人名称：

变更登记事项			
序号	变更项目	变更前内容	变更后内容
更改证件情况：			
纳税人（签章） 法定代表人（负责人）：　　办税人员：　　年　月　日			
主管税务机关审批意见： （公章） 负责人：　　经办人：　　年　月　日			

注：适用范围：涉及税务登记内容变化的，均应办理变更登记。

【例 3-33 · 多选题】下列情形中，应当办理税务变更登记的有(　　)。

A. 企业改变隶属关系

B. 企业改变经济性质或经济类型

C. 企业因合并而被撤销

D. 企业改变住所和经营地点

【答案】ABD

【解析】纳税人办理税务登记后，如发生下列情形之一的，应当办理变更税务登记：发生改变名称、改变法定代表人、改变经济性质或经济类型、改变住所和经营地点（不涉及主管税务机关变动的)、改变生产经营或经营方式、增减注册资金（资本)、改变隶属关系、改变生产经营期限、改变或增减银行账号、改变生产经营权属以及改变其他税务登记内容的。

3. 注销税务登记

注销税务登记是指纳税人发生解散、破产、撤销以及其他情形，引起纳税人在税收征管中主体地位变化而依法应终止纳税义务时，向税务机关申请办理的税务登记。

(1) 申办情形及期限。

依照《税收征管法实施细则》的规定，办理注销税务登记情形及期限包括以下三种：

①纳税人发生解散、破产、撤销以及其他情形，依法终止纳税义务的，应当在向工商行政管理机关或者其他机关办理注销登记前，持有关证件向原税务登记机关申报办理注销税务登记；按照规定不需要在工商行政管理机关或者其他机关办理注册登记的，应当自有关机关批准或者宣告终止之日起 15 日内，持有关证件向原税务登记机关申报办理注销税务登记。

②纳税人因住所、经营地点变动而涉及改变税务登记机关的，应当在向工商行政管理机关或者其他机关申请办理变更或注销登记前或者住所、经营地点变动前，向原税务登记机关申报办理注销税务登记，并在 30 日内向迁达地税务机关申报办理税务登记。

③纳税人被工商行政管理机关吊销营业执照或者被其他机关予以撤销登记的，应当自营业执照被吊销或者被撤销登记之日起 15 日内，向原税务登记机关申报办理注销税务登记。

(2) 办理程序及内容。

①纳税人在办理注销税务登记之前，首先应向税务机关结清应纳税款、滞纳金、罚款，缴销发票、税务登记证件和其他税务证件。

②纳税人办理注销税务登记时应提交如下资料：注销税务登记申请书；上级主管部门批文或董事会、职代会的决议和其他有关资料。经税务机关审核后符合注销登记条件的，可领取并填写注销税务登记申请审批表。

③税务管理部门经稽查、审核后办理注销税务登记手续。

纳税人因住所、经营地点发生变化需改变税务登记机关而办理注销税务登记的，原税务登记机关应在对其办理注销手续后，向迁达地税务机关递解纳税人迁移通知书，并附纳税人档案资料移交清单，由迁达地税务登记机关为纳税人重新办理税务登记。

4. 停业、复业登记

停业、复业登记，是指实行定期定额征收方式的纳税人，因自身经营的需要暂停经营或者恢复经营而向主管税务机关申请办理的一种税务登记手续。

实行定期定额征收方式的个体工商户需要停业的，应当在停业前向税务机关申报办理停业登记。纳税人的停业期限不得超过一年。

纳税人在申报办理停业登记时，应如实填写《停业登记表》，如表 3-8 所示。

表 3-8　**停业登记表**

纳税人识别号 □□□□□□□□□□□□□□□□□□□□

纳税人名称：

停业原因：			
批准机关名称			
批准文号		批准日期	年　月　日
申请停业期限	年　月　日至　年　月　日		

纳税人（签章）

法定代表人：　　　　办税人员：　　　　年　月　日

以下由税务机关填写

发票管理环节封存发票情况	序号	发票名称	发票代码	发票起号	发票止号	数量
	序号	证件名称	数量	证件号码	顺序号	
	负责人：		经办人：			年　月　日
稽查环节清算情况	意见： 负责人：		经办人：			年　月　日
征收环节结算清缴税款情况	意见： 负责人：		经办人：			年　月　日

续表

<table>
<tr><td rowspan="5">登记管理环节审核意见</td><td>序号</td><td>证件名称</td><td>数量</td><td>证件号码</td><td>证件顺序号</td></tr>
<tr><td></td><td></td><td></td><td></td><td></td></tr>
<tr><td></td><td></td><td></td><td></td><td></td></tr>
<tr><td>核准停业期限</td><td colspan="4">年 月 日至 年 月 日</td></tr>
<tr><td colspan="5">负责人： 经办人： 年 月 日</td></tr>
<tr><td>批准意见</td><td colspan="5">主管税务机关：
（章）
经办人： 负责人： 年 月 日</td></tr>
</table>

注：本表一式一份，一份税务机关留存。

纳税人在停业期间发生纳税义务的，应当按照税收法律、行政法规的规定申报缴纳税款。

纳税人应当于恢复生产经营之前，向税务机关申报办理复业登记，如实填写《停、复业报告书》，领回并启用税务登记证件、发票领购簿及其停业前领购的发票。

纳税人停业期满不能及时恢复生产经营的，应当在停业期满前向税务机关提出延长停业登记申请，并如实填写《停、复业报告书》。

5. 外出经营报验登记

纳税人到外县（市）临时从事生产经营活动的，应当在外出生产经营以前，持税务登记证向主管税务机关申请开具《外出经营活动税收管理证明》（以下简称《外管证》）。税务机关按照一地一证的原则，核发《外管证》。纳税人到外地销售货物的，《外管证》的有效期限最长为30日；到外地从事建筑安装工程的，《外管证》的有效期限最长为1年，因工程需要延长的，应当向原《外管证》核发机关重新申请。

从事生产、经营的纳税人外出经营，在同一地累计超过180天的，应当在营业地办理税务登记手续。

纳税人应当在《外管证》注明地进行生产经营前向当地税务机关报验登记，并提交下列证件、资料：

（1）税务登记证件副本；

（2）《外管证》。

纳税人在《外管证》注明地销售货物的，除提交以上证件、资料外，应如实填写《外出经营货物报验单》，申报查验货物。

纳税人所携货物未在《外管证》注明地点销售完毕而需易地销售的，必须经过注明地点税务机关验审，并在其所持《外管证》上转注。

易地销售而未经注明地点税务机关验审转注的，视为未持有《外管证》。

外出经营活动结束，纳税人应当向经营地税务机关填报《外出经营活动情况申请表》，并按规定结清税款、缴销未使用完的发票，经营地税务机关在《外管证》上注明纳税人的经营、纳税及发票使用情况。纳税人应持此《外管证》，在《外管证》有效期满届满 10 日内，回到所在地税务机关办理《外管证》缴销手续。

【知识小结】

税务登记

种类	开业登记；变更登记；停业、复业登记；注销登记；外出经营报验登记；税种登记；扣缴税款登记等
开业登记	除国家机关、个人和无固定生产经营场所的流动性农村小贩外，均应当自纳税义务发生之日起 30 日内，向纳税义务发生地税务机关申报办理税务登记
变更登记	时限要求——30 日，是否换证看登记证内容是否变更
注销登记	法定情形：（1）纳税人解散、破产、撤销或终止纳税义务的——15 日 （2）被吊销营业执照或被撤销登记的——15 日 （3）因住所、经营地点变动，涉及改变税务机关的——注销后 30 日办理新的登记
停业复业登记	用于实行定期定额征收方式的个体工商户
	停业期限不得超过一年
	纳税人应于恢复生产、经营之前，向税务机关办理复业登记
	纳税人停业期满未按期复业又不申请延长停业的，税务机关应当视为已恢复营业，实施正常的税收征收管理
	纳税人在停业期间发生纳税义务的，应当按照税收法律、行政法规的规定申报缴纳税款
外出经营报验登记	《外管证》一地一证，有效期限一般为 30 日，最长不得超过 180 天

子任务二　发票的使用

发票是指一切单位和个人在购销商品、提供劳务或者接受劳务服务以及从事其他经营活动时，所提供给对方的收付款的书面证明。它是财务收支的法定凭证，是会计核算的原始凭证，是税务检查的重要依据。

发票种类繁多，主要是按行业特点和纳税人的生产经营项目分类，每种发票都有特定的使用范围。

（一）增值税专用发票

专用发票，是增值税一般纳税人（以下简称一般纳税人）销售货物或者提供应税劳务开具的发票，是购买方支付增值税额并可按照增值税有关规定据以抵扣增值税进项税额的凭证。其由国家税务总局监制设计印制，是增值税计算和管理中重要的决定性的合法的专用发票。实行增值税专用发票是增值税改革中很关键的一步，它与普通发票不同，不仅具有商事凭证的作用，由于实行凭发票注明税款扣税，购货方要向销货方支付增值税，它具有完税凭证的作用。更重要的是，增值税专用发票将一个产品的最初生产到最终消费之间的各环节联系起来，保持了税负的完整，体现了增值税的作用。

为规范增值税专用发票的使用，进一步加强增值税征收管理，2007 年 1 月国家税务总局对现行的《增值税专用发票使用规定》进行了修订。

1. 增值税专用发票的使用范围

增值税专用发票只限于增值税一般纳税人领购使用，增值税小规模纳税人和非增值税纳税人不得领购使用。从行业划分来讲，它是工业、商业企业用于结算销售货物和加工、修理修配劳务使用的发票。

一般纳税人销售货物（包括视同销售货物在内）、应税劳务、根据增值税暂行条例实施细则规定应当征收增值税的非应税劳务（以下简称销售应税项目），必须向购买方开具专用发票。

下列情形不得开具专用发票：向消费者销售应税项目；销售免税项目；销售报关出口的货物、在境外销售应税劳务；将货物用于非应税项目；将货物用于集体福利或个人消费；将货物无偿赠送他人；提供非应税劳务（应当征收增值税的除外）、转让无形资产或销售不动产；向小规模纳税人销售应税项目，可以不开具专用发票。

2. 增值税专用发票票样

现用的增值税专用发票一般有三联。

第一联：记账联，是销货方发票联，是销货方的记账凭证，即是销货方作为销售货物的原始凭证，在票面上的“税额”指的是“销项税额”，“金额”指的是销售货物的“不含税金额价格”发票三联是具有复写功能的，一次开具，三联的内容一致第一联是记账联（销货方用来记账）；

第二联是抵扣联（购货方用来扣税），如图 3-6 所示；

第三联是发票联（购货方用来记账）。

3. 增值税专用发票的开具

一般纳税人应通过增值税防伪税控系统使用专用发票。使用，包括领购、开具、缴销、认证纸质专用发票及其相应的数据电文。

防伪税控系统，是指经国务院同意推行的，使用专用设备和通用设备、运用数字密码和电子存储技术管理专用发票的计算机管理系统。

专用设备，是指金税卡、IC 卡、读卡器和其他设备。

通用设备，是指计算机、打印机、扫描器具和其他设备。

（二）增值税普通发票

1. 增值税普通发票的使用范围

增值税一般纳税人在不能开具专用发票的情况下使用普通发票。

为加强对增值税一般纳税人（以下简称“一般纳税人”）开具普通发票的管理，全

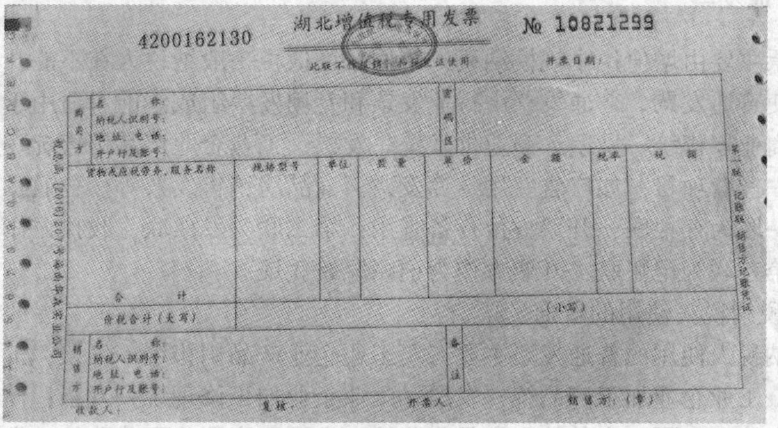
4200162130　湖北增值税专用发票　№ 10821299

此联不作报销、扣税凭证使用　开票日期：

购买方	名称： 纳税人识别号： 地址、电话： 开户行及账号：	密码区					
货物或应税劳务、服务名称	规格型号	单位	数量	单价	金额	税率	税额
合计							
价税合计（大写）					（小写）		
销售方	名称： 纳税人识别号： 地址、电话： 开户行及账号：	备注					

收款人：　复核：　开票人：　销售方：（章）

第一联：记账联　销售方记账凭证

图 3-6　增值税专用发票

面监控一般纳税人销售额，总局决定将一般纳税人（不含商业零售，下同）开具的普通发票纳入增值税防伪税控系统开具和管理，亦即一般纳税人可以使用同套增值税防伪税控系统同时开具增值税专用发票、增值税普通发票和废旧物资发票等（此种开票方式简称“一机多票”）。

“一机多票”系统使用的普通发票统称为“增值税普通发票”，实行统一印制，于 2005 年 8 月 1 日起陆续在全国启用。

2. 增值税普通发票票样

增值税普通发票的格式、字体、栏次、内容与增值税专用发票完全一致，按发票联次分为两联票和五联票两种，基本联次为两联，第一联为记账联，如图 3-7 所示，销货方用作记账凭证；第二联为发票联，购货方用作记账凭证。此外为满足部分纳税人的需要，在基本联次后添加了三联的附加联次，即五联票，供企业选择使用。

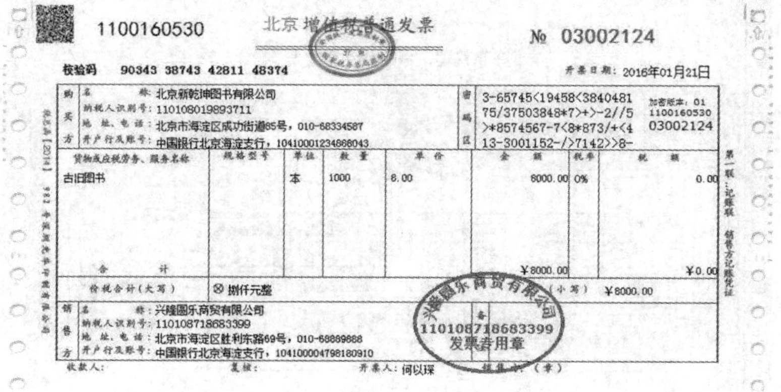
1100160530　北京增值税普通发票　№ 03002124

校验码　90343 38743 42811 48374　开票日期：2016年01月21日

购买方	名称：北京新乾坤图书有限公司 纳税人识别号：110108019893711 地址、电话：北京市海淀区成功街道85号，010-68334587 开户行及账号：中国银行北京海淀支行，10410001234868043	密码区	3-65745<19458<3840481 75/37503848*7>+>-2//5 >*8574567-7<8*873/+<4 13-3001152-/>7142>>8-	加密版本：01 1100160530 03002124			
货物或应税劳务、服务名称	规格型号	单位	数量	单价	金额	税率	税额
古旧图书		本	1000	8.00	8000.00	0%	0.00
合计					¥8000.00		¥0.00
价税合计（大写）	⊗捌仟元整				（小写）¥8000.00		
销售方	名称：兴隆国乐商贸有限公司 纳税人识别号：110108718683399 地址、电话：北京市海淀区胜利东路69号，010-68869888 开户行及账号：中国银行北京海淀支行，104100004798180910	备注	兴隆国乐商贸有限公司 110108718683399 发票专用章				

收款人：　复核：　开票人：何以琛　销售方：（章）

第一联：记账联　销售方记账凭证

图 3-7　增值税普通发票

（三）普通发票

普通发票主要由增值税小规模纳税人使用，增值税一般纳税人在不能开具专用发票的情况下也可使普通发票。普通发票由行业发票和专用发票组成。前者适用于某个行业和经营业务，如商业零售统一发票、商业批发统一发票、工业企业产品销售统一发票等；后者仅适用于某一经营项目，如广告费用结算发票，商品房销售发票等。普通发票的基本联次为三联：第一联为存根联，开票方留存备查用；第二联为发票联，收执方作为付款或收款原始凭证；第三联为记账联，开票方作为记账原始凭证。

1. 增值税纳税人使用的普通发票

增值税纳税人使用的普通发票主要有：工业企业产品销售统一发票；工业企业材料销售统一发票；工业企业加工产品统一发票；工业企业加工修理统一发票；商业零售统一发票；商业批发统一发票；农林牧水产品收购统一发票；废旧物资收购统一发票等。

以北京市为例，增值税纳税人使用的普通发票票样分别如图 3-8、图 3-9、图 3-10、图 3-11、图 3-12 所示：

北京市工业企业专用发票

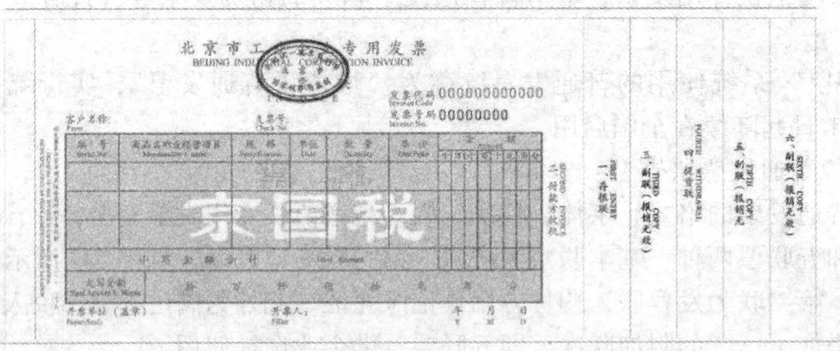

图 3-8　北京市工业企业专用发票

北京市修理、修配业专用发票

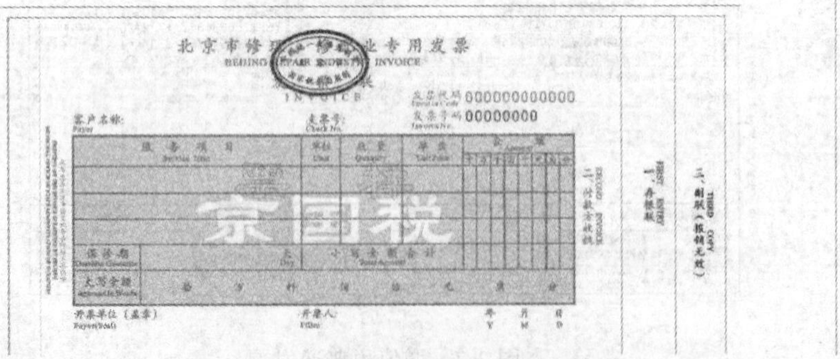

图 3-9　北京市修理、修配业专用发票

北京市商业企业专用发票

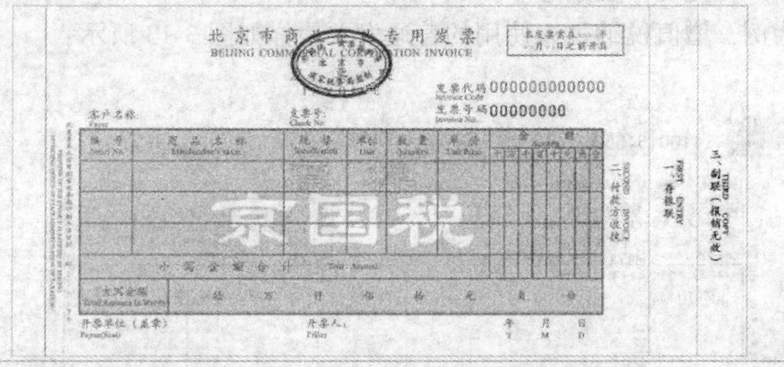
北京市商业企业专用发票
BEIJING COMMERCIAL CORPORATION INVOICE
发票代码 000000000000
发票号码 00000000
客户名称：
支票号：
编号　商品名称　规格　单位　数量　单价　金额
小写金额合计
大写金额　拾　万　仟　佰　拾　元　角　分
开票单位（盖章）　开票人：　年　月　日
一、存根联
二、付款方收执
三、副联（报销无效）

图 3-10　北京市商业企业专用发票

北京市免税农产品收购凭证

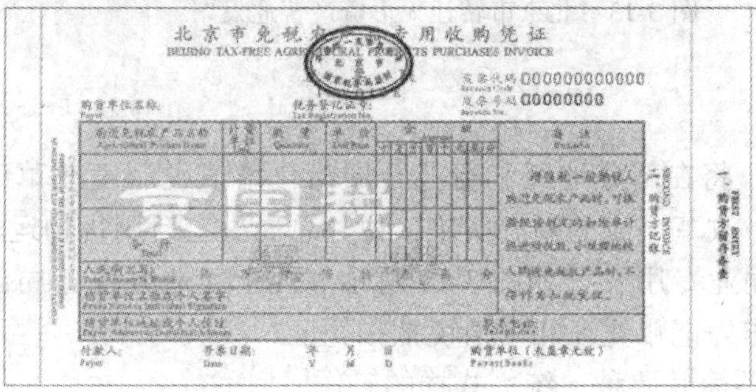
北京市免税农产品专用收购凭证
BEIJING TAX-FREE AGRICULTURAL PRODUCTS PURCHASES INVOICE
发票代码 000000000000
发票号码 00000000
购货单位名称：
税务登记证号：
购进免税农产品名称　计量单位　数量　单价　金额　备注
合计
人民币（大写）　拾　万　仟　佰　拾　元　角　分
销货单位名称或个人签章
销货单位地址或个人住址　联系电话
付款人：　开票日期：　年　月　日　购货单位（未盖章无效）
一、购货方留存备查
二、购货方记账
三、购货方作扣税凭证
四、销货方收执

图 3-11　北京市免税农产品收购凭证

北京市废旧物资专用收购凭证

北京市废旧物资专用收购凭证
BEIJING WASTE MATERIAL PURCHASES INVOICE
发票代码 000000000000
发票号码 00000000
购货单位名称：
税务登记证号：
购进废旧物资名称　计量单位　数量　单价　金额
合计
人民币（大写）　拾　万　仟　佰　拾　元　角　分
销货单位名称或个人签字
销货单位地址或个人住址　联系电话
付款人：　开票日期：　年　月　日　购货单位（未盖章无效）
一、购货方留存备查
二、购货方记账
三、销货方收执

图 3-12　北京市废旧物资专用收购专用发票

2. 增值税纳税人使用的普通发票

增值税纳税人使用的普通发票主要有：建筑安装企业统一发票，旅店业统一发票，饮食业统一发票，广告业统一发票等。

以北京市为例，增值税纳税人使用的普通发票票样如图 3-13 所示：

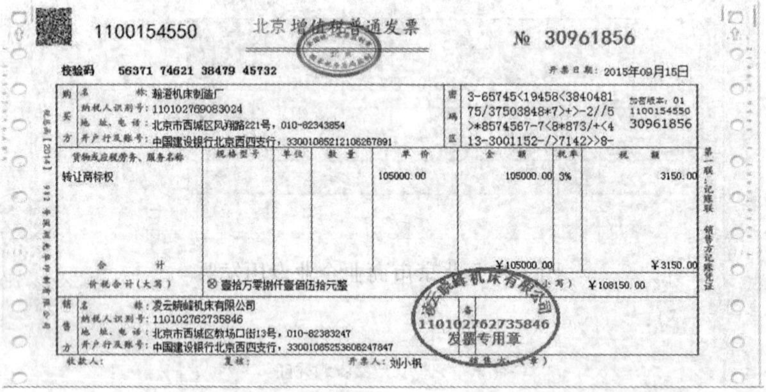
1100154550　北京增值税普通发票　№ 30961856

校验码 56371 74621 38479 45732　开票日期：2015年09月15日

购买方	名称：翰澄机床制造厂 纳税人识别号：110102769083024 地址、电话：北京市西城区风翔路221号，010-82343854 开户行及账号：中国建设银行北京西四支行，33001085212106267891				密码区	3-65745<19458<3840481 75/37503848*7>+>-2//5 >*8574567-7<8*873/+<4 13-3001152-/>7142>>8-	加密版本：01 1100154550 30961856
货物或应税劳务、服务名称	规格型号	单位	数量	单价	金额	税率	税额
转让商标权				105000.00	105000.00	3%	3150.00
合计					¥105000.00		¥3150.00
价税合计（大写）	⊗壹拾万零捌仟壹佰伍拾元整				（小写）¥108150.00		
销售方	名称：凌云精锋机床有限公司 纳税人识别号：110102762735846 地址、电话：北京市西城区教场口街13号，010-82383247 开户行及账号：中国建设银行北京西四支行，33001085253606247847				备注		

收款人：　复核：　开票人：刘小枫　销售方：（章）

图 3-13　北京市转让无形资产普通发票

3. 货物运输发票

2012 年 1 月 1 日起，将在部分地区和行业开展深化增值税制度改革试点，逐步将营业税改征增值税。为保障改革试点的顺利实施，税务总局决定启用货物运输业增值税专用发票。公路内河货物运输业专用发票如图 3-14 所示。凡未经地方税务局认定的纳税人开具货物运输业发票不得作为记账凭证和增值税抵扣凭证。

4. 关于全国普通发票简并票种、统一式样的工作

目前各地普通发票存在种类繁多、式样各异、规格不一、防伪措施各不相同的问题。这种票种繁多、各省各异的状况，不利于税务机关规范管理、不利于纳税人方便使用、不便于公众辨别真伪，不仅增加了纳税人的经营成本，而且降低了税务机关管理效率，已经成为当前实现税务系统普通发票管理信息化的主要瓶颈。国家税务总局 2009 年 9 月印发了《全国普通发票简并票种统一式样工作实施方案》的通知，要求尽快简并票种、统一式样，并要求大力推广机具开票、严格控制手工发票、合理使用定额发票。

根据《实施方案》的指导思想，票种设置按照发票的填开方式，将发票简并为通用机打发票、通用手工发票和通用定额发票三大类。发票名称为“××省××税务局通用机打发票”、“××省××税务局通用手工发票”、“××省××税务局通用定额发票”。各省、自治区、直辖市和计划单列市国家税务局、地方税务局可根据本地实际情况，在通用发票中选择本地使用的票种和规格。

普通发票票样如图 3-15 所示。

目前各地已经开始了部分手写发票换机打发票的工作，以北京为例，2011 年 1 月 1 日起，商业零售企业统一使用机打发票。票样如图 3-16 所示。

5. 普通发票的开具规定

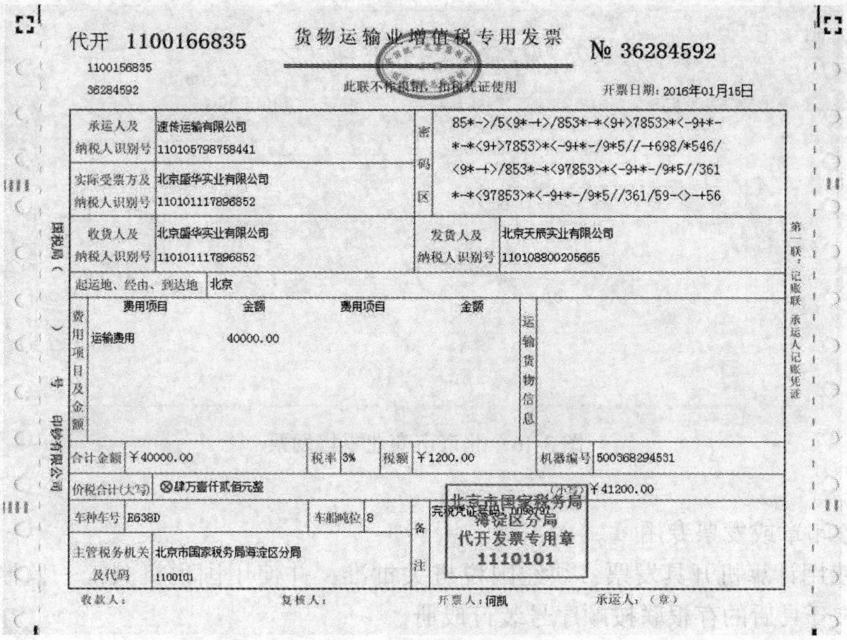

图 3-14　公路、内河货物运输业统一发票

式样3　　2009.10.16

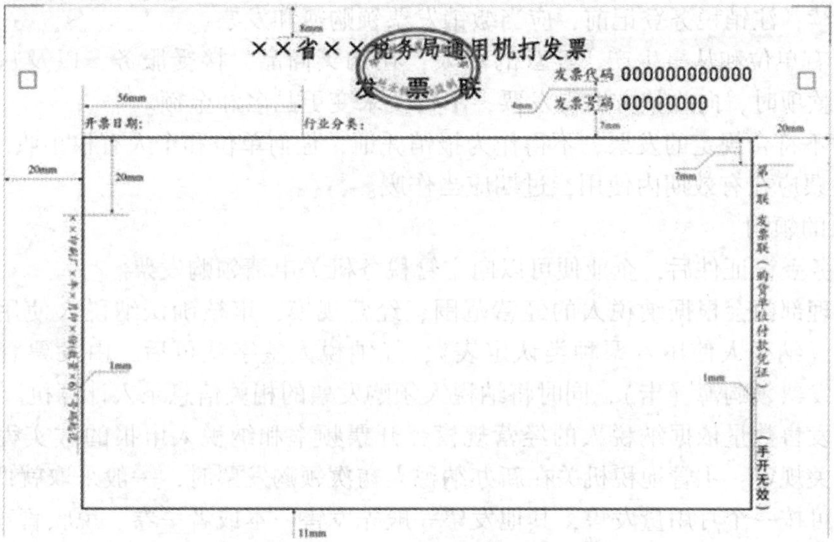

图 3-15　××省××税务局通用机打发票

（1）在销售商品、提供服务以及从事其他经营活动对外收取款项时，应向付款方开具发票。特殊情况下，由付款方向收款方开具发票。

（2）开具发票应当按照规定的时限、顺序、逐栏、全部联次一次性如实开具，并加

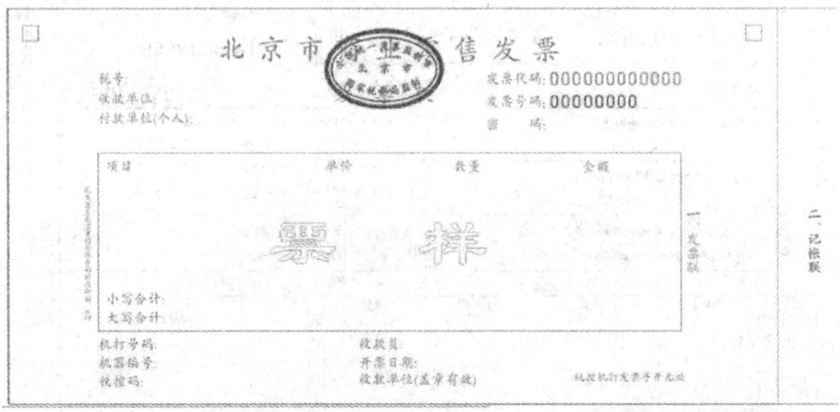

图 3-16　北京市商业零售发票

盖单位财务印章或发票专用章。

(3) 使用计算机开具发票，须经国税机关批准，并使用国税机关统一监制的机打发票，并要求开具后的存根联按顺序号装订成册。

(4) 发票限于领购的单位和个人在本市、县范围内使用，跨出市县范围的，应当使用经营地的发票。

(5) 开具发票单位和个人的税务登记内容发生变化时，应相应办理发票和发票领购簿的变更手续；注销税务登记前，应当缴销发票领购簿和发票。

(6) 所有单位和从事生产、经营的个人，在购买商品、接受服务，以及从事其他经营活动支付款项时，向收款方取得发票，不得要求变更品名和金额。

(7) 对不符合规定的发票，不得作为报销凭证，任何单位和个人有权拒收。

(8) 发票应在有效期内使用，过期应当作废。

6. 发票的领购

领取税务登记证件后，企业便可以向主管税务机关申请领购发票。

发票管理部门会根据纳税人的经营范围、经营规模，审核确认纳税人使用发票的种类，并填写《纳税人使用发票种类认定表》，经纳税人签字认可后，由发票管理部门留存，并核发发票领购簿（卡），同时将纳税人领购发票的相关信息录入计算机。

发票的发售数量依据纳税人的经营规模、开票频率和纳税人申报的诚实程度综合确定；根据有关规定：主管地税机关在新办纳税人初次领购发票时，一般采取就低原则，定额专用发票可按一个月用量发售，其他发票一般先发售一本或者一卷。税收管理员在新办纳税人初次领购发票后三日内对纳税人的生产经营场所现场查验并进行复核，同时填写《发票核准种类、数量复核认定表》。再次领购发票时，纳税人应执《发票核准种类、数量复核认定表》向发票发售窗口申请领购发票。

常见的发票种类有三种，即增值税专用发票、普通发票和专业发票。

初次领购普通发票和再次申请领购专用发票也是有区别的。纳税人初次领购发票时，需到办税服务厅办理购票手续，按照要求提供下列资料、证件：

(1)《税务登记证》(副本);

(2)《普通发票领购簿》;

(3) 经办人身份证明(居民身份证、护照或其他证明其身份的证件);

(4) 财务专用章或发票专用章;

(5) 填写《纳税人领购发票票种核定申请表》。

对于增值税一般纳税人而言，初次申请领购专用发票时，应提供以下证件、资料:

(1)《税务登记证》(副本);

(2) 防伪税控 IC 卡;

(3) 经办人身份证明(居民身份证、护照)。

再次申请领购专用发票时，只需携带税控 IC 卡即可。企业购买某一类发票时的一个连续号码段称之为一卷，企业也可以去税务机关一次性购买多卷、多种发票(需在税务机关核定的供票量内)。IC 卡上最多可存放 5 卷发票，在企业端利用发票读入功能一次会将多卷多种类发票全部读入系统。同样，企业退回到 IC 卡上多卷、多种类发票也可以一次性退回到税务机关。

(四) 专业发票

专业发票是指国有金融、保险企业的存贷、汇兑、转账凭证、保险凭证；国有邮政、电信企业的邮票、邮单、话务、电报收据；国有铁路、航空企业和交通部门、国有公路、水上运输企业的客票、货票等。经国家税务总局或省、自治区税务机关批准，专业发票可由政府和主管部门自行管理，不套印税务机关统一发票印章，也可根据税务征管的需要纳入统一发票管理。专业发票从版面上可划分为手写发票、电脑发票和定额发票三种。手写发票，是指用手工书写形式填开的发票。电脑发票，是指用计算机填写并用其附设的打印机打出票面内容的发票(包括普通计算机用发票和防伪专用计算机用发票)。定额发票，是指发票票面印有固定的金额的发票。这类发票主要是防止开具发票时大头小尾以及方便一些特殊行业或有特殊需要的企业使用。

(五) 发票的开具要求

1. 单位和个人应在发生经营业务、确认营业收入时，才能开具发票。未发生经营业务，一律不得开具发票。

2. 单位和个人开具发票时应按号码顺序填开，填写项目齐全、内容真实、字迹清楚、全部联次一次性复写或打印，内容完全一致，并在发票联和抵扣联加盖单位财务印章或者发票专用章。

3. 填写发票应当使用中文。民族自治地区可以同时使用当地通用的一种民族文字。

4. 使用电子计算机开具发票必须报主管税务机关批准，并使用税务机关统一监制的机打发票。开具后的有根联应当按照顺序号订成册，以备税务机关检查。

5. 开具发票时限、地点应符合规定。发票的开票时限是记载购销商品、提供或接受劳务等业务实际发生的时间，必须准确，不得混淆销售或劳务时间，不得提前或推后。

6. 任何单位和个人不得转借、转让、代开发票；未经税务机关批准，不得拆本使用发票；不得自行扩大专业发票适用范围；禁止倒买倒卖发票。

7. 开具发票的单位和个人应当建立发票使用登记制度，设置发票登记簿，并定期向主管税务机关报告发票使用情况。应当按照税务机关的规定存放和保管发票，不得擅自销毁。已开具的发票存根联和发票登记簿，应当保存5年。

【知识小结】

发　票

<table>
<tr><td rowspan="5">分类</td><td>增值税专用发票</td><td colspan="2">由国家税务总局统一管理只限于增值税一般纳税人领购使用，小规模纳税人和非增值税纳税人不得领购使用，一般纳税人如有法定情形的，不得领购使用
基本联次：记账联、抵扣联、发票联（三联）</td></tr>
<tr><td rowspan="3">普通发票</td><td colspan="2">主要由营业税纳税人和增值税小规模纳税人使用，增值税一般纳税人在不能开具专用发票的情况下也可使用</td></tr>
<tr><td>行业发票</td><td>适用于某个行业的经营业务</td></tr>
<tr><td>专用发票</td><td>适用于某一经营项目</td></tr>
<tr><td>专业发票</td><td colspan="2">国有金融保险、电信（邮政、交通运输）方面的发票、凭证</td></tr>
<tr><td>发票开具要求</td><td colspan="3">（1）全部联次一次性复写或打印，在发票联和抵扣联加盖发票专用章
（2）任何单位和个人不得转借、转让、代开发票、不得拆本使用发票、不得自行扩大发票的使用范围；禁止携带、邮寄或者运输空白发票出入境（绝对禁止）
（3）任何单位和个人未经批准，不得跨规定的使用区域携带、邮寄、运输空白发票（相对禁止）
（4）已开具的发票存根联和发票登记簿应当保存5年</td></tr>
</table>

子任务三　纳税申报

纳税申报是指纳税人按照税法规定，定期就计算缴纳税款的有关事项向税务机关提交书面报告的一种法定手续。纳税申报是纳税人履行纳税义务、界定法律责任的主要依据。

（一）纳税申报的对象

下列纳税人或者扣缴义务人、代征人应当按期向主管国家税务机关办理纳税申报或者代扣代缴、代收代缴税款报告、委托代征税款报告：

1. 依法已向国家税务机关办理税务登记的纳税人。包括：

（1）各项收入均应当纳税的纳税人；

（2）全部或部分产品、项目或者税种享受减税、免税照顾的纳税人；

（3）当期营业额未达起征点或没有营业收入的纳税人；

（4）实行定期定额纳税的纳税人；

（5）应当向国家税务机关缴纳企业所得税以及其他税种的纳税人。

2. 按规定不需向国家税务机关办理税务登记，以及应当办理而未办理税务登记的纳税人。

3. 扣缴义务人和国家税务机关确定的委托代征人。

（二）纳税申报内容

纳税人办理纳税申报时，应当如实填写纳税申报表，并根据不同的情况相应报送下列有关证件、资料：

1. 财务会计报表及其说明材料；

2. 与纳税有关的合同、协议书及凭证；

3. 税控装置的电子报税资料；

4. 外出经营活动税收管理证明和异地完税凭证；

5. 境内或者境外公证机构出具的有关证明文件；

6. 纳税人、扣缴义务人的纳税申报或者代扣代缴、代收代缴税款报告表的主要内容包括：税种、税目，应纳税项目或者应代扣代缴、代收代缴税款项目，计税依据，扣除项目及标准，适用税率或者单位税额，应退税项目及税额、应减免税项目及税额，应纳税额或者应代扣代缴、代收代缴税额，税款所属期限、延期缴纳税款、欠税、滞纳金等；

7. 扣缴义务人办理代扣代缴、代收代缴税款报告时，应当如实填写代扣代缴、代收代缴税款报告表，并报送代扣代缴、代收代缴税款的合法凭证以及税务机关规定的其他有关证件、资料；

8. 税务机关规定应当报送的其他有关证件、资料。

（三）纳税申报方式

税务机关应当建立、健全纳税人自行申报纳税制度。但经税务机关批准，纳税人、扣缴义务人亦可以采取邮寄、数据电文方式办理纳税申报或者报送代扣代缴、代收代缴税款报告表。另外，实行定期定额缴纳税款的纳税人，可以实行简易申报、简并征期等申报纳税方式。

采取上门申报的纳税人、扣缴义务人、代征人应当在纳税申报期限内到主管国家税务机关办理纳税申报、代扣代缴、代收代缴税款或委托代征税款报告。邮寄申报的纳税人应该采取邮寄方式办理纳税申报，应当使用统一的纳税申报专用信封，并以邮政部门收据作为申报凭据。邮寄申报以寄出的邮戳日期为实际申报日期。数据电文申报是指税务机关确定的电话语音、电子数据交换和网络传输等电子方式。纳税人采取电子方式办理纳税申报的，应当按照税务机关规定的期限和要求保存有关资料，并定期书面报送主管税务机关。

【知识小结】

纳税申报

直接申报	上门申报，是传统的申报方式
邮寄申报	以寄出地的邮戳日期为实际申报日期
数据电文申报	电话语音、电子数据交换、网络传输 以税务机关计算机网络收到的时间为申报日期须报送书面材料
其他（简易申报、简并征期）	实行定期定额的纳税人

子任务四　税款征收

税款征收制度是指税务机关按照税法规定将纳税人应纳的税款收缴入库的法定制度。它是税收征收管理的中心环节，直接关系到国家税收能及时、足额入库。税款征收是税务机关依照税收法律、法规规定将纳税人应当缴纳的税款组织征收入库的一系列活动的总称，是税收征收管理的核心内容，是税务登记、账簿票证管理、纳税申报等税务管理工作的目的和归宿。税款征收的主要内容包括税款征收的方式、程序，减免税的核报，核定税额的几种情况，税收保全措施和强制执行措施的设置与运用以及欠缴、多缴税款的处理等。

（一）征收方式

科学合理的税款征收方式是确保税款顺利足额征收的前提条件。由于各类纳税人的具体情况不同，因而税款的征收方式也应有所区别。中国现阶段可供选择的税款征收方式主要有以下几种：

1. 查账征收

查账征收，是指纳税人在规定的期限内根据自己的财务报告表或经营成果，向税务机关申报应税收入或应税所得及纳税额，并向税务机报送有关账册和资料，经税务机关审查核实后，填写纳税缴款书，由纳税人到指定的银行缴纳税款的一种征收方式。因此，这种征收方式比较适用于对企业法人的征税。

2. 查定征收

查定征收，是指由税务机关通过按期查实纳税人的生产经营情况则确定其应纳税额，分期征收税款的一种征收方式。这种征收方式主要适用于对生产经营规模小，财务会计制度不够健全、账册不够完备的小型企业和个体工商户的征税。

3. 查验征收

查验征收，是指税务机关对某些难以进行源泉控制的征税对象，通过查验证照和实物，据以确定应征税额的一种征收方式。在实际征管工作中，这种方式又分就地查验征收和设立检查站两种形式。对财务会计制度不健全和生产经营不固定的纳税人，可选择采用这种征收方式。

4. 定期定额征收

定期定额征收，是指税务机关根据纳税人的生产经营情况，按税法规定直接核定其应纳税额，分期征收税款的一种征收方式。这种征收方式主要适用于一些没有记账能力，无法查实其销售收入或经营收入和所得额的个体工商户。

5. 自核自缴

自核自缴，是指纳税人在规定的期限内依照税法的规定自行计算应纳税额，自行填开税款缴纳书，自己直接到税务机关指定的银行缴纳税款的一种征收方式。这种方式只限于经县、市税务机关批准的会财务计制度健全，账册齐全准确，依法纳税意识较强的大中型企业和部分事业单位。

6. 代扣代缴、代收代缴

代扣代缴、代收代缴，是指依照税法规定负有代扣代缴、代收代缴税款义务的单位和个人，按照税法规定对纳税人应当缴纳的税款进行扣缴或代缴的征收方式。这种方式有利于加强的对税收的源泉控制，减少税款流失，降低税收成本，手续也比较简单。

7. 委托征收

委托征收，是指税务机关委托有关单位或个人代为征收税款的征收方式。这种方式主要适用于一些零星、分散难以管理的税收。

（二）核定征收

1. 核定征收的概念和征收方式

由税务机关根据纳税人情况，在正常生产经营条件下，对其生产的应税产品查实核定产量和销售额，然后依照税法规定的税率征收税款的征收方式。

核定征收税款是指由于纳税人的会计账簿不健全，资料残缺难以查账，或者其他原因难以准确确定纳税人应纳税额时，由税务机关采用合理的方法依法核定纳税人应纳税款的一种征收方式，简称核定征收。

核定征收方式包括定额征收和核定应纳税所得率征收两种办法：

（1）定额征收：直接核定所得税额；

（2）核定应税所得率征收：按照收入总额或成本费用等项目的实际发生额，按预先核定的应税所得率计算缴纳所得税。

2. 核定应税所得率征收方式税款的计算

采用应税所得率方式核定征收企业所得税的，应纳所得税额计算公式如下：

应纳所得税额＝应纳税所得额×适用税率

应纳税所得额＝应税收入额×应税所得率

或：应纳税所得额＝成本（费用）支出额/（1−应税所得率）×应税所得率

实行应税所得率方式核定征收企业所得税的纳税人，经营多业的，无论其经营项目是否单独核算，均由税务机关根据其主营项目确定适用的应税所得率。

主营项目应为纳税人所有经营项目中，收入总额或者成本（费用）支出额或者耗用原材料、燃料、动力数量所占比重最大的项目。

应税所得率按表3-9规定的幅度标准确定。

表 3-9　　不同行业应税所得率对应表

行　业	应税所得率（%）
农、林、牧、渔业	3−10
制造业	5−15
批发和零售贸易业	4−15
交通运输业	7−15
建筑业	8−20
饮食业	8−25
娱乐业	15−30
其他行业	10−30

（三）核定征收与查账征收的区别

核定征收企业所得税是按照“公平、公正、公开原则”，根据纳税人的生产经营行业特点，综合考虑企业的地理位置、经营规模、收入水平、利润水平等因素，分类逐户核定应纳所得税额或者应税所得率，保证同一区域内规模相当的同类或者类似企业的所得税税负基本相当。

查账与核定存在：

1. 计税依据不同

（1）核定征收按收入计算所得税。

（2）查账征收按利润计算所得税。

2. 要求不同

（1）查账征收要求：账簿、凭证、财务核算制度健全，能够据以如实核算，反映生产经营成果，正确计算应纳税款的纳税人。

（2）核定征规定：纳税人具有下列情形之一的，采取核定征收企业所得税：

①依照法律、行政法规的规定可以不设置账簿的；

②依照法律、行政法规的规定应当设置但未设置账簿的；

③擅自销毁账簿或者拒不提供纳税资料的；

④虽设置账簿，但账目混乱或者成本资料、收入凭证、费用凭证残缺不全，难以查账的；

⑤发生纳税义务，未按照规定的期限办理纳税申报，经税务机关责令限期申报，逾期仍不申报的；

⑥申报的计税依据明显偏低，又无正当理由的。

【知识小结】

税款征收

<table>
<tr><td>查账征收</td><td colspan="2">适用范围：财务会计制度健全、能如实提供生产经营情况、正确计算应纳税款的纳税人</td></tr>
<tr><td>查定征收</td><td colspan="2">适用范围：生产经营规模较小、产品零星、税源分散、会计账册不健全的小型厂矿和作坊（小型生产型企业）</td></tr>
<tr><td>查验征收</td><td colspan="2">适用范围：财务制度不健全，生产经营不固定，零星分散、流动性大的纳税人（小型非生产型纳税人）</td></tr>
<tr><td>定期定额征收</td><td colspan="2">适应范围：小型没建账的个体工商户</td></tr>
<tr><td>代扣代缴</td><td colspan="2">付款时扣税（个人所得税）</td></tr>
<tr><td>代收代缴</td><td colspan="2">收款时收税（受托加工应税消费品）</td></tr>
<tr><td>委托代征</td><td colspan="2">受托单位按税务机关核发的代征证书的要求，以税务机关的名义向纳税人征收一些零散税款的征收方式</td></tr>
<tr><td>其他方式</td><td colspan="2">邮寄申报纳税、自计自填自缴、自报核缴</td></tr>
<tr><td rowspan="2">核定应纳税额</td><td>情形</td><td>没有建账或是乱账</td></tr>
<tr><td>方法</td><td>（1）参照当地同类行业或者类似行业中经营规模和收入水平相近的纳税人的税负水平核定
（2）按照营业收入或者成本加合理的费用和利润的方法核定
（3）按照耗用的原材料、燃料、动力等推算或者测算核定</td></tr>
</table>

【例 3-34 · 单选题】 在纳税人未设置会计账簿、擅自销毁账簿、拒绝提供纳税资料等情况下，税务机关应当采取的税款征收方式是(　　)。

A. 查验征收　　B. 查定征收

C. 定期定额征收　　D. 核定征收

【答案】 D

【解析】 核定征收适用于以下情况：①依照法律、行政法规的规定可以不设置账簿的；②依照法律、行政法规的规定应当设置但未设置账簿的；③擅自销毁账簿或者拒不提供纳税资料的；④虽设置账簿，但账目混乱或者成本资料、收入凭证、费用凭证残缺不全，难以查账的；⑤发生纳税义务，未按照规定的期限办理纳税申报，经税务机关责令限期申报，逾期仍不申报的；⑥申报的计税依据明显偏低，又无正当理由的。

（四）税收保全措施

1. 税收保全措施适用情形

税务机关有根据认为从事生产、经营的纳税人有逃避纳税义务行为的，可以在规定的纳税期限之前，责令限期缴纳应纳税款；在限期内若发现纳税人有明显的转移、隐匿其应纳税的商品、货物以及其他财产或应纳税收入的迹象，税务机关可以责成纳税人提供纳税担保。如果纳税人不能提供纳税担保，经县以上税务局（分局）局长批准，税务机关可以采取税收保全措施。税收保全措施的期限一般不超过6个月；重大案件需要延长的，应当报国家税务总局批准。

2. 税收保全的措施

（1）书面通知纳税人开户银行或者其他金融机构，冻结纳税人的金额相当于皮纳税款的存款；

（2）扣押、查封纳税人的价值相当于应纳税款的商品、货物或者其他财产。

3. 税收保全的解除

（1）纳税人在税务机关规定的限期内缴纳税款的，税务机关必须立即（税务机关收到税款或银行转回的完税凭证之日起24小时内）解除税收保全措施。纳税人在限期内已缴纳税款，税务机关未立即解除税收保全措施，使纳税人合法权益受损失的，税务机关应承担赔偿责任。

（2）限期期满仍未缴纳税款的，经县以上税务局（分局）局长批准，税务机关可以书面通知纳税人开户银行或者其他金融机构从其冻结的存款中扣缴税款，或依法拍卖或者变卖所扣押、查封的商品、货物或者其他财产，以拍卖或者变卖所得抵缴税款。

4. 不适用税收保全的财产

个人及其所扶养家属维持生活必需的住房和用品及单价在5 000元以内财物，不在税收保全措施的范围之内。

（五）税收强制执行措施

1. 税收强制执行措施的适用情形

纳税人、扣缴义务人未按规定期限缴纳或者解缴税款，纳税担保人未按规定的期限缴纳所担保的税款，经税务机关责令限期缴纳，逾期仍未缴纳的，经县以上税务局（分局）局长批准，税务机关可以采取强制执行措施。

2. 税收强制执行措施的形式

（1）书面通知其开户银行或者其他金融机构，从其存款中扣缴税款；

（2）依法拍卖或者变卖其价值相当于应纳税款的商品、货物或者其他财产，以拍卖或者变卖所得抵缴税款。税务机关采取强制执行措施时，对上述纳税人、扣缴义务人、纳税担保人未缴纳的滞纳金同时强制执行。

个人及其所扶养的家属维持生活必需的住房和用品及单价在5 000元以内生活用品，不在税收强制执行措施的范围之内。

【知识小结】

税收保全与税收强制执行

批准		经县以上税务局（分局）局长批准
税收保全措施	前提	税务机关责令具有税法规定情形的纳税人提供纳税担保而纳税人拒绝或无力提供担保
	具体措施	（1）书面通知纳税人开户银行或者其他金融机构冻结纳税人的金额相当于应纳税款的存款（冻结全部资金） （2）扣押、查封纳税人的价值相当于应纳税款的商品、货物或者其他财产（不是全部全部财产）
税收强制执行	前提	从事生产经营的纳税人、扣缴义务人未按照规定的期限缴纳税款，纳税担保人未按照规定的期限缴纳所担保的税款，由税务机关责令限期缴纳，逾期仍未缴纳
	具体措施	（1）书面通知其开户银行从其存款中扣缴税款 （2）扣押、查封、依法拍卖或者变卖其价值相当于应纳税款的商品、货物或者其他财产，以拍卖或者变卖所得抵缴税款，滞纳金同时强制执行
不适用的财产		个人及其所扶养家属维持生活必需的住房和用品，单价 5 000 元以下的其他生活用品

【例 3-35 · 单选题】税务机关对纳税人采取税收保全措施时，冻结的存款数额应当是（　　）。

A. 全部存款加上纳税人维持生活必需的住房和用品价值的金额

B. 纳税人应纳税款数额的两倍

C. 相当于纳税人应纳税款的数额

D. 全部存款

【答案】C

【解析】税务机关可以采取下列税收保全措施：（1）书面通知纳税人开户银行或者其他金融机构，冻结纳税人的金额相当于应纳税款的存款；（2）扣押、查封纳税人的价值相当于应纳税款的商品、货物或者其他财产。

（六）税款的退还与追征

1. 税款的退还

依据《税收征管法》第五十一条的规定，纳税人不论何种原因超过应纳税额多缴纳的税款，税务机关发现后应当立即退还；纳税人自结算缴纳税款之日起 3 年内发现的，可以向税务机关要求退还多缴的税款并加算银行同期存款利息，税务机关及时查实后应立即退还；涉及从国库中退库的，依照法律、行政法规有关国库管理的规定退还。如果纳税人在结清缴纳税款之日起 3 年后才向税务机关提出退还多缴纳税款要求的，税务机关将不予受理。

2. 税款的追征

《税收征管法》第五十二条规定，税务机关对超过纳税期限未缴或少缴税款的纳税人可以在规定的期限内予以追征。根据该条规定，税款的追征具体有以下三种情形：

（1）因税务机关的责任，致使纳税人、扣缴义务人未缴或者少缴税款的，税务机关在3年内可以要求纳税人、扣缴义务人补缴税款，但是不得加收滞纳金。

（2）因纳税人、扣缴义务人计算错误等失误，未缴或者少缴税款的，税务机关在3年内可以追征税款，并加收滞纳金；有特殊情况的（即数额在10万元以上的），追征期可以延长到5年。

（3）对因纳税人、扣缴义务人和其他当事人偷税、抗税、骗税等原因而造成未缴或者少缴的税款，或骗取的退税款，税务机关可以无限期追征。

（七）税务代理

1. 税务代理的概念

税务代理，是指代理人接受纳税主体的委托，在法定的代理范围内依法代其办理相关税务事宜的行为。税务代理人在其权限内，以纳税人（含扣缴义务人）的名义代为办理纳税申报，申办、变更、注销税务登记证，申请减免税，设置保管账簿凭证，进行税务行政复议和诉讼等纳税事项的服务活动。

2. 税务代理的特点

（1）公正性

（2）自愿性

（3）有偿性

（4）独立性

3. 税务代理的法定业务范围

税务代理的业务范围是指法律规定的税务代理人可以从事的税务代理事项。世界各国虽有不同规定，但基本原则是一致的，即委托人委托的税务代理事项。根据《税务代理业务规程》规定，纳税人、扣缴义务人可以将下列涉税业务委托税务代理人办理：

①办理税务登记、变更税务登记和注销税务登记；

②办理除增值税专用发票外的发票领购手续；

③办理纳税申报和扣缴税款报告；

④办理缴纳税款和申请退税手续；

⑤制作涉税文书；

⑥审查纳税情况；

⑦建账建制，办理账务；

⑧申请税务行政复议或税务行政诉讼；

⑨税务咨询，受聘税务顾问；

⑩国家税务总局规定的其他业务。

（八）税收法律责任

税收法律责任，是指税收法律关系的主体因违反税收法律规范所应承担的法律后果。

税收法律责任根据承担法律责任主体的不同，可分为纳税人的责任、扣缴义务人的责任、税务机关及其工作人员的责任；依其性质和形式不同，可分为行政责任和刑事责任。

1. 税收违法的行政处罚

税收违法行政处罚是指依法享有税务行政处罚权的税务机关依法对行政管理相对人违反税收法律、法规或规章，尚未构成犯罪的税务违法行为给予的一种税务行政制裁。

（1）责令限期改正；

（2）罚款；

（3）没收财产；

（4）收缴未用发票和暂停供应发票；

（5）停止出口退税权。

2. 税收违法的刑事处罚

（1）拘役；

（2）判处徒刑；

（3）罚金；

（4）没收财产。

（九）税务行政复议

税务行政复议是指当事人（纳税人、扣缴义务人、纳税担保人及其他税务当事人）对税务机关及其工作人员作出的税务具体行政行为不服，依法向上一级税务机关（复议机关）提出申请，复议机关对具体行政行为的合法性、合理性作出裁决。

当事人对税务机关的处罚决定逾期不申请行政复议，也不向人民法院起诉，又不履行的，作出处罚决定的税务机关可以采取强制性措施，或者申请人民法院强制执行。

1. 复议范围

税务行政复议的范围，即税务行政复议的受案范围。它既是公民、法人和其他组织可以申请税务行政复议的范围，也是复议机关有复议审查权的税务行政行为的范围或受理税务行政复议案件的范围。

（1）征税行为，包括确认纳税主体、征税对象、征税范围、减税、免税、退税、抵扣税款、适用税率、计税依据、纳税环节、纳税期限、纳税地点和税款征收方式等具体行政行为，征收税款、加收滞纳金，扣缴义务人、受税务机关委托的单位和个人作出的代扣代缴、代收代缴、代征行为等。

（2）行政许可、行政审批行为。

（3）发票管理行为，包括发售、收缴、代开发票等。

（4）税收保全措施、强制执行措施。

（5）行政处罚行为：罚款；没收财物和违法所得；停止出口退税权。

（6）不依法履行下列职责的行为：颁发税务登记；开具、出具完税凭证、外出经营活动税收管理证明；行政赔偿；行政奖励；其他不依法履行职责的行为。

（7）资格认定行为。

（8）不依法确认纳税担保行为。

（9）政府信息公开工作中的具体行政行为。

（10）纳税信用等级评定行为。

（11）通知出入境管理机关阻止出境行为。

（12）其他具体行政行为。

申请人对复议范围中第（1）项规定的行为不服的，应当先向复议机关申请行政复议，对复议决定不服的，可以再向人民法院提起行政诉讼。对第（1）项规定以外的其他具体行政行为不服的，可以申请行政复议，也可以直接向人民法院提起行政诉讼。

2. 复议管辖

（1）对省级以下各级国家税务局作出的税务具体行政行为不服的，向其上一级机关申请行政复议；对省级国家税务局作出的税务具体行政行为不服的，向国家税务总局申请行政复议。

（2）对国家税务总局作出的具体行政行为不服的，向国家税务总局申请行政复议。对行政复议决定不服的，可向人民法院提起行政诉讼；也可以向国务院申请裁决，国务院裁决为终局裁决。

（3）对各级地方税务局作出的税务具体行政行为不服的，可以向其上一级地方税务机关或该税务局的本级人民政府申请行政复议；省、自治区、直辖市人民代表大会及其常务委员会、人民政府对地方税务局的行政复议管辖另有规定的，从其规定。

3. 行政复议时效

行政复议的复议机关应当自受理申请之日起60日内做出行政复议决定。

4. 行政复议决定的效力

税务行政复议决定书一经送达，即产生法律效力。

学习情境四　熟悉并应用财政管理法律制度

【任务描述】

通过本学习情景的学习，让学生熟悉政府预算管理规范，掌握明确预算管理的职权划分及预算组织程序、政府采购的执行模式及方式，并在此基础上能对一般的政府采购行为进行正确的分析和判断。同时对财政收入收缴，财政支付的方式和程序能熟练运用。

【技能目标】

1. 能知晓政府预算形式及基本组织核算
2. 能模拟参与政府采购活动
3. 能规范操作国库收支的各项程序

【知识目标】

1. 预算法律制度的构成
2. 国家预算构成
3. 预算管理职权
4. 预算管理职权
5. 政府采购的概念及原则
6. 政府采购执行模式
7. 政府采购的方式
8. 政府采购当事人
9. 国库单一账户体系的构成
10. 财政收入收缴方式和程序
11. 财政支出方式和程序

【情境导入】

某省举行大型扶贫物资采购，总金额为500万元，因为时间紧急，若采用公开招标的方式，无法满足采购需求，因此采购中心接到任务后，考虑到该批货物规格，标准统一，且现货货源充足，经中心领导研究，决定采用询价采购的方式，并迅速成立了项目小组，以最快的速度发出了询价单，询价单明确规定最低价成交。5天后，采购大会如期举行，除了有关部门领导到场外，质检、监察以及采购办均派人参加了大会，并进行了全程监督。在采购过程中，根据会场领导要求，采购中心组织的专家组员与每位供应商进行了谈判，同时还要求他们对自己在询价单上的报价做出了相应的调整。报价结束后，根据各供应商二次报价的情况及各单位的资质情况，专家组进行了综合评分，并根据得分的高低向领导小组推举本次采购各个分包项目中标候选人，圆满完成了采购任务。请问：该采购中心的采购做法是否规范合法？

任务一　熟悉预算管理规范

子任务一　预算法律制度的构成

预算，又称国家预算，是指国家对会计年度内的收入和支出的预先结算。

预算法律制度是指国家经过法定程序制定的，调整国家在进行国家预算资金的筹措、分配、使用和管理过程中发生的经济关系的法律规范的总称。预算法律制度在财政法中处于核心地位。我国的预算法律制度由《预算法》、《预算法实施条例》以及有关国家预算管理的其他法规制度构成。

（一）《预算法》

《中华人民共和国预算法》自 1995 年 1 月 1 日起施行。是我国第一部财政基本法律，由全国人民代表大会制定，是我国国家预算管理工作的根本性法律，是制定其他预算法规的基本依据。

（二）《预算法实施条例》及其他法规制度

1. 《中华人民共和国预算法实施条例》由国务院于 1995 年 11 月 2 日制定并通过，共八章 79 条；该条例自 1995 年 11 月 22 日实施，是《预算法》有关规定的具体和细化。《中华人民共和国预算法实施条例》包括总则、预算收支范围、预算编制、预算执行、预算调整、决算、监督和附则。

2. 其他法规：《关于加强预算外资金管理的决定》《预算外资金管理实施办法》《政府采购法》。

【知识小结】

预算法律制度的构成

预算法律体系	通过时间	施行时间	地位
《预算法》	1994. 3. 22	1995. 1. 1	在财政法的体系中处于核心地位
《预算法实施条例》	1995. 11. 2	1995. 11. 22	
其他与预算有关的法规制度			

子任务二　国家预算

（一）国家预算的概念

国家预算也叫政府预算，是指经法定程序批准的、国家在一定期间内预定的财政收支计划，是国家进行财政分配的依据和宏观调控的重要手段。

我国国家预算是具有法律效力的基本财政计划，是国家为了实现政治经济任务，有计划的集中和分配财政收入的重要工具，是国家经济政策的反映。

（二）国家预算的作用

国家预算作为财政分配和宏观调控的主要手段，具有分配、调控和监督职能。主要包括三个方面：

1. 财力保证作用。国家预算既是保障国家机器运转的物质条件，又是政府实施各项社会经济政策的有力保证。

2. 调节制约作用。国家预算作为国家的基本财政计划，是国家财政实行宏观控制的主要依据和主要手段。国家预算的收支规模可调节社会总供给和总需求的平衡，预算支出的结构可调节国民经济结构，因而国家预算的编制和执行情况对国民经济和社会发展都有直接的制约作用。

3. 反映监督作用。通过国家预算的编制和执行便于掌握国民经济的运行状况、发展趋势以及出现的问题，从而采取对策措施，促进国民经济稳定协调发展。

【例题 4-1 · 单选题】国家预算既是保障国家机器运转的物质条件，又是政府实施各项社会经济政策的有效保证，体现的是国家预算的(　　)。

A. 制约作用　　B. 反映监督作用

C. 财力保证作用　　D. 调节作用

【答案】C

【解析】国家预算的作用有：财力保证作用、调节制约作用、反映监督作用

（三）国家预算的级次划分

1. 一级政府一级预算。

2. 我国的国家预算共分为五级，具体为：

（1）中央预算；

（2）省级（省、自治区、直辖市）预算；

（3）地市级（设区的市、自治州）预算；

（4）县市级（县、自治县、不设区的市、市辖区）预算；

（5）乡镇级（乡、民族乡、镇）预算。

这五个级次的预算，除中央预算外，其他四个级次的预算都称为地方预算。

【例 4-2 · 单选题】根据我国的政权结构，可以把我国的预算分为(　　)。

A. 6 级　　B. 3 级

C. 4 级　　D. 5 级

【答案】D

【解析】我国的国家预算共分为五级，一级政府一级预算。

（四）国家预算的构成

1. 我国的国家预算，根据政府层次不同可以分为中央预算、地方预算

(1) 中央预算，是指中央政府预算，由中央各部门（含直属单位）的预算组成。中央预算包括地方向中央上缴的收入数额和中央对地方返还或者给予补助的数额。

所谓“中央各部门”，是指与财政部直接发生预算缴款、拨款关系的国家机关、军队、政党组织和社会团体所谓“直属单位”，是指与财政部直接发生预算缴款、拨款关系的企业和事业单位。

(2) 地方预算各地地方政府总预算的统称，是国家预算的有机组成部分。

财政部门是具体负责国家预算编制，执行和决算工作的职能部门。

地方各级政府预算包括下级政府向上级政府上缴的收入数额和上级政府对下级政府返还或者给予补助的数额。由各省、自治区、直辖市总预算组成，包括下级政府向上级政府上缴的收入数额和上级政府对下级政府返还或者给予补助的数额。

【例 4-3 · 多选题】我国的预算包括(　　)。

A. 地方预算　　B. 中央预算

C. 地区预算　　D. 跨境预算

【答案】AB

【解析】我国的国家预算，根据国家政权结构和行政区划的不同，可以分为中央预算、地方预算、各级总预算和部门预算、单位预算。

2. 按照收支管理范围，国家预算可以分为总预算和部门单位预算

(1) 总预算。

总预算是指政府的财政汇总预算。地方各级总预算由本级预算和汇总的下一级总预算组成，由财政部门负责编制。下一级只有本级预算的，下一级总预算即指下一级的本级预算；没有下一级预算的，总预算即指本级预算。

(2) 部门单位预算。

部门单位预算是指部门、单位的收支预算。各部门预算由本部门所属各单位预算组成。单位预算是指列入部门预算的国家机关、社会团体和其他单位的收支预算。部门单位预算是总预算的基础，其预算收支项目比较详细和具体，它由各预算部门和单位编制。

部门预算是市场经济国家财政预算管理的基本组织形式，其内涵包括：

①部门作为预算编制的基础单元。财政预算以部门编制预算为起点，即从基层单位开始编制预算。

②国家预算要落实到每个具体部门，预算管理以部门为依托从根本上改变财政资金按性质归口管理的传统做法，预算实现了将各类不同性质的财政资金统一编制到使用相关资金的部门。

③部门限定为那些与财政直接发生经费领拨关系的一级预算单位。

【例 4-4】下列各项中，不符合《预算法》规定的是(　　)。

A. 下一级只有本级预算的，下一级总预算即指下一级的本级预算

B. 中央预算是指中央政府预算，由中央各部门的预算组成，但不含其直属单位的预算

C. 各部门预算由本部门所属各单位预算组成

D. 总预算是指政府的财政汇总预算

【答案】B

【解析】中央预算，是指中央政府预算，由中央各部门（含直属单位）的预算组成。

3. 按照预算收支的内容，可分为一般公共预算、政府性基金预算、国有资本经营预算、社会保险基金预算

（1）一般公共预算是对以税收为主体的财政收入、安排用于保障和改善民生、推动经济社会发展、维护国家安全、维持国家机构正常运转等方面的收支预算。

（2）政府性基金预算是对依照法律、行政法规的规定在一定期限内向特定对象征收、收取或者以其他方式筹集的资金，专项用于特定公共事业发展的收支预算。

（3）国有资本经营预算是对国有资本收益作出支出安排的收支预算。

（4）社会保险基金预算是对社会保险缴款、一般公共预算安排和其他方式筹集的资金，专项用于社会保险的收支预算。

【知识小结】

国家预算

作用	财力保证作用、调节制约作用、反映监督作用	
级次划分	一级政府一级预算	
	五级：中央，省（省、自治区、直辖市），地市（设区的市、自治州），地县（县、自治县、不设区的市、市辖区），乡（乡民族乡、镇）	
构成	中央预算	由中央各部门（含直属单位）的预算组成
	地方预算	由省、自治区、直辖市的总预算
	总预算	由本级政府预算和汇总的下一级总预算组成
	部门单位预算	由本部门所属各单位预算组成，部门预算是一项综合预算

子任务三 预算管理的职权

根据统一领导、分级管理、权责结合的原则，《预算法》明确地规定了各级人民代表大会及其常务委员会、各级政府、各级财政部门和各部门、各单位的预算职权。

（一）各级人民代表大会的职权

1. 全国人民代表大会的职权

（1）审查中央和地方预算草案及中央和地方预算执行情况的报告；

（2）批准中央预算和中央预算执行情况的报告；

（3）改变或者撤销全国人民代表大会常务委员会关于预算、决算的不适当的决议。

2. 全国人民代表大会常务委员会的职权

（1）监督中央和地方预算的执行；

（2）审查和批准中央预算的调整方案；

（3）审查和批准中央决算；

（4）撤销国务院制定的同《宪法》、法律相抵触的关于预算、决算的行政法规、决定和命令；

（5）撤销省、自治区、直辖市人民代表大会及其常务委员会制定的同《宪法》、法律和行政法规相抵触的关于预算、决算的地方性法规和决议。

3. 县级以上地方各级人民代表大会的职权

（1）审查本级总预算草案及本级总预算执行情况的报告；

（2）批准本级预算和本级预算执行情况的报告；

（3）改变或者撤销本级人民代表大会常务委员会关于预算、决算的不适当的决议；

（4）撤销本级政府关于预算、决算的不适当的决定和命令。

4. 县级以上地方各级人民代表大会常务委员会的职权

（1）监督本级总预算的执行；

（2）审查和批准本级预算的调整方案；

（3）审查和批准本级政府决算（以下简称本级决算）；

（4）撤销本级政府和下一级人民代表大会及其常务委员会关于预算、决算的不适当的决定、命令和决议。

5. 乡、民族乡、镇的人民代表大会的职权

（1）审查和批准本级预算和本级预算执行情况的报告；

（2）监督本级预算的执行；

（3）审查和批准本级预算的调整方案；

（4）审查和批准本级决算；

（5）撤销本级政府关于预算、决算的不适当的决定和命令。

【例 4-5】根据《预算法》的规定，下列各项中，负责批准中央预算执行情况报告的是（　　）。

A. 全国人民代表大会常务委员会

B. 全国人民代表大会

C. 国务院财政部门

D. 国务院审计部门

【答案】B

【解析】全国人民代表大会审查中央和地方预算草案及中央和地方预算执行情况的报告；批准中央预算和中央预算执行情况的报告；改变或者撤销全国人民代表大会常务委员会关于预算、决算的不适当的决议。

【例 4-6】根据《预算法》的规定，下列各项中，有权撤销本级政府和下一级人民代表大会及其常务委员会关于预算、决算的不适当的决定、命令和决议的是（　　）。

A. 本级人民代表大会常务委员会

B. 本级政府审计部门

C. 本级人民代表大会

D. 本级政府财政部门

【答案】A

【解析】县级以上地方各级人民代表大会常务委员会的职权，撤销本级政府和下一级人民代表大会及其常务委员会关于预算、决算的不适当的决定、命令和决议。

（二）各级财政部门的职权

1. 国务院财政部门的职权

（1）具体编制中央预算、决算草案；

（2）具体组织中央和地方预算的执行；

（3）提出中央预算预备费动用方案；

（4）具体编制中央预算的调整方案；

（5）定期向国务院报告中央和地方预算的执行情况。

2. 地方各级政府财政部门的职权

（1）具体编制本级预算、决算草案；

（2）具体组织本级总预算的执行；

（3）提出本级预算预备费动用方案；

（4）具体编制本级预算的调整方案；

（5）定期向本级政府和上一级政府财政部门报告本级总预算的执行情况。

【例 4-7 · 多选题】下列(　　)属于全国人民代表大会的预算管理职权。

A. 审查中央和地方预算草案及中央和地方预算执行情况的报告

B. 组织中央和地方预算执行

C. 批准中央预算和中央预算执行情况的报告

D. 改变或者撤销全国人民代表大会常务委员会关于预算、决算的不适当的决议

【答案】ACD

【解析】选项 B 是国务院财政部门的职责。

【例 4-8 · 单选题】下列不属于县级以上地方各级人民代表大会的预算管理职权的是(　　)。

A. 改变或者撤销全国人民代表大会常务委员会关于预算、决算的不适当的决议

B. 撤销本级政府关于预算、决算的不适当的决定和命令

C. 审查本级总预算草案及本级总预算执行情况的报告

D. 批准本级预算和本级预算执行情况的报告

【答案】A

【解析】改变或者撤销全国人民代表大会常务委员会关于预算、决算的不适当的决议属于全国人民代表大会的职权。

【例 4-9】下列各项中不属于《预算法》规定的国务院财政部门的职权的是(　　)。

A. 具体编制中央预算和决算草案

B. 具体组织中央和地方预算执行

C. 提出中央预备费动用方案

D. 具体编制地方预算的调整方案

【答案】 D

【解析】 国务院财政部门的职权：具体编制中央预算、决算草案；具体组织中央和地方预算的执行；提出中央预算预备费动用方案；具体编制中央预算的调整方案；定期向国务院报告中央和地方预算的执行情况。所以选项D是正确的，具体编制地方预算的调整方案属于地方各级政府财政部门的职权，不属于国务院财政部门的职权。

（三）各部门、各单位的职权

1. 各部门的职权

（1）编制本部门预算、决算草案；

（2）组织和监督本部门预算的执行；

（3）定期向本级政府财政部门报告预算的执行情况。

2. 各单位的职权

（1）编制本单位预算、决算草案；

（2）按照国家规定上缴预算收入，安排预算支出；

（3）接受国家有关部门的监督。

【例4-10】 下列各项中，不属于《预算法》规定的各部门预算职权的是(　　)。

A. 编制本部门预算和决算草案

B. 组织和监督部门预算的执行

C. 确定本部门预算的调整方案

D. 定期向本级政府财政部门报告预算的执行情况

【答案】 C

【解析】 各部门职权主要包括：编制本部门预算、决算草案；组织和监督本部门预算的执行；定期向本级政府财政部门报告预算的执行情况。

【知识小结】

预算管理职权

<table>
<tr><td>各级人民代表大会</td><td>审查权、批准权、变更撤销权</td></tr>
<tr><td>各级人大常委会</td><td>监督权、审批权、撤销权</td></tr>
<tr><td rowspan="2">注意问题</td><td>设立预算的乡、民族乡、镇，因不设立人大常委会，所以人大的职权中还包括由人大常委会行使的监督权等</td></tr>
<tr><td>审查权：上级审查下级，人大审预算和决算，常委会审调整和执行
批准权：各级批各级，审什么批什么
撤销权：按级别依次撤销不能越级
监督权：监督权仅仅指对预算执行的监督</td></tr>
<tr><td>各级财政部门</td><td>编制权、执行权、提案权、报告权（具体工作）</td></tr>
</table>

续表

各部门、各单位	编制、执行本部门、本单位预算、决算草案 按照国家规定上缴预算收入，安排预算支出 接受国家有关部门的监督，定期向本级政府财政部门报告执行情况

子任务四　预算收入与预算支出

根据预算法规定，国家预算由预算收入和预算支出组成。

（一）预算收入

1. 按来源划分：

（1）税收收入；（主要收入来源，90%以上来源于此项）

（2）依照规定应当上缴的国有资产收益；国有资产有偿使用收入，是指各部门和各单位占有、使用和依法处分境内外国有资产产生的收益，依照国家有关规定应当上缴的部分；

（3）专项收入，是指根据特定需要由国务院批准或者经国务院授权由财政部批准，设置、征集和纳入预算管理、有专项用途的收入；

（4）转移性收入；

（5）其他收入。其他收入是指不属于上述的各项收入，包括各种规费收入、罚没收入等。

2. 预算收入按其归属，可分为：

（1）中央预算收入。

中央预算收入，是指按照分税制财政管理体制，纳入中央预算、地方不参与分享的收入，包括中央本级收入和地方按照规定向中央上缴的收入。

（2）地方预算收入。

地方预算收入，是指按照分税制财政管理体制，纳入地方预算、中央不参与分享的收入，包括地方本级收入和中央按照规定返还或者补助地方的收入。

（3）中央和地方预算共享收入。

中央和地方预算共享收入，是指按照分税制财政管理体制，中央预算和地方预算对同一税种的收入，按照一定划分标准或者比例分享的收入。

【例 4-11】下列各项中，属于《预算法》规定的中央预算收入的有（　　）。

A. 地方按照规定向中央上缴的收入

B. 中央本级收入

C. 地方本级收入

D. 中央和地方共享收入中按照一定标准或者比例划归地方预算的收入

【答案】AB

【解析】中央收入包括中央本级收入和地方按照规定向中央上缴的收入。

（二）预算支出

预算支出，是指国家对集中的预算收入有计划地分配和使用而安排的支出。

1. 按照内容划分：

（1）经济建设支出；

（2）科教文卫体等事业发展支出；

（3）国家管理费用支出；

（4）国防支出；

（5）各项补贴支出；

（6）其他支出，如：国家物资储备支出、少数民族地区补助费支出等。

【例 4-12 · 多选题】我国《预算法》规定的预算支出形式包括（　　）。

A. 经济建设支出

B. 教育、科学、文化、卫生、体育等事业发展支出

C. 国家管理费用支出

D. 国防支出

【答案】ABCD

【解析】预算支出按照内容可以分为：（1）经济建设支出；（2）科、教、文、卫、体等事业发展支出；（3）国家管理费用支出；（4）国防支出；（5）各项补贴支出；（6）其他支出。

2. 按支出级次划分：

（1）中央预算支出，是按照分税制财政管理体制，由中央财政承担并列入中央预算的支出；

（2）地方预算支出，是按照分税制财政管理体制，由地方财政承担并列入地方预算的支出。

【知识小结】

预算收入和预算支出

预算收入	按来源划分	税收收入；依照规定应当上缴的国有资产收益；专项收入；转移性收入；其他收入（罚没、规费）
	按分享程度划分（归属）	中央预算收入、地方预算收入、中央和地方预算共享收入
预算支出	按内容划分	经济建设支出（最主要的支出）、事业发展支出、国家管理费用支出、国防支出、各项补贴支出、其他支出等
	按级次划分	中央预算支出、地方预算支出

子任务五 预算组织程序

预算组织程序，是指国家在预算管理方面依序进行的各个工作环节所构成的有秩序活动的总体。包括预算的编制、审批、执行和调整四个环节。

（一）预算的编制

编制预算草案的具体事项由财政部负责部署，中央预算和地方各级政府预算按照复式预算编制，分为政府公共预算、国有资产经营预算、社会保障预算和其他预算。各级预算收入的编制应当与国民生产总值的增长率相适应。

1. 预算年度

我国国家预算年度采取公历年制，预算年度自公历1月1日起至12月31日止。

各级预算应当根据年度经济社会发展目标、国家宏观调控总体要求和跨年度预算平衡的需要，参考上一年预算执行情况、有关支出绩效评价结果和本年度收支预测，按照规定程序征求各方面意见后，进行编制。

各级预算收入的编制，应当与经济社会发展水平相适应，与财政政策相衔接。各级政府、各部门、各单位应当依照本法规定，将所有政府收入全部列入预算；不得隐瞒、少列。

各级预算支出应当依照预算法规定，按其功能和经济性质分类编制。各级预算支出的编制，应当贯彻勤俭节约的原则，严格控制各部门、各单位的机关运行经费和楼堂馆所等基本建设支出。

各级一般公共预算支出的编制，应当统筹兼顾，在保证基本公共服务合理需要的前提下，优先安排国家确定的重点支出。各级一般公共预算应当按照本级一般公共预算支出额的百分之一至百分之三设置预备费，用于当年预算执行中的自然灾害等突发事件处理增加的支出及其他难以预见的开支。

2. 预算草案的编制依据：参考上一年预算执行情况和本年度收支预测进行编制

（1）各级政府编制年度预算草案的依据包括：

①法律、法规；

②国民经济和社会发展计划、财政中长期计划以及有关的财政经济政策；

③本级政府的预算管理职权和财政管理体制确定的预算收支范围；

④上一年度预算执行情况和本年度预算收支变化因素；

⑤上级政府对编制本年度预算草案的指示和要求。

（2）各部门、各单位编制年度预算草案的依据包括：

①法律、法规；

②本级政府的指示和要求以及本级政府财政部门的部署；

③本部门、本单位的职责、任务和事业发展计划；

④本部门、本单位的定员定额标准；

⑤本部门、本单位上一年度预算执行情况和本年度预算收入。

3. 预算草案的编制内容

中央预算和地方各级政府预算按照复试预算编制（步骤由国务院制定）。

（1）中央预算的编制内容包括：

①本级预算收入和支出；

②上一年度结余用于本年度安排的支出；

③返还或者补助地方的支出；

④地方上解的收入。

（2）地方各级政府预算的编制内容：

①本级预算收入和支出；

②上一年度结余用于本年度安排的支出；

③上级返还或者补助的收入；

④返还或者补助下级的支出；

⑤上解上级的支出；

⑥下级上解的收入。

（二）预算的审批

1. 审批（人民代表大会）

中央预算由全国人民代表大会审查和批准。国务院在全国人民代表大会举行会议时，向大会作关于中央和地方预算草案的报告。

地方各级政府预算由本级人民代表大会审查和批准。地方各级政府在本级人民代表大会举行会议时，向大会作关于本级总预算草案的报告。

2. 批复（政府财政部门）

各级政府预算经本级人民代表大会批准后，本级政府财政部门应当及时向本级各部门批复预算。各部门应当及时向所属各单位批复预算。

全国人大批准中央预算 30 日财政部批复中央各部门预算；

财政部批复本部门预算 15 日中央各部门批复所属各单位预算。

本级人大批准中央预算 30 日县级以上地方各级政府财政部门批复中央各部门预算；

各地政府财政部批复本部门预算 15 日地方各部门批复所属各单位预算。

3. 备案（预算上报备案）

预算批准后要及时向国家机关备案。

【例 4-13 · 单选题】地方各级政府预算由（　　）审查和批准。

A. 上级人民政府

B. 本级人民政府

C. 本级人民代表大会

D. 本级人民代表大会常委会

【答案】C

【解析】地方各级政府预算由本级人民代表大会审查和批准。

（三）预算的执行

预算执行工作是实现预算收支任务的关键步骤，也是整个预算管理工作的中心环节。

各级预算由本级政府组织执行，具体工作由本级政府财政部门负责。各部门、各单位是本部门、本单位的预算执行主体，负责本部门、本单位的预算执行，并对执行结果负责。

1. 预算收入执行

各级财政、税务、海关等预算收入征收部门依法组织预算收入，及时缴入中央和地方国库，不得截留、占用、挪用或拖欠。

任何单位和个人不得擅自决定减征、免征、缓征应征的预算收入。

2. 预算支出的执行

各级政府财政部门在执行预算支出时应遵循三个原则：（1）按照预算拨付；（2）按照规定的预算级次和程序拨款；（3）按照进度拨款。

3. 国库的设置与管理

（1）概念：国库是办理预算收入的收纳、划分、留解和库款支拨的专门机构，分为中央国库和地方国库；

（2）设置：县级以上各级预算必须设立国库；具备条件的乡、民族乡、镇也应当设立国库。

（3）中央国库业务由中国人民银行经营与管理，接受财政部的指导和监督，对中央财政负责。

地方国库业务依照国务院有关规定办理，接受本级政府财政部门的指导和监督，对地方财政负责，并报财政部和中国人民银行备案。

（4）各级国库库款的支配权属于本级政府财政部门。

（5）中央预算收入、中央和地方预算共享收入退库的审批权属于本级政府财政部门。

4. 财政执行情况的报告

政府财政部门每月向本级政府报告预算执行情况。

省、自治区、直辖市政府财政部门按下列说明向财政部报告本行政区域预算执行情况：

（1）预算收支旬报：每旬终了后3日内；

（2）预算收支月报：每月终了后5日内；

（3）每月预算收支执行情况文字说明材料：每月终了后10日内；

每季预算收支执行情况文字说明材料：季度终了后15日内；

（4）年报（年度决算的变动事项），依照预算法和有关规定执行。

【例4-14·多选题】我国预算执行的主体包括（　　）。

A. 各级政府

B. 各级政府财政部门

C. 各级政府预算收入征收部门

D. 国家金库

【答案】ABCD

【解析】各级预算由本级政府组织执行，具体工作由本级政府财政部门负责。各部门、各单位是本部门、本单位的预算执行主体，负责本部门、本单位的预算执行，并对执行结果负责。

（四）预算的调整

预算调整是指经全国人大批准的中央预算和地方各级人大批准的本级预算，在执行中因特殊情况需要增加支出或减少收入，使原批准的收支平衡的预算的总支出超过总收入，或使原批准的预算中举借债务的数额增加的部分的变更。

1. 预算调整方案的审批

县级以上包括中央，由人大常委会审批；乡、民族乡、镇政府预算的调整方案必须提请本级人民代表大会审查和批准。未经批准，不得调整预算。

2. 预算调整方案的备案

地方各级政府预算的调整方案经批准后，由本级政府报上一级政府备案。

3. 不属于预算调整的范围

在预算执行中，因上级政府返还或者给予补助而引起的预算收支变化，不属于预算调整。

接受返还或者补助款项的县级以上地方各级政府应当向本级人民代表大会常务委员会报告有关情况；乡镇级别的，向本级人民代表大会报告有关情况。

【知识小结】

预算组织程序

<table>
<tr><td colspan="3">四个环节：编制、审批、执行、调整</td></tr>
<tr><td rowspan="2">编制</td><td>预算年度</td><td>公历1月1日至12月31日</td></tr>
<tr><td>预算编制依据</td><td>中央预算和地方各级政府预算：参照上一年预算执行情况和本年度收支预测进行编制
各部门各单位：参照本部门、本单位上一年度预算执行情况和本年度预算收支变化因素</td></tr>
<tr><td rowspan="2">审批</td><td rowspan="2">人民代表大会审批</td><td>中央预算由全国人民代表大会审查和批准</td></tr>
<tr><td>地方各级政府预算由本级人民代表大会审查和批准</td></tr>
<tr><td>执行</td><td>执行部门</td><td>各级政府（组织者），各级政府财政部门（管理者），预算收入征收部门（收钱的），财政支出部门（花钱的）、国库（存钱的）</td></tr>
<tr><td rowspan="2">调整</td><td>调整原因</td><td>（1）增加支出
（2）减少收入
（3）总支出超过总收入
（4）原批准的预算中举借债务的数额增加</td></tr>
<tr><td>预算调整的审批</td><td>中央、县级以上地方各级政府预算调整方案提请本级人民代表大会常务委员会审批乡、民族乡、镇政府预算调整方案提请本级人民代表大会审批</td></tr>
</table>

子任务六 决 算

决算是指对年度预算收支执行结果的会计报告，是预算的执行结果，是国家管理预算活动的最后一道程序，包括决算报告和文字说明。

编制决算草案的具体事项，由国务院财政部门部署。

各部门对所属各单位的决算草案，应当审核并汇总编制本部门的决算草案，在规定的期限内报本级政府财政部门审核。

国务院财政部门编制中央决算草案，报国务院审定后，由国务院提请全国人民代表大会常务委员会审查和批准。

县级以上地方各级政府财政部门编制本级决算草案，报本级政府审定后，由本级政府提请本级人民代表大会常务委员会审查和批准。乡、民族乡、镇政府编制本级决算草案，提请本级人民代表大会审查和批准。

【例 4-15 · 多选题】 下列表述正确的有(　　)。

A. 由国务院财政部门编制的中央决算草案，经国务院审定后，由国务院提请全国人大批准

B. 由国务院财政部门编制的中央决算草案，由国务院提请全国人大常委会审批

C. 由县级以上地方各级政府财政部门编制的本级决算草案，经本级政府审定后，由本级人大常委会审批

D. 由乡级政府编制的决算草案，由本级人大审批

【答案】 BCD

【解析】 国务院财政部门编制中央决算草案，报国务院审定后，由国务院提请全国人民代表大会常务委员会审查和批准。

【知识小结】

决　算

内容	决算报告和文字说明
审批	中央决算草案：财政部编制→国务院审定→全国人民代表大会常务委员会审查和批准县级以上地方各级政府决算草案：本级财政部门编制→本级政府审定→本级人大常委员会审查和批准乡、民族乡、镇政府编制本级决算草案，提请本级人民代表大会审查和批准

子任务七 预决算的监督

预决算的监督，是指对各级政府预算的编制、预算执行、预算调整以及决算等活动的合法性和有效性实施的监督。它是财政监督的一个重要组成部分，是预算管理的重要内容。可分为立法机关的监督、行政机关的监督和政府专门机构的监督。

（一）立法机关的监督

1. 全国人民代表大会及其常务委员会对中央和地方预算、决算进行监督；

2. 县级以上地方各级人民代表大会及其常务委员会对本级和下级政府预算、决算进行监督；

3. 乡、民族乡、镇人民代表大会对本级预算、决算进行监督。

国务院和县级以上地方各级政府应当在每年 6 月至 9 月期间向本级人民代表大会常务委员会报告预算执行情况。

（二）各级政府部门的监督

各级政府监督下级政府的预算执行，下级政府应当定期向上一级政府报告预算执行情况。

（三）各级政府财政部门的监督

各级政府财政部门负责监督本级各部门及所属单位预算执行，并向本级政府和上级政府财政部门报告。

（四）各级政府审计部门的监督

各级政府审计部门对本级各部门、各单位和下级政府的预算执行、决算实行审计监督。

（五）社会监督

公民、法人或者其他组织发现有违反《预算法》的行为，可以依法向有关国家机关进行检举、控告。

【例 4-16 · 单选题】 对本级各部门、各单位和下级政府的预算执行、决算实施审计监督的部门是(　　)。

A. 各级政府财政部门

B. 各级政府

C. 各级政府审计部门

D. 上一级政府财政部门

【答案】 C

【解析】 各级政府审计部门对本级各部门、各单位和下级政府的预算执行、决算实行审计监督。

【知识小结】

预决算的监督

各级立法机关	全国人大及其常委会对中央和地方预算、决算进行监督 县级以上地方各级人大及其常委会对本级和下级政府预算、决算进行监督 乡、民族乡、镇人大对本级预算、决算进行监督

续表

各级政府	各级政府监督下级政府的预算执行
财政部门	各级政府财政部门负责监督检查本级各部门及其所属各单位预算的执行，并向本级政府和上一级政府财政部门报告预算执行情况
审计部门	各级审计机关对本级预算执行情况、对本级各部门和下级政府预算的执行情况和决算，进行审计监督
社会监督	公民、法人或者其他组织可以依法向有关国家机关进行检举、控告。

任务二　政府采购规范及应用

子任务一　政府采购法律制度的构成

（一）政府采购法

《政府采购法》于2002年6月29日颁布，自2003年1月1日起实施，包括总则、政府采购当事人、政府采购方式、政府采购程序、政府采购合同、质疑与投诉、监督检查、法律责任、附则共9章88条。《政府采购法》是规范我国政府采购活动的根本性法律，也是制定其他政府采购法规制度的基本依据。

（二）政府采购行政法规

《中华人民共和国政府采购法实施条例》2014年12月31日通过，2015年3月1日起施行。该条例共9章79条，对政府采购法的有关规定进行了细化。

（三）政府采购部门规章

国务院各部门颁布的一系列有关政府采购的部门规章。有《政府采购信息公告管理办法》、《中央单位政府采购管理实施办法》、《政府采购货物和服务招标投标管理办法》等。

（四）政府采购地方性法规和政府规章

政府采购地方性法规是指省、自治区、直辖市的人民代表大会及其常务委员会在不与法律、行政法规相抵触的情况下制定的规范性文件（一般都带有地名，比如《北京市政府采购办法》《上海市政府采购管理办法》《辽宁省政府采购管理规定》）。

子任务二　了解政府采购的概念

（一）政府采购内涵及范围

政府采购是指各级国家机关、事业单位和团体组织，使用财政性资金采购依法制定的集中采购目录以内的或者采购限额标准以上的货物、工程和服务的行为。

1. 政府采购的主体范围

政府采购的主体范围，是指政府采购法律应规范哪些社会主体的采购活动。我国是社会主义国家，生产资料以公有制形式为主。从理论上讲，凡是公共资金和财产的使用、消费都应由政府统一进行监督管理。政府采购作为公共资金和财产监督的一种形式，其实施范围应有所选择，即哪些公有性单位可以实行，哪些不能实行，应有划分标准。目前比较一致的认识是凡是吃"皇粮"的单位都应纳入政府采购之列。在我国，《政府采购法》规定，政府采购的主体主要指国家机关、事业单位、社会团体。国家机关是指各级党务机关、政府机关、人大机关、政协机关等；事业单位指依法设立的履行公共事业发展职能的机构和单位，如学校、医院、科研机构等；社会团体是指依法设立的由财政供养的从事公共社会活动的团体组织，如企业联合会、有关行业协会、民主党派等。

【例 4-17 · 判断题】国有企业的采购，不属于政府采购范围。(   )

【答案】✓

【解析】政府采购的主体是国家机关、事业单位和团体组织，不包括国有企业。

2. 政府采购的资金范围

采购资金的性质是确定采购行为是否属于政府采购制度规范范围的重要依据。我国过去颁布的相关制度和政策中，一般将政府采购资金的性质界定为财政预算内资金和预算外资金，在正式颁布的《政府采购法》中明确规定，政府采购资金为"财政性资金"。政府采购法律的这种规定，既体现了我国政府采购制度的特点，也反映了我国公共资金管理的特点。

为了有效地开展政府采购活动，建立规范的政府采购制度，必须准确地界定什么是"财政性资金"。按照财政部的现行规定，财政性资金是指预算内资金、预算外资金，以及与财政资金相配套的单位自筹资金的总和。按照 2001 年 2 月 28 日财政部和中国人民银行制定发布的《政府采购资金财政直接拨付管理暂行办法》第二条的规定，"政府采购资金是指采购机关获取货物、工程和服务时支付的资金，包括财政性资金（预算资金和预算外资金）和与财政性资金相配套的单位自筹资金。预算资金是指财政预算安排的资金，包括预算执行中追加的资金；预算外资金是指按规定缴入财政专户和经财政部门批准留用的未纳入财政预算收入管理的财政性资金；单位自筹资金是指采购机关按照政府采购拼盘项目要求，按规定用单位自有资金安排的资金。"

在我国，由于一些特殊的原因，不仅有预算内资金，还存在着大量的预算外资金。预算外资金是根据国家法律、法规和具有法律效力的规章收取、提取和安排使用的未纳入预算的财政性资金。按照预算外资金的特点，对预算外资金的管理和规范主要是"收支两条线"制度。在国外，政府采购的资金范围只限于财政性预算内资金。然而，在我国存在着预算外资金，这部分资金主要是履行国家职能时强制性收取的各种基金和规费，有着准税收的性质，属于财政性资金。因此，我国实行政府采购制度必须把这部分资金也纳入政府采购的资金范围之内。

实际上，政府部门和事业单位可能还存在一种既非预算内资金，又非预算外资金的资金，这种资金是否属于财政性资金，则需要针对实际情况加以分析。例如一些学校利用社会捐助进行学校建设，科学研究机构利用社会委托的课题费进行科研费用的支出，这并不属于财政性资金，因此，利用这些资金进行的采购，可以不在政府采购制度的约束范围以内。

【例 4-18 · 多选题】政府采购资金为财政性资金，包括(　　)。

A. 预算内资金

B. 预算外资金

C. 财政资金相配套的单位自筹资金

D. 财政资金相配套的单位向银行的贷款资金

【答案】ABC

【解析】财政性资金是指预算内资金、预算外资金，以及与财政资金相配套的单位自筹资金的总和。

(二) 政府集中采购目录和政府采购限额标准

1. 政府采购实行集中采购和分散采购相结合。集中采购的范围由省级以上人民政府公布集中采购目录确定。

2. 属于中央预算的政府采购项目，其集中采购目录和政府采购限额标准由国务院确定并公布；

3. 属于地方预算的政府采购项目，其集中采购目录和政府采购限额由省、自治区、直辖市人民政府或者其授权的机构确定并公布。纳入集中采购目录的政府采购项目，应当实行集中采购。

注意：没有纳入政府采购目录的，但是在采购限额标准以上的也需要集中采购。

【例 4-19 · 单选题】根据《政府采购法》的规定，下列各项中，可以确定并公布政府集中采购目录的是(　　)。

A. 乡镇级人民政府　　B. 省级以上人民政府

C. 地市级人民政府　　D. 县市级人民政府

【答案】B

【解析】政府集中采购目录和采购限额标准由省级以上人民政府确定并公布。

(三) 政府采购的对象范围

为了满足实现社会公共职能的需要，政府及其相关部门需要进行各种各样的采购。政府采购所涉及的对象包罗万象，既有有形的也有无形的，既有物品、工程还有技术，非常庞杂。为了便于管理和统计，国际上通行的做法是按其性质将采购内容分为三大类：货物、工程和服务。

货物是政府为发挥职能所采购的最常见的对象。我国《政府采购法》对货物的定义是：货物，是指各种形态和种类的物品，包括原材料、燃料、设备、产品等。这一规定与联合国贸易法委员会的《采购示范法》的定义大体一致。《采购示范法》除了提到“货物”指各种各样的物品，包括原料、产品、设备外，还提到了固态、液态或者气态的物体和电力，以及货物供应的附带服务，条件是附带服务的价值不超过货物本身的价值。

工程是指在地面上下新建、扩建、改建、修建、拆除、修缮或翻新构造物与其所属设备及改造自然环境的行为，包括建造房屋、兴修水利、改造环境、交通设施、铺设下水道等建筑项目。工程采购是政府采购的又一重要内容，世界各国都普遍把工程采购视为政府采购的重点对象。联合国贸易法委员会的《采购示范法》对工程的定义更为具体：工程是指与楼房和建筑物的建造、改建、拆除、修缮或翻新有关的一切工作，如土地平整、挖掘、架设、建造、设备或者材料安装、装饰和最后整修。此外，还包括根据采购合同随工程附带的服务，例如钻挖、绘图、卫星摄影、地震调查和其他类似服务，条件是这些服务的价值不超过工程本身的价值。

就政府采购的整体发展而言，货物和工程属于政府采购比较传统的和常见的项目，工程和货物以外的服务则是政府采购领域的新事项。我国的《政府采购法》对服务的定义是：服务是指货物和工程以外的其他政府采购对象，显然，这个定义是一种概括的表达。实际上，服务包括了极为广泛的内容，如各种交通、信息、医疗保健、社会保险、专利技术、会议、劳务等。一般来说，随着社会的进步和发展，政府用于服务方面的采购在整个采购中的比例将会逐步增加。

子任务三　政府采购的原则

（一）公开透明原则

透明性原则，有时也称公开性原则，它是指有关采购的法律、政策、程序和采购活动对社会公开，所有相关信息都必须公诸于众。在政府采购中贯彻这一原则使政府采购体制透明化，有助于提高政府采购的效率，减少和消除“暗箱操作”给国家和公民利益带来的损害，使得政府公共支出渠道更加通畅透明。

（二）公平竞争原则

对于公平竞争原则，我们可以从竞争性原则和公平性原则两方面分别进行考察。

1. 竞争性原则

政府采购的目标之一就是提高政府采购的效率，在市场经济条件下，实现这种目标的重要途径就是引入竞争机制，即最大限度地利用供应商之间的激烈竞争。供应商之间为争夺政府采购的定单而展开激烈的竞争，一方面可提高产品的质量，另一方面也能够降低产品的价格。国际政府采购规则都将竞争性原则作为政府采购的一条重要原则。当一国采购主体在其国家范围内进行采购时，引入竞争有利于打破地方市场的垄断，有利于市场在更大范围内配置资源。但同时，各国也应该谨慎国际竞争性招标，因为一国国内采购市场的开放，有可能会给本国民族产业带来毁灭性的后果，甚至让外国产品垄断本国关键性领域，这会危及国家的政治经济安全。

政府采购竞争的主要方式是招投标，由于这种方式充分体现了现代竞争规范——平等、信誉、正当合法，因此被誉为有组织的、公开的、规范化的高级竞争形式。政府采购中竞争原则主要是通过招标广告或竞争邀请来实现的。

政府采购与其他市场采购的一个重要区别就在于它不具有商业性，它的一个重要假设前提是：竞争价格是一种合理价格。政府采购利益需要通过供应商、承包商和服务提供者之间最大限度的竞争来实现。竞争可以促使政府采购形成对买方有利的的竞争局面，从而使政府采购主体采购到优质价廉的商品和服务，实现政府采购的目标。因此，竞争性原则是政府采购的一条重要原则。

2. 公平原则

政府采购公平性原则主要有两方面的内容，一是机会均等，二是待遇平等。机会均等是指政府采购应允许所有有兴趣参加投标的供应商、承包商、服务提供者参加竞争，这是它们依法享有的权利，政府采购主体不能无故将希望参加政府采购的承包商和供应商排斥在外。待遇平等是指，政府采购应对所有的参加者一视同仁，给予其同等的待遇，比如资格预审和投标评价对所有的投标人都使用同一标准；采购机构向所有投标人提供的信息都应一致；不应对国内或国外投标进行歧视等。

公平性原则是实现采购目标的重要保证。竞争只有建立在公平的基础上，才能发挥其最大的作用，因为只有在公平的基础上进行竞争，才能真正体现竞争给政府采购市场带来的活力，确保有实力和能力提供质优价廉产品或服务的投标商最终赢得标的，从而促进政府采购经济有效目标的实现。公平性的另一个重要表现是，合同的授予要兼顾政府采购社会目标的实现。由于在政府采购的竞争中，小企业、少数民族企业、困难企业等弱势实体处于相对不利的地位，如果按其实力，他们很难赢得政府采购合同。因此，在政府采购制度中，还应体现政府采购的国家政策，制定出一些规则和采取一些措施，使弱势经济实体也能通过竞争获得一部分政府采购合同，从而促进社会经济的协调发展。

（三）公正原则

公正原则主要指采购人应按照事先公布的原则对待所有的供应商，不偏袒和歧视任何供应商，不得滥用手中的权利。

从某种意义上来讲，“三公”原则是一个有机整体。公正平等原则是建立在公开和公平原则的基础上的，只有保证公开和公平原则的实现，才能使政府采购得到一个公正的结果。公正原则又是平等竞争的保证，公正原则主要是由政府采购管理机关、采购机关和中介机构来执行的，作为政府采购的管理机关，除制定统一的政策、法规和制度外，还必须坚持这些规则在执行中不偏不倚、一视同仁。因为政策、法规和制度都只是一些文字性的说明，很大一部分只是原则性的规定，没有很具体、很详细的解释。因此，不同管理者，在不同时间，对不同的对象，都有可能出现不同的理解，在执法的掌握尺度上就会有所不同。为了避免这种差异可能导致的不公正性，管理机关应尽可能要统一思想和认识，统一执法的尺度，尽量要做到公正合理。作为采购机关，要达到公正原则，首先必须对各供应商提出相同的供货标准和采购需求信息，对物品的验收要实事求是、客观公正、严格执行合同的标准，不得对供应商提出合同以外苛刻的要求或不现实的条件。作为政府采购的中介机构，主要是参与采购中的开标和评价，因此贯彻公正原则必须体现在开标和评标的过程中。在评标时，对各供应商提供的标书进行客观、科学的评价，既要看到各种标的优点，也要指出其缺陷和不足，尽可能采用评分的方法进行评价，用分数的高低来评出优劣及等次，为决标提供有说服力的依据，尽量使各供应商满意，得到真正的公正结果。

（四）诚实信用原则

市场经济既是法制经济也是信用经济，需要以当事人的诚实信用形成良好的社会风气，保障市场秩序的有序运行。在政府采购中坚持诚信原则，从政府的角度来讲，可以减少交易费用，减少腐败行为的发生，提高政府采购的效率；对于政府采购的供应商来说，诚信原则可以给企业以必要的约束。

诚实信用原则约束的是政府采购活动中的各方当事人，一方面，要求采购主体在项目发标、信息公布、评标审标过程要真实，不得有所隐瞒；另一方面，需要供应商在提供物品、服务时要达到投标时所作出的承诺，对采购活动要有负责的意识。因此，还要建立起相关的惩罚机制和过错登记制度，将供应商履行政府采购情况记录在案，将违规行为在资格证书上进行记载，并视其情况轻重采取吊销资格、规定年限限制进入政府采购市场等处罚措施。同时，实行质量反馈登记制，对连续良好执行政府采购合同的供应商，在以后的政府采购中优先考虑。

【例 4-20 · 多选题】 我国政府采购的原则包括(　　)。

A. 公正原则　　B. 公平竞争原则

C. 公开透明原则　　D. 诚实信用原则

【答案】 ABCD

【解析】 政府采购的原则有：公开透明原则、公平竞争原则、公正原则、诚实信用原则

【例 4-21 · 单选题】 政府采购按照事先约定的条件和程序进行，对所有供应商一视同仁，这体现了政府采购的(　　)原则。

A. 公开透明原则　　B. 公平竞争原则

C. 公正原则　　D. 诚实信用原则

【答案】 C

【解析】 公正原则主要指采购人应按照事先公布的原则对待所有的供应商，不偏袒和歧视任何供应商，不得滥用手中的权力，在执行中不偏不倚、一视同仁。

【知识小结】

政府采购

相关法律	政府采购法、政府采购部门规章、政府采购地方性法规和政府规章
概念	国家机关、事业单位和团体组织，使用财政性资金采购依法制定的集中采购目录以内的或者采购限额标准以上的货物、工程和服务的行为
主体范围	国家机关、事业单位和社会团体 国有企业及各类企业均不属于政府采购的主体范围
资金	预算内资金+预算外资金+与财政资金相配套的单位自筹资金

续表

集中采购目录	属于中央预算的政府采购项目由国务院确定并公布 属于地方预算的政府采购项目由省、自治区、直辖市人民政府或者其授权的机构确定并公布
对象	货物、工程和服务
原则	公开透明原则、公平竞争原则、公正原则、诚实信用原则 注意区分公平竞争原则和公正原则

子任务四　政府采购的功能

（一）节约财政支出，提高资金使用效益

推行政府采购的初衷就是为了加强财政支出管理，因此，节约财政支出是政府采购的基本功能，它源自于其制度本身固有的利益激励约束机制。节支主要表现在两个方面：一是从投入的财政资金量上看，政府采购可以适当节约资金；二是从采购到的对象上看，政府采购可以提高财政资金的使用效益。

（二）强化宏观调控

财政政策和货币政策是政府实现宏观调控的两大传统政策工具。财政政策寓于财政收支之中，相应地，财政政策也分为财政收入政策和财政支出政策。政府采购是财政支出的重要组成部分，是实现财政支出政策的重要工具。政府在政府采购市场中处于有利地位，可以通过调整采购规模、采购时间、采购项目、采购规则等方式来实现特定的宏观调控目标。

政府是市场中的最大消费者，它的某项消费行为足以对整个国民经济产生举足轻重的影响。政府可以通过调整采购总量来实现对经济的总量调控；可以通过选择采购对象对国民经济各产业进行调控；可以通过对采购地区的选择以实现支持某些特殊地区发展的目的。因此，政府采购能否科学有效地开展，不仅影响采购成本，还会影响到政府各项方针、政策的落实情况。政府采购的数量、品种和频率，直接影响着财政支出的总量和结构，反映一定时期的财政政策取向。

（三）活跃市场经济

相对于计划经济体制来说，市场经济最大的特点无疑是引进了竞争机制。由于竞争机制的存在，整个市场经济才更具活力。

政府采购必须遵循公开、公平、公正的原则，在竞标过程中执行严密、透明的“优胜劣汰”机制，所有这些都会调动供应商参与政府采购的积极性，并能够促使供应商不断提高产品质量、降低生产成本或改善售后服务，以使自己能够赢得政府的定单。由于供应商（厂商）是市场中最活跃的因素，所以，供应商竞争能力的提高又能够带动整个国

内市场经济的繁荣。从国际竞争的角度看，政府采购又有助于供应商（厂商）迈出国门、走向国际市场，提高我国产品在国际市场上的竞争能力，并早日进入国际政府采购市场。总之，政府采购制度的引入，使得整个市场经济因此而更加活跃起来，产生了较好的“鲶鱼效应”。

（四）推进反腐倡廉

政府采购作为一项制度安排可以从两方面推进政府的反腐倡廉工作。首先，政府采购内在的监督约束机制，可以促进反腐倡廉；其次，在实践过程中，实行政府采购制度的国家都建立了一整套外在的监督机制，最大限度地增加政府采购的透明度，做到尽可能避免腐败现象的发生。推行政府采购能够提高财政支出效率，其中，政府采购内外监督机制运行起到了重要的作用。因此，政府采购在发挥其节支功能的同时，还具有推进反腐倡廉的功能，这两项功能之间有着内在的联系。

（五）保护民族产业

当今世界是一个开放的世界，各国发展都不可能置身于国际经济之外。但同时，各国又都有其特色的民族产业，这些民族产业的发展需要政府给予一定的扶持，如果完全实行贸易自由化，民族产业必然会受到冲击。

随着世界经济一体化进程的加快，各国曾经作为保护本国民族产业的有效手段——关税贸易壁垒的作用逐渐减小，相反，非关税贸易壁垒的作用日渐加强，如许可证、进口配额、绿色环保标识等。在众多的非关税贸易壁垒中，政府采购是世界各国为保护民族产业所普遍采用的有效手段。GATT 形成时，各国刻意把政府排除在投资贸易自由化领域之外，其目的就是为了不违背当时各国均在利用政府采购保护国内产业这一事实。

政府采购制度在引入竞争机制的同时，实行“国货优先”的原则，可以有效保护、扶持民族产业。政府通过购买国内企业产品或重点购买国有企业的产品来保护民族产业、支持国有企业，从整体上提高民族产业和民族经济在国际市场上的竞争力，从而起到培植财源、壮大国家经济实力的作用。

如前所述，政府采购具有五大功能：节约财政支出、强化宏观调控、活跃市场经济、推进反腐倡廉、保护民族产业。如果用一句话来概括它们之间关系的话，就是在矛盾中寻求平衡。

节约财政支出是政府采购的初衷，是政府采购的首要的、基本的功能。活跃市场经济是政府采购反作用于市场经济的功能。大规模的政府采购能够给其他市场主体带来示范效应，给市场经济注入了一股新的活力，使市场经济更具竞争性。推进反腐倡廉功能是与节约财政支出的功能直接联系在一起的，是节约财政支出这一经济功能在政治上的升华。保护民族产业是政府采购最独特的功能。从某种程度上说，保护民族产业也属于强化宏观调控的范畴。

综上所述，政府采购的五大功能有内在的联系，它们都蕴含在政府采购行为之中。市场经济给政府采购节支，政府采购给市场经济活力 ；推进反腐倡廉功能是节约财政支出这一经济功能在政治上的升华；保护民族产业的功能从某个角度看也可视为强化宏观调控功能的一个表现。但也应该看到，五大功能中也存在着一定的矛盾，强化宏观调控、保护民族产业与节约财政支出之间有时难以做到协调一致。当出现上述矛盾时，理论上，应该可以找到一个平衡点，通常节支与宏观调控所产生的社会效用总和最大，但实践中却很难把握这一点。对此，我们只能在矛盾中寻求平衡，争取使政府采购的五大功能发挥到最佳水平。

【例 4-22 · 判断题】政府采购中，通过对采购地区的选择以平衡地区间的经济发展是“活跃市场经济”功能的体现。(　　)

【答案】×

【解析】政府采购中，通过对采购地区的选择以平衡地区间的经济发展是“强化宏观调控”功能的体现。

子任务五　政府采购的执行模式

我国政府采购实行集中采购和分散采购相结合的执行模式。

（一）集中采购是指由政府设立的职能机构统一为其他政府机构提供采购服务的一种采购组织实施形式。一个部门统一组织本部门、本系统采购活动，也称为集中采购

1. 集中采购是指由政府设立的职能机构统一为其他政府机构提供采购服务的一种采购组织实施形式。
2. 集中采购必须委托集中采购机构代理采购。
3. 集中采购的范围由省级以上人民政府公布的集中采购目录确定。纳入集中采购目录的政府采购项目，应当实行集中采购。

其优点是有利于取得规模效益、降低采购成本、保证采购质量、贯彻落实政府采购有关政策取向，便于实施统一的管理和监督。而缺点也较为明显，难以适应紧急情况采购、难以满足用户多样性需求、采购程序复杂、采购周期较长。

（二）分散采购是指由各预算单位自行开展采购活动的一种采购组织实施形式，采购未纳入集中采购目录的政府采购项目，可以自行采购，也可以委托集中采购机构在委托范围内代理采购

优缺点：分散采购有利于满足采购及时性和多样性的需求，灵活且手续简单。不足之处是失去了规模效益，加大了采购成本，也不便于实施统一的管理和监督。

【例 4-23 · 多选题】下列关于实行分散采购的优点，说法正确的有(　　)。

A. 灵活性

B. 降低采购成本

C. 取得规模效益

D. 满足采购及时性

【答案】AD

【解析】分散采购优缺点：分散采购有利于满足采购及时性和多样性的需求，灵活且手续简单。不足之处是失去了规模效益，加大了采购成本，也不便于实施统一的管理和监督。

【例 4-24 · 多选题】下列各项中，属于政府采购的集中采购模式优点的有(　　)。

A. 取得规模效益

B. 便于实施统一的管理和监督

C. 保证采购质量

D. 降低采购成本

【答案】ABCD

【解析】实行集中采购有利于取得规模效益、降低采购成本、保证采购质量、贯彻落实政府采购有关政策取向，便于实施统一的管理和监督。

【知识小结】

政府采购功能	（1）节约财政支出，提高资金使用效益；（2）强化宏观调控；（3）活跃市场经济；（4）推进反腐倡廉（阳光工程）；（5）保护民族产业	
政府采购执行模式	集中采购	集中采购必须委托集中采购机构代理采购
		纳入集中采购目录的政府采购项目，应当实行集中采购
	分散采购	采购未纳入集中采购目录的政府采购项目，可以自行采购，也可以委托集中采购机构在委托范围内代理采购

子任务六　政府采购当事人

政府采购活动是一个复杂的过程，涉及到多种社会主体和当事人的行为和利益关系。政府采购当事人是指在政府采购活动中享有权利和承担义务的各类主体，包括采购人、供应商和采购代理机构等。从我国政府采购的实践看，政府采购的主体包括：采购单位、政府采购机关、政府采购社会中介机构、供应商、政府采购管理机关和资金管理部门等。

（一）采购人

采购人是指政府采购中货物、工程和服务的直接需求者，采购人有狭义和广义之分。狭义上的采购人主要是指政府机关，广义上的采购人是指所有使用财政性资金的公共部门。我国《政府采购法》对采购人的定义是取广义，指使用财政性资金，对在政府采购法律所规定的集中采购目录以内或者集中采购限额标准以上的工程、货物和服务进行采购的单位。《政府采购法》第十五条指出，采购人是指依法进行政府采购的国家机关、事业单位、团体组织。

采购人是指政府采购中货物、工程和服务的直接需求者。作为政府采购的采购人，一般具有两个重要特征：

其一，采购人是依法进行政府采购的国家机关、事业单位、团体组织。不包括国有企业、民营企业等。

其二，采购人的政府采购行为从筹划、决策到实施，都必须依《政府采购法》等法律法规进行。

1.《政府采购法》规定采购人的主要权利

（1）自行选择采购代理机构的权利；

（2）要求采购代理机构遵守委托协议约定的权利；

（3）审查政府采购供应商的资格的权利；

（4）依法确定中标供应商的权利；

（5）签订采购合同并参与对供应商履约验收的权利；

（6）特殊情况下提出特殊要求的权利；

（7）其他合法权利。

2. 采购人的主要义务

（1）遵守政府采购的各项法律、法规和规章制度；

（2）接受和配合政府采购监督管理部门的监督检查，同时还要接受和配合审计机关的审计监督以及监察机关的监察；

（3）尊重供应商的正当合法权益；

（4）遵守采购代理机构的工作秩序；

（5）在规定时间内与中标供应商签订政府采购合同；

（6）在指定媒体及时向社会发布政府采购信息、招标结果；

（7）依法答复供应商的询问和质疑；

（8）妥善保存反映每项采购活动的采购文件；

（9）其他法定义务。

【例 4-25 · 单选题】下列各项中，不属于政府采购中采购人的权利的是(　　)。

A. 依法确定中标供应商的权利

B. 审查政府采购供应商资格的权利

C. 自行选择采购代理机构的权利

D. 限制外地供应商进入本地区政府采购市场的权利

【答案】D

【解析】《政府采购法》规定采购人的主要权利：（1）自行选择采购代理机构的权利；（2）要求采购代理机构遵守委托协议约定的权利；（3）审查政府采购供应商的资格的权利；（4）依法确定中标供应商的权利；（5）签订采购合同并参与对供应商履约验收的权利；（6）特殊情况下提出特殊要求的权利；（7）其他合法权利。

（二）供应商

供应商是政府采购的另一重要当事人，是政府采购的贸易伙伴，承担着向采购人提供采购对象的重要责任。供应商向采购人提供的采购对象具体包括货物、工程、服务等项目。可以说，没有供应商，也就没有政府采购。我国《政府采购法》对政府采购供应商的定义是："供应商是指向采购人提供货物、工程或者服务的法人、其他组织或者自然人。"

1. 供应商参加政府采购活动应当具备的条件

（1）具有独立承担民事责任的能力；

（2）具有良好的商业信誉和健全的财务会计制度；

（3）具有履行合同所必需的设备和专业技术能力；

（4）有依法缴纳税收和社会保障资金的良好记录；

（5）参加政府采购活动前3年内，在经营活动中没有重大违法记录；

（6）法律、行政法规规定的其他条件。

2. 供应商的主要权利

（1）平等地取得政府采购供应商资格的权利；

（2）平等地获得政府采购信息的权利；

（3）自主、平等地参加政府采购竞争的权利；

（4）就政府采购活动事项提出询问、质疑和投诉的权利；

（5）自主、平等地签订政府采购合同的权利；

（6）要求采购人或者采购代理机构保守其商业秘密的权利；

（7）监督政府采购依法公开、公正进行的权利；

（8）其他合法权利。

3. 供应商的主要义务

（1）遵守政府采购的各项法律、法规和规章制度；

（2）按规定接受供应商资格审查，并在资格审查中客观真实地反映自身情况；

（3）在政府采购活动中，满足采购人和采购代理机构的正当要求；

（4）投标中标后，按规定程序签订政府采购合同并严格履行合同义务；

（5）其他法定义务。

（三）采购代理机构

采购代理机构是指具备一定条件，经政府有关部门批准而依法拥有政府采购代理资格的社会中介机构。我国《政府采购法》中所称的集中采购机构就是政府采购代理机构。《政府采购法》规定，纳入政府采购目录和政府采购限额标准以上的采购，应该由采购代理机构实施

采购代理机构肩负着政府巨额财政资金的采购任务，其工作状况和业绩如何，直接关系到财政资金的使用效果，直接关系到社会公众的实际利益，并最终关系到政府采购制度建设的成败。因此，对于政府采购代理机构的监督管理就显得十分重要。

按照我国目前的有关规定，取得政府采购代理资格，必须具备以下基本条件：

依法成立，具有法人资格。根据我国《民法通则》的规定，法人必须依法成立，即成立必须具有合法性，企业单位等法人必须依法登记，政府部门、事业单位和社会团体可

以不进行法人登记，从其成立之日起，便自动具有法人资格。法人必须是能够独立享有民事权利、承担民事责任的实体。由于政府采购代理机构有很多的事情要做，而且所承担的责任也十分重大，因此，政府采购代理机构首要的资格条件就是其必须一个法人实体。

采购代理机构的人员必须具备采购理论和实践知识，熟悉采购业务，熟悉国家有关政府采购方面的法律、法规、政策。我国政府采购法律、法规还规定：在政府采购人员中，具有高级技术职称的专业技术人员必须占有一定的比例；接受过省级以上有关部门业务采购培训的人员也必须达到相应的比例等。具有采用现代科学手段完成政府采购代理工作的能力和条件。随着科学技术的迅速发展，现代采购不仅要依赖于采购知识和制度，还需要有相应的“硬”性条件，包括先进的电子信息处理能力、市场调查能力等。国家有关部门及省、市人民政府规定的其他条件。政府采购代理机构只有符合以上条件，并经中央和省一级政府采购监督管理部门进行审核批准后，才取得正式代理的资格。

集中采购机构应当建立健全的内部组织机制和监督管理制度。内部组织机制具体包括：内部人员的职责分工，采购的程序管理，采购方式与采购过程管理等。同时，在采购代理机构内部，还应该形成相互监督的制约机制。

采购代理机构其义务和责任主要包括：

1. 依法开展代理采购活动并提供良好服务；
2. 依法发布采购信息；
3. 依法接受监督管理；
4. 不得向采购人行贿或者采取其他不正当手段牟取非法利益；
5. 其他法定义务和责任。

【例 4-26 · 单选题】政府采购当事人的范围不包括(　　)。

A. 采购人

B. 供应商

C. 政府采购监督管理机构

D. 采购代理机构

【答案】C

【解析】政府采购当事人包括采购人、供应商和采购代理机构。

【知识小结】

<table>
<tr><td rowspan="4">政府采购当事人</td><td colspan="2">采购人、供应商、采购代理机构</td></tr>
<tr><td rowspan="2">供应商</td><td>指向采购人提供货物、工程或服务的法人、其他组织或自然人</td></tr>
<tr><td>供应商参加政府采购活动的条件：
参加采购活动前 3 年内，经营活动中无重大违法记录</td></tr>
<tr><td>采购代理机构</td><td>设区的市、自治州以上的人民政府根据需要设立集中采购代理机构</td></tr>
</table>

（四）政府采购主管机构

根据《政府采购法》规定，我国政府采购的主管机构是财政部，负责全国政府采购的管理和监督工作。

1. 政府采购的主管机构的设置

从整个政府采购的过程来看，首先，用于政府采购的资金来源于国库资金，属于国家的财政收入；其次，财政支出的过程必然涉及国家的预算的安排，并应具体到每个部门自身的部门预算；第三，通过政府采购买到的产品必然形成国家的财产，因而对它们的管理又涉及国有资产管理问题；第四，形成需求的部门对其自身采购需求的管理必然与行政事业单位财务、支出管理政策有着密切的联系。因而，从整体上看，只有财政部门才能对整个采购过程所涉及到的各个部门，各个流程和各种事务进行全面、有效的管理。所以，从目前世界各国的情况来看，民用产品政府采购的主管机构是各级财政部门。

各国在政府采购机构设置上一般实行一定程度的分级管理，即中央政府的采购工作由财政部进行管理，地方政府的采购工作则由财政厅（局）管理。国防部是军用产品采购或国防采购的主管机构。

2. 政府采购主管机构主要职责

中央以下各级地方政府采购工作的主管机构是各级财政部门，主要负责本地区政府采购的管理和监督工作。中央政府采购主管部门与地方政府采购主管部门的关系是一种业务上的指导性关系。财政部门的职责是制定政府采购政策并对政府采购行为实施管理和监督，但不得参与和干涉政府采购中的具体商业活动，具体采购决策是采购机关的职责。

（五）采购中心

政府采购中心是适应政府集中采购的需要，由政府授权，具体实施政府采购行为，即充分利用市场机制，通过招投标等方法选定供货商，签订供货合同的事业性单位。

政府采购中心是适应政府集中采购制度的需要设立的。是由政府组建，并根据政府授权承担组织行政事业单位重大、集中采购事务，并直接开展采购业务的一个事业单位。政府采购中心必须严格按照政府有关采购法规来开展业务，也可以根据实际情况将一些招标事务委托给社会中介组织承办。

子任务七　政府采购方式

政府采购是西方发达国家公共支出管理普遍采用的一种手段，也是我国财政支出改革的一项重要内容。在现代市场经济中随着政府活动范围的扩大，特别是对经济干预职能的增强，政府对社会商品和劳务需求呈不断增长的趋势，政府采购占社会总采购的比重也不断上升，在社会经济生活中起到越来越大的作用。目前，国际上通用的采购方式很多，按照不同的标准，可分为 5 大类 17 种方式，如招标采购、询价采购、单一来源采购、谈判采购等。一般来说，一个国家对国内使用的采购方式及适用条件都有明确的规定，但这些规定都是相对而言的，因为每个项目的情况都不一样。具体采用何种方式的总原则是：该方式要有助于推动公开、有效竞争和物有所值目标的实现。

1. 公开招标采购，也称竞争性招标采购，即采购方根据已经确定的采购需求，提出招标采购项目条件，邀请所有有兴趣的供应商参加投标，最后由招标人通过对各投标人所提出的价格、质量、交货期限和该投标人的技术水平、财务状况等因素进行综合比较，确定其中最佳的投标人为中标人，并与其最终签订合同。这通常也是广义的招标的概念，当人们把招标与投标一起使用时，则往往指狭义的招标。狭义的招标是指招标人根据自己的需要，提出一定的标准或条件，向潜在的投标商发出投标邀请的行为 。在商业贸易中，特别是在国际贸易中，大宗商品的采购或大型建设项目承包等通常不采用一般的交易程序，而是按照预先规定的条件，对外公开邀请符合条件的国内外制造商或承包商报价投标，最后由招标人从中选出价格和条件优惠的投标者，与其签订合同。在这种交易中，对采购商（或采购机构）来说，彼此进行的业务是招标。

公开招标，是指采购人或者其委托的政府采购代理机构以招标公告的方式邀请不特定的供应商参加投标竞争，从中择优选择中标供应商的采购方式。公开招标应作为政府采购的主要采购方式。货物或服务项目实行招标方式采购的，自招标文件开始发出之日起至投标人提交投标文件截止之日止，不得少于 20 日。

货物或服务采购项目达到公开招标数额标准的，必须采用公开招标方式。采购人不得将应当以公开招标方式采购的货物或服务化整为零或以其他任何方式规避公开招标采购。

采用公开招标方式采购的，招标采购单位必须在财政部门制定的政府采购信息发布媒体上公布招标公告。

通过对公开招标采购特点的分析，公开招标最大的特点，是能向所有供应商提供公平的机会，引起最大范围内的供应商间的竞争，即最突出的特点为竞争性。因此若采购产品的性质不具有竞争性或由于采购形式的要求，这时，竞争性招标就不是政府采购之有效目标的最佳方法。总的来说，不适合竞争性招标采购的情况可以分为如下三类 ：

（1）采购的商品不存在竞争的情况或者要求采购的产品是独家产品。由于自然或技术等原因，某些产品会出现垄断现象，市场上缺乏竞争，只有一两家垄断供应商，这时若采用竞争性招标，因为缺乏广泛竞争的存在条件，就失去了竞争性招标的意义，体现不出竞争性招标的优点。同时，由于仅存在一两家垄断供应商，还可能出现高价围标和低价抢标的问题，因此，这时应采用其他的采购方式。

（2）不适合用竞争进行采购的情况。如：采购物资价值太低，采用竞争性招标会增加成本；紧急采购的情况，用竞争性招标耗时间太久；出于安全原因有些物资不宜公开采购。

（3）排除竞争的情况。如研究和开发、工程扩建、采用计划价格的产品等。

2. 邀请招标

邀请招标也是一种使用较普遍的政府采购方式。所谓邀请招标，也称选择性招标，是指由采购人根据供应商或承包商的资信和业绩，选择一定数目的法人或其他组织，一般不能少于三家，向其发出招标邀请书，邀请他们参加投标竞争，从中选定中标的供应商。

邀请招标虽然也是招标和政府采购方式之一，但由于邀请招标带有局限性，不利于充分竞争，而且一旦操作不当，容易出现舞弊行为等缺陷，因此，一般情况下都限制邀请招标的使用，同时严格规定其适用条件，只有采购复杂的采购项目时才允许使用。符合下列情形之一的货物或者服务，可以依照法律采用邀请招标方式采购：

(1) 采购项目比较特殊，如保密项目和急需或者因高度专业性等因素使提供产品的潜在供应商较少，公开招标与不公开招标都不影响提供产品的供应商数量的。

(2) 若采用公开招标方式，所需时间和费用与拟采购的项目总金额不成比例，即采购一些价值较低的采购项目，用公开招标方式的费用占政府采购项目总价值比例过大的情况，采购人只能通过邀请招标方式来达到经济和效益的目的。邀请招标的有效投标供应商不少于三家，否则无效。除特殊原因，潜在投标供应商数量较多的，不应当采用此办法。

(3) 邀请招标的适用范围是政府采购的货物和服务项目，不包括工程项目。采购人采购货物和服务项目时，如果经批准采取邀请招标采购方式的，选择邀请对象要执行《政府采购法》规定。鉴于工程招标受《招标投标法》规范，工程采购项目采取邀请招标采购方式的，其邀请对象的选择方法首先要执行《招标投标法》的规定，也可以按《政府采购法》规定执行。

【例 4-27 · 单选题】 根据《政府采购法》的规定，对于具有特殊性，只能从有限范围的供应商处采购的货物，其适用的政府采购方式是(　　)。

A. 公开招标方式　　B. 邀请招标方式

C. 竞争性谈判方式　　D. 单一来源方式

【答案】 B

【解析】 可以依照法律采用邀请招标方式采购：采购项目比较特殊，如保密项目和急需或者因高度专业性等因素使提供产品的潜在供应商较少，公开招标与不公开招标都不影响提供产品的供应商数量的。

3. 竞争性谈判采购，是指采购机关通过与多家（不少于 3 家）

供应商进行谈判，最后从中确定中标商的一种采购方式。采购中的谈判是指采购和销售双方就交易的条件达成一项双方都满意的协议的过程。竞争性谈判采购能克服公开采购方式的一些不足之处，但由于采用谈判方式，无法像竞争性招标采购方式一样在投标商之间进行广泛的竞争，不能最有效地促进竞争、节约费用和实现高效率，也存在局限性。

符合下列情形之一的货物或者服务，可以依照法律采用竞争性谈判方式采购：

(1) 招标后没有供应商投标或者没有合格标的或者重新招标未能成立的；

(2) 技术复杂或者性质特殊，不能确定详细规格或者具体要求的；

(3) 采用招标所需时间不能满足用户紧急需要的；

(4) 不能事先计算出价格总额的。

4. 单一来源

单一来源采购也称直接采购，是指采购机关向供应商直接购买的采购方式。单一来源采购是一种没有竞争的采购方式，是采购实体在适当的条件下向单一的供应商、承包商或服务提供者征求建议或报价来采购货物、工程或服务。它是达到了竞争性招标采购的金额标准，但所购商品来源渠道单一，或属专利、首次制造、合同追加、原有项目的后续扩充等特殊情况，因而只能由一家供应商供货。它不需要寻找很多供应商，目标比较明确，方式比较简单，有利于采购单位降低采购成本进行采购。

符合下列情形之一的货物或者服务，可以依法采用单一来源方式采购：

(1) 只能从唯一供应商处采购的；

(2) 发生了不可预见的紧急情况不能从其他供应商处采购的；

(3) 必须保证原有采购项目一致性或者服务配套的要求，需要继续从原供应商处添购，且添购资金总额不超过原合同采购金额10%的。

【例4-28·多选题】符合(　　)情形之一的货物或服务，可以采用单一来源方式采购。

A. 只能从唯一供应商处采购的

B. 发生了不可预见的紧急情况不能从其他供应商处采购的

C. 必须保证原有采购项目一致性或者服务配套的要求，需要继续从原供应商处添购，且添购资金总额不超过原合同采购金额百分之十的

D. 某供应商在政府采购活动中，一直质优价廉，讲究信誉的

【答案】ABC

【解析】可以依法采用单一来源方式采购：(1) 只能从唯一供应商处采购的；(2) 发生了不可预见的紧急情况不能从其他供应商处采购的；(3) 必须保证原有采购项目一致性或者服务配套的要求，需要继续从原供应商处添购，且添购资金总额不超过原合同采购金额10%的。

5. 询价采购

询价方式，也称货比三家，是指只考虑价格因素，要求采购人向3家以上供应商发出询价单，对一次性报出的价格进行比较，最后按照符合采购需求、质量和服务相等且报价最低的原则，确定成交供应商，以确保价值具有竞争性的采购方式。

适用询价采购方式的项目，主要是针对现货或标准规格的商品的采购，或投标文件的审查需要很长时间才能完成，供应商准备投标文件需要高额费用或资格审查条件过于复杂的采购。《中华人民共和国政府采购法》规定，采购的货物规格、标准统一、现货货源充足，且价格变化幅度小的政府采购项目，可以采用询价采购方式。

【例4-29】下列各项关于政府采购方式的表述中，属于公开招标方式的是(　　)。

A. 采购人或其委托的政府采购机构以招标公告的方式邀请不特定的供应商参加投标竞争，择优选择中标供应商的采胸方式

B. 采购人或其委托的政府采购代理机构以投标邀请书的方式邀请三家或三家以上特定的供商参与投标的采购方式

C. 采购人或其委托的政府采购代理机构通过与多家供应商就采购事宜进行谈判，经分析比较后从中确定中标供应商的采购方式

D. 采购人向三家以上潜在的供应商发出询价单，在报价基础上进行比较并确定最优供应商的的采购方式

【答案】A

【解析】B 为邀请招标，C 为竞争性谈判，D 为询价。

【知识小结】

政府采购方式	公开招标	设区的市、自治州以上的人民政府根据需要设立集中采购代理机构
		货物服务采购项目达到公开招标数额标准的，必须采用公开招标方式
		采购人不得将应当以公开招标方式采购的货物或者服务化整为零或者以其他任何方式规避公开招标采购
		用公开招标方式采购的，自招标文件开始发出之日起至投标人提交投标文件截止之日止，不得少于 20 日
	邀请招标	邀请 3 家以上供应商
		（1）具有特殊性，只能从有限范围的供应商处采购的 （2）采用公开招标方式的费用占政府采购项目总价值的比例过大的
	竞争性谈判	与不少于 3 家的供应商谈判
		（1）招标后没有供应商投标或者没有合格标的或者重新招标未能成立的 （2）技术复杂或者性质特殊，不能确定详细规格或者具体要求的 （3）采用招标所需时间不能满足用户紧急需要的 （4）不能事先计算出价格总额的
	单一来源	唯一
		（1）只能从唯一供应商处采购的 （2）发生了不可预见的紧急情况不能从其他供应商处采购 （3）必须保证原有采购项目一致性或者服务配套的要求，需要继续从原供应商处添购，且添购资金总额不超过原合同采购金额百分之十的
	询价	只考虑价格，向 3 家以上供应商发出询价单，对一次性报价进行比较
		适用于货物规格、标准单一、现货货源充足而且价格变动幅度比较小的采购项目

子任务八　政府采购的监督检查

各级人民政府财政部门是负责政府采购监督管理的部门，依法履行对政府采购活动的监督管理职责。各级人民政府其他有关部门依法履行与政府采购活动有关的监督管理职责。

（一）政府采购监督管理部门的监督

政府采购监督管理部门应当加强对政府采购活动及集中采购机构的监督检查。监督检查的主要内容有：

1. 有关政府采购的法律、行政法规和规章的执行情况；
2. 采购范围、采购方式和采购程序的执行情况；
3. 政府采购人员的职业素质和专业技能。

（二）集中采购机构的内部监督

集中采购机构应当建立健全内部监督管理制度。采购活动的决策和执行程序应当明确，并相互监督、相互制约。经办采购的人员与负责采购合同审核、验收人员的职责权限应当明确，并相互分离。

（三）采购人的内部监督

采购人必须按照《政府采购法》规定的采购方式和采购程序进行采购。政府采购项目的采购标准和采购结果应当公开。

（四）政府其他有关部门的监督

依照法律、行政法规的规定对政府采购负有行政监督职责的政府部门，应当按照其职责分工，加强对政府采购活动的监督。审计机关对政府采购进行审计监督。监察机关对参与政府采购活动的国家机关、国家公务员和国家行政机关任命的其他人员实施监察。

（五）政府采购活动的社会监督

任何单位和个人对政府采购活动中的违法行为，有权控告和检举，有关部门、机关依照各自职责及时处理。

任务三　国库支付制度及应用

长期以来我国实行的财政资金缴库的拨付方式，是通过征收机关和预算单位设立多重账户分散进行的，这种分散型国库收付制度越来越难以适应社会主义市场经济体制下财政管理的要求，主要弊端是：重复和分散设置账户，导致财政资金活动透明度不高，不利于对其实施有效管理和全面监督；财政收支信息反馈迟缓，难以及时为预算编制、执行、分析和宏观经济调控提供准确依据；财政资金入库时间延滞，收入退库不规范，大量资金经常滞留在预算单位，降低了使用效率；财政资金使用缺乏事前监督，截留、挤占、挪用等问题时有发生，甚至出现腐败现象。因此，必须对分散的国库支付制度进行改革，逐步建立和完善以国库单一账户体系为基础、资金缴拨以国库集中收付为主要形式的财政国库管理制度。2001 年，我国开始推行国库集中收付制度。

子任务一　国库集中收付制度

国库是国家金库的简称，是办理政府预算资金的收纳、退付和拨款业务的专门机构。国库集中收付，是指以国库单一账户体系为基础，将所有财政性资金都纳入国库单一账户体系管理，收入直接缴入国库和财政专户，支出通过国库单一账户体系支付到商品和劳务供应者或用款单位的一项国库管理制度。

国库集中收付制度是对财政资金实行集中收缴和支付的制度，由于其核心是通过国库单一账户对现金进行集中管理，所以这种制度一般又称作国库单一账户制度。

子任务二　国库单一账户体系

（一）国库单一账户体系的概念

国库单一账户是指将所有的政府资金包括预算内资金和预算外资金集中于一家银行的账户，同时所有的财政支出包括预算内和预算外支出均能通过这一账户进行。

目前，我国财政国库管理制度改革刚刚起步，与改革相关的其他各项改革措施在短期内还难于完全配套进行，也难于做到将所有财政性资金都纳入国库单一账户管理，实现每笔支出都通过国库单一账户直接支付到最终收款人。财政部、中国人民银行《财政国库管理制度改革试点方案》将我国财政国库账户设置为国库单一账户、零余额账户、预算外资金财政专户、小额现金账户和特设专户五类账户的集合，统称为国库单一账户体系。

国库单一账户体系图：

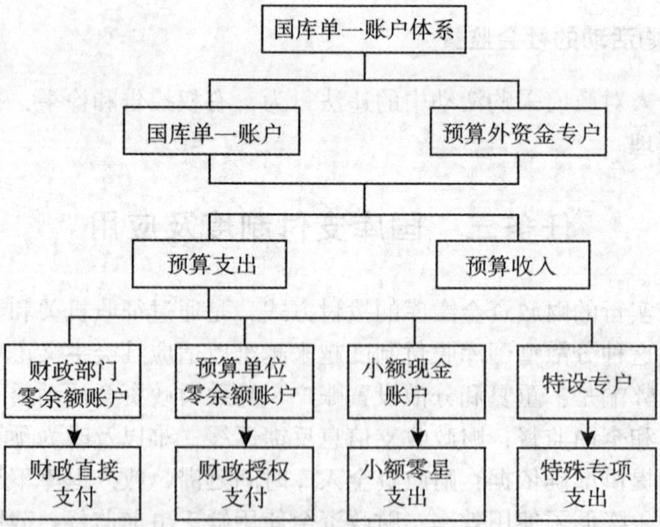

（二）国库单一账户体系的构成

1. 财政部门开设的国库存款账户（简称国库单一账户）：它是财政部门在中国人民银

行开设的，用于记录、核算和反映纳入预算管理的财政收入和支出，并与财政部门零余额账户进行清算，实现支付。所有财政资金在支付行为实际发生前均保存在国库单一账户内。国库单一账户用于记录、核算和反映纳入预算管理的财政收入和支出活动，并用于与财政部门在商业银行开设的零余额账户进行清算实现支付。代理银行应当按日将支付的财政预算内资金和纳入预算管理的政府性基金与国库单一账户进行清算。国库单一账户在财政总预算会计中使用，行政单位和事业单位会计中不设该账户。

2. 零余额账户：包括财政部门在代理银行开设的零余额账户（财政部门零余额账户）和财政部门为预算单位在代理银行开设的零余额账户（预算单位零余额账户）。

每当发生财政资金支付行为时，先由代理银行将实际应支付的款项垫付给收款人，每日终了后再由代理银行与中国人民银行国库单一账户进行清算，划转代理银行已垫付资金。营业中每笔支付额5 000万元人民币以上的（含5 000万元），应当及时与国库单一账户清算。

财政部门零余额账户用于财政直接支付和与国库单一账户清算。该账户每日发生时支付，于当日营业终了前与国库单一账户清算；营业中单笔支付额在5 000万元人民币以上（含5 000万元）的，应当及时与国库单一账户清算。财政部门零余额账户在国库会计中使用。

预算单位零余额账户用于财政授权支付和清算。该账户每日发生时支付，于当日营业终了前由代理银行在财政部门批准的用款额度内与国库单一账户清算；营业中单笔支付额在5 000万元人民币以上（含5 000万元人民币）的，应当及时与国库单一账户清算。预算单位零余额账户用于财政授权支付和结算。

【例4-30·单选题】根据国库集中收入制度的规定，用于财政直接支付和与国库单一账户支出清算的账户是(　　)。

A. 预算单位的零余额账户

B. 财政部门的零余额账户

C. 预算外财政资金专户

D. 特设专户

【答案】B

【解析】财政部门零余额账户用于财政直接支付和与国库单一账户清算。

3. 预算外资金财政专户：它是财政部门在代理银行开设的，用于记录、核算和反映预算外资金收入和支出，并对预算外资金日常收支进行清算。

预算外资金专户用于记录、核算和反映预算外资金的收入支出活动，并用于预算外资金日常收支清算。预算外资金专户在财政部门设立和使用。

4. 小额现金户：主要为了零星开支的小额支付。

5. 特设专户：特设专户用于记录、核算和反映预算单位的特殊专项支出活动，并与国库单一账户清算。特设专户在按规定申请设置了特设专户的预算单位使用。

【知识小结】

<table>
<tr><th colspan="2">账户</th><th>开户单位</th><th>适用范围</th></tr>
<tr><td colspan="2">国库单一账户</td><td>中国人民银行</td><td>用于记录、核算和反映纳入预算管理的财政收入和财政支出活动，用于与财政部门在代理银行开设的零余额账户进行清算，实现支付。</td></tr>
<tr><td colspan="2">预算外资金专户</td><td>商业银行</td><td>用于记录、核算和反映预算外资金的收入和支出，用于预算外资金的日常收支清算。</td></tr>
<tr><td rowspan="2">零余额账户</td><td>财政部门的零余额账户</td><td>商业银行</td><td>用于财政直接支付和与国库单一账户清算。</td></tr>
<tr><td>预算单位零余额账户</td><td>商业银行</td><td>用于财政授权支付和清算。</td></tr>
<tr><td colspan="2">小额现金账户</td><td>商业银行</td><td>用于记录、核算和反映预算单位的小额零星支出，并与国库单一账户进行清算。</td></tr>
<tr><td colspan="2">特设专户</td><td>商业银行</td><td>用于记录核算预算单位特殊专项支出活动，并用于与国库单一账户清算。</td></tr>
</table>

子任务三　财政收入收缴方式和程序

（一）收缴方式

1. 直接缴库，由预算单位或缴款人按有关法律规定，直接将应缴收入缴入国库单一账户或者预算外资金财政专户。直接缴库程序是直接缴库的税收收入，由纳税人或税务代理人提出纳税申报，经征收机关审核无误后，由纳税人通过开户银行将税款缴入国库单一账户；直接缴库的其他收入，比照上述程序缴入国库单一账户或预算外资金财政专户。

2. 集中汇缴，由征收机关按有关法律规定，将所收的应缴收入汇总缴入国库单一账户或预算外资金财政专户。其缴库程序是小额零散税收和法律另有规定的应缴收入，由征收机关于收缴收入的当日汇总缴入国库单一账户，非税收入中的现金缴款，比照本程序缴入国库单一账户或预算外资金财政专户。

（二）收缴程序

1. 直接缴库程序——直接缴库的税收收入，由纳税人通过开户银行将税款缴入国库单一账户。

2. 集中汇缴程序——小额零散税收和法律另有规定的应缴收入，由征收机关在收缴收入的当日汇总缴入国库单一账户。

子任务四　财政支出支付方式和程序

（一）支付方式

1. 财政直接支付——是指由财政部门开具支付令，通过国库单一账户体系，直接将财政资金支付到收款人（即商品和劳务供应者）或用款单位账户。实行财政直接支付的支出有：（1）工资支出、购买支出，以及中央对地方的专项转移支付，拨付企业大型工程项目或大型设备采购的资金等；（2）转移支出（中央对地方的专项转移支出除外），包括中央对地方的一般性转移支付中的税收返还、原体制补助、过渡期转移支付、结算补助等支出，对企业的补贴和未指明购买内容的某些专项支出等。

2. 财政授权支付——是指由预算单位根据财政授权，自行开具支付令，通过国库单一账户体系将资金支付到收款人账户。实行财政授权的支出包括未实行财政直接支付的购买支出和零星支出。

（二）支付程序

1. 财政直接支付程序，财政直接支出的申请由一级预算单位汇总，填写“财政直接支付汇总申请表”，报财政部门国库支付执行机构。

（1）预算单位申请；

（2）财政部门国库支付执行机构开具支付令；

（3）代理银行划拨资金；

（4）资金清算；

（5）出具入账通知书；

（6）会计处理。

2. 财政授权支付程序，财政部门根据批准的一级预算单位用款计划中月度授权支付额度，每月 25 日前以“财政授权支付汇总清算额度通知单”、“财政授权支付额度通知单”的形式分别通知中国人民银行、代理银行。财政授权支付程序适用于未纳入工资支出、工程采购支出物品、服务采购支出管理的购买支出和零星支出。包括单件物品或单项服务购买额不足 10 万元人民币的购买支出；年度财政投资不足 50 万元人民币的工程采购支出，特别紧急的支出和经财政部门批准的其他支出。

（1）预算单位申请月度用款限额；

（2）通知支付银行；

（3）代理银行办理支付；

（4）代理银行办理资金清算；

（5）预算单位使用资金。

【例 4-31 · 判断题】财政授权支付程序适用于年度财政资金不足 50 万元人民币的工程采购支出。（　　）

【答案】✓

【解析】财政授权支付用于年度财政投资不足 50 万元人民币的工程采购支出。

【例 4-32 · 单选题】 财政资金支出按照不同的支付主体分别实行财政直接支付和财政授权支付。实行财政直接支付的支出不包括(　　)。

A. 工资支出　　　　　　B. 工程采购支出

C. 服务采购支出　　　　D. 零星支出

【答案】 D

【解析】 实行财政直接支付包括工资支出、工程采购支出、转移支付以及物品和服务采购支出。选项 D 属于财政授权支付。

学习情境五　会计职业道德及其他业务规范

【学习任务】

通过本情境的学习，让学生通过认识会计职业道德能够形成良好的职业道德观念，正确理解会计职业道德与会计法规的关系，加强自身的会计职业道德建设，最终能够让自己成为一个具有良好会计职业道德的人。

【技能目标】

1. 能做一个遵守职业道德的人，即先做人，后做事；
2. 能为职业道德建设工作做出个人自己的努力。

【知识目标】

1. 认识职业道德和会计职业道德；
2. 正确理解会计职业道德与会计法规的关系；
3. 熟悉加强会计职业道德教育的途径；
4. 掌握会计职业道德规范的主要内容；
5. 知晓会计职业道德的检查与奖惩。

任务一　会计职业道德的培养

【案例导入】

近年来财政部在抽查国有企业会计报表和进行会计信息质量检查中，以及国家审计署对一些会计事务所进行的审计业务质量检查中，都发现存在着大量的、严重的会计信息虚假问题。这些问题引起了全社会的广泛关注，造成的恶劣影响也越来越大。

2005 年财政部组织驻各地财政监察专员办事处和省级财政部门开展了会计信息质量检查和会计师事务所执业质量检查。检查结果显示，随着近年来监管力度的加大，企业会计信息质量和会计师事务所执业质量总体上有所提高，但会计信息失真问题仍然存在，个别企业甚至存在严重的会计造假行为。例如，中国华源集团有限公司多计利润 2.41 亿元；上海医药（集团）有限公司虚增利润 8 782 万元；其下属子公司虚增收入 1.77 亿元。

同年，国家审计署及各机关单位、各特派员办事处、各派出审计局对 124 825 个单位开展审计。审计统计结果显示“应上交财政 357.82 亿元，应减少财政拨款或补贴 46.47 亿元，应归还原渠道资金 298.82 亿元，应调账处理金额 2 590.62 亿元，应自行纠正金额 6 478.10 亿元，移送司法机关的案件 698 起，涉案人员 1 201 人，涉案金额 141.77 亿元，移送纪检监察部门的事件 1 493 件，涉及人员 1 980 人，涉及金额 117.13 亿元，建议有关部门处理的事件 1 235 件，涉及人员 952 人，涉及金额 876.80 亿元，建议纠正部门不当规定 2 532 条，建议制订修改法律法规 40 条。"

2006 年财政部组织驻各地财政监察专员办事处和省级财政部门开展了会计信息质量检查和会计师事务所执业质量检查。检查结果显示，随着近年来市场经济秩序的逐步规范和各方面监管力度的加大，会计信息质量和会计师事务所执业质量总体上有所提高，但仍有部分企业存在一定程度的会计违法违规问题，共有 88 家会计师事务所、232 名注册会计师分别受到省级以上财政部门给予的警告、暂停执业、吊销执业资格等处理处罚。

——资料来源：中国知网，王静《会计职业道德探究》2010.3

子任务一　认识职业道德

（一）职业道德的概念

1. 什么是"道德"？

"道德"作为一种社会意识形态，是在一定的经济基础上形成的，以善恶、是非、诚实虚伪等范畴为评价标准，借助"社会舆论、传统习俗和内心信念"的约束力量，实现调整人与人之间、个人与社会之间关系的行为规范的总和。

2. 什么是"职业道德"？

广义的职业道德是指从业人员在职业活动中应该遵循的行为准则，涵盖了"从业人员与服务对象"、"职业与职工"、"职业与职业"之间的关系。

狭义的职业道德是指在一定职业活动中应遵循的、体现一定职业特征的、调整一定职业关系的职业行为准则和规范。

不同职业的人员在特定的职业活动中形成了特殊的职业关系，包括了职业主体与职业服务对象之间的关系、职业团体之间的关系、同一职业团体内部人与人之间的关系，以及职业劳动者、职业团体与国家之间的关系。为了协调这些复杂的、特殊的社会关系，除了需要政治的、行政的、法律的、经济的规范和手段之外，还需要职业道德来指导和约束职业行为，以保证职业活动的正常进行。

（二）职业道德的本质

职业道德的本质是社会经济关系所决定的社会意识形态，社会经济关系的类型决定着职业道德的性质。

（三）职业道德的特征

职业道德是道德在职业实践活动中的具体体现，具有以下特征：

1. 职业性（行业性）

职业道德的内容与职业实践活动紧密相连，反映了特定职业活动对从业人员行为的道德要求。所以，职业道德不具有全社会普遍适用性，而具有行业性。一定的职业道德只适用于一定的职业活动领域。

2. 实践性

由于职业活动都是具体的实践活动，因此，根据职业实践经验概括出来的职业道德规范，具有较强的针对性、实践性，容易形成条文，便于采用行业公约、工作守则、行业须知、操作规范等规章制度的形式，来教育、约束本行业的从业人员。有些职业道德还被纳入法律规范，要求在职业活动中严格执行。

3. 继承性

同一种职业因服务对象、服务手段、职业利益、职业责任和义务相对稳定，职业行为道德要求的核心内容被继承和发扬，从而形成了被不同社会发展阶段普遍认同的职业道德规范。

4. 多样性

既然职业道德与具体的职业相联系，而社会上的职业是复杂、多样的，因此有多少种职业就有多少种职业道德。各行各业的职业活动内容不同，不同职业的职业道德内容也不尽相同。

（四）职业道德的作用

1. 促进职业活动的有序进行

职业道德最重要的作用就是通过调节职业关系、维护正常的职业活动秩序。职业道德作为职业行为的规范，用来协调职业关系中的各种矛盾和差异，确保职业活动的有序进行。

2. 对社会道德风尚产生积极的影响

职业道德是社会道德的一个重要组成部分，职业道德状况对社会道德风尚会产生极大的影响。如果人们都能自觉地遵守各自的职业道德规范，必将形成良好的道德风尚。

（五）社会主义职业道德的主要内容

1. 爱岗敬业（基础）

爱岗就是热爱自己的工作岗位；敬业就是尊重自己所从事的职业。任何职业只有社会分工不同，没有高低贵贱。

2. 诚实守信（精髓）

诚实就是忠诚老实，不说假话；守信就是信守诺言、说话算话、讲信誉、重信用。

3. 办事公道（公平）

办事公道就是办事公平、公正、公开。公平是处事的第一原则。

4. 服务群众（核心）

服务群众就是听取群众的意见，了解群众的需要，端正服务态度，强化服务意识。

5. 奉献社会（出发点和归宿）。

奉献社会就是要履行对社会、对他人的义务，自觉地为社会、为他人作出贡献。当社会利益与局部利益、个人利益发生冲突时，要求将社会利益放在首位。

子任务二　认识会计职业道德

（一）会计职业道德概念

1. 会计职业道德的概念

会计职业道德，是指在会计职业活动中应当遵循的、体现会计职业特征的、调整会计职业关系的职业行为准则和规范。

会计职业道德是调整会计职业活动利益关系的手段，会计职业道德可以配合国家法律制度，调整会计职业关系中的各种经济利益关系，维护正常的经济秩序。

会计工作的性质决定了在会计职业活动中，要正确处理各种经济关系，如单位与国家、单位与单位、单位与投资者、单位与债权人、单位与职工、单位内部各部门之间及单位与社会公众之间的经济关系，这些经济关系的实质是经济利益关系。

会计职业道德，是一般社会公德在会计工作中的具体体现，引导、制约会计行为，调整会计人员与社会、会计人员与不同利益集团以及会计人员之间关系的社会规范。它贯穿于会计工作的所有领域和整个过程，体现了社会要求与个性发展的统一，着眼于人际关系的调整，以是否合乎情理、善与恶为评价标准，并以社会评价（荣誉）和个人评价（良心）为主要制约手段，则一种通过将外在的要求转化为内在的、即精神上的动力要求起作用的非强制性规范。

作为从事会计工作的会计人员，其具有职业特色的道德规范已经建成一整套较为完善的规范系统。建立会计人员职业道德规范是对会计人员强化道德约束，防止和杜绝会计人员在工作中出现不道德行为的有效措施。会计职业道德的基本工作准则在《中华人民共和国会计法》中说得很清楚，《会计法》第五条规定“会计机构、会计人员依照本法规定进行会计核算，实行会计监督。任何单位或者个人不得以任何方式授意、指使、强令会计机构、会计人员伪造、变造会计凭证、会计账簿和其他会计资料，提供虚假财务会计报告。任何单位或者个人不得对依法履行职责、抵制违反本法规定行为的会计人员实行打击报复。”

2. 会计职业道德的特征

会计作为社会经济活动中的一种特殊职业，除具有职业道德的一般特征外，与其他职业道德相比还具有如下特征：

（1）具有一定的强制性。

法律是具有强制性的，它要求人们“必须这样或那样”，而道德一般不具有强制性，它要求人们“应该这样或那样”。但在我国，会计职业道德和其他道德不一样，许多内容都直接纳入了会计法律制度，要求会计人员必须严格遵守。

（2）较多关注公众利益。

当经济主体利益与国家利益和社会公众利益出现矛盾时，会计人员的利益指向如果偏向经济主体，那么国家和社会公众的利益就会受损，便产生了会计职业道德危机。因此，会计职业的特殊性，对会计职业道德提出了更高的要求，要求会计人员客观公正，在会计职业活动中，发生道德冲突时要坚持准则，把社会公众利益放在第一位。

（二）会计职业道德的功能与作用

1. 会计职业道德的功能。

（1）指导功能。

指导功能，即指导会计人员行为的功能。会计职业道德规范作为一种指导或劝诫，表达了社会对会计人员行为的期望和要求，如爱岗敬业、诚实守信、廉洁自律、客观公正等。这种期望和要求如果被会计人员所认同就会转变为会计人员自觉的行为；即使不被会计人员所认同，由于道德舆论的强大压力，也往往会被会计人员接受和遵循。

会计职业道德通过对会计的行为动机提出相应的要求，引导、规范、约束会计人员树立正确的职业观念，遵循职业道德要求，从而达到规范其会计行为的目的。

（2）评价功能。

评价功能，即对会计人员的行为，根据一定的道德标准进行评价。这一功能又可分解为褒扬的功能和谴责的功能。前者通过引起主体的自豪感和光荣感，对主体的动机和行为起到鼓舞、激励的作用；后者通过引起主体的羞愧、内疚等情感，对主体的动机和行为起到抑制和纠错的作用。

现阶段，通过开展会计职业道德的评价、检查与奖惩，倡导、赞扬、鼓励自觉遵守会计职业道德规范的行为，贬抑、鞭挞、谴责、查处会计造假的不良行为，对会计人员起着警醒作用，有助于督促会计人员在行为上遵守职业道德规范，形成良好的道德情感，也有利于形成抑恶扬善的社会环境。

（3）教化功能。

会计职业道德通过评价、命令、指导和示范的方式和途径，运用塑造理想人格和典型榜样的手段，形成良好的会计职业道德风尚，来深刻影响人们的会计职业道德概念和会计行为，培养人们的会计职业道德习惯和优良品质，启迪人们的会计职业道德觉悟，培养人们践行会计职业道德行为的自觉性和主动性。

2. 会计职业道德的作用

（1）会计职业道德是规范会计行为的基础。

会计职业道德对会计的行为动机提出了相应的要求，约束会计人员树立正确的职业观念，建立良好的职业品行，从而达到规范会计行为的目的。

（2）会计职业道德是实现会计目标的重要保证。

会计目标就是为会计职业关系中的各个服务对象提供真实、可靠的会计信息。如果会计从业者故意或非故意地提供了不真实、不可靠的会计信息，就会导致服务对象的决策失误，甚至导致社会经济秩序混乱。因此，依靠会计职业道德规范约束会计从业者的职业行为，是实现会计目标的重要保证。

（3）会计职业道德是对会计法律制度的重要补充。

会计法律只能对会计人员不得违法的行为做出规定，不宜对他们如何爱岗敬业、诚实守信、提高技能等提出具体要求，但是，如果会计人员缺乏爱岗敬业和诚实守信，没有必要的职业技能，则很难保证会计信息达到真实、完整的法定要求。因此，会计职业道德是其他会计法律制度所不能替代的，是对会计法律规范的重要补充。

（4）会计职业道德是提高会计人员职业素养的内在要求。

会计职业道德是会计人员素质的重要体现。倡导会计职业道德，加强会计职业道德教育，并结合会计职业活动，引导会计职业者进一步加强自我修养，提高专业胜任能力，有利于促进会计职业者整体素质的不断提高。

（三）会计职业道德规范的主要内容

我国会计人员的职业道德的内容主要包括：爱岗敬业、诚实守信、廉洁自律、客观公正、坚持准则、提高技能、参与管理和强化服务。

1. 爱岗敬业（基础）

爱岗就是会计人员热爱本职工作，安心本职岗位，在任何时候、任何场合下都要做到忠于职守、尽职尽责。敬业，就是从事会计职业的人员充分认识到会计工作在国民经济中的地位和作用，以从事会计工作为荣，敬重会计工作，认真地对待本职工作，将身心与本职工作融为一体，具有献身于会计工作的决心。

爱岗敬业是爱岗与敬业的总称。爱岗和敬业，互为前提，相互支持，相辅相成。“爱岗”是“敬业”的基石，“敬业”是“爱岗”的升华，“敬”由“爱”生，“爱”由“敬”起。不爱岗就很难做到敬业，不敬业，奢谈爱岗只能是空话。

（1）正确认识会计职业，夯实爱岗敬业的思想基础。

只有正确地认识会计本质、会计工作的重要性，爱岗敬业才有坚实的思想基础。

（2）热爱会计工作，增强敬业意识。

无论是主动还是被动选择了会计职业，都应该热爱它、维护它、干好它。只有真正热爱会计工作，才能增强从事会计职业的光荣感和责任感，才能无条件地忠诚于会计事业。

（3）严肃认真，一丝不苟。

会计工作是一项严肃细致的工作，对一些凭证、账簿、报表的填制和审核，必须严肃认真，把好关，守好口，不仅要求数字计算准确，手续清楚完备。要将严肃认真、一丝不苟的职业作风贯穿于会计工作的始终。

（4）忠于职守，尽职尽责。

忠于职守主要表现为忠实于服务主体、忠实于社会公众、忠实于国家三个方面。在对单位（或雇主）的忠诚与社会公众利益发生冲突时，会计人员应选择符合更高社会正义的忠诚，维护社会公众利益。

【例 5-1 · 单选题】会计人员在工作中“懒”、“拖”的不良习惯，违背了会计职业道德规范中的(　　)的具体内容。

A. 爱岗敬业　　B. 诚实守信

C. 坚持准则　　D. 客观公正

【正确答案】A

【例 5-2 · 单选题】下列不属于爱岗敬业的基本要求的是(　　)。

A. 安心工作，任劳任怨　　B. 严肃认真，一丝不苟

C. 忠于职守，尽职尽责　　D. 依法办事，实事求是

【正确答案】D

【解析】选项 D，属于客观公正的基本要求。

2. 诚实守信（根本和精髓）

诚实守信就是忠诚老实，信守诺言。所谓诚实是指言行跟内心思想一致，不弄虚作假、不欺上瞒下，做老实人、说老实话、办老实事。所谓守信就是遵守自己所作出的承诺，讲信用，重信用，信守诺言，保守秘密。诚实侧重于对客观事实的反映真实，对自己内心的思想、情感的表达真实。守信侧重于对自己应承担，履行的责任和义务的忠实，毫无保留地实践自己的诺言。

江泽民同志指出：“没有信用，就没有秩序，市场经济就不能健康发展。”朱镕基同志在 2001 年视察北京、上海国家会计学院时，为北京、上海国家会计学院题词：“诚信为本，操守为重，坚持准则，不做假账。”

(1) 做老实人、说老实话、办老实事、不做假账。

诚实守信是会计人员的立身之本。会计人员要以诚为本，实事求是，言行一致，表里如一，如实反映和披露单位经济业务事项，不弄虚作假，不欺上瞒下，尽量减少和避免各

种失误，不为个人和小集团利益弄虚作假，伪造账目，损害国家和社会公众利益。

不做假账，是指会计人员要按照会计法律、法规、规章的规定做好会计工作，保证会计凭证、会计账簿、财务会计报告等会计信息的质量。不做假账是会计人员最基本的职业道德。

（2）保密守信，不为利益所诱惑。

会计人员因职业特点经常接触到的主要是单位和客户的一些商业秘密。会计人员不得将从业过程中所获得的信息为己所用，或者泄露给第三者以牟取私利。因此，保守秘密是会计职业道德规范的重要内容，也是会计人员维护国家、单位利益应尽的义务。

单位内部会计人员如果泄露本单位的商业秘密，不仅会威胁单位利益，同时也会给会计人员本身造成不利影响。一方面，会计人员是单位的一员，泄露单位的商业秘密后会使单位利益受损，单位的损失最终将不同程度地反映到每位员工身上。另一方面，泄露单位的商业秘密是违法行为，一旦查出是要追究法律责任的，对整个会计职业的社会声誉也会产生负面影响，整个行业的利益也将会蒙受损失。

（3）执业谨慎，信誉至上。

诚实守信，要求注册会计师在执业中始终保持应有的谨慎态度，根据自身的业务能力选择承担委托业务，不能为追求营业收入，而接受违背职业道德的附加条件，迎合客户的不正当要求，要严格按照独立审计准则和执业规范、程序实施审计，对审计中发现的违反国家统一会计制度及国家相关法律制度的经济业务事项，应当按照规定在审计报告中予以充分反映，维护职业信誉及客户和社会公众的合法权益。

【例 5-3·判断题】除法律规定和单位负责人同意外，会计人员不能私自向外界提供或者泄露单位的会计信息。（　）

【正确答案】✓

3. 廉洁自律（前提和内在要求）

不收受贿赂、不贪污钱财，就是廉洁。“自律”，是指行为主体能够自我约束、自我规范。在会计职业中，自律包括两层含义：一是会计行业自律；二是会计人员的自律，即会计人员的自我约束。廉洁是自律的基础，而自律是廉洁的保证。

（1）树立正确的人生观和价值观。

正确的人生观和价值观是廉洁自律的思想基础。会计人员要廉洁自律，应以马克思主义、毛泽东思想、邓小平理论、“三个代表”重要思想为指导，树立正确的人生观和价值观，自觉抵制享乐主义、个人主义、拜金主义等错误的思想，彻底摒弃“金钱至上、金钱万能”的人生哲学，在不义之财面前不动心，决不利用手中权力贪占便宜。

（2）廉洁奉公，不贪不占。

廉洁奉公就是洁身自好，为公众谋事；不贪不占就是会计人员不贪、不占、不收礼、不同流合污。

会计人员要正确认识自己手中的管理权是职业神圣权力的一种表现，决不能把这种职业权力作为谋取私利的特权，不能挪用、侵占单位钱财；要深刻认识自己管理的钱财是单位的钱财，决不允许任何人以任何方式浪费、侵吞单位财产。

（3）遵纪守法，尽职尽责。

《会计法》赋予了会计人员职责和义务。会计人员不仅要遵纪守法，不违法乱纪、以权谋私，做到廉洁自律；而且要敢于、善于运用法律法规赋予的职业权利，尽职尽责，勇于承担职业责任，履行职业义务，保证廉洁自律。会计人员和会计组织只有首先做到自身廉洁，严格约束自己，才能要求别人廉洁，才能理直气壮地阻止或防止别人侵占集体利益，正确行使反映和监督的会计职责，保证各项经济活动正常进行。

【例 5-4 · 单选题】“理万金分文不沾”、“常在河边走，就是不湿鞋”，这两句话体现的会计职业道德是(　　)。

A. 参与管理　　B. 廉洁自律

C. 提高技能　　D. 强化服务

【正确答案】B

【例 5-5 · 判断题】小明是公司的会计，凭借职位方便，经常临时借用公司现金，但一般都及时归还了，小明认为这种临时借用的行为不会影响公司的日常经营活动，所以不违反会计职业道德。(　　)

【正确答案】×

【解析】没有做到公私分明，违反了廉洁自律。

4. 客观公正（理想目标）

客观是指按事物的本来面目去认识和反映事物，不夸大，不缩小。公正就是公平正直，不偏不倚，不掺杂个人的主观意愿，也不为他人意见所左右。客观是公正的基础，公正是客观的反映。客观公正要求会计人员对会计业务的处理，对会计政策和会计方法的选择，以及对财务会计报告的编制、披露和评价必须独立进行职业判断，做到客观、公平、理智、诚实。

(1) 端正工作态度。

会计人员必须有实事求是的精神和客观公正的态度，一切从实际出发，注重调查研究，对会计资料和会计信息进行如实的反映、公正的鉴定，求得主观与客观一致，做到会计结论有理有据。有了正确的工作态度后，还要有扎实的理论功底和较高的专业技能。

(2) 坚持依法办事。

会计人员在工作过程中必须遵守各种法律、法规、准则和制度，依照法律规定进行核算，才能作出客观的会计职业判断。

（3）实事求是，不偏不倚。

客观公正应该贯穿于会计活动的整个过程。一是会计核算过程的客观公正，即指会计人员在具体进行职业判断或进行业务处理时，应保持客观公正的态度，实事求是、不偏不倚，既不违背事实，也不夸大或者缩小事实，不能为了个人或者小团体的利益而损害国家利益。二是最终结果公正，要求会计人员对经济业务的处理结果是公正的。会计核算过程的客观公正和最终结果的客观公正都是十分重要的，没有客观公正的会计核算过程作为前提，结果的客观公正性就难以保证；没有客观公正的结果，业务操作过程的客观公正就失去意义。

（4）保持应有的独立性。

独立性有两层含义，即实质上的独立和形式上的独立。实质上的独立也称精神上的独立，指会计人员执行业务时应当不受个人或外界因素的约束、影响和干扰。保持客观且无私的精神和意志。实质上的独立包括：一是会计核算环节的独立性，即会计人员在进行凭证、账簿、报表处理过程中，是按会计准则进行的，不受控制和干扰。二是会计监督环节的独立性，即对凭证受理、审核、钱物监管等，是按会计法规独立操作的，不受控制和干扰。形式上的独立，即会计人员表现出适当的独立身份。形式上的独立则包括：一是财务利益上的独立。如实行会计委派制。二是回避亲属关系。三是不相容职务相互分离。四是部门独立。即单独设置机构，直接向单位领导人负责，体现部门牵制原则。

【例 5-6 · 多选题】下列有关会计职业道德“客观公正”的表述中，正确的有(　　)。

A. 依法律办事是会计工作保证客观公正的前提

B. 扎实的理论功底和较高的专业技能是做到客观公正的重要条件

C. 在会计工作中客观是公正的基础，公正是客观的反映

D. 会计活动的整个过程保持独立

【正确答案】ABCD

5. 坚持准则（核心）

准则，是指会计人员进行会计工作的标准和依据，包括会计法律法规、会计准则、国家统一的会计制度以及与会计工作相关的法律制度。

坚持准则，要求会计人员在处理业务过程中，严格按照会计法律制度办事，不为主观或他人意志左右。以会计准则为自己的行动指南，以会计法律法规为准绳，正确处理国家、集体和个人三者之间的利益关系，把好财务收支合法性、合理性的关口，依法理财。同时，要以会计准则作为与违法违纪现象作斗争的有力武器，通过树立会计准则的权威性来维护会计行业的信誉和会计人员的地位，确保经济活动的正常进行。

（1）熟悉准则。

熟悉准则是遵循准则、坚持准则的前提。熟悉准则是指会计人员应了解和掌握《会计法》和国家统一的会计制度及与会计相关的法律制度。只有熟悉准则，才有可能提高会计人员的守法能力，这是做好会计工作的前提。

熟悉准则，要求会计人员不仅要熟练掌握，正确领会会计法律法规、会计准则、会计

制度，还应了解和熟悉与会计相关的经济法律制度。此外，还要熟悉本部门、本单位内部制定的管理制度，如内部控制制度、财务管理制度等，会计人员在不违反国家法律法规的前提下也应严格执行这些制度。

(2) 遵循准则。

遵循准则即执行准则。“没有规矩，不成方圆。”准则是会计人员开展会计工作的外在标准和参照物。会计人员在业务处理过程中，必须严格依据规定行事，更不能根据职务高低、关系远近来确定执行准则的宽严松紧程度。会计人员不仅自己要自觉地严格遵守各项准则、自律在先，而且也要敢于要求他人遵守准则，使单位具体的经济业务事项和经济行为符合会计法律和国家统一的会计制度，避免违法违纪行为的发生。

会计人员要及时学习、掌握准则的最新变化，了解本部门、本单位的实际情况，对实际经济生活中出现的新情况、新问题以及准则未涉及的经济业务或事项时，能够运用所掌握的会计专业理论和技能，作出客观的职业判断，准确地理解和执行准则。

(3) 坚持准则。

在企业的经营活动中，当国家利益、集体利益与单位、部门以及个人利益时常发生冲突时，会计人员要以国家法律法规、制度准则为准绳，依法履行会计监督职责，发生道德冲突时，应坚持准则，对法律负责，对国家和社会公众负责，敢于同违反会计法律法规和财务制度的现象作斗争，确保会计信息的真实性和完整性。

【例 5-7 · 多选题】会计职业道德的内容中有“坚持准则”一项，这里的“准则”是指(　　)。

A. 会计准则　　B. 会计法律

C. 会计行政法规　　D. 与会计相关的法律制度

【正确答案】ABCD

6. 提高技能

提高技能，就是要求会计人员通过学习、培训和实践等途径，持续提高自身的会计理论水平、会计实务能力、职业判断能力、自动更新知识能力、提供会计信息的能力、沟通交流能力以及职业经验等，以达到和维持足够的专业胜任能力的活动。

(1) 增强提高专业技能的自觉性和紧迫感。

会计人员要想生存和发展，就必须时刻保持紧迫感和危机意识，树立强烈的求知欲望和提高技能的意识，使自己的知识不断更新，才能保持持续的专业胜任能力、职业判断能力和交流沟通能力，提高会计专业技能，使自己立于不败之地。

(2) 勤学苦练、刻苦钻研。

勤学就是要勤奋学习。会计人员要不断地学习与探索，不断学习新的会计理论和新的准则制度，不断提高自己的业务水平、理论水平、操作技能和职业判断能力。

苦练就是要多操练。要理论联系实际，积极参加社会实践活动，在实践中锤炼提高会计业务的操作能力，把理性的东西和感性的东西结合起来，全面认识事物。

【例 5-8 · 多选题】下列各项中，属于会计技能的有(　　)。

A. 提供会计信息能力

B. 会计实务操作能力

C. 职业判断能力

D. 沟通交流能力

【正确答案】 ABCD

【解析】 提高技能，就是要求会计人员通过学习、培训和实践等途径，持续提高自身的会计理论水平、会计实务能力、职业判断能力、自动更新知识能力、提供会计信息的能力、沟通交流能力以及职业经验等，以达到和维持足够的专业胜任能力的活动。

7. 参与管理

参与管理，就是间接参加管理活动，为管理者当参谋，为管理活动服务。

会计人员在参与管理过程中并不直接从事管理活动，只是尽职尽责地履行会计职责，间接地从事管理活动或者说参与管理活动，为管理活动服务。

会计人员要树立参与管理的意识，在做好本职工作的同时，积极主动地经常向上级领导者反映经营活动情况和存在的问题，提出合理化建议，协助领导决策，参与经营管理活动，不能只是消极被动地记账、算账、报账。

（1）努力钻研业务，为参与管理打下基础。

会计人员应当努力钻研业务，使自己的知识和技能适应所从事工作的要求。只有具备娴熟的业务处理能力和精湛的技能，才能更好地参与管理，为改善经营管理、提高经济效益服务。

（2）熟悉财经法规和相关制度，为单位管理决策提供专业支持。

会计人员应当熟悉并深刻领会财经法律、法规、规章和国家统一的会计制度，广泛宣传有关会计规章制度，充分利用掌握的会计信息去分析单位的管理，找出问题和薄弱环节，为单位管理决策提供专业支持。

（3）全面熟悉服务对象的经营活动和业务流程，提高参与管理的针对性和有效性。

会计人员应当熟悉本单位的生产经营、业务流程和管理情况，掌握单位的生产经营能力、技术设备条件、产品市场及资源状况等情况，结合财会工作的综合信息优势，积极参与预测，有针对性地拟定可行性方案，参与优化决策。对计划、预算的执行，要充分利用工作的优势，积极协助、参与监控，为改善单位内部管理、提高经济效益服务。

【例 5-9 · 判断题】 会计人员刘某认为，会计工作只是记记账、算算账、与单位经营决策关系不大，没有必要要求会计人员参加管理。（　）

【正确答案】 ×

【解析】 会计人员应间接参加管理活动，为管理者当参谋，为管理活动服务。

【例 5-10 · 判断题】 会计人员遵循参与管理的职业道德原则，就是要积极主动参与到企业管理工作中，对企业经营活动作出决策。（　）

【正确答案】 ×

【解析】 会计人员应“间接”参加管理活动，不能对企业经营活动作出决策。

8. 强化服务（归宿）

强化服务要求会计人员树立服务意识，提高服务质量，努力维护和提升会计职业的良好社会形象。

（1）树立服务意识。

社会中的各行各业，都是为人民服务。每个职业劳动者既是服务者又是被服务者。会计人员要树立强烈的服务意识，摆正服务的位置，管好钱、管好账，更好地参与管理，不断提高会计职业的声誉。

（2）提高服务质量。

强化服务的关键是提高服务质量。强化单位会计人员的服务就是真实、客观地记账、算账和报账，积极主动地向上级领导者反映经营活动情况和存在的问题，提出合理化建议，协助领导决策，参与经营管理活动。注册会计师（或会计师事务所）强化服务的内容就是以客观、公正的态度正确评价委托单位的经济财务状况，为社会公众及信息使用者服务。

质量上乘，并非无原则地满足服务主体的需要，而是在坚持原则、坚持会计准则的基础上尽量满足用户或服务主体的需要。服务不仅要文明，还要讲质量，更要不断开拓创新，利用会计数据、会计信息，满足不同对象的需要。

【例 5-11 · 判断题】在会计工作中一定要提供上乘的服务质量，不管服务主体提出什么样的要求，会计人员都要尽量满足服务主体的需要。(　　)

【正确答案】×

【解析】质量上乘，并非是无原则地满足服务主体的需要，而是在坚持原则、坚持会计准则的基础上尽量满足用户或服务主体的需要。

【例 5-12 · 多选题】张某为某单位的会计人员，平时工作努力，钻研业务、积极提供合理化建议，这体现了张某具有(　　)的职业道德。

A. 爱岗敬业

B. 客观公正

C. 提高技能

D. 参与管理

【正确答案】ACD

【解析】工作努力体现出爱岗敬业；钻研业务体现出提高技能；提供合理化建议体现出参与管理。

【知识小结】

会计职业道德规范的主要内容

爱岗敬业、诚实守信、廉洁自律、客观公正、坚持准则、提高技能、参与管理和强化服务		
爱岗敬业	含义	会计职业道德的基础
	基本要求	（1）正确认识会计职业，树立职业荣誉感 （2）热爱会计工作，敬重会计职业 （3）安心工作任劳任怨 （4）严肃认真，一丝不苟 （5）忠于职守，尽职尽责

续表

<table>
<tr><td rowspan="2">诚实守信</td><td>含义</td><td>会计职业道德的根本和精髓</td></tr>
<tr><td>基本要求</td><td>（1）做老实人，说老实话，办老实事，不搞虚假
（2）保守秘密，不为利益所诱惑
（3）执业谨慎，信誉至上</td></tr>
<tr><td rowspan="2">廉洁自律</td><td>含义</td><td>会计职业道德的前提和内在要求</td></tr>
<tr><td>基本要求</td><td>（1）树立正确的人生观和价值观
（2）公私分明，不贪不占
（3）遵纪守法，一身正气</td></tr>
<tr><td rowspan="2">客观公正</td><td>含义</td><td>会计职业道德的理想目标</td></tr>
<tr><td>基本要求</td><td>（1）依法办事（前提）；（2）实事求是；（3）如实反映</td></tr>
<tr><td rowspan="3">坚持准则</td><td>含义</td><td>会计职业道德的核心</td></tr>
<tr><td>“准则”</td><td>不仅指会计准则，而且包括会计法律、法规、国家统一的会计制度以及与会计工作相关的法律制度</td></tr>
<tr><td>基本要求</td><td>（1）熟悉准则；（2）遵循准则；（3）敢于同违法行为斗争</td></tr>
<tr><td rowspan="2">提高技能</td><td>会计职业技能</td><td>主要包括：会计及理论操作水平、会计实务操作能力、职业判断能力、自动更新知识能力、提供会计信息的能力、沟通交流能力、职业经验</td></tr>
<tr><td>基本要求</td><td>（1）具有不断提高会计专业技能的意识和愿望
（2）具有勤学苦练的精神和科学的学习方法</td></tr>
<tr><td rowspan="2">参与管理</td><td>含义</td><td>间接参加管理活动</td></tr>
<tr><td>基本要求</td><td>（1）努力钻研业务，熟悉财经法规和相关制度，提高业务技能，为参与管理打下基础
（2）熟悉服务对象的经营活动和业务流程，使参与管理的决策更具有针对性和有效性</td></tr>
<tr><td rowspan="2">强化服务</td><td>含义</td><td>会计职业道德的归宿</td></tr>
<tr><td>基本要求</td><td>（1）强化服务意识（关键）
（2）提高服务质量</td></tr>
</table>

任务二　正确理解会计职业道德与会计法规的关系

【案例导入】

2003 年 10 月 29 日，福建省福清市检察院根据群众举报，调查东瀚镇党委组织委员吴某经济案件问题。在海亮村调查福清市海福水产养殖有限公司成立时围海赔偿海亮、佳乐、沃口自然村资金的账本情况，发现该公司在股东变更、财务结算进行会计交接时会计凭证和会计账簿已被销毁，该公司会计魏某以涉嫌“故意销毁会计凭证、会计账簿罪”被逮捕。11 月 28 日，市公安局立案受理。12 月 1 日，犯罪嫌疑人魏某被刑事拘留。经审讯，魏某供认，福清市海福水产养殖有限公司于 2002 年 3 月筹办，当时与海亮村签订了“承包海域 30 年进行围海建造水产养殖场”的合同，2002 年 12 月 24 日公司正式注册成立，法人代表为林某。从 2002 年 3 月至 2003 年 1 月，他一直担任该公司会计。2003 年 1 月 28 日，海福公司在福清新长城大酒店召开股东代表会议，对股东变更进行财务结算，对会计档案进行审核，确认无异后，由新任会计陈某制作一份《资金余额平衡表》。在交接公司会计档案时，由于魏某本人所保管的筹建期内会计档案整理不规范，陈某不予接收，股东们遂要求魏某继续自行保管。当晚，魏某将海福公司 2002 年 3 月至 2003 年 1 月会计凭证和会计账簿共 11 卷带回家中烧毁，涉及金额为人民币 16 625 352. 95 元。2003 年 12 月 12 日，福清市委、政法委召开魏某涉嫌故意销毁会计凭证、会计账簿一案协调会议。同日，魏某被取保候审。

2004 年 2 月 13 日，福清市人民检察院向福清市人民法院提起公诉，指控被告人魏某犯“故意销毁会计凭证、会计账簿罪”，被告人魏某对指控的犯罪事实及罪名没有异议。市法院于同日立案后，依法组成合议庭，公开开庭审理了本案。3 月 23 日，经审理认为，被告人魏某故意销毁依法应当保存的会计凭证、会计账簿，涉及金额达人民币 16 625 352. 95 元，情节严重，其行为触犯《刑法》第一百六十二条中的规定，构成“故意销毁会计凭证、会计账簿罪”。公诉机关指控的罪名成立，引用法律正确，事实清楚，证据成分，予以采纳。鉴于被告人魏某归案后认罪态度较好，有悔罪表现，并已缴纳罚金，依法可予以宣告缓刑。根据被告人犯罪事实、性质、情节和对社会的危害性程度，依照《刑法》第一百六十二条第一款、第七十二条、第七十三条规定，判决如下：被告人魏某犯销毁会计凭证、会计账簿罪，判处有期徒刑 3 年，缓刑 3 年，并处罚金人民币 10 万元。缓刑考验期限从判决确定之日起计算。被告人魏某服从判决，没有提出上诉，检察机关也未抗诉，该判决已发生法律效力。2004 年 4 月，福州电视台《法眼》栏目对这起涉档犯罪案件进行了全程采访，并在黄金时段播放，在社会上引起了强烈的反响。

福清市人民法院对本案的判决无疑是正确的，其适用的法律法规有：《中华人民共和国刑法》、《中华人民共和国刑法修正案》、《中华人民共和国会计法》、《中华人民共和国档案法》、《会计档案管理办法》。我国刑法规定：“隐匿或者销毁依法应当保存的会计凭证、会计账簿、财务会计报告，情节严重的处 5 年以下有期徒刑或者拘役，并处或者单处 2 万元以上 20 万元以下罚金”，从中我们可以看出我国法律对会计档案的保护规定是明确和完善的，而且是严厉的。

——摘自《中国档案》2004. 8

子任务一　会计职业道德与会计法律制度的联系

（一）根本目标一致

会计职业道德是通过调整会计职业活动中的各种经济利益关系维护国家正常的经济秩序，更好地为单位、为国家聚财、理财、用财、生财，为我国社会主义现代化建设服务；而会计法律制度是通过以国家强制力为保障的行为规范来维护国家正常的经济秩序，从而也达到为单位利益和国家利益更好地聚财、理财、用财、生财的目的，更好地为我国社会主义现代化建设服务。

（二）根本任务相同

会计职业道德和会计法律制度都是维护社会主义市场经济秩序的工具，都是规范和加强会计工作，搞好会计管理、会计核算、会计监督的管理手段，任务都是为加强经济管理，提高经济效益服务的。

（三）调整对象相同

会计职业道德和会计法律制度都是会计行为规范，都是调整在会计工作领域中人与人之间相互的会计关系，都是规范会计工作主体的会计行为的。

（四）反映的意志相同

会计职业道德和会计法律制度都是社会主义性质的，反映的都是以执政党为代表的工人阶级和广大人民共同的国家意志和利益，都是体现统治阶级意志要求的会计行为规范。

子任务二　会计职业道德与会计法律制度的区别

（一）性质不同

会计法律制度是国家会计政策法律化的表现形式，充分体现了统治阶级在会计活动中的愿望和意志，具有普遍的法律效力，是约束和调整会计从业人员的最基本的要求，是通过国家机器强制执行，具有很强的他律性。而会计职业道德并不都是统治阶级的愿望与意志，很多来自于职业习惯和约定俗成，主要依靠社会舆论和会计从业人员的自觉性，自愿执行，基本上是非强制性的，具有很强的自律性。

（二）作用范围不同

会计法律制度侧重于调整会计人员的外在行为及其结果，具有较强的客观性。会计职业道德不仅要求调整会计人员的外在行为，还要求调整会计人员内在的精神世界，着重要求的是会计人员动机的善良、高尚和纯洁，具有较强的主观性。

（三）表现形式不同

会计法律制度一般表现为禁止性规范和命令性规范，对违反会计法律制度的行为应视其后果进行禁止性追究，并视情节轻重而给予经济制裁、行政制裁甚至追究刑事责任。而会计职业道德的表现形式既有明确的成文的规定，也有不成文的规范，尤其是那些较高层次的会计职业道德，存在于人们的意识和信念之中，并无具体的表现形式，它依靠社会舆论、道德教育、传统习俗和道德评价来实现。

（四）实施保障机制不同

会计法律制度有一套实施保障机制，这种保障机制不仅体现在其法律规范的内容中具有明确的制裁和处罚条款，而且体现在设有与之相配合的权威的制裁和审判机关，由国家强制力保障实施。而会计职业道德既有国家法律的相应要求，又需要会计人员的自觉遵守。当人们对会计职业道德上的权利与义务发生争议时，并没有权威机构对其中的是非曲直明确作出裁定，或者即使有裁定也是舆论性质的，缺乏权威机构对裁定执行的保障。

【例 5-13 · 多选题】下列关于会计职业道德和会计法律制度二者关系的观点中，正确的有(　　)。

A. 两者在实施过程中相互作用

B. 会计法律制度是会计职业道德的最低要求

C. 违反会计法律制度一定违反会计职业道德

D. 违反会计职业道德也一定违反会计法律制度

【正确答案】ABC

【解析】选项 D，违反会计职业道德“不一定”违反会计法律制度，违反会计法律制度一定违反会计职业道德。

【例 5-14 · 单选题】下列关于会计职业道德表述中，正确的是(　　)。

A. 会计职业道德反映统治者的意志和愿望

B. 会计职业道德由国家强制力保障实施

C. 会计职业道德不要求调整会计人员的外在行为

D. 会计职业道德具有相对稳定性和广泛的社会性

【正确答案】D

【答案解析】选项 A，会计法律制度反映统治阶级的意志和愿望；选项 B，会计法律制度由国家强制力保障实施；选项 C，会计职业道德要求调整会计人员的外在行为，还要调整会计人员内在的精神世界。

【知识小结】

会计职业道德概述

概念	会计职业道德是指在会计职业活动中应遵循的、体现会计职业特征的、调整会计职业关系的职业行为准则和规范
特征	具有一定的强制性
	较多关注公众利益（在会计职业活动中，发生道德冲突时要坚持准则，把社会公众利益放在第一位）

续表

会计职业道德与会计法律制度的关系	联系	（1）在作用上相互补充、协调 （2）在内容上相互借鉴，相互吸收 **【注意】**会计法律制度是会计职业道德的最低要求
	区别	性质不同
		作用范围不同
		表现形式不同
		实施保障机制不同
		评价标准不同

子任务三　会计职业道德与会计法律制度的相互作用

（一）作用上相互补充

在规范会计行为中，会计法律制度的强制功能和会计职业道德的教化功能是相互补充的。会计行为不可能都由会计法律制度进行规范，不需要或不宜由会计法律制度进行规范的行为，可以通过会计职业道德规范来实现。会计法律只能对会计人员不得违法的行为作出规定，不宜对他们如何勤勉敬业、提高技能、强化服务等提出具体要求。因此，在规范会计行为中，会计职业道德是会计法律制度的重要补充。

（二）内容上相互渗透、相互重叠、相互吸收

会计法律制度是会计职业道德的最低要求。凡是会计法律制度不允许的行为，都是会计职业道德要谴责的行为；而会计法律制度所规定的行为，又都是会计职业道德所倡导的行为。

（三）实施过程中相互作用，相互促进

会计职业道德是会计法律制度正常运行的社会和思想基础，而会计法律制度则是促进会计职业道德规范形成和遵守的重要保障。会计法律规范的制定和施行的过程，从一定意义上讲，也是会计工作主体自我道德教育、培养的过程，通过对违反会计法行为的法律制裁，对依法、守法、执法、护法行为的表扬、奖励，使会计法律规范在培养会计职业道德上发挥重要作用。

任务三　会计职业道德建设

【案例导入】

中国轻骑集团原董事长张家岭因涉嫌经济犯罪，2008 年 7 月 1 日至 3 日在济南市中级人民法院接受一审审理。张家岭案发于一起信用证贷款，涉嫌洗钱，2006 年年底张即被“双规”。

1984 年，张家岭接手济南轻骑摩托车总厂，此后，他缔造了一个“一骑绝尘”的奇迹：资产规模达到 150 亿元，年产量超过 160 万辆，连续 3 年稳坐全国摩托车行业老大，全资国有企业 29 个，集体企业 8 个，中外合资公司 16 个，国内合资公司 18 个，海外加工厂 4 个，海外公司 16 个，国家级企业技术中心 1 个；同时拥有济南轻骑、海南新大洲、轻骑海药 3 家上市公司。张家岭也因此被誉为“轻骑教父”。

进入 21 世纪后，盛极一时的轻骑集团每况愈下，除济南轻骑、轻骑铃木等少数公司正常经营外，所属公司大多名存实亡。轻骑集团能否摆脱困境？现在的家底究竟如何？济南市委决定，对轻骑集团原董事长张家岭进行经济责任审计。轻骑集团外贸公司经营业务主要是出口摩托车，同时代理集团所属各公司进口先进生产设备及摩托车零部件等，而进口业务的主要结算方式是信用证业务。审计组克服会计资料严重缺失，曾经装载过电子会计资料的电脑硬盘被拆除等重重困难，从轻骑集团外贸公司最根本的外贸业务入手，审计发现外贸公司在银行开立了大量远期信用证，但在公司账面上没有发现有关进口货物的到达记录，大部分信用证到期未赎单，形成银行巨额欠款。1995 年至 1997 年，轻骑集团及其子公司济南轻骑摩托车股份有限公司、济南轻骑外贸公司曾在中国银行济南分行开具买方信用证，由中国银行向轻骑集团指定的海外交易方垫付了折合人民币 10 多亿元的款项。这些款项大部分至今未还，济南轻骑一子公司因此背负巨额债务，轻骑集团则涉嫌虚构贸易背景获得信用证。经过不懈努力，审计人员终于发现了山东鲁峰有限公司以进口摩托车零配件名义，虚构贸易背景开具 111 单信用证、开证金额折合人民币 15.11 亿元的线索，从而揭开了张家岭利用轻骑集团与山东鲁峰公司业务合作关系非常密切，信用证申请人和受益人都是二者的关联公司，银行被夹在中间，不容易发现假进口、真融资的“盖子”。据知情人士透露，该罪涉及近 300 起信用证诈骗，涉案金额高达 40 多亿元，涉及的银行有 10 家左右。经过 1 年零 8 个月的努力，审计追回国有资产 3 305 万元；查出轻骑集团违规处置国有资产 1.9 亿元，在企业改制中违规处置国有土地 4 宗 348 亩；确认资产损失 10.5 亿元，不良资产及潜亏 34 亿元，累计亏损 36 亿元。

资料来源：中国审计教职育网

子任务一　会计职业道德教育

（一）会计职业道德教育的含义

会计职业道德教育，是指为了促使会计人员正确履行会计职能，而对其施行的有目的、有计划、有组织、有系统的道德教育活动。

会计职业道德教育通过一定的教育方式和方法，把会计职业道德观念灌输到会计人员的头脑中，逐渐培养其职业道德情感，提高会计人员的道德素质。

只有加强会计职业道德教育，才能使会计人员树立诚信观念，从心理上对会计职业道德规范形成正确的认识；只有从总体上提高会计职业道德水平，会计信息才有可能真实可靠。通过会计职业道德教育，培养会计职业情感，树立会计职业道德信念，引导会计人员加强自我修养，将法制的外在约束和道德的内在约束相结合，共筑法律和道德的防线。

（二）会计职业道德教育形式

会计职业道德教育的主要形式包括接受教育和自我教育。

1. 接受教育（外在教育）

接受教育即外在教育，是指通过学校或培训单位对会计从业人员进行以职业责任、职业义务为核心内容的正面灌输，以规范其职业行为，维护国家和社会公众利益的教育。

2. 自我修养（内在教育）

自我修养即把外在的职业道德的要求，逐步转变为会计人员内在的职业道德情感、职业道德意志和职业道德信念。

（三）会计职业道德教育的内容

1. 会计职业道德观念教育

普及会计职业道德基础知识，是会计职业道德教育的基础。通过宣传、教育，使广大会计人员了解会计职业道德知识，树立会计职业道德观念，懂得遵守会计职业道德对社会经济秩序、会计信息质量的重要影响．以及违反会计职业道德将受到的惩戒和处罚。

应把会计职业道德教育同社会教育、学校教育、家庭教育结合起来，采用广播电视、报纸杂志等媒介普及会计职业道德知识，形成会计人员以遵守职业道德为荣，违反职业道德为耻的社会氛围。

2. 会计职业道德规范教育

职业道德规范教育是指对会计人员开展以会计职业道德规范为内容的教育。会计职业道德规范的主要内容是爱岗敬业、诚实守信、廉洁自律、客观公正、坚持准则、提高技能、参与管理和强化服务等。

这是会计职业道德教育的核心内容，涵盖的内容非常广泛，应贯穿于会计职业道德教育的始终。

3. 会计职业道德警示教育

职业道德警示教育是通过开展对违反会计职业道德行为和违法会计行为典型案例的讨论和剖析，给会计人员以启发和警示。根据不同的教育对象，选择一些典型案例，开展广泛深入的讨论，从而提高会计人员的法制意识和会计职业道德观念，提高会计人员辨别是非的能力。

4. 其他教育

其他与会计职业道德相关的教育包括形势教育、品德教育、法制教育等。形势教育的重点是贯彻“以德治国”重要思想和“诚信为本、操守为重、坚持准则、不做假账”的指示精神，提高广大会计人员政治水平和思想道德意识。

品德教育的重点是引导会计人员自觉用会计职业道德规范指导和约束自身行为，提高职业道德自律能力，最终形成良好的、稳定的道德品行。

法制教育的重点是引导会计人员熟悉并了解不同历史时期的会计法律法规，学会运用法律的手段处理会计事务。

（四）会计职业道德教育的途径

1. 接受教育的途径

（1）岗前职业道德教育。

岗前职业道德教育是指对将要从事会计职业的人员进行的道德教育。包括会计专业学历教育及获取会计从业资格过程中的职业道德教育。教育的侧重点放在职业观念、职业情感及职业规范等方面。

（2）岗位职业道德继续教育。

岗位职业道德继续教育是指利用开展继续教育的形式对已取得会计从业资格证书或取得注册会计师资格的人员进行职业道德教育。会计职业道德教育应贯穿于整个会计人员继续教育的始终。

会计人员继续教育中的会计职业道德教育目标是适应新的市场经济形势的发展变化，在不断提高、补充、拓展会计人员业务能力的同时，使其政治素质、职业道德水平不断提高。

2. 自我修养的途径

会计职业道德修养，是指人们依照职业道德原则进行的自我教育、自我改造、自我锻炼、自我提高的活动。自我修养的途径主要是慎心、坚守心灵、不被诱惑，主要包括：

（1）慎独慎欲。

“慎独”是一种传统的道德修养和高尚的道德境界。会计职业道德修养讲“慎独”，就是要求每个会计人员严格要求自己，在履行职责时，自律谨慎，不管财务制度本身是否有漏洞，也不管有人没人在身边，都应当按照职业道德的要求，说老实话，办老实事，做老实人，努力达到“慎独”的境界。

“慎欲”是指用正当的手段获得物质利益。会计人员做到慎欲，就要把国家、社会公众和集体利益放在首位，在追求自身利益的时候，不损害国家和他人利益；其次，要做到节欲，对利益的追求要适度适当，要合理合法，反对不正当手段达成利己的目的。

（2）慎省慎微。

慎省是指认真自省，通过自我反思、自我解剖、自我总结而发扬长处、克服短处，不断自我升华、自我超越。

慎微是指在微处、小处自律，从微处小处着眼，日积月累，获得良好的信誉。

（3）自警自励。

自警就是要随时警醒、告诫自己，要警钟长鸣，防止各种不良思想对自己的侵袭。

自励就是要以崇高的会计职业道德理想、信念激励自己、教育自己。经常用会计职业道德规范认真度量自己在职业实践中的一切言行，树立起正确的会计职业道德观。

3. 通过会计学历教育进行会计职业道德教育

（1）会计学历教育在会计职业道德教育中处于基础地位。

会计学历教育在会计职业道德教育中的基础地位。在大专院校会计类专业就读的学生，是会计队伍的预备人员，他们当中大部分将进入会计队伍，从事会计工作。在大专院校的学习阶段是他们的会计职业情感、道德观念、是非善恶判断标准初步形成的时期，所以会计专业类大专院校是会计职业道德教育的重要环节，是会计人员岗前教育的主要场所，在会计职业道德教育中具有基础性地位。

（2）会计职业道德教育在会计教育中的目标和措施。

Ⅰ目标：

第一，使学生了解会计职业道德内容，树立职业道德观念。

第二，使学生了解会计职业面临的道德风险，提高运用道德标准判断是非的能力。

第三，培养学生树立起会计职业情感和观念，为今后从事会计工作，并在职业活动中自觉遵守职业道德规范奠定基础。

Ⅱ措施：

第一，设置“会计职业道德”课程。通过在校阶段的教育，向学生灌输会计职业道德的主要内容，使学生树立会计职业道德观念。

第二，开展会计职业道德建设活动。学校要将职业道德教育纳入正常的教学内容中，增加学分比重，开展多种多样的课外职业道德教育活动。

第三，进行会计职业道德教育效果的测试和评价。对会计职业道德教育的效果应定期进行测试和评价。

4. 通过会计继续教育进行会计职业道德教育

（1）会计人员继续教育的含义。

继续教育是指从业人员在完成某一阶段的专业学习后，重新接受一定形式的，由组织的，知识更新的教育和培训活动。继续教育是强化会计职业道德教育的有效形式。继续教育具有针对性、适应性、灵活性的特点。

（2）会计人员继续教育中会计职业道德教育的内容。

会计职业道德教育的内容包括会计职业道德信念教育、会计职业义务教育、会计职业荣誉教育。

5. 通过会计人员的自我教育与修养进行会计职业道德教育

会计职业道德教育要取得成效，不能脱离自我教育。自我教育是会计职业道德的职能和社会作用得以顺利实现的重要环节。会计人员职业道德的他律教育灌输，是职业道德形成的不可逾越的首要阶段。职业良心是对职业责任的自觉意识，是认识和情感、意志和信念的统一。职业道德修养的最终目的，在于把职业道德原则和规范逐步地转化为自己的职业道德品质。职业道德原则和规范转化为会计人员的职业道德品质和行为，是一个内外结合、外因通过内因起作用的过程。

【例 5-15 · 多选题】会计职业道德教育的途径（　　）。

A. 在学历教育中进行职业道德教育

B. 在会计继续教育中进行职业道德教育

C. 利用国家强力实施会计职业道德教育

D. 参加会计专业技术资格考试

【正确答案】AB

【例 5-16·多选题】下列关于会计人员岗前职业道德教育的表述中，不正确的有（　　）。

A. 仅包括会计专业学历教育

B. 仅包括获取会计从业资格中的职业道德教育

C. 教育的侧重点放在树立正确的人生观、世界观

D. 教育的侧重点放在职业观念，职业情感及职业规范

【正确答案】ABC

【答案解析】选项 AB，岗前职业道德教育包括会计学历教育中的职业道德教育和获取会计从业资格中的职业道德教育；选项 C，教育的侧重点放在职业观念，职业情感及职业规范上。

【知识小结】

会计职业道德教育

<table>
<tr><td>教育内容</td><td colspan="3">职业道德观念教育
职业道德规范教育
职业道德警示教育
形势教育、品德教育、法制教育</td></tr>
<tr><td rowspan="3">教育途径</td><td rowspan="2">接受教育</td><td>岗前</td><td>（1）会计学历教育中的职业道德教育
（2）获取会计从业资格中的职业道德教育</td></tr>
<tr><td>岗后</td><td>职业道德继续教育贯穿于整个会计人员继续教育的始终</td></tr>
<tr><td>自我修养</td><td colspan="2">（1）慎欲、慎独（2）慎省、慎微（3）自励自警</td></tr>
</table>

子任务二　会计职业道德的检查与奖惩

一、会计职业道德检查与奖惩的意义

（一）促使会计人员遵守职业道德规范

奖励机制利用人类趋利避害的特点，以利益的给予与剥夺为砝码，对会计人员起着引导或威慑的作用，使会计行为主体不论出于什么样的动机，都必须遵循会计职业道德规范，否则就会遭受利益上的损失。

（二）裁决与教育作用

会计职业道德的检查与奖惩起着道德法庭的作用。运用各种会计法规、条例、道德要求等一系列标准，鞭策违反道德的行为，同时褒奖那些符合职业道德要求的行为，并使其

发扬光大，蔚为风气，互相砥砺。

（三）形成抑恶扬善的社会环境

对会计行为而言，判断善恶的标准就是会计职业道德规范。那些遵守职业道德规范的行为，就可称为善行；反之，那些违背道德规范的行为，可称为恶行。通过倡导、赞扬、鼓励自觉遵守会计职业道德规范的行为，贬抑、鞭挞、谴责、查处会计造假等不良行为，有助于人们分清是非，形成良好的社会风气，从而进一步促进会计职业道德的发展。

二、会计职业道德检查与奖惩的实施

（一）财政部门对会计职业道德进行监督检查

检查的途径主要有：将会计法执法检查、会计从业资格证书注册登记管理以及会计专业技术资格考评、聘用与会计职业道德检查相结合，以构筑会计职业道德检查与奖惩机制的重要组成部分。

1. 将会计法执法检查与会计职业道德职业检查相结合。财政部门作为《中华人民共和国会计法》的执法主体，一方面督促各单位严格执行会计法律法规；另一方面也是对各单位会计人员执行会计职业道德情况的检查和检验。

2. 将会计从业资格证书注册登记管理与会计职业道德检查相结合。根据《会计从业资格管理办法》的规定，会计从业资格证书实行定期年检制度。年检时审查的内容包括持证人员遵守财经纪律、法规和会计职业纪律情况，依法履行会计职责情况。对于违反会计职业道德的不予通过年检。

3. 将会计专业技术资格考评、聘用与会计职业道德检查相结合。根据财政部、人事部联合印发的《会计专业技术资格考试暂行规定》及其实施办法规定，报考初级资格、中级资格的会计人员，应“坚持原则，具备良好的职业道德品质”等。会计专业技术资格考试管理机构在组织报名时，应对参加报名的会计人员职业道德情况进行检查。对有不遵循会计职业道德纪律的，应取消其报名资格。高级会计师应在考试和评审两个环节加强职业道德检查和考核。

（二）会计行业组织对会计职业道德进行自律管理与约束

对会计职业道德情况的检查，除了依靠政府监管外，行业自律也是一种重要手段。会计行业自律是一个群体概念，是会计职业组织对整个会计职业的会计行为进行自我约束、自我控制的过程。

（三）依法建立激励和遵守职业道德情况进行考核和奖惩机制

依据会计法等法律法规，建立激励机制，对会计人员遵守职业道德情况进行考核和奖惩。

（四）严格违反职业道德会计人员的从业资格管理

会计人员违反职业道德，情节严重的，由财政部门吊销其会计从业资格证书。

【例 5-17 · 单选题】下列各项中，对会计职业行为进行自我约束和自我控制的部门主要是(　　)。

A. 纪律检查部门　　B. 审计部门

C. 财政部门　　D. 会计学会

【正确答案】D

子任务三　会计职业道德建设组织与实施

1. 财政部门组织和推动会计职业道德建设，依法行政，探索会计职业道德建设的有效途径和实现形式。会计职业道德建设是会计管理工作的重要组成部分，作为管理会计工作的各级财政部门应当将会计职业道德建设纳入重要议事日程，负起组织和推动本地区会计职业道德建设的责任。

2. 会计职业组织建立行业自律机制和会计职业道德惩戒制度。会计职业组织起着联系会员与政府的桥梁作用，应充分发挥协会等会计职业组织的作用，改革和完善会计职业组织自律机制，有效发挥自律机制在会计职业道德建设中的促进作用。

3. 企事业单位任用合格会计人员，开展会计人员职业道德教育，建立和完善内部控制制度，形成内部约束机制，防范舞弊和经营风险，支持并督促会计人员遵循会计职业道德，依法开展会计工作。

4. 社会各界各尽其责，相互配合，齐抓共管。加强会计职业道德建设，既是提高广大会计人员素质的一项基础性工作，又是一项复杂的社会系统工程；不仅是某一个单位、某一个部门的任务，也是各地区、各部门、各单位的共同责任。因此，加强会计职业道德建设，不仅各级党组织要管，各级机关、群众组织等也要管。只有重视和加强各级组织、广大群众和新闻媒体的监督作用，齐抓共管，形成合力，才能有效地搞好会计职业道德建设，更好地提高广大会计人员的思想道德素质。

5. 社会舆论监督，形成良好的社会氛围。良好会计职业道德风尚的树立，离不开社会舆论的支持和监督。强化舆论监督，有利于在全社会形成诚实守信的氛围。要在全社会会计人员中倡导诚信为荣，失信为耻的职业道德意识，引导会计人员加强职业修养。通过会计职业道德建设中正反典型的宣传，弘扬正气，打击歪风。

【例 5-18 · 多选题】会计职业道德建设的组织与实施应依靠(　　)。

A. 财政部门的组织与推动

B. 会计职业组织的行业自律

C. 社会舆论监督形成良好的社会氛围

D. 司法机关的监督检查

【正确答案】ABC

【知识小结】

会计职业道德建设、检查与奖惩

<table>
<tr><td>建设</td><td colspan="2">（1）财政部门的组织推动
（2）会计行业的自律
（3）企事业单位的内部监督
（4）社会各界的监督配合</td></tr>
<tr><td rowspan="2">检查奖惩</td><td>意义</td><td>（1）促使会计人员遵守职业道德规范
（2）促使会计人员感受道德的价值分量
（3）有利于形成抑恶扬善的社会环境</td></tr>
<tr><td>机制</td><td>（1）财政部门的监督检查
①执法检查与会计职业道德检查相结合
②会计从业证书注册登记和年检与会计职业道德检查相结合
③会计专业技术资格考评、聘用与会计职业道德检查相结合
（2）会计行业组织的自律管理与约束
（3）依据会计法等法律法规，建立激励机制</td></tr>
</table>

学习情景一课后练习题

一、单项选择题

1. 下列关于当年形成的会计档案，在会计年度终了之后，可暂由会计机构保管的时间是(　　)。

A. 6个月　　B. 3年　　C. 2年　　D. 1年

2. 某生产性企业每年2月20日至7月20日开工，其余时间停工。该企业的会计年度应当为(　　)。

A. 自公历年度每年的2月20日起至7月20日止

B. 自公历年度每年的2月20日起至12月20日止

C. 自公历年度每年的1月1日起至7月20日止

D. 自公历年度每年的1月1日起至12月31日止

3. 王某在李某的监督下将会计资料移交给张某，事后，张某发现该会计资料存在严重错误，王某以会计资料已经移交为由不予理睬。则应该承担法律责任的是(　　)。

A. 张某　　B. 李某　　C. 王某　　D. 王某、张某、李某

4. 下列各项中，属于持有会计从业资格证书的人员参加继续教育采取的管理制度是(　　)。

A. 学习时间固定　　B. 六十分及格

C. 末尾淘汰　　D. 学分制

5. 甲单位从超市购买一批烟酒，作为福利发给单位职工，要求超市开具办公用品发票，该发票是(　　)。

A. 不真实的原始凭证　　B. 不合法的原始凭证

C. 不真实的记账凭证　　D. 不合法的记账凭证

6. 根据我国《会计法》的规定，国家统一的会计制度的制定部门是(　　)。

A. 省级人民政府财政部门　　B. 国务院金融主管部门

C. 国务院税务主管部门　　D. 国务院财政部门

7. 我国会计管理体制上实行“统一领导，分级管理”。(　　)以上地方各级人民政府财政部门管理本行政区域内的会计工作。

A. 县级　　B. 地市级　　C. 省级　　D. 乡镇级

8. 下列各项中，不属于会计工作行政管理的内容是(　　)。

A. 劳务市场管理　　B. 会计专业人才评价

C. 制定国家统一的会计制度　　D. 会计监督检查

9. 某单位会计李某采用涂改手段将金额1万元的购货发票改为4万元，则李某的行为属于(　　)。

A. 伪造会计凭证　　B. 变造会计凭证

C. 提供虚假财务会计报告　　D. 合法行为

10. 下列各项中，不属于会计工作行政管理的内容是（　　）。

A. 制定国家统一的会计制度　　B. 会计专业人才评价

C. 劳务市场管理　　D. 会计监督检查

11. 在下列有关会计记录文字的表述中，符合我国会计法要求的是(　　)。

A. 会计记录文字可以只使用某种少数民族文字

B. 会计记录文字可以只使用某种外国文字

C. 会计记录文字必须使用中文，不得单独或同时使用某种少数民族文字

D. 会计记录文字应当使用中文，但根据需要可以同时使用某种少数民族文字或外文

12. 《会计法》规定用电子计算机软件生成的会计资料必须符合(　　)要求。

A. 国家统一会计制度　　B. 企业会计工作规范

C. 各地方相关法规　　D. 各项具体会计相关法则

13. 单位发生的下列活动不属于会计核算的内容(　　)。

A. 款项和有价证券的收付　　B. 资本、基金的增减

C. 财务成果的计算和处理　　D. 会计人员的任用

14. 某企业会计人员审核一张购买材料的原始凭证时，发现凭证上的单价和金额数字有涂改痕迹，且材料单价也明显高于市场价格。该凭证应属于(　　)。

A. 不真实的原始凭证　　B. 不合法的原始凭证

C. 不准确的原始凭证　　D. 不完整的原始凭证

15. 根据《会计法》的规定，会计机构、会计人员审核原始凭证的具体程序、要求，应当由国家统一的会计制度规定进行，对不真实、不合法的原始凭证有权不予受理，并向(　　)报告。

A. 会计机构负责人　　B. 总会计师

C. 上级单位负责人　　D. 单位负责人

16. 会计机构和会计人员对不完整、不准确的原始凭证应当采取下列方法处理(　　)。

A. 不予接受　　B. 不予接受，并向单位负责人报告

C. 予以退回，要求更正、补充　　D. 也可根据情况予以接受

17. 根据我国《会计法》的规定，外来原始凭证的金额有错误时，应当采取的正确做法是(　　)。

A. 由出具单位重开

B. 由出具单位更正并加盖出具单位印章

C. 由接受单位更正并加盖接受单位印章

D. 由经办人员更正并加盖经办人员印章

18. 甲乙公司共同购买100万元的设备，甲出70万元，乙出30万元，现销售方只给甲开出一张发票，现乙公司要进行账务处理，则(　　)。

A. 甲公司记账后再将发票原件交乙公司记账

B. 甲公司保存发票原件，并向乙公司出具发票复印件作为其记账依据

C. 由丙公司向乙公司出具发票的复印件作为其记账依据

D. 由甲公司保存发票原件，并向乙公司开出原始凭证分割单作为其记账依据

19. 下列关于会计账簿记录与实物、款项实有数核对相符的简称是(　　)。

A. 账证相符　　B. 账账相符　　C. 账实相符　　D. 账表相符

20. 下列关于会计档案的说法中，不正确的是(　　)。

A. 档案部门接收保管的会计档案，原则上应当保持原卷册的封装，即入档后的单位会计档案不得随意拆封

B. 会计档案原件原则上不得借出，以确保单位档案的安全和完整，防止丢失。遇有特殊需要，经本单位会计机构负责人批准，可以提供查阅或者复制件，但必须办理登记手续

C. 会计机构保管会计档案的专职人员不得由单位出纳人员担任

D. 正在建设期间的建设单位会计档案，无论其是否保管期满，都不得销毁，必须妥善保管，等到项目办理竣工决算后按规定的交接手续移交给项目的接受单位进行妥善保管

21. 下列关于会计内部监督的各项提法，错误的是(　　)。

A. 单位负责人负责内部会计监督制度的组织与实施

B. 会计机构和会计人员是内部会计监督制度的具体实施者

C. 单位负责人对内部会计监督实施情况承担责任

D. 会计内部监督就是会计机构、会计人员监督单位负责人

22. 下列各项中，会计法律制度层次最高的是(　　)。

A. 会计行政法规　　B. 地方性会计法规

C. 会计法律　　D. 会计部门规章

23. 单位内部会计监督制度要求，与经济业务事项和会计事项的审批人员、经办人员、财物保管人员的职责权限应当明确，并相互分离、相互制约的是(　　)。

A. 会计人员　　B. 审计人员　　C. 记账人员　　D. 审核人员

24. 根据会计法律制度的有关规定，会计人员在办理会计工作交接手续中发现“白条顶库”现象时，应采取的做法是(　　)。

A. 由监交人员负责查清处理

B. 由移交人员在规定期限内负责查清处理

C. 由接管人员在移交后负责查清处理

D. 由会计档案管理人员负责查清处理

25. 下列对于会计工作政府监督的表述中，正确的是(　　)。

A. 中国银行是会计工作政府监督的实施主体

B. 会计工作的政府监督应当遵循全面性与重要性原则

C. 核查会计师事务所出具的审计报告的内容属于会计工作政府监督的范畴

D. 对单位是否依法设置会计账簿的检查不属于会计工作政府监督的范畴

26. 下列各项中，属于企业内部控制应当遵循的原则的有(　　)。

A. 独立性原则　　B. 准确性原则

C. 制衡性原则　　D. 成本效益原则

27. 某职工到北京出差，实际支付住宿费 1 100 元，却开出 2 400 元的发票到单位报销，后被查出。应给这一职工的处罚是通报，并处(　　)。

A. 3 000 元以上 50 000 元以下的罚金

B. 3 000 元以上 50 000 元以下的罚款

C. 3 000 以上 20 000 元以下的罚款

D. 5 000 元以上 100 000 以下的罚款

28. 根据国家统一的会计制度规定单位对外提供的账务会计报告应当由单位有关人员签字并盖章，下列各项中不需要在单位对外提供的财务报告上签字并盖章的有(　　)。

A. 单位负责人　　B. 总会计师

C. 会计机构负责人　　D. 单位内部审计人员

29. 根据我国会计法的规定，在下列有关内部监督的表述中，不符合法律规定的是(　　)。

A. 监督的主体是本单位的单位负责人和会计机构

B. 对违反《会计法》的会计事项，会计机构和会计人员有权拒绝办理

C. 会计机构、会计人员发现账实不符合的，如果有权自行纠正，应当及时处理

D. 内部会计监督的对象是本单位的经济活动

30. 依照我国相关法律规定，行政责任的方式主要有(　　)。

A. 行政处罚　　B. 行政处分

C. 驱逐出境　　D. 剥夺政治权利

31. 下列各项中，属于我国财务报表的责任主体的是(　　)。

A. 会计机构负责人　　B. 总会计师

C. 单位负责人　　D. 单位领导人

32. 下列各项中，属于企业内部控制应当遵循的原则的是(　　)。

A. 制衡性原则　　B. 谨慎性原则

C. 准确性原则　　D. 独立性原则

33. 下列属于注册会计师及其所在的会计事务所依法对委托单位的经济活动进行审计，鉴证监督制度的是(　　)。

A. 群众监督　　B. 单位内部监督

C. 社会监督　　D. 政府监督

34. 下列关于有关机构配置专职人员的表述中，正确的是(　　)。

A. 不具备单独设置会计机构条件的，应当在有关机构中配置专职会计人员，并指定会计主管人员

B. 不具备单独设置会计机构条件的，应当在有关机构中配置专职会计人员，也

可以由他人代管会计工作

C. 不具备单独设置会计机构条件的，应当在有关机构中配置专职会计人员，并非一定指定会计主管人员

D. 不具备单独设置会计机构条件的，或者在有关机构中配置专职会计人员，或者指定会计主管人员

35. 下列各项中，属于会计机构和会计人员在办理会计事务过程中以及在管理会计工作中发生的各种经济关系是(　　)。

A. 会计关系　　B. 合伙人关系

C. 经济关系　　D. 上下级关系

二、多项选择题

1. 单位负责人会计责任的范围包括(　　)。

A. 按照规定设置会计机构、选用会计人员

B. 保证会计机构和会计人员依法履行职责

C. 不得对依法履行职责、抵制违反会计法规定行为的会计人员实行打击报复

D. 审核本单位编制的财务会计报告

2. 下列各项中，属于我国会计法律制度的有(　　)。

A. 会计法律　　B. 会计行政法规

C. 地方性会计法规　　D. 会计部门规章

3. 根据会计法律制度的规定，下列有关取得或者填制原始凭证的表述中，符合规定的有(　　)。

A. 从外单位取得的原始凭证，必须盖有填制单位的公章

B. 从个人取得的原始凭证，必须有填制人员的签名或者签章

C. 购买实物的原始凭证，必须有验收证明

D. 支付款项的原始凭证，必须有收款单位和收款人的收款证明

4. 下列各项中，属于财政部门对企业进行会计工作的检查内容的有(　　)。

A. 会计凭证、会计账簿、财务会计报告和其他会计资料是否真实、完整

B. 是否依法设置会计账簿

C. 会计核算是否符合《会计法》和国家统一的会计制度的规定

D. 从事会计工作的人员是否具备会计从业资格

5. 我国对原始凭证的错误规定了如下处理方法(　　)。

A. 金额错误的，只能由出具单位重开

B. 更正处应加盖出具单位的印章

C. 不得直接作为填制记账凭证的依据

D. 非金额错误的，由出具单位重开或更正

6. 下列各项中，属于会计报表的有(　　)。

A. 年度生产计划表　　B. 销售汇总表

C. 资产负债表　　D. 利润表

7. 根据《代理记账管理办法》的规定，设立代理记账机构，除国家法律、行政法规

另有规定外，还应符合的条件包括(　　)。

A. 五名以上持有会计从业资格证书的专职从业人员

B. 主管代理记账业务的负责人具有高级会计师以上专业技术职务资格

C. 有固定的办公场所

D. 有健全的代理记账业务规范和财务会计管理制度

8. 根据《会计法》的规定，下列人员可以担任会计机构负责人或会计主管人员(　　)。

A. 取得会计从业资格证书并具备会计师以上的专业技术职务资格

B. 取得会计从业资格证书并从事会计工作三年以上

C. 虽未取得会计从业资格证书，但取得了会计师的专业技术职务资格并从事会计工作三年以上

D. 虽未取得会计从业资格证书，但财会专业研究生毕业

9. 根据我国有关法律的规定，国有企业的出纳人员应当符合下列要求(　)。

A. 必须取得会计师专业技术资格

B. 不得兼管稽核工作和会计档案保管工作

C. 不得兼管收入、费用、债权债务账目的登记工作

D. 不得由会计机构负责人或会计主管人员的直系亲属担任

10. 会计人员无论短期离职还是长期离职都应办理会计工作交接手续，且由下列人员监交(　)。

A. 一般会计人员的交接由职工代表大会监督

B. 会计机构负责人或会计主管人员的交接一般由单位负责人监督

C. 一般会计人员的交接由监事会监督

D. 对于会计机构负责人或会计主管人员的交接，必要时可由主管单位派人会同单位负责人监督

11. 有法定行为之一的，由县级以上人民政府部门责令限期改正，可以对单位另处三千元以上五万元以下的罚款的有(　)。

A. 向不同的会计资料使用者提供的财务会计报告编制依据完全一致的行为

B. 以未经审核的会计凭证为依据登记会计账簿或登记账簿不符合规定的行为

C. 向不同的会计资料使用者提供的财务会计报告编制依据不一样的行为

D. 未按照规定填制，取得原始凭证或填制，取得的原始凭证不符合规定的行为

12. 移交清册一般应填制一式三份，(　　)各执一份。

A. 移交人　　B. 接替人　　C. 监交人　　D. 存档

13. 下列各项中，属于《会计法》规定的行政处罚的形式是(　)。

A. 罚款　　B. 行政拘留

C. 吊销会计从业资格证　　D. 没收违法所得

14. 某国有控股公司新的法人代表王某上任后，对会计人员安排任用上违反会计法规定的是(　　)。

A. 在未报经主管单位同意的情况下决定将原会计科长张某调到计划科任科长，张

某有会计从业资格证书

B. 在未报经主管单位同意的情况下提拔有5年会计经验的李某任科长，李某有会计从业资格证书

C. 将其战友的女儿陈某调入会计科任出纳，陈某没有会计从业资格证书

D. 因会计档案管理工作量小，不适宜安排专人管理，由出纳陈某兼管

15. 下列属于变造会计凭证的行为的有(　　)。

A. 某企业为一客户虚开销货发票一张，并按票面金额的20%收取好处费

B. 某业务员将购货发票上的金额50万元，用“消字灵”修改为80万元报账

C. 企业某现金出纳将一张报销凭证上的金额6 000元涂改为8 000元

D. 购货部门转来一张购货发票，原金额计算有误，出票单位已作更正并加盖出票单位公章

16. 单位内部会计监督制度应当符合的要求包括(　　)。

A. 重要经济业务事项的决策和执行相互监督、相互制约的程序应当明确

B. 记账人员与经济业务事项或会计事项的不相容职位人员的职责权限应当明确，并相互分离、相互制约

C. 对会计资料定期进行内部审计的办法和程序应当明确

D. 财产清查的范围、期限和组织程序应当明确

17. 会计核算的要求有(　　)。

A. 会计核算必须以实际发生的经济业务事项为依据

B. 依法建账

C. 正确使用会计记录文字

D. 正确采用会计处理方法

18. 下列各项中，属于应当设置的会计账簿有(　　)。

A. 其他辅助性账簿　　B. 总账

C. 日记账　　D. 明细账

19. 下列各项中，属于国家统一会计制度的内容的有(　　)。

A. 会计工作管理制度　　B. 国家统一会计核算制度

C. 会计监督制度　　D. 会计机构和会计人员管理制度

20. 下列各项中，属于注册会计师及其所在的会计师事务所法定业务范围的有(　　)。

A. 检查企业执行会计法规情况　　B. 承办验资业务

C. 检查企业会计工作情况　　D. 依法承办审计业务

三、判断题

1. 由于总会计师主管一个单位的会计工作，故必须具有高级会计师的任职资格。(　　)

2. 对犯罪的外国人，可以独立或附加适用驱逐出境。(　　)

3. 单位负责人为单位会计责任主体，这就是说如果一个单位会计工作中出现违法违纪行为，单位负责人应当承担全部责任。(　　)

4. 某集团公司的董事长王某社会事务繁多，便书面约定，授权其公司的总会计师李

某代理行使他的有关法定会计事务职权（包括在财务会计报告上签字并盖章），由此产生的一切会计责任均由总会计师李某承担。因此，董事长王某不再承担该公司的会计行为责任，而由总会计师李某承担。（　　）

5. 接替人员在交接时因疏忽没有发现所交接会计资料在真实性、完整性方面的问题，如事后发现仍应交由原移交人员负责，原移交人员不应以会计资料已移交而推脱责任。（　　）

6. 在我国的会计法律体系中，法律效力最高的是会计规章。（　　）

7. 对会计从业资格证书实行注册登记制度和年检制度。（　　）

8. 社会监督具有很强的权威性和公正性。（　　）

9. 会计准则是调整经济活动中会计关系的各种法律、法规、规章和规范性文件的总称。（　　）

10. 某企业企管办在例行审核有关单据时，发现一张购买计算机的发票，其“金额”栏中的数字有更改现象，经查阅相关买卖合同、单据，确认更改后的金额数字是正确的，于是要求该发票的出具单位在发票“金额”栏更改之处加盖出具单位印章。该企业予以接受并据此登记入账。该企业对购买计算机的发票的处理是符合法律规定的。（　　）

11. 在编制年度财务会计报告之前，必须进行财产清查。（　　）

12. 当年形成的会计档案在会计年度终了后，可暂由本单位会计部门保管一年。（　　）

13. 单位负责人对依法履行职责、抵制违反会计法规定行为的会计人员以降级、撤职、调离工作岗位、解聘或者开除等方式实行打击报复，尚不构成犯罪的，由财政部门依法给予行政处分。（　　）

14. 内部会计监督的主体是各单位的会计机构、会计人员，所以，内部会计监督仅仅是会计机构、会计人员的事情。（　　）

15. 会计资料包括会计凭证、会计账簿财务报表和劳动合同。（　　）

16. 单位和个人检举违反《会计法》和国家统一的会计制度规定的行为，也属于会计工作社会监督的范畴。（　　）

17. 内部审计与注册会计师审计在审计方式上有所不同。

18. 政府监督的内容中包含对单位会计人员从业资格和任职资格的检查。（　　）

19. 单位要加强对本单位会计人员的管理，依法合理设置会计岗位，督促会计人员按照国家统一会计制度的规定进行会计核算和监督。（　　）

20. 高级会计师资格的取得实行考试与评审相结合制度，符合报名条件的人员均可报考，其中，专业考试科目为高级会计实务。（　　）

四、案例分析

1. 甲公司近几年经济效益一直不好。2009 年 12 月，公司董事长王某指示会计部门虚拟了若干笔销售收入，使公司报表由亏变盈，经乙会计师事务所审计后报出。2010 年 5 月，当地财政部门在《会计法》执法检查中发现了这一会计做假行为，并依据《会计法》规定，拟对甲公司进行处罚，公司董事长王某认为，公司的财务会计报告是由乙会计师事务所出具了无保留意见的审计报告，应由乙对公司的财务会计报告的真实性、完整性负责，甲公司不需承担责任。分析董事长王某的观点是否正确？并说明理由。

2. 某单位会计王某与接替者李某在财务科长赵某的监交下办理了交接手续。次日，财政部门对该单位进行检查时，发现王某所记账目中有严重会计做假行为，而接替者李某并未发现这一问题。财政部门依据有关法规对单位进行处罚，并追究有关人员的责任。试分析应追究哪些人员的责任。

3. 某单位张某出差，不慎将住宿发票丢失，报销时，张某向会计人员李某讲明了实情，李某告知无发票，无法报销，请出票单位再开一张。可出票单位不给开，张某便找了一张购买办公用品的发票顶替，其金额和住宿费相同。当张某再次报销时，李某认为，张某出差住宿是事实，且购物发票的金额与住宿发票相同，也未多列费用，便给张某办理了报销手续。

请问：

(1) 张、李二人的行为属于什么违法行为？

(2) 按照《会计法》的规定，对张、李二人应如何进行处理？

4. 审计人员在对A公司进行审计时，发现存在以下情况：

(1) 出纳李某负责A公司的货币资金收付业务，包括收、付款原始凭证的复核和收、付款原始凭证的编制；

(2) A公司的支票及用于签发支票的相关印鉴都由出纳李某一人保管；

(3) 某日，公司销售主管需现金3 000元应急，向出纳李某借款，李某让其写了一张欠条，充作现金放入公司保险箱中；

(4) 出纳李某逐日登记库存现金日记账，同时登记收入明细账。

要求：根据上述情况，A公司在货币资金内部控制制度方面存在哪些问题？针对存在的问题，请指出相应的正确做法。

五、不定项选择题

(一) 2017年，某大型国有企业进行检查时，发生如下事项：(1) 张某业务精湛，拟担任单位总会计师，张某取得助理会计师任职资格后，主管单位财务会计工作

(2) 2016年1月，会计机构负责人王某因提供虚假财务会计报告被吊销会计从业资格证书并依法追究刑事责任

(3) 因人员紧张，出纳李某同时负责会计档案保管

(4) 该企业2016年度亏损20万元，厂长授意会计人员柯某采取伪造会计凭证等手段调整企业财务会计报告

1. 针对事项(1)，下列说法正确的有(　　)

A. 张某具备担任总会计师的资格，因为取得了助理会计师任职资格

B. 张某不具备担任总会计师的资格，因为没有取得助理会计师任职资格

C. 担任总会计师需要主管单位财务会计工作时间不少于3年

D. 大中型企业必须设置总会计师（大中型国有企业才必须要设置）总会计师必须要取得中级会计师资格

2. 针对事项(2)，下列说法正确的有(　　)

A. 王某可以取得会计从业资格证书，因为王某被依法追究刑事责任已满5年

B. 王某不得重新取得会计从业资格证书
C. 王某考试合格后可以重新取得会计证
D. 因会计违法行为被追究刑事责任的，5 年内不得重新取得会计证
3. 针对事项（4），下列说法中正确的有(　　)
A. 厂长有人事权，可以自由决定柯某的工作岗位
B. 厂长的行为构成了对柯某的打击报复
C. 对柯某应当恢复其名誉和原职位、级别
D. 因会计违法行为被追究刑事责任的，5 年内不得重新取得会计证
4. 关于法律责任的说法中正确的有(　　)
A. 行政处罚的对象仅限于行政管理人员
B. 行政处罚的对象仅限于国家工作人员
C. 罚金属于行政责任
D. 罚款属于行政责任

（二）小李高中毕业后没有考上大学，但自学了许多会计专业知识，在某校取得了会计专业的成人教育专科毕业证。现在准备参加会计从业资格考试。在学习《财经法规与会计职业道德》的内容时，其学习了大量的会计相关法律法规，如《中华人民共和国会计法》、《中国注册会计师法》，国务院制定的《企业财务会计报告条例》和《中华人民共和国总会计师条例》，财务部制定的《会计从业资格管理办法》和《财政部门实施会计监督办法》，某省人大常委会制定的《会计管理条例》，中国注册会计师协会制定的《会计师事务所执业质量检查工作廉政规定》，某省财政厅制定的《会计从业资格管理实施办法》等。

要求，根据上述资料，分析回答下列问题：

1. 小李学习的相关内容中属于会计法律的有(　　)
A.《中华人民共和国会计法》
B.《中华人民共和国总会计师条例》
C.《会计从业资格管理办法》
D.《会计管理条例》
2. 小李学习的相关内容中属于地方性会计法规的有(　　)
A.《财政部门实施会计监督办法》
B.《会计管理条例》
C.《会计从业资格管理实施办法》
D.《会计师事务所执业质量检查工作廉政规定》
3. 小李学习的相关内容中不属于会计法律制度构成的有(　　)
A.《财政部门实施会计监督办法》
B.《会计师事务所执业质量检查工作廉政规定》
C.《会计从业资格管理实施办法》
D.《会计管理条例》
4. 财政部制定的《财政部门实施会计监督办法》属于的法律制度有(　　)

A. 会计法律　　　　　　　　　B. 会计行政法规
C. 会计部门规章　　　　　　　D. 地方政府法规

5. 下列对中国注册会计师协会制定的《会计师事务所执业质量检查工作廉政规定》描述正确的有(　　)

A. 属于中国注册会计师协会对会员管理的依据
B. 属于政府部门规章
C. 不属于会计行政法规
D. 不属于会计部门规章

（三）201×年5月，某小规模企业发生如下会计事项：

（1）该企业不具备设置会计机构和会计人员的条件，委托某代理记账公司办理会计业务。

（2）单位负责人张某认为，委托代理记账公司办理会计业务，自己不再承担会计责任。

（3）李某属于单位档案部门工作人员，负责本单位会计档案保管，李某尚未取得会计从业资格证书。

（4）该企业以解约为要挟，要求代理记账公司出具了虚假会计报告。

要求，根据上述资料，分析回答下列问题：

1. 针对事项1，下列说法中正确的有(　　)

A. 该企业不可以委托代理记账公司办理会计业务
B. 除代理记账公司外，该企业也可以委托会计师事务所办理会计业务
C. 除代理记账公司外，该企业也可以委托具有代理记账资格的其他社会咨询服务机构办理会计业务
D. 每个单位都必须单独设立会计机构

2. 针对事项（2），下列说法中正确的有(　　)

A. 张某的说法是正确的
B. 张某的说法是错误的
C. 单位负责人对单位会计工作和会计资料的真实性和完整性负责
D. 单位负责人会计责任不因代理记账而消除

3. 针对事项（3），下列说法中正确的有(　　)

A. 李某尚未取得从业资格证书，不能保管会计档案
B. 李某可以保管会计档案，不需要取得会计从业资格证书
C. 会计机构中对正式移交前的会计档案保管的工作属于会计岗位
D. 档案部门对正式移交后的会计档案保管的工作属于会计岗位

4. 关于会计工作岗位的说法中正确的有(　　)

A. 单位内部审计属于会计岗位　　　B. 社会审计不属于会计岗位
C. 政府审计属于会计岗位　　　　　D. 稽核不属于会计岗位

5. 针对事项（4），下列说法中正确的有(　　)

A. 代理记账公司不承担任何法律责任

B. 代理记账公司要承担法律责任

C. 违反会计法要承担的责任主要是行政责任和民事责任

D. 违反会计法要承担的责任主要是行政责任和刑事责任

（四）2013 年，某市财政局对某大型国有企业进行检查时，发现如下事项：（1）该企业设置了总会计师，同时设置了一名主管财务工作的副总经理。（2）该企业负责人的女婿担任本单位的会计机构负责人。（3）该企业会计人员王某脱产学习一星期。会计科长指定会计人员李某临时接管王某工作，未办理会计工作交接手续。（4）名牌大学毕业生张某业务精湛，虽然尚未取得会计从业资格证，单位负责人仍决定委派他担任会计机构负责人。

(1) 针对事项（1），下列说法中正确的有(　　)

A. 设置总会计师的单位，不应当再设置与总会计师职责重叠的行政副职

B. 所有的企业都必须设置总会计师

C. 国有企业和大中型企业必须设置总会计师

D. 总会计师的设置、任职条件、职责权限由本单位规定针对事项

(2) 下列说法中正确的有(　　)

A. 企业负责人的女婿可以担任本单位的会计机构负责人

B. 企业负责人女婿不可以担任本单位的会计机构负责人

C. 国有企业任用会计人员不实行回避制度

D. 企业负责人的女婿可以担任本单位的出纳

(3) 针对事项（3），下列说法中正确的有(　　)

A. 除临时离职或因正当原因暂时不能工作的以外，会计人员在离职时都应办理交接手续

B. 应由单位负责人监交

C. 应由会计机构负责人负责监交

D. 不需办理交接手续

学习情境二课后练习题

一、单项选择题

1. 按照《银行账户管理办法》，单位的存款账户可以分为(　　)。

A. 2 类　　B. 3 类　　C. 4 类　　D. 5 类

2. 某出票人于 10 月 20 日签发一张现金支票。根据《支付结算办法》的规定，对该支票“出票日期”中“月”、“日”的下列填法中，符合规定的是(　　)。

A. 拾月贰拾日　　B. 零拾月零贰拾日

C. 壹拾月贰拾日　　D. 零壹拾月零贰拾日

3. 填写票据大写金额时，人民币 15 308. 09 元正确的书写是(　　)。

A. 人民币壹万伍仟叁佰零捌元零玖分整

B. 人民币壹万伍仟叁佰零捌元玖分

C. 人民币壹万伍仟叁佰零捌元零玖分

D. 一万伍仟叁佰零捌元零玖分

4. 存款人签发空头支票不以骗取钱财为目的的，由中国人民银行处以票面金额 5%但不低于(　　)的罚款。

A. 500 元　　B. 1 000 元　　C. 5 000 元　　D. 10 000 元

5. 接受汇票出票人的付款委托同意承担支付票款义务的人，是指(　　)。

A. 被背书人　　B. 背书人　　C. 承兑人　　D. 保证人

6. 根据《支付结算办法》的规定，付款单位违反规定无理拒付，对其处以(　　)的罚款，累计 3 次提出无理拒付的，银行应暂停其向外办理托收。

A. 票面金额 5%但不低于 1 000 元的罚款

B. 2 000 元以上 5 000 元以下

C. 1 000 元以上 5 000 元以下

D. 1 000 元以上 10 000 元以下

7. 根据《账户管理办法》的规定，临时存款账户的有效期最长不得超过(　　)。

A. 1 年　　B. 2 年　　C. 3 年　　D. 5 年

8. 下列各项中不属于票据行为的是(　　)。

A. 出票人签发票据并将其交给收款人的行为

B. 票据遗失向银行挂失止付的行为

C. 票据付款人承诺在汇票到期日支付汇票金额并签章的行为

D. 票据债务人以外的人在票据上记载有关事项并签章的行为

9. 发卡银行给予持卡人一定的信用额度，持卡人可以再信用额度内先消费后还款的信用卡是(　　)。

A. 借记卡　　B. 银行卡　　C. 准贷记卡　　D. 贷记卡

10. 关于票据格式的规定表述错误的是（　　）。

A. 票据的格式应当统一

B. 只有中国人民银行有权规定票据格式

C. 票据当事人应当使用统一格式的票据

D. 商业银行有权制定票据格式并报中国人民银行备案

11. 下列可导致票据无效的签章是(　　)。

A. 出票人的签章　　B. 背书人的签章

C. 保证人的签章　　D. 承兑人的签章

12. 下列属于支付结算行政法规的是(　　)。

A. 全国人大常委会通过的《中华人民共和国票据法》

B. 中国人民银行发布的《国内信用证结算办法》

C. 中国人民银行发布的《银行卡业务管理办法》

D. 由中国人民银行发布经国务院批准的《票据管理实施办法》

13. 下列关于支票的提示付款期限的表述中，正确的是（　　）。

A. 自出票日起 60 日内　　B. 自出票日起 30 日内

C. 自出票日起 10 日内　　D. 自出票日起 20 日内

14. 托收承付结算，付款单位开户银行银行划款的必经程序是(　　)。

A. 购货单位通知　　B. 销货单位通知

C. 销货单位银行通知　　D. 购货单位承付

15. 信用卡持卡人非现金交易享受免息还款期，免息还款期最长为(　　)。

A. 20 天　　B. 30 天　　C. 45 天　　D. 60 天

16. 根据《人民币银行结算账户管理办法》的规定，开户银行对已开立一年但未发生任何业务的账户，应通知存款人自发出通知之日起一定期限内到开户银行办理销户手续。该期限为(　　)日。

A. 10　　B. 20　　C. 30　　D. 3 个月

17. 单位根据规定从开户银行提取现金时，现金支票上如实写明提取现金用途后，其签字盖章人员为(　　)。

A. 本单位财务部门负责人　　B. 本单位会计

C. 本单位总会计师　　D. 本单位出纳

18. 根据《人民币银行结算账户管理办法》的规定，不得申请撤销银行结算账户的情况是(　　)。

A. 存款人被撤并、解散的

B. 存款人被注销、被吊销营业执照的

C. 存款人尚未清偿其开户银行债务，拟宣告破产的

D. 存款人因迁址需要变更开户银行的

19. 根据《支付结算办法》的规定，下列各单位，能够签发银行汇票的是(　　)。
A. 银行　B. 企业单位　C. 社会团体　D. 机关
20. 根据规定，下列经济事项可以使用现金结算的是(　　)。
A. 向农产品公司收购农副产品的大额货款
B. 职工工资和津贴
C. 采购员支付的大额货款
D. 2 000 元以下的零星支出
21. 下列不属于银行在支付结算中应遵守的原则有(　　)。
A. 自主选择　B. 谁的钱进谁的账、由谁支配
C. 银行不垫款　D. 恪守信用、履约付款
22. 下列有关票据承兑的各项表述中，不正确的是(　　)。
A. 见票即付的汇票无需提示承兑
B. 出票后定期付款的汇票，持票人应当在汇票到期日向付款人提示承兑
C. 定日付款的商业承兑汇票，持票人应当在汇票到期日前向付款人提示承兑
D. 见票后定期付款的汇票，持票人应当自出票日起 1 个月内向付款人提示承兑
23. 下列各项中，不属于票据特征的是(　　)。
A. 票据是文义证券　B. 票据是设权证券
C. 票据权利与票据可分离　D. 票据是债券凭证和金钱凭证
24. 下列各项中，不属于《票据法》规定的票据是(　　)。
A. 银行本票　B. 支票　C. 国库券　D. 银行汇票
25. 委托收款结算，若付款人存款账户不足支付，银行未付款通知书应发给的人是(　　)。
A. 收款人开户银行　B. 付款人开户银行
C. 付款人　D. 收款人
26. 托收承付结算方式下，验单付款期是(　　)天。
A. 8　B. 5　C. 3　D. 10
27. 银行结算账户的监督管理部门是(　　)。
A. 开户银行　B. 财政部门　C. 银监会　D. 中国人民银行
28. 下列有关票据承兑的各项表述中，不正确的是(　　)。
A. 出票后定期付款的汇票，持票人应当在汇票到期日向付款人提示承兑
B. 见票后定期付款的汇票，持票人应当自出票日起 1 个月内向付款人提示承兑
C. 定日付款的商业承兑汇票，持票人应当在汇票到期日前向付款人提示承兑
D. 见票即付的汇票无需提示承兑
29. 下列选项中符合现金管理基本原则的是(　　)。
A. 开户单位在任何情况下都不得坐支
B. 单位根据需要支付现金，可以从本单位库存现金限额中支付或开户银行中提取，不得从本单位的现金收入中直接支付
C. 现金应当于次日送存银行

D. 应当对现金结算给予高于转账结算的优惠

30. 下列不属于对伪造、变造、私自印制开户登记证的存款人处罚的是(　　)。

A. 经营性的存款人处以 1 万元以上 3 万元以下的罚款

B. 非经营性的存款人处以 1 000 元罚款

C. 构成犯罪的，移交司法机关依法追究刑事责任

D. 经营性的存款人处以 5 000 元罚款

31. 下列不适用于专项管理和使用，不通过专用存款账户结算的资金是(　　)。

A. 基本建设资金　　B. 粮棉油收购资金

C. 财政预算内资金　　D. 更新改造资金

二、多项选择题

1. 以下关于票据和结算凭证的基本要求正确的有(　　)。

A. 出票日期必须使用中文大写

B. ¥107 000. 53 大写金额可以写成人民币壹拾万柒仟元零伍角叁分或者人民币壹拾万零柒仟元伍角叁分

C. ¥16 409. 00 大写金额为人民币壹万陆仟肆佰零玖元

D. ¥6 007. 14，大写金额为人民币陆仟零柒元壹角肆分整

2. 根据《人民币银行结算账户管理办法》的规定，一般存款账户不能办理的业务是(　　)。

A. 现金缴存　　B. 借款转存　　C. 现金支取　　D. 借款归还

3. 下列关于票据的各项表述中，符合规定的有(　　)。

A. 票据的中文大写金额数字应用正楷或行书填写

B. 票据的中文大写金额数字前应标明“人民币”字样

C. 票据的出票日期应使用小写填写

D. 票据中的中文大写金额数字到“元”为止的，在“元”之后，应写“整”（或“正”）字

4. 下列各项中，可以办理现金支付的账户有（　　）。

A. 一般存款账户　　B. 临时存款账户

C. 基本存款账户　　D. 专用存款账户（除零余额账户）

5. 根据《票据法》的规定，票据的基本当事人包括(　　)。

A. 出票人　　B. 承兑人　　C. 收款人　　D. 保证人

6. 根据《票据法》的规定，票据背书的绝对记载事项有(　　)。

A. 背书的日期　　B. 被背书人签章

C. 背书人签章　　D. 背书的原因

7. 根据《中华人民共和国票据法》的规定，支票的(　　)可以由出票人授权补记。未补记前，不得背书转让和提示付款。

A. 支票金额　　B. 出票日期　　C. 付款人名称　　D. 收款人名称

8. 下列各项中，有关汇票与支票相互区别的表述中正确的有（　　）。

A. 汇票可以背书转让，支票不能背书转让
B. 汇票有即期汇票与远期汇票，支票则均为见票即付
C. 汇票的票据权利时效为 2 年，支票则为 6 个月
D. 汇票上的收款人名称可以经出票人授权予以补记，支票上的收款人名称，则不能补记

9. 根据支付结算法律制度的规定，下列选项中，属于变造票据的有(　　)。
A. 变更票据金额　　B. 变更票据上的到期日
C. 变更票据上的签章　　D. 变更票据上的付款日

10. 下列有关银行汇票的陈述中，正确的有（　　）。
A. 填明“现金”字样的银行汇票可以提取现金
B. 填明“现金”字样的银行汇票可以挂失止付
C. 填明“现金”字样的银行汇票可以背书转让
D. 填明“现金”字样的银行汇票不可以背书转让

11. 下列各项中，不属于支票基本当事人的有(　　)。
A. 付款人　B. 背书人　C. 出票人　D. 承兑人

12. 现金结算的特点有(　　)。
A. 易于宏观控制和管理　　B. 直接便利
C. 不安全性　　D. 费用较高

13. 下列关于汇兑结算办理的表述中不正确的有(　　)。
A. 汇款回单是汇款人会计核算的原始凭证
B. 收账通知是收款人会计核算的原始凭证
C. 只有汇兑凭证上注明“现金”字样的收款人才能支取现金
D. 未注明“现金”字样的需要支取现金，由银行审核后按规定支付

14. 国内信用证办理的流程有(　　)。
A. 通知　B. 开证　C. 议付　D. 付款

15. 下列各项中，不属于出票行为的有(　　)。
A. 出票人签发票据并将票交付给付款人的行为
B. 出票人承诺在汇票到期日支付汇票金额并签章的行为
C. 出票人签发票据并将其交付给收款人的行为
D. 汇票付款人承诺在汇票到期日支付汇票金额并签章的行为

16. 可以在异地使用的支付结算方式有哪些(　　)。
A. 汇兑　B. 银行汇票　C. 托收承付　D. 委托收款

17. 下列使用中文大写填写票据出票日期应在“日”前面加“零”的有(　　)。
A. 玖日　B. 贰拾壹日　C. 叁拾日　D. 壹拾日

18. 下列各项中，属于商业汇票绝对记载事项的有(　　)。
A. 出票人签章　　B. 确定金额
C. 无条件支付的委托　　D. 付款日期

19. 关于银行汇票办理和使用要求，下列表述正确的有(　　)。

A. 签发现金银行汇票，申请人和收款人都必须是个人

B. 银行汇票的实际结算金额不得更改，更改实际结算金额的银行汇票无效

C. 银行汇票应在出票金额内按实际结算金额办理结算

D. 持票人向银行提示付款时，必须将资料提供完备

20. 下列各项中，属于填写票据和结算凭证的基本要求的有(　　)。

A. 票据的出票日期可以使用小写填写

B. 中文大写金额数字应用正楷或行书填写

C. 中文大写金额数字不能使用繁体字

D. 中文大写金额数字前应标明“人民币”字样

三、判断题

1. 法人和其他单位在票据和结算凭证上的签章，为该法人或单位的公章，加上其法定代表人或者其授权的代理人的签名或盖章。(　　)

2. 邮政储蓄机构办理银行卡业务开立的账户纳入个人银行结算账户管理。(　　)

3. 票据出票日期使用小写的，银行可以受理，但由此造成的损失由出票人承担。(　　)

4. 根据《支付结算办法》的规定，支票的出票人不得签发与其预留本名的签名式样或者印鉴不符的支票。(　　)

5. 存款人更改名称，但不改变开户银行以及账号，应于 2 个工作日内向开户银行提出银行结算账户的变更申请。(　　)

6. 个体工商户凭营业执照字号或经营者姓名开立的银行结算账户，纳入单位银行结算账户管理。(　　)

7. 个人在票据和结算凭证上的签章，必须为本人本名的签名和盖章。(　　)

8. 银行对伪造，变造的票据和结算凭证，只要以善意且符合规定的正常操作程序审查后支付的，不再担付款的责任。(　　)

9. 对个人银行结算账户的存款和有关资料，除国家法律行政法规另有规定外，银行有权拒绝任何单位或个人查询。(　　)

10. 中国人民银行省、市、自治区、直辖市分行根据统一的支付结算制度制定实施细则，报总行备案批准后执行。(　　)

11. 《票据法》和《票据管理实施办法》属于支付结算的法律依据。(　　)

12. 根据《支付结算办法》的规定，单位或个人只能在同城使用支票。(　　)

13. 出票人签发签章与预留银行签章不符的支票，持票人有权要求出票人赔偿支票金额 2%的赔偿金。(　　)

14. 向个人收购的农副产品和其他物资的价款，无论数额有多大，均可使用现金支付。(　　)

15. 存款人在开立、撤销银行结算账户过程中，伪造、变造证明文件欺骗银行开立银行结算账户，对于经营性的存款人，给予警告并处以 1 万元以上 3 万元以下的罚款；构成

犯罪的，移交司法机关依法追究刑事责任。(　　)

16. 贷记卡每卡每日在 ATM 机提款不得超过 2 万元人民币。(　　)

17. 票据的绝对记载事项是指应记载而未记载，适用法律的有关规定而不使票据失效的事项。(　　)

18. 个人汇兑只能选择信汇。(　　)

19. 支票日期大写不规范，银行不予受理。(　　)

20. 临时存款账户在验资期间可以存取现金。(　　)

四、案例分析题

(一) 李红女士给父亲现金支票一张，用途栏写明“父亲节快乐”。张母请求支票的付款兑现时，银行柜台营业员拒付，理由是用途栏书写不规范。请问：银行的做法是否合法？说明理由。

2. 2010 年 3 月 10 日，甲、乙两个企业签订了 100 万元的买卖合同。根据合同约定，乙企业于 3 月 20 日向甲企业发货后，甲企业向乙企业签发了 100 万元的支票，出票日期为 2007 年 4 月 1 日，付款人为丙银行。但甲企业在支票上未记载支票金额，授权乙企业补记。乙企业在支票上补记金额后，于 2007 年 4 月 8 日向丙银行提示付款，但甲企业的银行账户上只有 20 万元。

要求：根据支票法律制度的规定，分析回答以下问题：

(1) 甲企业在出票时未记载金额即将支票交给乙企业，该支票是否有效？并说明理由。

(2) 对于甲企业签发空头支票的行为，应承担何种法律责任？

(3) 如果持票人乙企业于 2010 年 4 月 18 日向丙银行提示付款，出票人甲企业的票据责任能否解除？并说明理由。

(二) 甲公司会计科被盗，会计人员在清点财物时，发现除现金、财务印章外，还有 6 张票据被盗，其中包括：现金支票 1 张；未承兑的商业汇票 1 张；填明“现金”字样的银行本票 2 张；未填明“现金”字样的银行汇票 1 张。

要求：根据我国《票据法》的规定，回答下列问题：

(1) 甲公司票据被盗后，哪些票据可以挂失止付？并说明理由。

(2) 甲公司对票据挂失止付后，还可以采取哪些补救措施？

(3) 甲公司能否不经挂失止付而直接向人民法院申请公示催告？并说明理由。

五、不定项选择题

(一) 2015 年 3 月 10 日，甲公司向银行申领了一批信用卡，其中一部分卡发给员工个人使用，另一部分公司自用。

请根据题目回答一下问题：

1. 下列情形中，可以办理销户的有(　　)。

A. 4 月 12 日，甲公司要求注销自用的信用卡

B. 3 月 11 日，一名员工的信用卡丢失并于当日挂失，4 月 12 日要求注销丢失的信用卡。

C. 至2017年8月30日，甲公司自用的信用卡未发生过任何交易

D. 至2016年6月1日，甲公司自用的信用卡未发生过任何交易

2. 关于信用卡资金来源的表述中，正确的有(　　)。

A. 公司可以将其销货收入的款项存入持有的信用卡

B. 公司持有的信用卡可以存现金

C. 公司员工可以将个人的收入及公司的暂时款项存入其持有的信用卡

D. 公司可以将资金从基本存款户中转账存入持有的信用卡

3. 公司的下列做法中，错误的有(　　)。

A. 3月10日，公司将其信用卡转借给其下属公司

B. 3月1日，公司持卡购买一台价值12万元的设备

C. 3月20日，公司从信用卡上支取现金6 000元

D. 9月1日，公司结算信用卡，3月共透支15万元（该公司无综合信用度）

4. 关于信用卡的表述中，正确的有(　　)。

A. 信用卡透支利率为日利率5%

B. 准贷记卡的透支期限最长为60天

C. 同一持卡人单笔透支发生额，个人卡不得超过2万元

D. 贷记卡的首月最低还款额不得低于其当月透支余额的3%

5. 发卡银行给予持卡人一定的信用度，持卡人可以在信用度内先消费，后还款的信用卡是(　　)。

A. 准贷记卡　　B. 贷记卡　　C. 附属卡　　D. 借通卡

（二）2013年6月1日，甲公司向乙公司开具了一张未记载付款日期的商业汇票，乙公司按期向付款人收取票款。

要求：根据上述材料，回答下列问题。

1. 下列关于该汇票说法中正确的有(　　)。

A. 该汇票无效，因为付款日期属于绝对记载事项

B. 该汇票有效，因为付款日期属于相对记载事项

C. 该汇票有效，因为付款日期属于任意记载事项

D. 该汇票有效，因为付款日期属于非法定记载事项

2. 下列关于未记载付款日期的商业汇票如何处理的说法中，正确的有(　　)。

A. 汇票上未记载付款日期的，视为见票即付

B. 汇票上未记载付款日期的，自出票日期起1个月内向付款人提示付款

C. 汇票上未记载付款日期的，从出票日期起6个月内为付款日期

D. 汇票上未记载付款日期的，无需提示承兑

3. 关于该汇票的提示付款期限的说法正确的有(　　)。

A. 2013年6月10日之前　　B. 2013年6月11日之前

C. 2013年7月1日之前　　D. 2013年7月11日之前

4. 关于乙公司可以行使的票据权利的说法正确的有(　　)。

A. 付款请求权　　B. 利益返还请求权

C. 票据追诉权　　D. 票据返还请求权

5. 下列属于商业汇票的绝对记载事项的有(　　)。

A. 无条件支付的承诺　　B. 付款人名称

C. 收款人名称　　D. 出票人签章

(三) 2016 年 2 月 25 日，王女士给父亲王老汉开具一万元现金支票一张，用途栏写明“生日快乐”，并注明付款日期为王老汉生日当天。

要求：根据上述资料，分析回答下列问题：

1. 关于王女士在支票上的签章，下列说法中正确的有(　　)

A. 王女士预留银行的签名

B. 王女士预留银行的盖章

C. 王女士所在单位的财务专用章和王女士预留银行的盖章

D. 王女士所在单位的公章和王女士预留银行的签名

2. 关于该支票记载的付款日期下列说法中正确的有(　　)

A. 该支票无效，因为支票不得记载付款日期

B. 该支票有效，因为支票记载了付款日期不影响支票的效力，该记载无效

C. 该支票效力待定，因为有待于出票人的追认

D. 该支票有效，因为付款日期属于支票的相对记载事项

3. 关于王女士在用途栏书写的内容及法律后果，下列说法中正确的有(　　)

A. 银行应予拒付，因为用途栏书写不规范

B. 银行不应拒付，因为用途栏记载事项属于非法定记载事项

C. 用途栏记载事项属于绝对应记载事项，书写不规范导致该支票无效

D. 用途栏记载事项属于相对应记载事项，书写不规范不会导致该支票无效

4. 关于王老汉向银行提示付款，下列说法中正确的有(　　)

A. 王老汉向银行提示付款的最迟期限为 2016 年 3 月 6 日之前

B. 王老汉向银行提示付款的最迟期限为 2016 年 3 月 7 日之前

C. 王老汉向银行提示付款时应在支票背面收款人处签章

D. 王老汉向银行提示付款时应交验本人身份证

5. 关于王老汉持有的现金支票，下列说法中正确的有(　　)

A. 王老汉可以委托银行收款

B. 只能由王老汉向银行提示付款，不能委托银行收款

C. 王老汉可以将持有的支票背书转让

D. 超过提示付款期限，付款人和出票人均不承担票据责任

(四) 甲公司向乙公司采购 1.5 万元的物品，委托业务员王某前往办理，王某携带一张出票日期为 2016 年 2 月 9 日票面金额为 1.5 万元，未记载收款人名称的转账支票前往乙公司，乙公司在收到支票后，未在该支票收款人栏里记载自己的名称，即于 2016 年 2 月 12 日将该支票背书转让给丙公司，2016 年 2 月 14 日，丙公司向丁银行提示付款时，发

现甲公司在丁银行支票存款账户的余额为 1 万元。

根据票据管理制度的相关规定，回答下列问题。

1. 下列各项中，属于支票基本当事人的有(　　)。

A. 丙公司　B. 丁银行　C. 乙公司　D. 甲公司

2. 对甲公司罚款的表述中，下列正确的有(　　)。

A. 由丁银行对甲公司罚款 750 元　B. 由丁银行对甲公司罚款 1 000 元

C. 由丁银行对甲公司罚款 250 元　D. 由中国人民银行对甲公司罚款 1 000 元

3. 乙公司有权要求甲公司赔偿的金额正确的有(　　)。

A. 300 元　B. 750 元　C. 1 000 元　D. 250 元

4. 甲公司在该支票上的签章正确的有(　　)。

A. 预留银行的该单位财务专用章加该单位法定代表人的印章

B. 预留银行的该单位公章加该单位法定代表人的签名

C. 预留银行的该单位财务专用章或该单位法定代表人的印章

D. 预留银行的该单位公章

5. 关于该支票最迟的提示付款期限，说法正确的有(　　)。

A. 2016 年 2 月 18 日　B. 2016 年 2 月 19 日

C. 2016 年 2 月 22 日　D. 2016 年 2 月 23 日

（五）甲公司为刘东强开了一张人民币 20 万元的汇票，上面记载有如下内容，金额 20 万元，收款人为刘东强，付款人为交通银行某支行，出票日期为 2016 年 10 月 10 日，没有记载付款日期。刘东强背书转让给了乙公司，乙公司为支付合同款，背书转让给了李安，并记载有“不得转让”字样。李安又背书转让给了张方同，张方同怕有问题，要求李安找两个保证人，李安的好朋友白起与李广没有在票据上签保证字样，而是另行签订保证合同，并写明一旦银行拒付款，各自承担 10 万元的赔偿责任。2016 年 10 月 30 日持票人张方同找到付款人处要求付款。

根据上述材料，回答下列问题。

1. 张方同受让票据时，该票据的主债人是(　　)

A. 甲公司　B. 交通银行某支行

C. 刘东强　D. 李安

2. 关于此汇票的说法中正确的有(　　)

A. 需要持票人在 2013 年 11 月 10 日前到交通银行某支行提示承兑

B. 需要持票人在 2013 年 11 月 10 日前到交通银行某支行提示付款

C. 此汇票未记载付款日期，属于无效票据

D. 此汇票属于见票即付的商业汇票

3. 一旦付款人拒绝付款，张方同可以要求谁支付 20 万元(　　)

A. 甲公司　B. 乙公司　C. 刘东强　D. 李安

4. 下列哪些说法是正确的(　　)

A. 李安将记载“不得转让”字样的票据背书转让给张方同，该背书转让有效

B. 张方同不享有票据权利

C. 乙公司对张方同不承担票据责任

D. 李安将记载“不得转让”字样的票据背书转让给张方同，该背书转让无效

5. 关于该票据的保证人的说法中正确的有(　　)

A. 白起与李广承担票据保证责任

B. 白起与李广不承担票据担保责任

C. 票据保证人可以有债务人自己承担

D. 票据保证人由债务人以外的第三人承担

（六）甲公司欠张龙工程款人民币 20 万元，张某初次做工程，要求甲公司支付 20 万元现金，甲公司告知张龙按照会计制度规定，无法支付现金，但可以开一张支票，让其自己到银行支取现金，张龙认真查看了支票，上面记载有如下内容：金额 20 万元，收款人为张龙，出票日期为 2016 年 10 月 15 日，付款日期 2016 年 10 月 23 日，付款人为工商银行某支行，左上角还划有两条平行线，甲公司经理王明飞告诉张龙，只能在 10 月 23 日后去支取，因为现在账户上金额只有 10 万元，22 日才会有一笔 12 万元应收款到账，张龙非常高兴，2016 年 10 月 24 日，张龙拿着支票到银行要求支取现金，银行发现账户上共有 19 万元现金，拒绝兑付。

根据上述材料回答下列问题：

1. 银行拒绝兑付的主要原因(　　)

A. 此为空头支票　　B. 此为转账支票

C. 支票上的日付款期无效　　D. 张龙未按期到银行提示付款

2. 付款人收到支票时(　　)

A. 可以付款　　B. 可以转账

C. 应当退票　　D. 可以直接对公司罚款 500 元

3. 银行拒绝兑付后，张龙可以(　　)

A. 要求银行转账

B. 要求银行赔偿损失

C. 要求甲公司重新开具合法有效的支票

D. 要求甲公司赔偿自己 2 000 元

4. 如果开出支票时，甲公司在银行的账户有 20 万元现金，张龙按期到银行(　　)

A. 只能支取现金

B. 只能转账

C. 既可以支取现金，也可以转账

D. 既不能支取现金，也不能转账

5. 如果开出支票时，甲公司在银行的账户有 20 万元现金，张龙 2016 年 10 月 28 日到银行提示付款(　　)

A. 支票有效，银行应当兑付

B. 银行可以拒绝兑付

C. 如果银行拒绝兑付，张龙可以要求甲公司承担票据责任

D. 如果银行拒绝兑付，张龙不可以要求甲公司承担付款义务

（七）某年3月1日甲乙两公司发生商品交易，双方协商采取托收承付验货付款方式办理货款结算。3月4日甲向乙发出提货单。乙在承付期内未向其开户银行表示拒绝付款。已知3月7、8、14、15日为法定休假日。

1. 关于托收承付结算方式使用要求的下列表述中正确的是(　　)

A. 代销的商品的款项　　B. 商品交易的款项

C. 赊销的商品的款项　　D. 因商品交易而产生的劳务供应的款项

2. 下列关于托收承付结算金额的说法正确的是(　　)

A. 托收承付结算每笔的金额起点为1万元

B. 托收承付结算每笔的金额起点为2万元

C. 新华书店系统每笔的金额为5 000元

D. 新华书店系统每笔的金额为1 000元

3. 此托收承付的结算期从(　　)开始算起

A. 1日　　B. 4日　　C. 5日　　D. 6日

4. 此托收承付的结算期从(　　)开始算起

A. 6日　　B. 9日　　C. 13日　　D. 16日

5. 关于乙在承付期内未向开户行表示拒绝付款的说法正确的是(　　)

A. 银行不视作承付，不能向甲划拨货款

B. 银行视作承付可以向甲划拨货款

C. 银行在承付期满的次日上午将货款划拨给收款人

D. 银行在承付期满的3日内将货款划拨给收款人

（八）2009年3月11日，甲公司签发一张商业汇票，收款人为乙公司，到期日为2009年9月11日，甲公司的开户银行P银行为该汇票承兑。2009年6月30日，乙公司从丙公司采购一批货物，将该汇票背书转让给丙公司，丙公司9月30日持该汇票到其开户银行Q银行办理委托收款。

1. 丙公司应去银行办理该汇票提示付款的期限是(　　)。

A. 自该汇票转让给丙公司之日起10日

B. 自该汇票转让给丙公司之日起1个月

C. 自该汇票到期日起10日

D. 自该汇票到期日起1个月

2. 该汇票的付款人是(　　)。

A. 甲公司　　B. P银行　　C. 乙公司　　D. Q银行

3. 在不考虑委托收款背书的情况下，关于确定该汇票非基本当事人的下列表述中，正确的是(　　)。

A. 背书人是乙公司　　B. 被背书人是丙公司

C. 承兑人是Q银行　　D. 保证人是P银行

4. 关于银行是否应受理该汇票并承担付款责任的下列判断中，正确的是(　　)。

A. Q 银行不应受理　　B. Q 银行应当受理

C. P 银行不再承担付款责任　　D. P 银行仍应承担付款责任

5. 丙公司委托收款被 P 银行拒绝后，正确的做法是(　　)。

A. 向甲公司进行追索

B. 向乙公司进行追索

C. 出具书面说明，直接到 P 银行提示付款

D. 出具书面说明，再次要求 Q 银行发出委托收款

学习情境三课后练习题

一、单选题

1. 下列各项中，属于税法最基本要素的是(　　)。

A. 税目　　B. 征税人　　C. 计税依据　　D. 征税对象

2. 下列税种中不属于流转税的是(　　)。

A. 增值税　　B. 消费税　　C. 资源税　　D. 企业所得税

3. 委托加工的消费品没有同类商品的价格时，应按以下哪个公式计算应纳消费税税额？(　　)

A. 应纳税额=（成本+利润）/（1-适用税率）×适用税率

B. 应纳税额=（成本+利润）/（1+适用税率）×适用税率

C. 应纳税额=（材料成本+加工费）/（1+适用税率）×适用税率

D. 应纳税额=（材料成本+加工费）/（1-适用税率）×适用税率

4. 根据《个人所得税法》的规定，在中国境内无住所但取得所得的下列外籍个人中，属于居民纳税人的是(　　)。

A. Y 国丁，2011 年 3 月 1 日入境，2012 年 3 月 1 日离境，其间临时离境 100 天

B. X 国丙，2011 年 10 月 1 日入境，2012 年 12 月 31 日离境，其间临时离境 28 天

C. M 国甲，在华工作 6 个月

D. N 国乙，2011 年 1 月 10 日入境，2011 年 10 月 10 日离境

5. 纳税人兼营不同税率的货物或应税劳务，分别核算的按不同税率计征，未分别核算的适用(　　)税率。

A. 高　　B. 低　　C. 零　　D. 高低均可

6. 目前我国内资企业计算应纳所得税的税率一般是(　　)。

A. 18%　　B. 20 %　　C. 25%　　D. 33%

7. 某小规模纳税人，7 月销售取得收入 90 000 元，购进原材料支付价款 30 000 元，请计算 7 月该企业应纳增值税(　　)元。

A. 1 800　　B. 2 621　　C. 2 700　　D. 10 200

8. 根据《消费税暂行条例》的规定，纳税人自产的用于下列用途的应纳消费品中，不需要缴纳消费税的有(　　)。

A. 用于职工福利的消费品

B. 用于广告的消费品

C. 用于连续生产应税消费品的消费品

D. 用于赞助的消费

9. 稿酬所得，适用比例税率为20%，并按应纳税额减征(　　)。

A. 10%　　B. 20%　　C. 30%　　D. 40%

10. 股息、红利所得以(　　)为应纳税所得额。

A. 每次收入额　B. 每季收入额　C. 每月收入额　D. 每年收入额

11. 实行从量定额计征，委托加工应税消费品的计税依据是(　　)。

A. 海关核定的数量　　B. 收回的数量

C. 销售数量　　D. 移送使用数量

12. 实行从量定额计征，自产自用的应税消费品用于其他方面的计税依据是(　　)。

A. 海关核定的数量　　B. 收回的数量

C. 销售数量　　D. 移送使用数量

13. 纳税人在计算应纳税所得额时，发生的职工工会经费、职工福利费、职工教育经费可以分别按实发工资的(　　)计算扣除。

A. 2%、14%、1.5%　　B. 2%、14%、2.5%

C. 2%、10%、2.5%　　D. 5%、14%、1.5%

14. 某国有企业2007年发生亏损，根据《企业所得税法》的规定，该亏损额可以用以后纳税年度的所得逐年弥补，但延续弥补的期限最长不得超过(　　)。

A. 2010年　　B. 2011年　　C. 2012年　　D. 2013年

15. 纳税务人对税务机关确认的减免税不服，正确的做法是(　　)。

A. 向本级人民法院申请裁决

B. 直接向人民法院提起行政诉讼

C. 申请行政复议，同时向人民法院提起行政诉讼

D. 向复议机关申请行政复议，对复议结果不服，再向人民法院提起行政诉讼

16. 小规模纳税人应按以下多少(　　)税率计算征收增值税。

A. 3%　　B. 4%　　C. 5%　　D. 6%

17. 下列项目中不允许抵扣进项税额的有(　　)。

A. 一般纳税人购进应税劳务

B. 一般纳税人销售货物时支付的运费

C. 一般纳税人购进入库的原材料

D. 商业企业购进货物，尚未取得增值税专用发票。

18. 某酒厂为一般纳税人。3月份向一小规模纳税人销售白酒，开具普通发票上注明含税金额为93 600元；同时收取包装物押金2 000元，此业务酒厂应计算的销项税额为(　　)元。

A. 13 670.6　　B. 13 800　　C. 13 890.6　　D. 13 964.4

19. 下列属于普通发票的是(　　)。

A. 电报收据　　B. 保险凭证

C. 增值税专用发票　　D. 商业零售统一发票

20. 下列选项中，属于中央税的是(　　)。

A. 增值税　B. 个人所得税　C. 关税　D. 企业所得税

21. 下列各项中，不属于税收法律的是(　　)。

A. 个人所得税法　B. 企业所得税法

C. 税收征收管理法　D. 财政部发布的有关税收的公告

22. 在下列从事生产经营的纳税人中，采取(　　)税款方式的纳税人应当在停业前向税务机关申报办理停业登记。

A. 定期定额征收　B. 查定征收　C. 查验征收　D. 查账征收

23. 下列不属于纳税申报方式的是(　　)。

A. 电话申报　B. 邮寄申报　C. 直接申报　D. 简易申报

24. 下列关于数据电文形式进行纳税申报的说法，不正确的是(　　)。

A. 税务机关为指定特定系统接收数据电文的，该数据电文进入税务机关的特定系统的首次时间，视为申报时间

B. 纳税人采用数据电文申报结束后，不能再报送书面材料

C. 税务机关指定特定系统接收数据电文的，该数据电文进入特定系统的时间，视为申报，报送到达时间

D. 纳税人采用数据电文申报结束后，还能报送书面材料

25. 不属于消费税记税方法的有(　　)。

A. 从价定额　B. 从价定率和从量定额复合

C. 从量定额　D. 从价累进

26. 各个税种区别的根本标志是(　　)。

A. 税目　B. 计税依据　C. 征税人　D. 征税对象

27. 下列各项中，不属于企业所得税纳税人的是(　　)。

A. 在中国境内成立的合伙企业

B. 在中国境内未设立机构，场所，但有来源于中国境内所得的企业

C. 在外国成立但实际管理机构在中国境内的企业

D. 在中国境内成立的外商独资企业

28. 纳税人办理税务登记后，如果增减分支机构，则应当办理(　　)。

A. 变更税务登记　B. 停业税务登记

C. 注销税务登记　D. 开业税务登记

29. 根据《企业所得税法》规定，下列收入中，属于免税收入的是(　　)。

A. 依法收取并纳入财政管理的政府性基金

B. 国债利息收入

C. 财政拨款收入

D. 接受捐赠收入

30. 境外企业在中国境内承包建筑工程和提供劳务时，应当自项目合同签订之日起(　　)日内，向项目所在地税务机关申报办理税务登记。

A. 15　B. 20　C. 25　D. 30

二、多项选择题

1. 税率分为（　　）。

A. 比例税率　　B. 全额累进税率
C. 超额累进税率　　D. 定额税率

2. 工业企业符合小型微利企业的条件为(　　)。

A. 年度应纳税所得额不超过 30 万元
B. 从业人数不超过 80 人
C. 从业人数不超过 100 人
D. 资产总额不超过 1 000 万元

3. 交通运输业包括(　　)。

A. 陆路运输服务　　B. 物流运输服务
C. 航空运输服务　　D. 水路运输服务

4. 我国税收征收管理机关有(　　)。

A. 海关　B. 地方税务局　C. 审计局　D. 国家税务局

5. 税款征收方式有(　　)。

A. 查账征收　B. 查验征收　C. 代扣代缴　D. 委托征收

6. 增值税征税范围中，应税服务有(　　)。

A. 有形动产租赁服务　　B. 信息技术服务
C. 文化创意服务　　D. 物流辅助服务

7. 下列应税消费品中，适用复合计税方法计算消费税的有（　　）。

A. 粮食白酒　B. 成品油　C. 卷烟　D. 小汽车

8. 税收的基本特征有（　　）。

A. 强制性　B. 无偿性　C. 有偿性　D. 固定性

9. 一般纳税人适用税率为（　　）。

A. 17%　B. 13%　C. 11%　D. 6%

10. 根据计税计税依据不同，可以将税种划分为（　　）。

A. 从价税　B. 价内税　C. 从量税　D. 价外税

11. 下列不能作为税务代理人委托方的有(　　)。

A. 纳税人　B. 工商部门　C. 扣缴义务人　D. 税务机关

12. 纳税人发生的下列支出中，在计算应纳税所得额时不准扣除的有(　　)。

A. 司法机关所处的罚金　　B. 税务机关加收的税收滞纳金
C. 支付违约经营的罚款　　D. 工商机关所处罚款

13. 按照税法功能作用的不同，可以将税法分为（　　）。

A. 税收实体法　B. 国内税法　C. 税收程序法　D. 国际税法

14. 下列各项中，以取得的收入为应纳税所得额直接计征个人所得税的有(　　)。

A. 稿酬所得　　B. 红利、股息所得
C. 财产转让所得　　D. 偶然所得

15. 发票的种类有（　　）。

A. 增值税专用发票　　B. 行业发票
C. 专业发票　　D. 专用发票
16. 纳税申报的形式有（　　）。
A. 直接申报　B. 邮寄申报　C. 数据电文申报　D. 简易申报
17. 税务代理的特点有（　　）。
A. 中介性　B. 法定性　C. 自愿性　D. 公正性
18. 下列说法，不正确的有(　　)。
A. 2012 年的第四次改革，属于增值税的营改增阶段
B. 自 2009 年 1 月 1 日起，我国实行全面的增值税转型，由收入型增值税转为消费性增值税
C. 1984 年的第一次改革，属于增值税的规范阶段
D. 自 2013 年 8 月 1 日起，在我国范围内开展交通运输业和部分服务业实行营改增
19. 下列各项中，免征或暂免征收个人所得税的有(　　)。
A. 国家民政部门支付给个人的生活困难补助费
B. 单位为个人缴付的住房公积金
C. 国债利息
D. 离退休人员按规定领取离退休工资
20. 下列关于开具发票的说法中，正确的有(　　)。
A. 应逐联开具发票
B. 单位和个人填写发票时应当使用中文
C. 单位和个人应在发生经营业务，确认营业收入时，才能开具发票
D. 单位和个人开具发票时应按号码顺序填开
21. 根据个人所得税相关规定，在计算个人所得税时，不得减除的费用有(　　)。
A. 工资薪酬所得　　B. 劳务报酬所得
C. 利息，股利，红利所得　　D. 稿酬所得
22. 根据《个人所得税法》规定，下列各项所得中，按超额累进税率计算缴纳个人所得税的有(　　)。
A. 工资薪金所得　　B. 劳务报酬所得
C. 对企业的承租经营所得　　D. 个体工商户的生产经营所得
23. 纳税人应缴纳消费税的情况有(　　)。
A. 将生产的应税消费品偿还债务
B. 将生产的应税消费品换取生产资料、消费资料
C. 将生产的应税消费品用于继续生产应税消费品以外的其他方面
D. 将生产的应税消费品投资入股
24. 下列选项中，属于增值税税率的有(　　)。
A. 基本税率　B. 零税率　C. 低税率　D. 征收率
25. 下列各项中，属于消费税税目的有(　　)。

A. 汽车轮胎　　B. 成品油　　C. 游艇　　D. 鞭炮

三、判断题

1. 根据《消费税暂行条例》的规定，纳税人将外购的应税消费品用于继续生产应税消费品以外的其他方面的，应缴纳消费税。(　　)

2. 企业发生的业务招待费无论多少均可以从收入总额中扣除。(　　)

3. 对于虽设置账簿，但是账目混乱或者成本资料、收入凭证、费用凭证残缺不全，难以查询的纳税人税务机关核定其应纳税额。(　　)

4. 计算增值税和消费税的计税依据，均为不含增值税但含消费税的价格。(　　)

5. 企业购进的货物只要有增值税专用发票均可抵扣销项税额。(　　)

6. 起征点是计税依据达到征税数额开始征税的界限。计税依据未达到起征点的不征税，达到或超过起征点的，按计税依据全额征税。(　　)

7. 只要发生了纳税义务都必须办理税务登记。(　　)

8. 只要没有增值税专用发票，就不得抵扣增值税销项税额。(　　)

9. 上年购置的原材料今年报损，其已抵扣的进项税应转出。(　　)

10. 纳税人购买国债的利息收入，应计入应纳所得额中计算所得税。(　　)

11. 目前我国增值税是实行的消费型增值税。(　　)

12. 我国会计法律制度的基本构成包括会计法律、会计行政法规和会计规章等，各省、自治区、直辖市人民代表大会及其常委会在同宪法和会计法律、行政法规不相抵触的前提下制定的地方规章，也属于我国会计法律制度的组成部分。(　　)

13. 免征额是在课税总额中免予征税的数额。免征额的部分不征税，超过免征额后全额征税。(　　)

14. 税法调整的是有关国家在筹集财政资金方面形成的税收关系。(　　)

15. 税率是指应纳税额与征税对象之间的比例，是计算应纳税额的尺度，它体现征税的广度。(　　)

16. 企业所得税的纳税年度，自公历 1 月 1 日起至 12 月 31 日止。(　　)

17. 实行从量定额征税的应税消费品，其计税依据是销售应税消费品的实际销售数量。(　　)

18. 纳税人对税务机关加收滞纳金不服，可以申请行政复议，也可以直接向人民法院提起行政诉讼。(　　)

19. 税收是一种分配形式。(　　)

20. 消费税，关税，海关代征的进口环节增值税为中央税。(　　)

四、计算分析题

1. 某市一般纳税人在 2016 年 8 月购进材料 500 万元（不含增值税），当月销售产品 800 万元（不含增值税）。请计算该公司 8 月要缴纳多少增值税？

2. 某市一般纳税人在 2016 年 10 月购进材料 600 万元，当月销售产品 800 万元（以上数据均不含税），购进废旧物资 20 万元、发生运费 10 万元（取得合法的运输发票）。请计算该公司 10 月要缴纳多少增值税？

3. 某公司 2016 年取得主营业务收入 1 000 万元，主营业务成本 700 万元，管理费用

80 万元（其中业务招待费用 20 万元），销售费用 25 万元，财务费用 5 万元。请计算该公司 2016 年应缴纳多少所得税？

4. 某公司向税务局申报年应税所得额为 100 万元，经税务局审核，企业当年实现销售收入 1 000 万元，实际发放职工工资为 500 万元，并按实发工资总额分别计提了职工福利费 70 万元、工会经费 10 万元、职工教育经费 12.5 万元。该公司实际发生职工福利费 60 万元，工会经费 8 万元，职工教育经费 10 万元，招待费 10 万元。请计算该公司本年度共计应缴纳的企业所得税税额？

5. 某企业一管理人员 2016 年 12 月当月收入 4 000 元，当月取得红利收入 6 000 元，请计算 12 月该管理人员应纳个人所得税多少？

6. 某食品厂为增值税一般纳税人，2016 年 5 月份的购销情况如下：

（1）填开增值税专用发票销售应税货物，不含税销售额达到 850 000 元；

（2）填开普通发票销售应税货物，销售收入 42 120 元；

（3）购进生产用原料的免税农业产品，农产品收购发票注明买价 580 000 元；

（4）购进辅助材料 128 000 元，增值税专用发票注明税额 21 760 元，支付运输货物的运费 1 000 元，并取得运输企业开具的运输业增值税专用发票，发票上注明的增值税额 110 元；

（5）该厂用价值 20 000 元（不含增值税）的食品换进某面粉厂一批面粉，换进面粉的价值是 18 000 元（不含增值税），双方均开具了增值税专用发票。

上述专用发票都通过了相关认证。

要求：根据上述资料，回答下列问题。

1）该食品厂 2016 年 5 月增值税的销项税额是(　　)元。

A. 144 500　　B. 6 120　　C. 154 020　　D. 150 620

2）该食品厂 2016 年 5 月增值税的进项税额是(　　)元。

A. 75 400　　B. 100 330　　C. 3 060　　D. 2 176

3）该食品厂 2016 年 5 月应纳增值税额是(　　)元。

A. 53 690　　B. 3 060　　C. 155 550　　D. 91 550

4）按照外购固定资产处理方式的不同，可将增值税划分为(　　)。

A. 生产型增值税　　B. 收入型增值税

C. 服务型增值税　　D. 消费型增值税

5）增值税的纳税期限为(　　)。

A. 1 日　　B. 1 个月　　C. 1 个季度　　D. 1 年

7. 甲商业企业属于增值税小规模纳税人，5 月份有关购销业务如下：

（1）购进服装 100 套，进价 150 元/套，取得普通发票，价款已付；另支付进货运费 200 元，取得运输单位开具的运输发票；

（2）购入办公设备，取得普通发票，注明价款 5 500 元；

（3）销售服装 80 套，售价 412 元/套，开具普通发票上注明价款 32 960 元，价款已全部收到；

（说明：有关票据在本月均通过主管税务机关认证并申报抵扣；月初增值税留抵税额

为 0。)

要求：根据上述材料，回答下列问题。

1）下列各项说法正确的是(　　)。

A. 该企业外购服装可抵扣的进项税额为 0

B. 该企业外购服装发生的运费可抵扣的进项税额为 14 元

C. 该企业购入办公用品可抵扣的进项税额为 165 元

D. 该企业可按 3%的征收率计算可抵扣的进项税额

2）该企业销售服装应缴纳的增值税税额为(　　)。

A. 960 元　　B. 988. 8 元　　C. 966 元　　D. 983 元

3）小规模纳税人增值税的征收率为(　　)。

A. 13%　　B. 17%　　C. 3%　　D. 7%

4）下列关于增值税小规模纳税人的说法中，正确的有(　　)。

A. 从事货物生产或提供应税劳务的纳税人，以及以从事货物生产或提供应税劳务为主，并兼营货物批发或零售的纳税人，年应税销售额在 50 万元以下的，属于小规模纳税人

B. 从事货物批发或零售的纳税人，年应税销售额在 80 万元以下的，属于小规模纳税人

C. 年应税销售额超过小规模纳税人标准的个人、非企业性单位、不经常发生应税行为的企业，视同小规模纳税人纳税

D. 小规模纳税人应纳增值税与购进货物没有关系，购进货物的全部支出都将计入货物的成本

8. 某县税务局对 2016 年 6 月进行了以下的税务活动：

（1）6 月 1 日实施检查中，发现某商店（系个体）2016 年 5 月 20 日领取营业执照后，未申请办理税务登记。据此，该税务所于 2016 年 6 月 3 日作出责令该商店必须在 2016 年 6 月 20 日前办理税务登记，逾期不办理的，将按《税收征管法》有关规定处以罚款的决定。

（2）6 月 12 日接到群众举报，辖区内为民服装厂（系个体）开业近两个月尚未办理税务登记。经查，该服装厂 2016 年 4 月 24 日办理工商营业执照，4 月 26 日正式投产，没有办理税务登记。根据检查情况，税务局于 6 月 16 日作出责令为民服装厂于 6 月 23 日前办理税务登记并处以 500 元罚款的决定。

（3）某企业财务人员 2012 年 6 月采取虚假的纳税申报手段少缴营业税 5 万元。2016 年 6 月税务人员在检查中发现了这一问题，要求追征这笔税款。该企业财务人员认为时间已过 3 年，超过了税务机关的追征期，不应再缴纳这笔税款。

（4）某服装厂逾期未缴纳税款，该局征管科送达了《催缴税款通知书》进行催缴，服装厂依然未按期缴纳税款，于是经该征管科科长批准，扣押了服装厂价值相当于应纳税的服装。

根据上述资料，回答下列问题：

1）根据事项（1），从事生产、经营的纳税人，应当自领取营业执照之日起(　　)日

内，向生产、经营地或者纳税义务发生地的主管税务机关申报办理税务登记。

A. 15　　B. 30　　C. 60　　D. 90

2）根据事项（2）针对税务局的处理决定，下列表述正确的有(　　)。

A. 处理决定有效

B. 处理决定无效

C. 未按照规定期限申报办理税务登记，由税务机关责令限期改正，可以处2 000元以下的罚款

D. 未按照规定期限申报办理税务登记，由税务机关责令限期改正，可以处1 000元以下的罚款

3）根据事项（3），下列表述正确的有(　　)。

A. 税务机关可以追征这笔税款

B. 税务机关不可以追征这笔税款

C. 对偷税、抗税、骗税的，税务机关可以无限期追征其未缴或者少缴的税款、滞纳金或者所骗取的税款

D. 对偷税、抗税、骗税的，税务机关应在 3 年内追征其未缴或者少缴的税款、滞纳金或者所骗取的税款

4）如果是因税务机关的责任，致使纳税人、扣缴义务人未缴或者少缴税款的，税务机关在(　　)年内可以要求纳税人、扣缴义务人补缴税款，但是不得加收滞纳金。

A. 1　　B. 3　　C. 5　　D. 无限期

5）根据事项（4）税务机关采取强制执行措施时必须经(　　)批准。

A. 县以上税务局（分局）局长　　B. 市以上税务局局长

C. 省以上税务局局长　　D. 县级人民政府

9. A 市国家税务局在进行税务稽查时，认为旭日公司涉嫌少缴巨额税款，先查封了部分公司房产，同时扣押了大量库存商品。并对旭日公司作出了行政处罚决定，要求旭日公司限期补缴少缴税款，同时加收滞纳金，并做罚款的行政处罚。旭日公司不服，认为税务机关的计税依据错误，是乱征税，查封、扣押房产和商品未按法律规定的程序办理。加收滞纳金和罚款更是没有法律依据。因此提出行政复议。

1）对哪些事项不服可以不经复议直接提起行政诉讼(　　)。

A. 计税依据争议　　B. 查封、扣押措施

C. 加收滞纳金　　D. 罚款

2）行政复议决定书何时生效(　　)。

A. 行政复议决定书作出生效

B. 行政复议决定书送达产生法律效力

C. 行政复议决定书送达，经申请人与被申请人签收才生效

D. 行政复议决定书送达后，15 日不起诉生效

3）行政复议机关应当在何时作出行政复议决定(　　)。

A. 收到申请之日 60 日内作出　　B. 收到申请之日 30 日内作出

C. 受理申请之日 60 日后作出　　D. 受理申请之日 60 日内作出

4）复议机关审查具体行政行为时(　　)。

A. 只审查合法性　　B. 只审查合理性

C. 合法性与合理性都应当审查　　D. 由复议机关来决定审查合法性还是合理性

5）旭日公司应当向哪个机关提起行政复议(　　)。

A. A 市国家税务局

B. A 市政府

C. A 市国家税务局上一级国家税务机关

D. A 市政府的上一级政府

10. 刘东开了一家餐馆，是个体工商户。经营不是很好，于是搬到了本市的另一个区进行经营。由于装修需要，刘东两个月没有开业。一年后由于经营不合格食品，被工商部门依法吊销了营业执照。

根据上述材料，回答下列问题。

1）刘东开餐馆(　　)。

A. 可以不办理税务登记

B. 需要办理税务登记

C. 应在领取营业执照之日起 30 日内办理税务登记

D. 应当在办理营业执照前办理税务登记

2）下列哪些事项发生后需要办理变更税务登记(　　)。

A. 刘东到另外一个区从事经营活动，税务主管机关发生了变动

B. 刘东到另外一个区从事经营活动，但税务主管机关未发生变动

C. 又开了一家分店

D. 重新起了个店名

3）刘强停业(　　)。

A. 实行定期定额征收，需要办理停业登记

B. 不实行定期定额征收，不需要办理停业登记

C. 停业一年以上的才需要办理停业登记

D. 如果需要办理停业登记，停业期超过 6 个月，应当提出延长停业登记

4）刘强被吊销营业执照(　　)。

A. 不需要办理注销税务登记

B. 应当先办理工商注销登记，再办理注销税务登记

C. 应在吊销之日起 15 日内办理注销税务登记

D. 应在吊销之日起 30 日内办理注销税务登记

5）刘强到外地从事临时经营活动(　　)。

A. 需要办理外出经营活动税收管理证明

B. 不需要办理外出经营活动税收管理证明

C. 只有在外地经营超过 180 天才需要办理外出经营活动税收管理证明

D. 应当接受营业地税务机关税务管理

11. 中国公民王某 2013 年 3 月工资收入 3 800 元，另有 5 项收入：(1) 领取了上年度

年终奖金 20 400 元；（2）一次取得建筑工程设计费 30 000 元，同时从中拿出 10 000 元通过民政局向灾区捐赠；（3）取得利息收入 5 000 元，其中国库券利息 2 000 元，单位集资利息 3 000 元；（4）取得省人民政府颁发科技奖 20 000 元；（5）转让一项专有技术使用权，取得收入 20 000 元；该专有技术的研发成本是 10 000 元。根据上述资料，计算回答下列问题：

1）王某 3 月份工资和奖金收入应缴纳的个人所得税为(　　)元。

A. 60　　B. 2 025　　C. 2 085　　D. 4 195

2）王某 3 月份工程设计费应缴纳的个人所得税为(　　)元。

A. 4 000　　B. 7 000　　C. 2 200　　D. 3 040

3）王某 3 月份利息收入应缴纳的个人所得税为(　　)元。

A. 0　　B. 440　　C. 600　　D. 1 000

4）王某 3 月份政府颁发科技奖应缴纳的个人所得税为(　　)元。

A. 0　　B. 3 200　　C. 340　　D. 40 000

5）王某 3 月份转让专有技术使用权收入应缴纳的个人所得税为(　　)元。

A. 4 000　　B. 2 000　　C. 3 200　　D. 1 600

学习情境四课后练习题

一、单选题

1. 在财政法的体系中，处于核心法、骨干法地位的是(　　)。

A. 预算法　　B. 政府采购法

C. 国库集中收付制度　　D. 税法

2. 下列各项中，通常将其视为国家预算管理活动最后一道程序的是(　　)。

A. 预算的执行　　B. 预算的备案　　C. 预算的调整　　D. 决算

3. 所有地方预算连同中央预算一起共同组成统一的国家预算，因此要求设立统一的预算科目，每个科目都应按统一的口径、程序计算和填列，体现了国家预算的(　　)。

A. 公开性　　B. 可靠性

C. 完整性　　D. 统一性

4. 每一收支项目的数字指标必须运用科学的方法，依据充分确实的资料，并总结出规律性，进行计算，不得假定、估算，更不能任意编造，体现了国家预算的(　　)。

A. 年度性　　B. 公开性

C. 可靠性　　D. 完整性

5. 我国国家预算体系中不包括(　　)。

A. 中央预算

B. 省级（省、自治区、直辖市）预算

C. 乡镇级（乡、民族乡、镇）预算

D. 县级以上地方政府的派出机关

6. 我国国家预算采用了财政法原理中的(　　)原则。

A. 统一领导、分级管理　　B. 统一领导、统一管理

C. 一级政权、一级财政　　D. 一级人大、一级财政

7. 我国预算法规定，我国的国家预算共分为(　　)。

A. 三级　　B. 两级　　C. 五级　　D. 七级

8. 我国各级预算都要采用(　　)原则。

A. 借贷平衡　　B. 浮动盈亏

C. 大致平衡　　D. 收支平衡

9. 下列关于地方各级政府预算表述正确的是(　　)。

A. 地方各级政府预算由本级各部门和直属单位的预算组成

B. 地方各级政府预算不包括下级政府向上级政府上解的收入数额

C. 地方各级政府预算不包括上级政府向下级政府返还或者给予补助的数额

D. 地方各级政府预算不包括直属单位的预算

10. 下列关于全国人民代表大会的预算管理职权的表述中不正确的是(　　)。

A. 审查中央和地方预算草案及中央和地方预算执行情况的报告

B. 批准中央预算和中央预算执行情况的报告

C. 改变或者撤销全国人民代表大会常务委员会关于预算、决算的不适当的决议

D. 撤销国务院制定的同宪法、法律相抵触的关于预算、决算的行政法规、决定和命令

11. 下列关于县级以上地方各级人民代表大会常务委员会的预算管理职权的表述中不正确的是(　　)。

A. 监督本级总预算的执行

B. 审查和批准本级预算的调整方案

C. 审查和批准本级政府决算

D. 审批本级预算和本级预算执行情况的报告

12. 下列不属于县级以上地方各级政府的预算管理职权的是(　　)。

A. 编制本级预算、决算草案

B. 向本级人民代表大会作关于本级总预算草案的报告

C. 批准本级预算和本级预算执行情况的报告

D. 组织本级总预算的执行

13. 下列不属于国务院财政部门的预算管理职权的是(　　)。

A. 具体编制中央预算、决算草案　　B. 编制中央预算调整方案

C. 提出中央预算预备费动用方案　　D. 具体编制中央预算的调整方案

14. 与财政部门直接发生预算缴款、拨款关系的国家机关、军队、政党组织和社会团体等各部门的预算职权不包括(　　)。

A. 各部门编制本部门预算、决算草案

B. 组织和监督本部门预算的执行

C. 接受国家有关部门的监督

D. 定期向本级政府财政部门报告预算的执行情况

15. 国家预算收入中最主要的组成部分是(　　)。

A. 税收收入　　B. 依照规定应当上缴的国有资产收益

C. 专项收入　　D. 其他收入

16. 各部门、各单位编制年度预算草案的依据不包括(　　)。

A. 法律、法规

B. 本级政府的指示和要求以及本级政府财政部门的部署

C. 本部门、本单位的职责、任务和事业发展计划

D. 国民经济和社会发展计划、财政中长期计划以及有关的财政经济政策

17. 中央政府预算的编制内容不包括(　　)。

A. 本级预算收入和支出

B. 上级返还或者补助的收入

C. 上一年度结余用于本年度安排的支出

D. 返还或者补助地方的支出

18. 中央预算由(　　)审查和批准。

A. 全国人民代表大会　　B. 全国人民代表大会常务委员会

C. 国务院　　D. 财政部

19. 下列各项中，负责制定部门预算资金调剂使用批准权限的是(　　)。

A. 财政部　　B. 本级政府　　C. 本级财政部门　　D. 国务院

20. 乡、民族乡、镇政府预算的调整方案必须提请(　　)审查和批准。

A. 本级人民政府　　B. 本级人民代表大会常务委员会

C. 本级人民政府财政部门　　D. 地方人民代表大会

21. 县级以上各级政府财政部门编制本级决算草案，报经本级政府审定后，由本级政府提请(　　)审查和批准。

A. 本级人民政府　　B. 本级人民代表大会常务委员会

C. 上级人民代表大会　　D. 本级人民代表大会

22. (　　)负责对本级各部门、各单位和下级政府的预算执行和决算实行审计监督。

A. 本级人民政府　　B. 本级人民代表大会常务委员会

C. 本级人民政府审计部门　　D. 本级人民代表大会

23. 使用财政性资金采购依法制定的集中采购目录以内的或者限额标准以上的货物、工程和服务的单位中，不适用《政府采购法》的主体是(　　)。

A. 国家机关　　B. 事业单位　　C. 社会团体　　D. 国有企业

24. 依据有关法律规定，下列选项中，适用《政府采购法》的是(　　)。

A. 某中外合资经营企业采购设备

B. 某国有独资公司采购基本建设项目设备

C. 某高等院校用教育经费拨款购买教学用计算机

D. 某上市公司承揽了国家重点建设项目而采购加工设备

25. 政府采购资金中不包括(　　)。

A. 预算内资金

B. 预算外资金

C. 与财政资金相配套的单位自筹资金

D. 社会捐助资金

26. 政府集中采购目录和限额标准由(　　)国务院确定并公布。

A. 省级人民政府　　B. 市级人民政府

C. 县级人民政府　　D. 乡、民族乡、镇政府

27. 政府采购法规政策，省级以上人民政府公布的集中采购目录、政府采购限额标准和公开招标数额标准，政府采购招标业务代理机构名录，招标投标信息应当公开，体现了政府采购的(　　)。

A. 公开透明原则　　B. 公平竞争原则

C. 公正原则　　D. 诚实信用原则

28. 除极少数法定情形外，政府采购应当采购本国货物、工程和服务，这一规定体现了政府采购的(　　)功能。

A. 活跃市场经济　　B. 反腐倡廉

C. 保护民族产业　　D. 强化宏观调控

29. 以下属于采购代理机构义务的是(　　)。

A. 依法发布采购信息

B. 投标中标后，按规定程序签订政府采购合同并严格履行合同义务

C. 在指定媒体及时向社会发布政府采购信息、招标结果

D. 遵守采购代理机构的工作秩序

30. 根据《政府采购法》的规定，对于具有特殊性，只能从有限范围的供应商处采购的货物，其适用的政府采购方式是(　　)。

A. 公开招标方式　　B. 邀请招标方式

C. 竞争性谈判方式　　D. 单一来源方式

31. 国库集中收付制度也称为(　　)。

A. 国库集中支付制度　　B. 国库收入收缴制度

C. 国库单一账户制度　　D. 国库集中管理制度

32. 国库集中单一账户体系，是指以(　　)为核心的各类财政性资金的集合。

A. 财政国库存款账户　　B. 财政一般存款账户

C. 财政专项存款账户　　D. 财政预算内资金账户

33. 用于财政直接支付和与国库单一账户清算的账户是(　　)。

A. 国库单一账户　　B. 财政部门零余额账户

C. 特殊专户　　D. 预算单位零余额账户

34. 按照有关规定，(　　)是对国库单一账户和代理银行进行管理和监督的机构。

A. 财政部门　　B. 中国人民银行

C. 商业银行　　D. 纪检部门

35. 预算单位支用授权额度时，填制财政部门统一制定的“财政授权支付凭证”送代理银行，代理银行据此通过(　　)办理资金支付。

A. 预算单位零余额账户　　B. 财政部门零余额账户

C. 预算外资金专户　　D. 特设专户

36. 在财政总预算会计中使用的账户是(　　)。

A. 预算单位零余额账户　　B. 预算外资金专户

C. 特设专户　　D. 国库单一账户

二、多选题

1. 国家预算的原则包括(　　)。

A. 公开性　　B. 完整性　　C. 统一性　　D. 法律性

2. 下列关于国家预算作用的表述中正确的是(　　)。

A. 财力保证作用　　B. 调节制约作用

C. 反映监督作用　　　　　　　　　D. 信息公开作用

3. 我国国家预算体系中包括(　　)。

A. 中央预算

B. 省级（省、自治区、直辖市）预算

C. 乡镇级（乡、民族乡、镇）预算

D. 县级以上地方政府的派出机关

4. 下列对中央预算的表述中正确的是(　　)。

A. 由中央各部门（含直属单位）的预算组成。

B. 中央预算包括地方向中央上解的收入数额

C. 中央预算包括中央对地方返还或者给予补助的数额

D. 中央预算不包括军队和党政机关组织的预算

5. 下列有关对地方各级政府预算的表述中正确的是(　　)。

A. 本级各部门（含直属单位，下同）的预算

B. 下级政府向上级政府上解的收入数额

C. 上级政府对下级政府返还或者给予补助的数额

D. 地方预算由各省、自治区、直辖市总预算组成。

6. 下列有关总预算的表述中正确的是(　　)。

A. 各级政府总预算由本级政府预算和汇总的下一级政府总预算组成，由财政部门负责编制

B. 下一级政府只有本级预算的，则下一级政府总预算即指下一级政府的本级预算。

C. 没有下一级预算的，总预算即指本级预算。

D. 我国地方政府总预算一般编制到乡镇一级

7. 按照我国部门预算改革的内容，下列有关部门预算表述正确的是(　　)。

A. 既包括行政单位预算，又包括其下属的事业单位预算

B. 既包括一般预算收支计划，又包括政府基金预算收支计划

C. 既包括正常经费预算，又包括专项支出预算

D. 既包括财政预算内拨款收支计划，又包括财政预算外核拨资金收支计划和部门其他收支计划

8. 下列各项中，属于政府采购功能的有(　　)。

A. 节约财政支出　　　　　　　　B. 讲求诚实信用

C. 公开公正透明　　　　　　　　D. 推进反腐倡廉

9. 下列关于县级以上地方各级人民代表大会的预算管理职权的表述中正确的是(　　)。

A. 审查本级总预算草案及本级总预算执行情况的报告

B. 批准本级预算和本级预算执行情况的报告

C. 审查和批准本级预算的调整方案

D. 改变或者撤销本级人民代表大会常务委员会关于预算、决算的不适当的决议

10. 国务院财政部门的预算管理职权包括(　　)。
A. 具体编制中央预算、决算草案
B. 具体组织中央和地方预算的执行
C. 提出中央预算预备费动用方案
D. 具体编制中央预算的调整方案

11. 下列各项中，属于国库单一账户体系的有(　　)。
A. 预算外资金专户　　B. 定期存款账户
C. 财政部门零余额账户　　D. 预算单位零余额账户

12. 我国《预算法》规定的预算收入形式包括(　　)。
A. 税收收入
B. 国有资产的有偿转让、出让的收益
C. 铁道专项收入
D. 罚没收入

13. 我国《预算法》规定的预算支出形式包括(　　)。
A. 经济建设支出
B. 教育、科学、文化、卫生、体育等事业发展支出
C. 国家管理费用支出
D. 各项补贴支出

14. 各级政府编制年度预算草案的依据包括(　　)。
A. 法律、法规
B. 国民经济和社会发展计划、财政中长期计划以及有关的财政经济政策
C. 本级政府的预算管理职权和财政管理体制确定的预算收支范围
D. 本部门、本单位的定员定额标准

15. 各部门、各单位编制年度预算草案的依据包括(　　)。
A. 法律、法规
B. 本级政府的指示和要求以及本级政府财政部门的部署
C. 本部门、本单位的职责、任务和事业发展计划
D. 本部门、本单位的定员定额标准

16. 以下不属于中央预算草案编制内容的是(　　)。
A. 本级预算收入和支出
B. 上一年度结余用于本年度安排的支出
C. 返还或者补助下级的支出
D. 上解上级的支出

17. 下列有关预算的审批和执行的表述中正确的是(　　)。
A. 中央预算由全国人民代表大会审查和批准
B. 地方各级人民政府预算由本级人民代表大会审查和批准
C. 各级人民政府预算经本级人民代表大会批准后，本级政府财政部门应当及时向本级政府各部门批复预算

D. 各级预算由本级政府组织执行，具体工作由本级政府财政部门负责

18. 下列有关预算的调整方案的表述中正确的是(　　)。

A. 中央预算的调整方案必须提请全国人民代表大会常务委员会审查和批准

B. 县级以上地方各级政府预算的调整方案必须提请本级人民代表大会常务委员会审查和批准

C. 乡、民族乡、镇政府预算的调整方案必须提请本级人民代表大会常务委员会审查和批准

D. 乡、民族乡、镇政府预算的调整方案必须提请本级人民代表大会审查和批准

19. 下列有关我国国家预算的编制、审批、执行和调整表述正确的是(　　)。

A. 中央预算和地方各级政府预算，应当参考上一年预算执行情况和本年度收支预测进行编制

B. 中央预算由全国人民代表大会审查和批准

C. 地方各级政府预算由本级人民代表大会审查和批准

D. 乡、民族乡、镇政府预算的调整方案必须提请本级人民代表大会常务委员会审查和批准

20. 下列有关我国国家决算草案的审查和批准的表述中正确的是(　　)。

A. 决算草案由各级政府、各部门、各单位，在每一预算年度终了后按照国务院规定的时间编制，具体事项由国务院财政部门部署

B. 各部门对所属各单位的决算草案，应当审核并汇总编制本部门的决算草案，在规定的期限内报本级政府财政部门审核

C. 国务院财政部门编制中央决算草案，提请全国人民代表大会常务委员会审查和批准

D. 乡、民族乡、镇政府编制本级决算草案，提请本级人民代表大会审查和批准

21. 下列有关预决算管理的监督表述中正确的是(　　)。

A. 全国人民代表大会及其常务委员会对中央和地方预算、决算进行监督

B. 县级以上地方各级人民代表大会及其常务委员会对本级和下级政府预算、决算进行监督

C. 乡、民族乡、镇人民代表大会对本级预算、决算进行监督

D. 各级政府审计部门对本级各部门、各单位和下级政府预算的执行和决算实行审计监督

22. 下列各项中，有权确定并公布政府集中采购目录和采购限额标准的有(　　)。

A. 各省级政府采购授权机构　　B. 采购代理公司

C. 各省政府　　D. 国务院

23. 下列适用《政府采购法》的主体包括(　　)。

A. 某市中级人民法院采购办公设备

B. 某股份有限公司购买生产设备

C. 某省级人民医院购买医疗设备

D. 某国有企业订购一套大型计算机系统

24. 政府采购的资金范围包括(　　)。
A. 预算内资金
B. 预算外资金
C. 与财政资金配套的单位自筹资金
D. 社会慈善基金
25. 下列有关政府集中采购目录和政府采购限额标准的表述中正确的是(　　)。
A. 政府集中采购目录和政府采购限额标准由省级以上人民政府确定并公布
B. 属于中央预算的政府采购项目，其集中采购目录和政府采购限额标准由国务院财政部门确定并公布
C. 属于地方预算的政府采购项目，其集中采购目录和政府采购限额标准由省、自治区、直辖市人民政府确定并公布
D. 集中采购目录和政府采购限额标准由省、自治区、直辖市人民政府授权的机构确定并公布
26. 政府采购应当遵循的原则包括(　　)。
A. 公开透明　　B. 公平竞争
C. 公正　　D. 诚实信用
27. 政府采购的当事人包括(　　)。
A. 采购人　　B. 供应商　　C. 采购代理机构　　D. 资产评估机构
28. 下列属于供应商义务的是(　　)。
A. 遵守政府采购的各项法律、法规和规章制度
B. 按规定接受供应商资格审查，并在资格审查中客观真实地反映自身情况
C. 在指定媒体及时向社会发布政府采购信息、招标结果
D. 依法发布采购信息
29. 符合(　　)情形之一的货物或者服务，可以采用竞争性谈判方式采购。
A. 招标后没有供应商投标或者没有合格标的或者重新招标未能成立的
B. 具有特殊性，只能从有限范围的供应商处采购的
C. 技术复杂或者性质特殊，不能确定详细规格或者具体要求的
D. 采用招标所需时间不能满足用户紧急需要的
30. 符合(　　)情形之一的货物或者服务，可以采用单一来源方式采购。
A. 只能从唯一供应商处采购的
B. 发生了不可预见的紧急情况不能从其他供应商处采购的
C. 必须保证原有采购项目一致性或者服务配套的要求，需要继续从原供应商处添购，且添购资金总额不超过原合同采购金额10%的
D. 不能事先计算出价格总额的
31. 关于国库集中收付制度，下列说法正确的是(　　)。
A. 财政部门代表政府设置国库单一账户体系
B. 所有的财政性资金均纳入国库单一账户体系收缴、支付和管理
C. 大大提高了财政资金收付管理的规范性和安全性

D. 能有效地防止利用财政资金谋取私利等腐败现象的发生

32. 国库单一账户体系包括(　　)。

A. 预算外资金专户　　B. 预算单位零余额账户

C. 财政预算零余额账户　　D. 国库单一账户

33. 财政收入收缴方式主要有(　　)。

A. 直接缴库　B. 集中汇缴　C. 分散汇缴　D. 代扣代缴

34. 财政支出支付方式主要有(　　)。

A. 财政授权支付　　B. 银行代理支付

C. 财政直接支付　　D. 银行集中支付

35. 预算单位实行财政直接支付的财政性资金包括(　　)。

A. 工资支出　　B. 工程采购支出

C. 物品采购支出　　D. 服务采购支出

36. 财政授权支付程序适用的支出项目有(　　)。

A. 单件物品或单项服务购买额不足 10 万元人民币的购买支出

B. 年度财政投资不足 50 万元人民币的工程采购支出

C. 经财政部门批准的其他支出

D. 特别紧急的支出

三、判断题

1. 我国实行一级政府一级预算。(　　)

2. 我国的预算分为中央预算和地方预算，而中央预算是由各地方预算组成的。(　　)

3. 各省总预算和直辖市总预算属于一个级次。(　　)

4. 财政直接支付只能直接将资金支付到用款单位。(　　)

5. 国务院财政部门编制中央决算草案，报国务院审定后，由国务院提请全国政协常委会审查和批准。(　　)

6. 政府采购中的集中采购根据集中程度不同可以分为政府集中采购和部门集中采购两类。(　　)

7. 邀请招标应作为政府采购的主要采购方式。(　　)

8. 中央返还地方的支出称为地方预算支出。(　　)

9. 政府集中采购目录和采购限额标准由县级以上人民政府确定并公布。(　　)

10. 政府采购的主体范围包括国有企业。(　　)

11. 政府采购必须采购本国的货物、工程和服务。(　　)

12. 国库单一账户制度包括国库集中支付制度和政府采购制度。(　　)

13. 一般采购代理机构的资格由国务院有关部门或省级人民政府有关部门认定。(　　)

14. 邀请招标是一种限制性招标方式，是指采购人以投标邀请书的方式邀请两家或两家以上特定的供应商参与投标的采购方式。(　　)

15. 县级以上地方各级政府应当自本级人民代表大会常务委员会批准本级政府决算之

日起30日内，将本级政府决算及下一级政府上报备案的决算汇总，报上一级政府备案。(　　)

16. 预算单位零余额账户是用于财政直接支付和与国库单一账户支出清算的账户。(　　)

17. 财政直接支付主要通过转账方式进行，也可以采取国库支票支付。(　　)

18. 直接缴库是指由征收机关依法将所收的应缴收入汇总缴入国库单一账户或预算外资金财政专户。(　　)

19. 实行财政授权支付的支出包括未实行财政直接支付的购买支出和零星支出。(　　)

20. 国库单一账户体系包括预算外资金财政专户。(　　)

四、案例分析题

1. A单位是实行国库集中支付的事业单位。2016年9月，A单位通过询价的方式采购一台办公仪器乙设备。A单位对两家供应商进行了询价，其中供应商B企业进行了两次报价。

根据以上资料，请回答如下问题：

(1) 下列关于A单位采购乙设备的说法中正确的有(　　)。

A. 采用询价方式采购时，应向三家以上供应商发出询价单

B. 采用询价方式采购时，可以向两家供应商发出询价单

C. 采用询价方式采购时，可以向一家供应商发出询价单

D. 采用询价方式采购时，允许一家供应商两次报价

(2) 下列各项中，属于政府采购可以采用的采购方式有(　　)。

A. 公开招标　　B. 询价采购　　C. 邀请招标　　D. 单一来源采购

(3) 下列关于政府采购方式，适用询价采购方式的有(　　)。

A. 货物规格、标准单一、现货货源充足而且价格变动幅度比较小的政府采购项目

B. 只能从唯一供应商处采购的

C. 不能事先计算出价格总额的

D. 具有特殊性，只能从有限范围的供应商处采购的

(4) 下列关于政府采购，说法正确的有(　　)。

A. 政府采购当事人包括采购人、供应商和采购代理机构

B. 政府采购的主体包括国有企业

C. 政府采购的资金来源是财政性资金

D. 政府采购的对象是货物、工程和服务

(5) 下列关于政府采购原则，说法正确的有(　　)。

A. 公开透明原则　　B. 公平竞争原则

C. 公正原则　　D. 诚实信用原则

2. 甲市某财政重大项目预算在执行过程中，因核心采购原料急剧上涨导致项目采购预算不足，该项目财务负责人刘某认为应当申请预算调整，方可确保项目如期完工。该项

目总负责人张某认为，项目预算调整是正常活动，只要报请财政部门审批即可，请根据以上资料回答如下与预算有关的问题：

（1）下列关于甲市预算调整原因的叙述正确的有（　　）。

A. 原批准的预算在执行中因特殊情况需要增加支出

B. 原批准的预算在执行中因特殊情况需要减少收入

C. 原批准的收支平衡的预算的总支出超过总收入

D. 原批准的预算中举借债务的数额增加的部分变更

（2）下列各项中，属于甲市政府提出预算调整申请应当编制的（　　）。

A. 决算方案　　B. 预算调整方案

C. 预算执行情况报告　　D. 预算批复报告

（3）根据预算法的规定，负责编制预算方案的为（　　）。

A. 甲市人民代表大会　　B. 甲市人民代表大会常务委员会

C. 甲市政府审计部门　　D. 甲市政府财政部门

（4）下列各项中负责审查和批准甲市政府预算调整方案的（　　）。

A. 甲市人民代表大会　　B. 甲市人民代表大会常务委员会

C. 甲市政府审计部门　　D. 甲市政府财政部门

（5）下列各项中，属于甲市政府预算调整方案应当列明的内容的（　　）。

A. 原因　　B. 项目　　C. 数额　　D. 措施

3. 国家预算是有计划地管理财政收支的工具，预算组织程序包括预算草案的编制、预算审批、预算执行和预算调整。财政部门在预算组织协调和监督工作中，依照《预算法》的规定，将预算计划管理方式贯穿于预算资金筹集、分配和使用的始终，并通过预算管理工作内容来实现。

请根据以上资料，回答如下关于预算组织程序的问题：

（1）下列各项中，属于各部门、各单位编制年度预算草案的依据的为（　　）。

A. 法律、法规和本级政府的指示和要求以及本级政府财政部门的部署

B. 本部门、本单位的定员定额标准

C. 本部门、本单位的职责、任务和事业发展计划

D. 本部门、本单位上一年度预算执行情况和本年度预算收支变化因素

（2）根据《预算法》的规定，负责审查和批准中央预算的为（　　）。

A. 国务院财政部门　　B. 国务院

C. 全国人民代表大会　　D. 全国人民代表大会常务委员会

（3）下列关于预算草案的叙述中，不正确的为（　　）。

A. 预算草案专指各级政府财政部门编制的已经法定程序审查和批准的预算收支计划

B. 预算草案专指各级政府财政部门编制的未经法定程序审查和批准的预算收支计划

C. 预算草案是指各级政府、各部门、各单位编制的未经法定程序审查和批准的预算收支计划

D. 预算草案是指各级政府、各部门、各单位编制的已经法定程序审查和批准的预算收支计划

（4）下列各项中，属于各级政府编制年度预算草案的依据的为(　　)。

A. 上级政府对编制本年度预算草案的指示和要求

B. 本级政府的预算管理职权和财政管理体制确定的预算收支范围

C. 上一年度预算执行情况和本年度预算收支变化因素

D. 国民经济和社会发展计划、财政中长期计划以及有关的财政经济政策

（5）根据《预算法》的规定，负责具体编制预算调整方案的为(　　)。

A. 人民代表大会常务委员会　　B. 政府税务部门

C. 人民代表大会　　D. 政府财政部门

学习情境五课后练习题

一、不定项选择

1. 某企业员工在讨论职业道德时提出的下列观点中，正确的有(　　)。
   A. 社会分工形成各种不同的职业是职业道德产生的必要条件
   B. 道德是从业人员对社会所应承担的道德责任和义务
   C. 职业道德主要解决职业生活中的具体道德冲突
   D. 职业道德由社会经济关系所决定
2. 职业道德产生的直接原因是(　　)。
   A. 社会分工　　B. 经济发展　　C. 政治需要　　D. 职业行为
3. 职业道德的性质是由(　　)决定的。
   A. 社会实践　　B. 经济基础　　C. 社会经济关系　　D. 上层建筑
4. 职业道德的出发点和归宿是(　　)。
   A. 爱岗敬业　　D. 办事公道　　C. 服务群众　　D. 奉献社会

5. 下列各项中，属于《公民道德建设实施纲要》中提出的职业道德主要内容有(　　)。
   A. 诚信为本、依法治国、民主理财、科学决策、奉献社会
   B. 爱岗敬业、诚实守信、办事公道、服务群众、奉献社会
   C. 文明礼貌、助人为乐、爱护公物、保护环境、遵纪守法
   D. 爱岗敬业、诚实守信、廉洁自律、客观公正、坚持准则、提高技能、参与管理、强化服务
6. 会计职业道德中提倡的爱岗敬业的基本要求包括(　　)。
   A. 热爱会计工作，敬重会计职业　B. 安心本职工作，任劳任怨
   C. 忠于职守，尽职尽责　　　　　D. 严肃认真，尽心尽力
7. 下列各项中，体现会计职业道德“爱岗敬业”要求的有(　　)。
   A. 工作一丝不苟　　　　B. 工作尽职尽责
   C. 工作精益求精　　　　D. 工作兢兢业业

8. 会计人员对于工作中知悉的商业秘密应依法保守，不得泄露，这是会计职业道德中(　　)的具体体现。
   A. 爱岗敬业　　　　B. 诚实守信
   C. 坚持准则　　　　D. 客观公正
9. 下列各项中，体现会计职业道德“诚实守信”要求的有(　　)。

A. 做老实人、说老实话、办老实事

B. 言行一致、表里如一

C. 保守商业秘密，不为利益所诱

D. 执业谨慎，信誉至上

10. 会计人员如果泄露本单位的商业秘密，可能导致的后果将会有(　　)。

A. 会计人员的信誉将受到损害

B. 会计人员将承担法律责任

C. 单位的经济利益将遭受损失

D. 会计行业声誉将受到损害

11. 下列行为中，违反注册会计师职业道德规范有关保密要求的有(　　)。

A. 注册会计师李某取得客户授权对外披露该客户的有关信息

B. 注册会计师王某在其所在事务所与甲客户的业务约定终止后，将其执行中获知的甲客户的信息告知他人

C. 注册会计师赵某向主管财政部门报告所发现的乙公司的违法违规行为

D. 注册会计师魏某在审计某上市公司期间获知该上市公司财务状况良好、股票有望升值，随即告知其妻大量买入该公司股票

12. 朱镕基同志在北京国家会计学院关于“诚信为本、操守为重、坚持准则、不做假账”题词的时间为(　　)。

A. 1999 年　　B. 2000 年　　C. 2001 年　　D. 2002 年

13. 廉洁自律的基本要求可以概述为(　　)。

A. 公私分明，不贪不占　　B. 遵纪守法，抵制行业不正之风

C. 重视会计职业声望　　D. 保持会计人员从业的独立性

14. “理万金分文不沾”、“常在河边走，就是不湿鞋”，这两句话体现的会计职业道德是(　　)。

A. 参与管理　　B. 廉洁自律　　C. 提高技能　　D. 强化服务

15. 下列有关会计职业道德“廉洁自律”的表述中，正确的有(　　)。

A. 自律的核心就是自觉地抵制自己的不良欲望

B. 廉洁自律是会计职业道德的内在要求

C. 只有自身廉洁自律，才能抵制他人的不法行为

D. 不能做到廉洁自律，也就很难做到客观公正和坚持准则

16. 下列各项中，符合会计职业道德“廉洁自律”要求的有(　　)。

A. 树立正确的人生观和价值观

B. 严格划分公私界线，公私分明，不贪不占

C. 遵纪守法、尽职尽责

D. 自觉抑制拜金主义、个人主义

17. 下列各项中，属于会计“自律”范畴的有(　　)。

A. 会计人员在工作中自我约束

B. 会计职业组织对会计人员的管理

C. 新闻媒体对会计工作的舆论监督

D. 财政部门依法对会计工作进行监督检查

18. 下列有关会计职业道德“客观公正”的表述中，正确的有(　　)。

A. 依法办事是会计工作保证客观公正的前提

B. 扎实的理论功底和较高的专业技能是做到客观公正的重要条件

C. 在会计工作中客观是公正的基础，公正是客观的反映

D. 会计活动的整个过程都离不开客观公开

19. 下列各项中，体现会计职业道德“客观公正”要求的有(　　)。

A. 公平正直　　B. 如实反映　　C. 实事求是　　D. 不偏不倚

20. 会计职业道德的内容中有“坚持准则”一项，这里的“准则”是指(　　)。

A. 会计准则　　B. 会计法律　　C. 会计行政法规　D. 与会计相关的法律制度

21. 坚持准则是会计职业道德规范的一项重要内容。“坚持准则”的具体要求有(　　)。

A. 熟悉准则　　B. 掌握准则　　C. 遵循准则　　D. 坚持准则

22. 下列各项中，属于会计职业道德“坚持准则”要求的有(　　)。

A. 严格执行会计法律法规　　B. 严格执行与会计相关的经济法律制度

C. 严格执行国家统一的会计制度　D. 严格执行单位内部会计控制制度

23. 某公司为获得一项工程合同，拟向工程发包方有关人员支付好处费 10 万元。公司市场部持公司董事长的批示到财会部申领该笔款项。财会部经理王某认为，该项支出不符合有关规定，但考虑到公司主要领导已作了批示，即同意拨付该笔款项。下列各项中，正确的有(　　)。

A. 王某的行为违背了坚持准则的会计职业道德要求

B. 王某的行为违背了爱岗敬业的会计职业道德要求

C. 王某的行为符合参与管理的会计职业道德要求

D. 王某的行为与会计职业道德无关

24. 会计职业技能的主要内容包括(　　)。

A. 会计专业基础知识

B. 会计理论、专业操作的创新能力，主动更新知识的能力

C. 组织协调能力

D. 提供会计信息能力

25. 下列各项中，符合会计职业道德“提高技能”要求的有(　　)。

A. 出纳人员向银行工作人员请教辨别假钞的技术

B. 会计人员向计算机专家学习会计电算化操作方法

C. 会计主管与其他单位财务人员交流隐瞒业务收入的做法

D. 总会计师通过自学提高会计专业判断、财务分析和政策水平

26. 根据会计职业道德要求，下列各项中，有利于会计人员提高技能的有(　　)。

A. 参加财政部门组织的会计法规制度培训

B. 参加会计国际研讨会

C. 参加单位组织的业务比赛和经验交流

D. 参加会计专业技术资格考试

27. 提高技能既是会计职业道德的基本要求，也是会计人员胜任本职工作的重要条件。下列各项中，属于会计技能的内容有(　　)。

A. 会计理论水平　　B. 会计实务能力

C. 职业判断能力　　D. 沟通交流能力

28. 会计人员参与企业管理主要体现在(　　)。

A. 向领导反映经营管理活动中的情况和存在的问题

B. 做好记账、算账和报账工作

C. 一切按领导的要求去办

D. 主动提供合理化建议

29. 下列各项中，符合会计职业道德“参与管理”要求的有(　　)。

A. 熟悉财经法规和相关制度

B. 具备较高的业务水平

C. 熟悉本单位经营活动和业务流程

D. 积极主动地提供合理化建议

30. 下列各项中，符合会计职业道德“参与管理”的行为有(　　)。

A. 对公司财务会计报告进行综合分析并提交风险预警报告

B. 参加公司重大投资项目的可行性研究和投资效益论证

C. 分析坏账形成原因，提出加强授信管理、加快货款回收的建议

D. 分析现金流量状况，查找存在的问题，提出改进措施

31. 在市场经济条件下，会计工作和会计人员在企业经营管理中发挥着越来越重要的作用。下列关于会计人员参与企业管理的表述中，正确的有(　　)。

A. 会计人员在企业经营管理中主要发挥参谋作用

B. 会计人员在企业经营管理中主要发挥决策作用

C. 会计人员在企业经营管理中主要发挥鉴证作用

D. 会计人员在企业经营管理中主要发挥服务作用

32. 下列各项中，不符合会计职业道德“强化服务”要求的有(　　)。

A. 出纳人员在稽核会计生病期间主动提出兼任稽核检查工作

B. 会计人员在采购部门人手不足的情况下，代理采购人员办理采购业务

C. 会计机构负责人在单位负责人苦于无法实现盈利目标时，主动提出虚构销售合同、虚增利润的建议

D. 总会计师在单位负责人外出开会的情况下，代替单位负责人在财务会计报告上签章

33. 下列各项中，符合会计师职业道德“强化服务”要求的有(　　)。

A. 出纳人员对前来报销差旅费的人员笑脸相迎，并耐心解释凭证粘贴要求

B. 会计人员向生产车间工人宣讲会计基础知识，推动了班组核算制度的顺利开展

C. 稽核人员认真检查凭证内容与格式，并就规范领导审批程序提出建议

D. 总会计师和会计机构负责人认真组织财务分析和财务控制，提出推行全面预算管理、促进增收节支、提高经济效益的建议

34. 下列各项中，属于会计人员强化服务行为的有(　　)。

A. 客观、真实地反映单位的经济业务活动，为管理者提供正确的会计信息，当好参谋

B. 完整、准确地记录单位财产变动状况，促进所有者资产的保值增值，当好管家

C. 积极主动地向单位领导反映经营管理中存在的问题，提出合理化建议，协助领导决策

D. 定期对本单位会计资料进行内部审计

35. 下列各项中，符合会计职业道德“强化服务”要求的有(　　)。

A. 强烈的服务意识　　B. 文明的服务态度

C. 优良的服务质量　　D. 明确的服务承诺

36. 李某系某代理记账公司提供专业服务的会计人员，为了遵循会计职业道德强化服务的要求，李某为客户提供的下列服务中，正确的有(　　)。

A. 向委托单位提出改进内部控制的建议和意见

B. 利用专业知识向委托单位提出偷税的建议

C. 在委托单位举办财会知识培训班宣讲会计法律制度，帮助树立依法理财观念

D. 为帮助委托单位负责人完成业绩考核任务，提出将固定资产折旧和银行借款利息挂账处理的建议

37. ABC股份有限公司会计王某不仅熟悉会计电算化业务，而且对利用现代信息技术手段加强经营管理颇有研究。“非典”期间，王某向公司总经理建议，开辟网上业务洽谈，并实行优惠的折扣政策。公司采纳了王某的建议，当期销售额克服“非典”影响，保持了快速增长。王某的行为体现出的会计职业道德有(　　)。

A. 爱岗敬业　　B. 坚持准则　　C. 参与管理　　D. 强化服务

38. 某集团公司组织一次会计诚信建设座谈会，与会会计人员谈了各自的观点。下列各项观点中，符合会计职业道德要求的有(　　)。

A. 既然公司领导对公司会计工作和会计信息质量负责，会计人员就应该听领导的，在自己不贪不占的前提下，领导让干什么就干什么

B. 会计工作无非是记记账、算算账、公司生产经营决策是领导的事，与会计人员无关，所以没有必要参与，也没有必要过问

C. 会计人员应保守公司的商业秘密，在任何情况下，都不能向外界提供或者泄露单位的会计信息

D. 会计人员应按照国家统一的会计制度记账、算账、报账，如实反映单位经济业务活动情况

39. 下列关于会计职业道德和会计法律制度二者关系的观点中，正确的有(　　)。

A. 两者在实施过程中相互作用、相互补充

B. 会计法律制度是会计职业道德的最低要求

C. 违反会计法律制度一定违反会计职业道德

D. 违反会计职业道德也一定违反会计法律制度

40. 会计职业道德和会计法律制度两者的区别主要有(　　)。

A. 会计法律制度具有很强的他律性，会计职业道德具有很强的自律性

B. 会计法律制度调整会计人员的外在行为，会计职业道德只调整会计人员内在的精神世界

C. 会计法律制度有成文规定，会计职业道德无具体的表现形式

D. 违反会计法律制度可能受到法律制裁，违反会计职业道德只会受到道德谴责

二、会计职业道德案例分析

案例一：下列资料是发生在某单位会计科的一幕：

单位退休工人老樊，拿着一叠发票走进财务科："张会计你好，最近我到医院看了几次病，花了不少钱，现在家里又等着钱花，你能给我报销吗?"张会计："我现在很忙，没有时间，而且现在规定很多，我也弄不清楚您的医药费能报销多少，等我有空时再说吧。"老樊点点头，"好好，那我先走了，我等你通知，谢谢。"

老樊刚走，厂长走了进来，"小张，昨天我给小孩买了台电脑，你给我想办法处理一下。"张会计："行行，你把发票放这儿，我帮你作办公用品报销，钱先拿去。"

厂长刚走，电话铃响了，张会计拿起电话，"喂，原来是老同学呀，有什么事吗？……哦！你想了解一下我们单位最近开发的新产品的成本、定价情况，还要把有关资料带出来给你瞧瞧？哎呀，厂里规定资料不准带出，特别是机密资料，我这么做有困难。但考虑到我们的关系，这样吧，我变通一下，凭记忆，给你讲讲，怎么样？好，就这样，晚上见。"

要求：就上述资料，分析张会计的言行违背了哪些会计职业道德要求，并说明理由。

案例二：丁公司为小型企业，发生下列事项：

1. 2006 年 8 月 1 日，因改用会计电算化记账，将存货发出的计价方法由计划成本法变更为实际成本法。

2. 2006 年 10 月 12 日，股东会免除了原厂长赵某的职务，任命黄某为新厂长，并到银行办理了印鉴变更手续。10 月 26 日，签发一张金额为 24 000 元的转账支票，加盖了赵某的印章交给 D 公司，D 公司当日向银行提示付款。

3. 在厂长的授意下，公司会计人员 2006 年曾多次编制假的费用支出凭证，导致少交税款 12 000 元，占应纳税额的 5%。

4. 公司会计人员胡某认为从事会计工作太单调，不仅经常迟到早退，不安心工作，一直想找机会调离会计工作岗位，而且两年来以种种借口未接受会计人员继续教育。

要求：根据上述事项，结合有关规定，回答下列问题：

(1) 分析事项 1，公司变更存货计价方法的处理是否正确？为什么？

(2) 分析事项 2，公司签发支票的行为属于什么行为？银行应如何处理？持票人有何权利？

(3) 从税收法律制度角度分析事项 3，该公司的行为属于什么行为？税务机关应如何

处理？

（4）从会计职业道德角度分析事项4，该公司会计人员胡某的行为违背了哪些要求？为什么？

案例三：2016年10月5日，某国有企业厂长要求本单位出纳员李某，将收到的下脚料销售款80 000元另行存放不入账。李某没有按照厂长的要求执行，而是按规定作为零星收入入账，致使厂长很不高兴。他要求会计部门负责人王某召开会议予以整顿。会上，王某说，《会计法》规定了单位负责人对本单位会计信息的真实性负责，作为会计人员应该服从领导安排，领导让干啥就干啥。4月份，厂长召开办公会，以李某不适合会计工作为由，将李某调出会计部门，安排到企业机修车间当操作工。

根据上述情况，回答下列问题：

（1）李某的行为坚持了会计职业道德的要求有（　　）。

A. 客观公正　B. 坚持准则　C. 廉洁自律　D. 诚实守信

（2）对王某的行为下列说法正确的有（　　）。

A. 市场经济是利益经济，在发生道德冲突时应该坚持单位利益

B. 会计人员在处理业务过程中，要严格按照会计法律制度办事，不为主观或他人意志左右，王某的说法不符合会计职业道德规范的要求

C. 王某不是直接责任人，不应当承担相应责任

D. 王某作为会计人员，应当承担相应责任

（3）对该厂长的行为下列说法正确的有（　　）。

A. 厂长有人事权，可以自由决定李某的职务

B. 厂长的行为构成了对李某的打击报复

C. 对受打击报复的会计人员，应当恢复其名誉和原有职务级别

D. 尚不构成犯罪的，应进行民事赔偿

（4）会计职业道德修养的公正要求的含义有（　　）。

A. 国家的会计准则、制度要公正

B. 会计资料要真实、可靠

C. 执行会计准则、制度的人员要做到公正

D. 注册会计师在进行审计鉴证时应做到公正

（5）会计职业道德坚持准则的基本要求有（　　）。

A. 熟悉准则　B. 遵循准则　C. 坚持准则　D. 保持独立性

案例四：A集团公司2016年发生如下业务：

1. 在组织会计职业道德学习时，单位负责人认为坚持准则就是指只坚持准则

2. 会计人员认真向生产车间工人宣讲会计基础知识，推动了班组核算制度的顺利开展

3. 单位负责人要求张某做假账，张某坚决抵制

（1）坚持准则的基本要求有（　　）

A. 熟悉准则　B. 遵循准则

C. 修改准则　D. 敢于同违法行为作斗争

（2）业务2，符合的会计职业道德有（　　）

A. 符合会计职业道德强化服务要求

B. 符合会计职业道德参与管理要求

C. 符合会计职业道德爱岗敬业要求

D. 符合会计职业道德坚持准则要求

（3）参与管理与强化服务的关系，正确的有（　　）

A. 不强化服务，难以保持参与管理的热情

B. 参与管理是强化服务的一种表现形式

C. 强化服务有利于参与管理

D. 不参与管理，也完全提高服务水平和质量

（4）业务1中，坚持准则的“准则”的含义有（　　）

A. 会计准则　　　　　　B. 会计法律

C. 国家统一的会计制度　　D. 会计法规

（5）业务3，符合的会计职业道德有（　　）

A. 符合会计职业道德强化服务要求

B. 符合会计职业道德坚持准则要求

C. 符合会计职业道德客观公正要求

D. 符合会计职业道德城市守信要求

案例五：怡佳集团公司2016年存在以下问题：

会计人员A认为会计不过是“打打算盘数数钞，写写数字填填表”的琐碎工作，因此，工作中消极懒惰，不进行主动学习，也从不对单位的管理活动提供任何合理化建议。

会计人员B则认为会计是为单位服务的，对于前来办理会计业务的人员，“官大办得快，官小办得慢，无官拖着办”。通过公司组织的会计法和会计职业道德的培训，A和B均认识到了自己的错误。公司因技术改造，需要向银行贷款1 000万元。公司董事长指令会计人员C和D，将提供给银行的会计报表进行技术处理。C坚决反对编制虚假财务报告，董事长遂命令人事部将C调离了会计工作岗位。D虽然不愿意，但担心自己被炒鱿鱼，因此，仍然编制了一份虚假的会计报告，使公司获得了银行贷款。

（1）对于董事长命令人事部将C调离了会计工作的行为，下列说法正确的有（　　）

A. 董事长有人事权，可以自由决定C的工作岗位

B. 董事长的行为构成了对C的打击报复

C. 对C应当进行经济赔偿

D. 对C应当恢复其名誉和原有职务、级别

（2）C会计人员的行为坚持了会计职业道德的要求有（　　）

A. 廉洁自律　　B. 诚实守信　　C. 坚持准则　　D. 客观公正

（3）A会计人员违反的会计职业道德的要求有（　　）

A. 坚持准则　　B. 爱岗敬业　　C. 参与管理　　D. 提高技能

（4）D会计人员编制虚假财务会计报告的行为，违反的会计职业道德的要求有（　　）

A. 廉洁自律　B. 诚实守信　C. 坚持准则　D. 客观公正

（5）B 会计人员看人办事“官大办得快，官小办得慢，无官拖着办”的行为违反的会计职业道德要求有（　　）

A. 强化服务　B. 诚实守信　C. 参与管理　D. 提高技能

案例六：某公司 2016 年工作中存在以下情况：

1. 会计人员 A 将工作中的知悉的商业秘密告诉了自己的好朋友，导致公司损失 100 万元。

2. 会计人员 B 努力学习理论知识，抓住公司经营管理中的薄弱环节，以强化成本核算和管理为突破口，将成本分解至各部门实行过程控制，大大降低成本，提高了经济效益。

3. 公司要向银行贷款，要求会计人员 C 作假账，C 遵照办理。

4. 公司处理一批报废汽车收入 2 万元，公司领导要求不在公司收入账反映，指定会计人员 D 另行保管，以便应酬所用，遭到 D 的拒绝，公司将 D 解聘 。公司为加强对会计人员的职业道德建设，组织了一次座谈会。

（1）会计人员 A 违反了会计职业道德的要求有(　　)

A. 爱岗敬业　B. 诚实守信　C. 坚持准则　D. 客观公正

（2）关于公司解聘会计人员 D 的说法正确的有(　　)

A. 属于公司正常行使人事权

B. 构成对 D 的打击报复

C. 对 D 应当给予经济上的补偿

D. 对 D 应该恢复其名誉和原有职务、级别

（3）下列关于公司座谈会上的观点正确的有(　　)

A. 会计人员与其他单位财务人员交流隐瞒业务收入的做法属于提高技能

B. 公司生产经营决策是领导的事，与会计人员无关，所以没有必要参与，也没有必要过问

C.“理万金分文不沾”，“常在河边走，就是不湿鞋”，这两句话体现了会计职业首先强化服务的要求

D. 出纳人员向银行工作人员请教辨别假钞的技术符合会计职业道德提高技能的要求

（4）会计人员 C 违反的会计职业道德要求的有(　　)

A. 爱岗敬业　B. 诚实守信　C. 坚持准则　D. 客观公正

（5）会计人员 B 坚持的会计职业道德的要求有(　　)

A. 爱岗敬业　B. 参与管理　C. 坚持准则　D. 强化服务

《会计法规》模拟试题（一）

一、单项选择题（下列各题，只有一个符合题意的正确答案，请将你选定的答案，按答题的要求，填在答题中相应题号的信息点。多选、错选、不选均不得分。本类题共20题，每小题1分，共20分。）

1. 以下采购方式中属于政府采购主要方式的是（　）

A. 邀请招标　B. 单一来源　C. 公开招标　D. 询价

2. 根据企业所得税法的规定，下列税金不可以从应纳税所得额中扣除的是（　）

A. 土地增值税　B. 增值税　C. 消费税　D. 营业税

3. 下列各项中，有关票据表述错误的是（　）

A. 票据是由出票人签发的有价证券

B. 票据具有支付功能

C. 票据都有提示付款期限

D. 票据只具有结算和融资功能

4. 下列各项中，属于记录、核算，反映预算单位特殊专项支出活动的是（　）

A. 国库单一账户　B. 财政部门零余额账户

C. 预算单位零余额账户　D. 预算单位特设账户

5. 下列各项中会计法律制度中法律效力最低的是（　）

A. 会计部门规章　B. 会计法律　C. 会计行政法规　D. 宪法

6. 2015年3月1日，甲公司销售给乙公司一批化肥，双方协商采取托收承付、验货付款方式办理货款结算。3月4日，运输公司向乙公司发出提货单。乙公司在承付期内未向其开户银行表示拒绝付款。已知3月7日、8日、14日和15日为法定休假日。则乙公司开户银行向甲公司划拨货款的日期为（　）

A. 2015/3/6　B. 2015/3/9　C. 2015/3/13　D. 2015/3/16

7. 国内信用证开证的申请人是（　）

A. 国内贸易的购货方　B. 国内贸易的销货方

C. 国内贸易购货方的开户银行　D. 国内贸易销货方的开户银行

8. 贷记卡的首月最低还款额不得低于其当月透支余额的比例是（　）

A. 5%　B. 15%　C. 10%　D. 12%

9. 根据《个人所得税法》的规定，对个人转让有价证券取得的所得，应属（　）征税项目。

A. 劳务报酬所得　B. 特许权使用费所得

C. 股息红利所得　　　　　　　　D. 财产转让所得

10. ABC公司是一家在我国境内上市的公司，税务机关应当对其采取的税款征收方式为(　　)。

A. 查账征收　B. 查定征收　C. 查验征收　D. 定期定额征收

11. 汇票持票人按期向承兑人行使的权利正确的有(　　)

A. 追索权　B. 付款请求权　C. 利益返还权　D. 民事权

12. 个人兼职取得的收入应按照(　　)应税项目缴纳个人所得税。

A. 工资、薪金所得　　　　　　　B. 劳务报酬所得

C. 偶然所得　　　　　　　　　　D. 个体工商户的生产经营所得

13. 收款人办理托收的时间是(　　)

A. 签订购销合同　　　　　　　　B. 发货后

C. 收货单位收到货后　　　　　　D. 收货单位验货后

14. 以下关于增值税纳税义务确认的时间，说法正确的是(　　)

A. 采取托收承付方式销售货物的，为发出货物的当天

B. 采取预收货款方式销售货物，为收到预收款的当天

C. 销售应税劳务的，为提供劳务的当天

D. 采用直接收款方式销售货物，不论货物是否发出，均为收到销售款或者取得索取销售凭证的当天

15. 转让股票所得属于(　　)

A. 特许权使用　　　　　　　　　B. 转让财产所得

C. 偶然所得　　　　　　　　　　D. 利息股利红利所得

16. 商业汇票到期，委托银行收取款项，应填写的票据是(　　)

A. 托收承付凭证　　　　　　　　B. 信汇凭证

C. 汇兑凭证　　　　　　　　　　D. 委托收款凭证

17. “清清白白办事，正正直直做人”体现的会计职业道德规范的内容是(　　)

A. 客观公正　B. 廉洁自律　C. 爱岗敬业　D. 坚持准则

18. 下列不是政府采购主体的是(　　)

A. 北京市人民医院　　　　　　　B. 中国烟草公司

C. 中国共青团　　　　　　　　　D. 重庆市教育局

19. 下列各项，属于单位负责人的是(　　)

A. 法人代表　B. 副厂长　C. 人事科长　D. 总会计师

20. 对骗取国家出口退税税款但又没有达到犯罪程度的，下列处罚措施中正确的是(　　)

A. 拘役　B. 判处徒刑　C. 罚金　D. 停止出口退税权

二、多项选择题（下列各题，有两个或两个以上符合题意的正确答案，请将你选定的答案，填在答题中相应题号的信息点。本类题共20题，每题2分，共40分。不选、错选、多选、少选均不得分。）

1. 纳税人应缴纳消费税的情况有(　　)

A. 将生产的应税消费品换取生产资料、消费资料
B. 将生产的应税消费品投资入股
C. 将生产的应税消费品偿还债务
D. 将生产的应税消费品用于继续生产应税消费品以外的其他方面

2. 下列各项中，属于会计职业道德检查与奖惩的意义主要有(　　)
A. 裁决与教育作用　　B. 提高会计人员专业技能
C. 形成抑恶扬善的社会环境　　D. 促使会计人员遵守职业道德规范

3. 对违反会计职业道德规范的人员应当给予必要的道德制裁，其制裁形式主要(　　)
A. 追究刑事责任　　B. 给予行政处分
C. 通报批评　　D. 责令其参加继续教育

4. 使用托收承付结算方式的收款单位和付款单位必须是(　　)
A. 国有企业
B. 供销合作社
C. 经法定程序审核同意的城乡集体所有制工业企业
D. 个体工商户

5. 国务院财政部门预算管理的职权(　　)。
A. 编制　　B. 组织　　C. 提案　　D. 报告

6. 以下关于现金管理的说法中，正确的有(　　)
A. 开户行根据单位的实际情况核定限额
B. 中国人民银行根据单位的实际需要核定限额
C. 对没有在银行单独开立账户的附属单位也要实行现金管理
D. 对没有在银行单独开立账户的附属单位不需要实行现金管理

7. 纳税人下列行为属于“视同销售”行为的为(　　)
A. 代销行为　　B. 将自产商品无偿赠送他人的行为
C. 自建建筑销售的自建行为　　D. 运输业者无偿提供运输行为

8. 根据《票据法》的规定，支票上可以由出票人授权补记的事项有(　　)
A. 收款人名称　　B. 出票日期　　C. 支票金额　　D. 付款人名称

9. 下列不能作为税务代理人委托方的有(　　)
A. 纳税人　　B. 扣缴义务人　　C. 税务机关　　D. 工商部门

10. 我国会计法律制度对会计核算统一规定的内容(　　)
A. 编制审计报告　　B. 会计档案管理
C. 编制财务报表　　D. 会计资料的基本要求

11. 纳税人停业，向税务机关提出停业登记，应如实说明的情况(　　)
A. 理由　　B. 产生的影响
C. 停业前的纳税情况　　D. 发票的领用和保存情况

12. 下列古代名言中，是对会计职业道德中诚实守信这一重要内容的表述的有(　　)。

A. 意诚而后心正　　　　　　　　B. 德者，道之功

C. 割之不多，又何廉也　　　　　D. 临财不见信者，吾必不信也

13. 根据我国《税收征管法》的规定，纳税人的下列行为中，属于偷税行为的有(　　)

A. 擅自销毁账簿、记账凭证，不缴应纳税款的

B. 在账簿上多列支了，少缴应纳税款的

C. 进行虚假的纳税申报，少缴应纳税款的

D. 以暴力、威胁方法拒不缴纳应纳税款的

14. 中级会计资格考试科目(　　)

A. 会计实务　　B. 经济法　　C. 财务管理　　D. 税法

15. 根据《个人所得税法》规定，下列各项中，(　　)属于个人所得税居民纳税人

A. 在深圳有房产出租收入的香港居民

B. 到国外进修半年的我国某单位职员

C. 1998 年回国定居的美籍华人

D. 2001 年 7 月 1 日至 2002 年 9 月 1 日来华工作的外国专家

16. 属于支付结算和资金清算的中介机构是(　　)

A. 银行　　B. 城市信用社　C. 农村信用社　　D. 保险公司

17. 我国现行的税率主要有(　　)

A. 比例税率　　B. 比率税率　　C. 定额税率　　D. 累进税率

18. 依照规定，在某些单位中担任会计机构负责人（会计主管）的人员，以及从事会计相关工作的人员必须具有会计从业资格。这些单位有(　　)

A. 国家机关　　　　　　　　　B. 社会团体

C. 企业、事业单位　　　　　　D. 其他组织

19. 下列选项中适用于低税率的有(　　)

A. 交通运输业　B. 现代服务业服务（有形动产租赁服务除外）

C. 出口货物　　D. 粮食、食用植物油

20. 税务征收以下说法正确的是(　　)

A. 当征税对象的数额小于起征点时，都不予征收

B. 当征税对象的数额大于起征点时，对课税对象的超额部分征税

C. 当征税对象的数额大于免征点时，对课税对象的全额征税

D. 当征税对象的数额小于免征额时，都不予征收

三、判断题（请按答题要求，将你认为表述正确的，填在答题中信息点［√］；你认为表述错误的，填在答题中信息点［×］。本题共 20 题，每小题 1 分，共 20 分。判断正确的得分，判断错误或不作判断的，不得分也不扣分。）

1. 会计人员继续教育是指会计人员在完成某一阶段专业学习后，重新接受一定形式的，有组织的知识更新和培训活动。(　　)

2. 南宁市每年至少要向广西壮族自治区报送三次预算报告。(　　)

3. 委托加工应税消费品在委托加工环节纳过税的，销售的环节不能减去已纳税

额。(　　)

4. 小王购买了一台彩电，参加活动挂卡中得了 1 000 元，小王需要上交个人所得税。(　　)

5. 在中国境内从事生产，委托加工及进口应税消费品的单位和个人，为消费税纳税人。(　　)

6. 不同的科目构成不同的税种。(　　)

7. 简易计税方法的销售额不包括其应纳税额，纳税人采用销售额和应纳税额合并定价方法的，应将其换算为不含税销售额，计算公式为：销售额=含税销售额/（1-征收率）。(　　)

8. 会计职业道德检查的目的是为了清除腐败。(　　)

9. 收入型增值税是指计算增值税时，对外购固定资产价款，只允许扣除计入当期产品价值的折旧费部分。(　　)

10. 税务登记是税收征收管理的首要环节，是征纳双方法律关系成立的依据和证明。(　　)

11. 签发支票应当使用碳素墨水或圆珠笔。(　　)

12. 注册会计师审计需要注册会计师或者会计师事务所与委托人签订委托合同。(　　)

13. 停业登记是指纳税人预计停业期限超过 1 年的情况下向税务机关办理的纳税登记。(　　)

14. 增值税视同销售的组成计税价格=成本÷（1+成本利润率）。(　　)

15. 到巡回征收点申报属于直接申报方式。(　　)

16. 犯罪的外国人适用主刑就不能再使用附加刑。(　　)

17. 会计从业资格管理办法属于会计行政法规(　　)

18. 税收是国家调控经济运行的唯一手段。(　　)

19. 地方税是由地方政府征收、管理和支配的一类税收。(　　)

20. 会计人员因违法违纪行为被依法吊销从业资格证书后，自被吊销资格证书之日起满 5 年的，仍然可以重新取得会计从业资格证书。(　　)

四、案例分析题（不定项选择题）（下列各题，有一个或一个以上符合题意的正确答案。请将你选定的答案填在答题中相应题号的信息点。不选、错选、多选、少选均不得分。本类题共 2 大题，每个大题有 5 小题，每小题 2 分，共计 20 分。）

（一）某公司财务部组织系统内的会计人员进行会计法律制度与会计职业道德教育的座谈会，以下是有关会计人员的观点：

（1）小李认为：会计法律制度与会计职业道德都是会计人员所要遵守的规范，会计法律制度与会计职业道德本身没多大区别，而国家统一的会计制度是会计人员必须熟练掌握的，因为会计的技能都是通过统一的会计制度来熟练运用的。

（2）王晓认为：本人是出纳岗位，整天与钱打交道，只要钱不出错，自己的工作就算是对得起工资了，出纳工作本身也没有多大出息，什么提高技能等都与自己的工作无关，本次会议参不参加都无所谓。

（3）小张认为：会计职业道德固然重要，但是为了单位的利益，在不违反会计法律制度的前提下，就是违背了会计职业道德也不属于个人职业道德有问题。更何况，《会计法》规定，单位负责人对单位会计资料的真实性、完整性负责。如果单位负责人要求违规处理财务账目，自己就没有必要说服、规劝，甚至检举揭发。

根据题意回答下列问题：

（1）廉洁自律的基本要求是________。

A. 公私分明

B. 不贪不占

C. 树立正确的人生观和价值观

D. 遵纪守法，清正廉洁

（2）王晓的观点违背了________的要求。

A. 爱岗敬业　B. 廉洁自律　C. 客观公正　D. 提高技能

（3）关于会计法律制度与会计职业道德，下列正确的是________。

A. 有着共同的目标、相同的调整对象

B. 性质不同、作用范围不同

C. 实现形式是一致的

D. 在内容上相互渗透、相互重叠

（4）小张的观点违背了________的要求。

A. 参与管理　B. 坚持准则　C. 服务群众　D. 廉洁自律

（5）提高技能的基本要求是________。

A. 不断提高会计专业技能的意识和愿望

B. 勤学苦练的精神

C. 科学的学习方法

D. 熟悉服务对象的经营活动

（二）A 企业 2010 年 3 月以每台不含税售价 4 000 元销售冰箱 100 台，采用以旧换新方式销售冰箱 50 台，每台实收 3 500 元，企业按照 575 000 元计入该月销售额。B 超市是一般纳税人，2010 年 3 月，开具专用发票销售商品，取得不含税销售额为 200 000 元，开具普通发票销售商品取得含税销售额为 1 170 000 元。小规模纳税人 C，2010 年 3 月，填开普通发票销售货物，销售收入为 51 500 元。

根据以上事项，回答下列问题

（1）一般纳税人，按基本税率计征增值税，基本税率为________。小规模纳税人增值税征收率为________。

A. 17% 3%　B. 15% 5%　C. 17% 5%　D. 15% 3%

（2）B 超市该月增值税的销售额为________元。

A. 1 000 000　B. 1 200 000　C. 1 100 000　D. 200 000

（3）A 企业该月增值税的销售额为________元。

A. 575 000　B. 175 000　C. 500 000　D. 600 000

（4）下列关于销售额的确定，说法正确的是________。

A. 销货方给予购货方相应的价格优惠或补偿等折扣行为，销货方可按有关规定开具红字增值税发票

B. 以旧换新方式销售的货物，按照新货物的同期销售价格确定的销售额扣减旧货物的收购价格

C. 还本销售方式，应该从其销售额中减除还本支出

D. 以物易物的方式，双方都应作购销处理

（5）小规模纳税人 C 该月增值税销售额为________元。

A. 50 000　　B. 34 333　　C. 49 047　　D. 60 000

《会计法规》模拟试题（二）

一、单项选择题（下列各题，只有一个符合题意的正确答案，请将你选定的答案，按答题的要求，填在答题中相应题号的信息点。多选、错选、不选均不得分。本类题共20题，每小题1分，共20分。）

1. 以下哪些应交消费税(　　)

A. 摩托车　B. 卡车　C. 货车　D. 自行车

2. 下列哪些票据可以作贴现处理(　　)

A. 支票　B. 本票　C. 商业汇票　D. 银行汇票

3. 高级会计师成绩合格证在(　　)范围内3年有效

A. 全国　B. 省　C. 市　D. 县

4. 会计职业道德教育的各种途径中，具有基础性地位的是(　　)。

A. 会计学历教育　B. 会计继续教育

C. 会计自我教育　D. 会计职业荣誉教育

5. 财政部自全国人民代表大会批准中央预算之日起(　　)日内，批复中央各部门预算。中央各部门自财政部批复本部门预算之日起(　　)日内，批复所属各单位预算。

A. 30，15　B. 15，30　C. 15，20　D. 20，15

6. 下列各项中，属于各单位加强现金和银行存款管理的重要账簿的是(　　)

A. 日记账　B. 总账　C. 明细账　D. 备查账簿

7. 国内信用证开证行是(　　)

A. 国内贸易的购货方　B. 国内贸易的销货方

C. 国内贸易的购货方开户银行　D. 国内贸易的销货方开户银行

8. 商业汇票最长付款期限不得超过(　　)

A. 6个月　B. 3个月　C. 30天　D. 10天

9. 下列各项中，有权对政府采购进行审计监督的是(　　)

A. 审计机关　B. 检察院　C. 检察院　D. 财政部门

10. 既可用于转账又可用于支取现金的支票是(　　)

A. 现金支票　B. 转账支票　C. 普通支票　D. 划线支票

11. 委托收款结算的主体是(　　)

A. 个人　B. 单位和个人　C. 单位　D. 必须是国家机关

12. 会计从业资格证换证时间(　　)

A. 6 年　　B. 2 年　　C. 4 年　　D. 3 年

13. 纳税人采取数据电文形式进行纳税申报时，如果税务机关收到的纳税人数据电文与报送的书面资料不一致，应(　　)

A. 以书面资料为准

B. 以数据电文为准

C. 由税务机关从数据电文和书面资料中任选一种

D. 责令纳税人选择其他申报方式另行申报

14. 属于会计人员参与管理前提的是(　　)

A. 诚实守信　　B. 强化服务　　C. 提高技能　　D. 坚持准则

15. 下列不属于银行在支付结算中应遵守的原则有(　　)

A. 恪守信用，履约付款　　B. 谁的钱进谁的账，由谁支配

C. 银行不垫款　　D. 自主选择

16. 下列关于熟悉服务对象的经营活动和业务流程，使管理活动更具针对性和有效性，体现的会计职业道德的是(　　)

A. 廉洁自律　　B. 爱岗敬业　　C. 提高技能　　D. 参与管理

17. 下列属于支付结算行政法规的是(　　)

A. 全国人大常委会通过的《中华人民共和国票据法》法律

B. 由中国人民银行发布经国务院批准的《票据管理实施办法》法规

C. 中国人民银行发布的《国内信用证结算办法》规章

D. 中国人民银行发布的《银行卡业务管理办法》规章

18. 会计档案可以在会计部门放置(　　)之后移交档案部门。

A. 一年　　B. 三年　　C. 二年　　D. 五年

19. 会计职业道德与会计法律制度的主要区别不包括(　　)

A. 实施保障机制不同　　B. 性质不同

C. 表现形式不同　　D. 目标不同

20. 个人卡的主卡持卡人可为其配偶及年满 18 周岁的亲属申领附属卡，申领的附属卡最多不得超过(　　)

A. 一张　　B. 两张　　C. 不限制　　D. 四张

二、多项选择题（下列各题，有两个或两个以上符合题意的正确答案，请将你选定的答案，填在答题中相应题号的信息点。本类题共 20 题，每题 2 分，共 40 分。不选、错选、多选、少选均不得分。）

1. 银行卡按发行主体分类分为(　　)

A. 借记卡　　B. 贷记卡　　C. 境内卡　　D. 境外卡

2. 增值税征税范围中，销售的货物有(　　)

A. 商品　　B. 电力　　C. 热力　　D. 气体

3. 授意、指使、强令会计机构、会计人员及其他人员伪造、编造会计凭证、会计账簿。编制虚假财务会计报告或者隐匿，故意销毁依法应当保存的会计凭证、会计凭证、财

务会计报告的法律责任、属于国家工作人员的，应当由其所在的单位或者有关单位依法给予(　　)的行政处分。

A. 降级　　B. 撤职　　C. 开除　　D. 罚款

4. 下列选项中，属于资源税的有(　　)

A. 资源税　　B. 土地增值税

C. 城镇土地使用税　　D. 车船税

5. 以下不符合票据和结算凭证填写要求的是(　　)

A. 2 月 12 日写成零贰月拾贰日

B. 中文大写金额用繁体字

C. 大写可以用自造简化文字

D. 票据的出票日期使用小写填写的，银行不予以受理

6. 根据支付结算法律制度的规定，下列各账户中，可以办理现金支付的是(　　)

A. 基本存款账户　B. 一般存款账户

C. 临时存款账户　D. 向个人收购农副产品和其他物资的货款

7. 不属于政府采购的方式有(　　)

A. 集中采购　　B. 单一来源方式采购

C. 分散采购　　D. 询价采购

8. 交通运输业包含(　　)

A. 陆运　　B. 水路　　C. 航空　　D. 管道

9. 不能纳入消费税的有(　　)

A. 图书　　B. 一块 50 元的手表

C. 普通的护肤品　　D. 货轮

10. 根据《中华人民共和国票据法》的规定，下列有关银行本票的各项表述中，正确的有(　　)

A. 银行本票必须有无条件支付的承诺

B. 银行本票的提示付款期限自出票日起最长不得超过 2 个月

C. 银行本票由出票人签发

D. 银行本票可以用于转账，标明“现金”字样的银行本票可以提取现金

11. 电子申报（数据电文申报）的方式有(　　)

A. 通过电话语音　　B. 电子数据交换

C. 网络传输　　D. 信封邮寄

12. 下列属于普通发票的有(　　)

A. 行业发票　　B. 专业发票　　C. 运输发票　　D. 增值税专用发票

13. 下列错误的有(　　)

A. 票据的收款人可以背书更改　　B. 票据的金额可以更改

C. 票据的出票日期不得更改　　D. 票据的金额不得更改

14. 财政支出支付方式按不同主体分为(　　)

A. 财政直接支付　　　　　　　　　　B. 财政工资支付
C. 财政转移支付　　　　　　　　　　D. 财政授权支付

15. 我国票据法上所称的票据包括(　　)
A. 汇票　　　　B. 债券　　　　C. 支票　　　　D. 本票

16. 银行卡按是否给予持卡人授信额度分为(　　)
A. 贷记卡　　　B. 准贷记卡　　C. 信用卡　　　D. 借记卡

17. 下列哪些符合现金使用限额的规定(　　)
A. 由中国人民银行根据单位实际需要核定
B. 按照单位 3 至 5 天零星开支确定
C. 边远地区和交通不便地区，可按多于五天但不超过十五天日常开支确定
D. 需要增加或者减少使用限额的，应当向开户银行提出申请由开户行核定

18. 下列经营者中，属于营业税纳税人的有(　　)
A. 从事演出代理业务的公司　　　　B. 从事运输劳务的企业
C. 提供设计服务的企业　　　　　　D. 提供驾车培训的企业

19. 根据《支付结算办法》及有关规定，单位卡的持卡人不得使用的情形有(　　)
A. 5 万元的商品交易　　　　　　　B. 11 万元的劳务供应款项的结算
C. 支取现金　　　　　　　　　　　D. 续存现金

20. 下列不属于流转税的是(　　)
A. 个人所得税　B. 消费税　　　C. 车船税　　　D. 印花税

三、判断题（请按答题要求，将你认为表述正确的，填在答题中信息点［✓］；你认为表述错误的，填在答题中信息点［×］。本题共 20 题，每小题 1 分，共 20 分。判断正确的得分，判断错误或不作判断的，不得分也不扣分。）

1. 纳税人是纳税的主体，通常所说的负税人也就是指纳税人。(　　)

2. 出纳人员不得兼管稽核、会计档案保管和收入费用账目、债权债务账目的登记工作，但是可以登记现金日记账和银行存款日记账；以及财产物资明细账，如：固定资产明细账。(　　)

3. 对各级地方税务局的具体行政行为不服的，可以选择向其上一级地方税务局或该税务局的本级人民政府申请行政复议。(　　)

4. 银行付款后不再承担对出票人的受委托付款责任但是付款人意外重大过失支付的除外。(　　)

5. 职工教育经费的扣除标准是工资薪金的 2%。(　　)

6. 岗位责任制是通过实施岗位分离自动实现账目间的相互核对来保证相关账目正确无误的一种控制机制。(　　)

7. 采用预收收款方式销售货物，纳税义务发生时间为收到预收款或收款凭证的当天。(　　)

8. 航空公司的飞机票属于行业发票。(　　)

9. 进口的应缴纳消费税的消费品，应由进口人或者代理人向报关地海关申报纳税。(　　)

10. 职业道德具有职业性、实践性、继承性和多样性等特征。(　　)

11. 贷记卡每次取款不得超过2万元人民币。(　　)

12. 一般存款账户只能在基本存款账户开户银行以外的银行营业机构开立。(　　)

13. 县级人民政府根据本级政府采购需要可以设立集中采购机构。(　　)

14. 对账就是核对账目，是对账簿记录所进行的核对工作。(　　)

15. 临时存款账户在验资期间可以存取现金。(　　)

16. 办理委托收款业务，委托人必须提供其组织机构代码证和营业执照。(　　)

17. 保证不得附有条件，附有条件的，不影响商业承兑汇票的保证责任。(　　)

18. 担保、抵押备查簿属于明细账簿。(　　)

19. 税务检查不属于税收征管环节。(　　)

20. 各级财政部门应当负起组织和推动本地区会计职业道德建设的责任，把会计职业道德建设与会计法制建设紧密结合起来。(　　)

四、案例分析题（不定项选择题）（下列各题，有一个或一个以上符合题意的正确答案。请将你选定的答案填在答题中相应题号的信息点。不选、错选、多选、少选均不得分。本类题共2大题，每个大题有5小题，每小题2分，共计20分。）

（一）汇明公司在甲银行开立基本存款账户。2008年7月，汇明公司发生的结算业务如下：（1）7月3日，汇明公司与乙银行签订短期借款合同后，持相关开户资料向乙银行申请开立了一般存款账户。（2）7月8日，汇明公司派出出纳王某到乙银行购买现金支票并办理提取现金业务。（3）7月10日，汇明公司出纳王某填写一张金额为420 000元的转账支票（以下简称A支票）交采购员李某支付洪鑫公司货款。由于粗心，王某误将收款人“洪鑫公司”写成“洪金公司”；李某发现后，要求王某更正；王某随即将支票上的“金”改为“鑫”，并在更正处盖章。李某将该支票交给了洪鑫公司。（4）7月14日，洪鑫公司将A支票退回，要求汇明公司重新签发一张转账支票。出纳王某重新填写了一张转账支票（以下简称B支票）交给洪鑫公司。当日，洪鑫公司持B支票到甲银行办理支票转账，甲银行审核B支票时发现汇明公司银行存款账户余额不足以支付支票，遂将B支票退还给洪鑫公司，并提请中国人民银行对汇明公司予以处罚。

（1）汇明公司办理贷款业务可以在乙银行开立的存款账户是(　　)

A. 基本存款账户　　B. 一般存款账户

C. 专用存款账户　　D. 临时存款账户

（2）下列汇明公司到银行购买现金支票并办理提现业务的说法中，正确的有(　　)

A. 汇明公司可以到甲银行购买现金支票并办理提现业务

B. 汇明公司可以到乙银行购买现金支票并办理提现业务

C. 汇明公司可以在异地开立临时存款账户并办理取现

D. 汇明公司可以为提现设立专用存款账户

（3）关于汇明公司出纳王某更改A支票收款人“洪金公司”为“洪鑫公司”的说法中，正确的有(　　)

A. 王某在更改处加盖公司和本人签章后，该支票有效

B. 该支票无效，应重新签发

C. 支票中可以更改的事项是出票日期和票据金额

D. 如该支票未记载出票地的，出票人的营业场所、住所或经常居住地为出票地

（4）对于汇明公司签发空头支票的行为，洪鑫公司有权要求赔偿的最高金额为（　　）

A. 0.06　　B. 0.15　　C. 0.84　　D. 1.5

（5）对于汇明公司签发空头支票的行为，付款人开户行给予的处理是(　　)

A. 予以退票

B. 并按票面金额处以5%但不低于1 000元的罚款

C. 要求出票人赔偿支票金额2%的赔偿金

D. 停止其签发支票

（二）国家预算是有计划地管理财政收支的工具，预算组织程序包括预算草案的编制、预算审批、预算执行和预算调整。财政部门在预算组织协调和监督工作中，依照《预算法》的规定，将预算计划管理方式贯穿于预算资金筹集、分配和使用的始终，并通过预算管理工作内容来实现。请根据以上资料，回答如下关于预算组织程序的问题：

（1）下列各项中，属于各部门、各单位编制年度预算草案的依据的为________。

A. 法律、法规和本级政府的指示和要求以及本级政府财政部门的部署

B. 本部门、本单位的定员定额标准

C. 本部门、本单位的职责、任务和事业发展计划

D. 本部门、本单位上一年度预算执行情况和本年度预算收支变化因素

（2）下列关于预算草案的叙述中，不正确的为________。

A. 预算草案专指各级政府财政部门编制的已经法定程序审查和批准的预算收支计划

B. 预算草案专指各级政府财政部门编制的未经法定程序审查和批准的预算收支计划

C. 预算草案是指各级政府、各部门、各单位编制的未经法定程序审查和批准的预算收支计划

D. 预算草案是指各级政府、各部门、各单位编制的已经法定程序审查和批准的预算收支计划

（3）根据《预算法》的规定，负责审查和批准中央预算的为________。

A. 国务院财政部门

B. 国务院

C. 全国人民代表大会

D. 全国人民代表大会常务委员会

（4）下列各项中，属于各级政府编制年度预算草案的依据的为________。

A. 上级政府对编制本年度预算草案的指示和要求

B. 本级政府的预算管理职权和财政管理体制确定的预算收支范围

C. 上一年度预算执行情况和本年度预算收支变化因素

D. 国民经济和社会发展计划、财政中长期计划以及有关的财政经济政策

（5）根据《预算法》的规定，负责具体编制预算调整方案的为________。

A. 人民代表大会常务委员会

B. 政府税务部门

C. 人民代表大会

D. 政府财政部门